Irlan Simões

A PRODUÇÃO DO CLUBE

— ★ —

PODER, NEGÓCIO E COMUNIDADE NO FUTEBOL

Copyright © Irlan Simões.
Todos os direitos desta edição reservados
à MV Serviços e Editora Ltda.

REVISÃO
Natalia von Korsch

CIP-BRASIL. CATALOGAÇÃO NA PUBLICAÇÃO
SINDICATO NACIONAL DOS EDITORES DE LIVROS, RJ
Elaborado por Gabriela Faray Lopes — CRB 7/6643

S614p

    Simões, Irlan Santos
        A produção do clube : poder, negócio e comunidade no futebol / Irlan Santos Simões. – 1. ed. – Rio de Janeiro: Mórula, 2023.
        544 p. ; 21 cm.

        Inclui bibliografia.
        ISBN 978-65-81315-65-8

        1. Futebol. 2. Clubes de futebol. 3. Torcedores.
I. Título.

23-84239   CDD: 796.3309
                             CDU: 796.332

Rua Teotônio Regadas 26 sala 904
20021-360 _ Lapa _ Rio de Janeiro _ RJ
www.morula.com.br _ contato@morula.com.br
/morulaeditorial   /morula_editorial

À memória de Gilmar Mascarenhas.

SUMÁRIO

7	NOTAS DO AUTOR
9	PREFÁCIO
	O futebol para entender o mundo
	Luiz Antonio Simas
13	INTRODUÇÃO
	La única cédula de identidad en la que el hincha cree
66	**I. O CLUBE ATÉ O SÉCULO XXI:**
	dos redimensionamentos históricos
69	Resquícios da História
94	Indústria do Futebol
126	**II. O CLUBE DO SÉCULO XXI:**
	das transformações impostas
129	Empresarização do Clube
160	Tipologia dos clubes
172	Os 10 tipos de clubes
186	Dimensão político-ideológica
216	**III. O CLUBE E A COMUNIDADE:**
	dos novos torcedores
220	A era dos "teletorcedores"
233	A era do "ator-cedor"
252	O fator *"supporter"*

284	**IV. O CLUBE COMUM:** **da produção torcedora**
289	Princípios do Comum e o Futebol-Negócio
302	"*Supporters not Costumers*" · INGLATERRA
321	"*Nuestra Pasión no se Negocia*" · ESPANHA
341	"*Unverhandelbar! 50+1 Bleibt!*" · ALEMANHA
358	**V. O CLUBE NA CIDADE:** **dos usos e apropriações**
362	Produção Social do Espaço e o Futebol
370	"É nosso e há de ser" · PORTUGAL
391	"*Yo a vos no te vendo*" · ARGENTINA
411	"*Que se vayan esos buitres*" · CHILE
430	**VI. O CLUBE BRASILEIRO NA DÉCADA DE 2020**
433	Clube-empresa no Brasil
479	As SAFs e os torcedores
489	Considerações finais
499	POSFÁCIO Uma nova tipologia da gestão dos clubes *Bernardo Buarque de Hollanda*
507	REFERÊNCIAS

NOTAS DO AUTOR

1.

A obra que tem em mãos foi concluída em julho de 2022, mas a sua publicação enquanto livro pela editora Mórula ocorreu apenas em julho de 2023. Alguns eventos e dados aqui descritos já estavam desatualizados quando da publicação final, mas não foram alterados ou atualizados. A decisão tomada pela preservação de eventuais informações datadas é de responsabilidade do próprio autor. Essa obra é resultado de uma pesquisa realizada ao longo de quatro anos (2018 a 2022) — em doutorado no Programa de Pós-Graduação em Comunicação da Universidade do Estado do Rio de Janeiro (UERJ) —, quadra histórica onde os fatos aqui descritos se apresentavam em curso. A compreensão, a interpretação e a análise dos acontecimentos ocorridos nesse período são retratos do que estava à disposição no contexto em questão. Previsões precisas ou imprecisas, só passíveis de serem respondidas pelo tempo, fazem parte do necessário exercício analítico proporcionado/exigido pela investigação acadêmica, razão pela qual estarão preservadas em sua integridade.

2.

Recomenda-se a leitura da obra na sequência apresentada no sumário. A segunda parte do segundo capítulo ("Tipologia dos clubes") é acompanhada por uma série de imagens relacionadas a dois quadros, por sua vez elaborados para proporcionar um modelo prático de identificação dos tipos de clubes existentes no século XXI. Alguns exemplos utilizados podem ter se alterado após julho de 2022, portanto sugerem-se novas consultas, que podem ter os links em nota como auxílio. A compreensão antecipada dos modelos dos clubes é indispensável para a leitura dos estudos de casos presentes no quarto e no quinto capítulos.

PREFÁCIO
O futebol para entender o mundo

Luiz Antonio Simas

Certa feita, ao assistir a uma participação de Irlan Simões no programa Redação Sportv, imaginei o que aconteceria se Dom Quixote de La Mancha abandonasse a doideira e resolvesse mergulhar a fundo nos estudos sobre o futebol atual e o que envolve o jogo: os modos diversos de torcer, constantemente redimensionados por conjunturas temporais e espaciais; a constituição de clubes associativos; os dilemas que envolvem o surgimento das SAFs; o perfil dos compradores dos clubes de futebol; os impactos da internet e das redes sociais nas ações de torcedores etc.

Neste livro, originalmente escrito como tese de doutoramento, Irlan faz um mergulho profundo na história do futebol para mostrar como chegamos até o século XXI e de que maneiras as relações dos torcedores com os seus clubes e com o jogo vão se entrelaçando com contextos mais amplos. Repletos de nuances, contradições e rasuras, esses contextos caracterizam dinamicamente não apenas o futebol, eles são sintomas de sociedades complexas que influenciam e são influenciadas por aquilo que acontece em torno do jogo e muito além dos gramados.

Demonstrando domínio absoluto do tema, ousadia teórica e vasto conhecimento sobre os modos de torcer e as formas como se constituem os clubes — desde o campo jurídico e institucional até o território imponderável dos afetos — em países como Inglaterra, Alemanha, Espanha, Portugal, Argentina e Chile, o autor termina lançando as suas flechadas em direção ao alvo certeiro: o futebol brasileiro nos anos 2020.

Feitas essas observações mais gerais, chego aos dois pontos que, confesso, mais me impressionaram neste estudo de fôlego do Irlan. O primeiro se refere à clareza do que está exposto. Sem renunciar ao rigor teórico e metodológico e sem fazer concessões a simplificações de todo tipo, o autor consegue produzir um estudo atraente, acessível e instigante. Longe de ser uma maçaroca intransponível como aquelas defesas de velhas seleções suíças que produziram os piores momentos do futebol, este livro reúne consistência e fluidez.

O outro fato pode parecer surpreendente: não é um livro que se restringe ao público interessado exclusivamente em futebol. Chego mesmo a dizer que não é um livro feito para quem gosta e vivencia o futebol. Este "A produção do clube" deve interessar a qualquer pessoa que busque entender que diabos está acontecendo com o mundo no século XXI.

Qual é o espaço do afeto em contextos globais cada vez mais ditados pela lógica da circulação de mercadorias e capitais? Em que medida os muros erguidos pela velocidade das informações, as estranhas da propaganda, a transformação de tudo em produto e a ontologia de um ser que se define a partir do que é capaz de consumir ainda deixam frestas para que a paixão floresça, permaneça e faça algum sentido em nossas vidas? Tudo isso borda a discussão que esse livro lança.

Comecei o prefácio comparando Irlan Simões a Dom Quixote. Não há qualquer sentido pejorativo nisso. O Quixote aqui é menos o doido descrito por Cervantes e mais o relido pela poesia lírica e furiosa de Aldir Blanc. A luta de Irlan contra os moinhos não se estabelece de lança em punho, em desabalada cavalgada alheia à realidade. O Quixote aqui prefere dissecar a natureza dos moinhos, perceber para que lado sopram os ventos e meter o dedo na ferida.

Não há doideira nenhuma em amar a arquibancada lotada, o estádio popular, a comemoração do gol na escalada do alambrado. Como matou a charada o mestre Aldir, o que define o Quixote não é o delírio, mas um aparente paradoxo: o cavaleiro percebe que só o mergulho profundo na realidade pode alimentar o sonho.

É o que Irlan Simões faz.

INTRODUÇÃO
La única cédula de identidad en la que el hincha cree

Quando o relógio marcou o primeiro minuto do dia 1º de julho de 2019, estimados 70 mil torcedores do Club Atlético San Lorenzo de Almagro lotaram a Avenida La Plata, em Buenos Aires, mais precisamente em frente a uma unidade do Carrefour, uma rede de supermercados multinacional. Dada a grandeza da multidão *azulgrana* que se amontoava em êxtase, um observador desatento poderia supor que se tratava da celebração de um título importante, como a Copa Libertadores conquistada pelo clube cinco anos antes.

Na realidade, aquele minuto — que disparou um intenso show pirotécnico, típico dos grandes momentos comemorativos — foi apenas o marco histórico da retomada da posse de um terreno. A data em questão selava o acordo de aquisição, que se arrastava há sete anos. Terrenos são coisas tão comuns para clubes de futebol sedes sociais, estádios, ginásios poliesportivos, centro de treinamentos, alojamentos, escritórios administrativos, lojas que nada levaria alguém alheio ao futebol a imaginar que, em alguma circunstância, a torcida de um clube se mobilizaria para celebrar efusivamente a aquisição de mais um patrimônio dentre tantos.

Mas a história tem um roteiro sem precedentes para um clube de futebol. O San Lorenzo, naquele minuto, passava a ser o proprietário de direito do terreno onde estava localizado o supermercado Carrefour, presente ali desde a década de 1980, quando se instalou sobre os escombros de uma outra estrutura: o antigo Estadio Gasómetro, do bairro de Boedo (Oliveira, 2021).

Criada em 1916, aquela *cancha* foi por muitos anos o maior estádio da Argentina e motivo de orgulho para o torcedor sanlorencista. Na tradição cultural torcedora local, clube, estádio e bairro se estabeleceram historicamente como ícones indissociáveis.[1] Perder um estádio, dessa forma, significa a morte de uma parte significativa do clube. E foi o que ocorreu ao clube do bairro de Boedo quando o regime militar argentino ordenou a venda desse patrimônio para o saneamento de dívidas, em um contexto de alegado reordenamento urbano da cidade de Buenos Aires.

Os interesses reais da pressão exercida pela ditadura ainda são imprecisos, pois ao mesmo tempo que se alegou um plano de renovação dos estádios — àquela época, ainda majoritariamente feitos de *tablones*, estruturas de madeira que começavam a ser questionadas pela falta de segurança —, a intenção de intervir politicamente nos clubes era constante. A relação de controle sobre essas associações civis autônomas massivas também passava pela ameaça ao funcionamento delas, uma vez que acumulavam pendências financeiras com o Estado.

Ao que consta, o contexto convergiu em elementos para a desapropriação do histórico estádio do San Lorenzo em 1979, por parte do Estado argentino. O fato de a construção do

---

1. Percepções sempre ressaltadas (e aqui apropriadas) por Nicolas Cabrera, antropólogo argentino e *hincha* de Belgrano.

Carrefour ocorrer poucos anos depois dessa desapropriação, em 1983, mantém as suspeitas sobre esse processo. Mas a questão central é que, sem estádio e retirado do seu bairro, o San Lorenzo se tornou um clube incompleto, motivo de chacota para seus rivais.[2]

O tempo passou, sem que a memória do Gasómetro de Boedo se apagasse. O clube seguia com um sonho de retornar à sua casa, mesmo contando com um novo estádio desde 1993. Sentimento que motivou, em 2012, uma manifestação pública que levou 100 mil torcedores à Plaza de Mayo para pressionar pela aprovação da Lei de Restituição Histórica. A medida criou condições para que o clube, admitido como vítima da ditadura militar, pudesse ter condições financeiras de tomar de volta aquele "solo sagrado" de Boedo.

Esse evento é mencionado por Eduardo Galeano no conto "*Fervor de la Camiseta*", em seu célebre livro "*El Fútbol a Sol y Sombra*".

> Saudoso dos velhos tempos da fé, o torcedor tampouco aceita os cálculos de rentabilidade que frequentemente determinam as decisões dos dirigentes, numa época que obriga os times a se transformarem numa fábrica produtora de espetáculos. Quando a fábrica vai mal, os números vermelhos mandam sacrificar o ativo da empresa. Um dos gigantescos supermercados Carrefour, de Buenos Aires, levanta-se sobre as ruínas do estádio do San Lorenzo. Quando o estádio foi demolido, em meados de 1983, os torcedores saíram chorando, levando um punhado de terra no bolso.

---

2. Diversas torcidas rivais cantam a mesma música com os versos "*De que barrio sos, San Lorenzo? De que barrio sos?*".

> O clube é a única cédula de identidade na qual o torcedor acredita (Galeano, 2014, p. 126).

Eduardo Galeano faleceu antes que pudesse testemunhar o 1º de julho de 2019, portanto, muito infelizmente, seguiremos sem apreciar uma atualização desse relato nas suas geniais palavras. Mas ali, onde a tradução brasileira do livro escreveu "times", por equívoco, na verdade Galeano escreveu "*clubs*".

O escritor uruguaio relacionava o desfazimento de parte do estádio para que o "clube" pudesse dar cabo dos custos da fábrica produtora de espetáculo, o "time". Quem perdeu, e agora está recuperando o estádio de Boedo, é o clube San Lorenzo.

Os tons poéticos da obra não nos impedem de partir dos mesmos pressupostos de que clubes precisam ser percebidos à parte dos times, essas "empresas" (adaptemos o termo) "produtoras de espetáculos" de futebol.

Mas o San Lorenzo, em termos oficiais, não era uma empresa em 1979, tampouco é uma empresa nos tempos atuais. Assim como a totalidade dos clubes argentinos, o San Lorenzo é uma "*asociación civil sin ánimo de lucro*", figura jurídica equivalente, no direito brasileiro, a uma "associação civil sem fins lucrativos". Coisa que, aliás, boa parte dos clubes brasileiros também continua sendo.[3]

Bem diferente, portanto, do que ocorreu em países vizinhos, como Chile e Colômbia, ou em países europeus de matriz cultural semelhante, como Espanha e Portugal, onde processos

---

3. A distinção entre as associações civis de Argentina e Brasil está, primordialmente, no volume e na composição do seu quadro associativo. Questões históricas e socioculturais levaram os clubes argentinos a possuírem algumas dezenas de milhares de sócios votantes. No Brasil, por sua vez, o próprio acesso a esse título já é restrito, na maioria dos clubes (Santos, 2021, p. 21-38).

políticos específicos atacaram as tradicionais associações civis, transformando-as em "sociedades anônimas", formato, esse sim, de "empresa". Esse processo político também ocorreu na Argentina e no Brasil, sem ser capaz de produzir os mesmos efeitos. A tentativa de transformação de clubes em empresas na Argentina é, ainda hoje, lembrada em uma música do próprio San Lorenzo. Assim canta La Gloriosa Buteler, a banda do clube:[4]

> Já são 100 anos que bate esse sentimento
> Quiseram te privatizar, mas eu não te vendo
> Ainda dizem que estamos malucos
> Aguentamos o rebaixamento, fizemos um estádio novo
> Eu quero a *banda*, fazendo festa e bebendo
> Sabemos que vamos voltar a Boedo
> A tanta loucura não há explicação
> Se desde moleque estou junto contigo
> Tanto sentimento, tanto carnaval
> Nos fez *Gloriosa* pela eternidade[5]

Os dois momentos históricos em questão são narrados na música da *hinchada azulgrana*, cantada a plenos pulmões no Nuevo Gasómetro (estádio que o clube construiu e passou a

---

4. É muito comum se referir às torcidas argentinas como *"barras"*, mas é importante perceber que esse é um termo "externo", mais utilizado pela imprensa ou pelos órgãos de segurança. *"Barra"* é oriundo da categoria de *"barras bravas"*, nome dado aos torcedores adeptos dos confrontos físicos violentos. Como a própria música em questão ilustra, as torcidas argentinas se chamam de *"banda"*.
5. Letra original: *"Pasaron 100 años que late este sentimiento / Quisieron privatizarte pero yo a vos no te vendo / Nos siguen diciendo que estamos de la cabeza / Nos bancamos el descenso hicimos la cancha nueva / Yo quiero la banda en fiesta y en pedo / Sabemos que vamo' a volver a Boedo / A tanta locura no hay explicación / Si yo de pendejo que estoy junto a vos / Tanto sentimiento tanto carnaval / Nos hizo Gloriosa por la eternidad".*

usar como casa em 1993). A torcida canta a vontade de retornar ao seu estádio de origem, o que conseguiu em 2019; e canta o rechaço à "privatização" do clube, o que fez em 2001.

Naquele período, mais precisamente em 1998, a assembleia dos clubes argentinos negou a reforma do estatuto da Asociación de Fútbol Argentino (AFA), no ponto que autorizaria seus filiados a deixarem de se constituir enquanto associações, permitindo a conversão em empresa. Derrotados os defensores da medida, dentre eles Mauricio Macri, presidente do Boca Juniors, e Fernando Miele, presidente do San Lorenzo, o processo ganhou nova feição, através da ideia de *"gerenciamiento"*. O modelo consistia em assinaturas de contratos que estabeleciam a cessão dos direitos econômicos dos clubes para uma empresa privada, que poderia explorar economicamente o futebol, fazendo aportes de investimento e revertendo a atividade em lucro (Ravecca, 2020, p. 202-227).

Diferentemente do Racing Club de Avellaneda, único grande clube argentino que adotou o modelo, passando ao controle de uma empresa chamada Blanquiceleste S.A., o San Lorenzo testemunhou um intenso levante de seus torcedores contra os projetos de Fernando Miele pelo acerto de um processo semelhante — até onde se sabe, porque uma cláusula de confidencialidade impedia o acesso dos sócios ao conteúdo do acordo — com a International Sport and Leisure (ISL), empresa suíça que operava no mercado do futebol em diversas frentes.

No dia 30 de novembro de 2000, torcedores do San Lorenzo protestaram no Nuevo Gasómetro com os dizeres *"No al gerenciamiento de San Lorenzo"*, *"San Lorenzo no se vende"*, *"No a ISL"* e *"Siempre C.A.S.L.A, nunca S.A"*[6]. O protesto massivo, que contou

---

[6]. "Sempre Club Atlético San Lorenzo de Almagro, nunca sociedade anônima" (Mundoazulgrana, 2018).

com repressão policial, chamou atenção da opinião pública, criou mal-estar dentro do clube e freou os acordos. Não tardou e os debates cessaram por um fato de ordem superior: em maio de 2001 a ISL decretou falência e, posteriormente, foi exposta em escândalos de corrupção envolvendo o alto comando da FIFA.[7] Aquele dia 30 de novembro, por conta disso, acabou sendo decretado como "Dia do torcedor do San Lorenzo", em memória à resistência dos torcedores à entrega do clube a uma empresa privada que, caso tudo seguisse como estava previsto, iria à falência levando o clube a tiracolo. A experiência do San Lorenzo se tornou uma marca indelével da identidade do clube. Não à toa, La Gloriosa Buteler cantou por muitos anos uma música direcionada especialmente aos rivais do Racing Club:

> Vocês venderam o sentimento
> Vocês venderam a paixão
> Essa torcida merece
> A segunda divisão[8]

O rival "empresarizado" havia sido campeão argentino em 2001, ainda no primeiro ano sob o controle do *"gerenciemiento"* da Blanquiceleste S.A., tornando-se um modelo a ser seguido para os clubes argentinos. Seria, se o projeto em questão não mostrasse facetas inesperadas. No oitavo ano de funcionamento a empresa gestora já havia realizado dez pedidos de

---

7. No Brasil os clubes não tiveram a mesma sorte: nesse mesmo período a ISL fechou acordos para a exploração das propriedades comerciais de CR Flamengo e Grêmio FPA. Quando foi à falência, levou ambos a um duro baque financeiro, já que contavam com tais receitas quando iniciaram a aquisição de novos atletas, com remunerações acima da capacidade dos clubes (Capelo, 2021).
8. Letra original: *"Vos vendistes el sentimiento, vos vendistes la pasión. Esa hinchada se merece la segunda división".*

falência. Em 2008, o clube disputa a *"Promoción"*, uma fase do campeonato argentino que define o rebaixamento naquele ano, escapando por pouco.[9] Em 2009, um grupo de torcedores encomenda uma investigação sobre a S.A., que resulta na imputação dos seus dirigentes por administração fraudulenta, principalmente por conta da apropriação indevida de fundos da venda de jogadores. Morria cedo a única experiência concreta e o Racing voltava a ser um clube dos seus sócios (Ravecca, 2020, p. 220).

O movimento dos torcedores do San Lorenzo, desse modo, impediu o clube de experimentar os mesmos problemas vivenciados no rival Racing. Mas esses tipos de movimentos só ocorrem em associações civis? Do outro lado do oceano, na cidade espanhola de Sevilha, estádio, clube e o lema *"No se vende"* contam outra história tão complexa e tão rica quanto aquelas dos clubes argentinos.

O Sevilla FC é uma "empresa" desde 1992, quando, por força da Lei n. 10/1990, conhecida como *Ley de Deportes* — que instituiu a figura jurídica da "sociedade anônima desportiva" (SAD) no país —, foi obrigado a se converter de uma associação civil para uma sociedade anônima. Em 2018, ou seja, muitos anos depois de transformado por inteiro em empresa, o clube é inundado pela ação de torcedores contra a entrada de um novo investidor, de identidade não revelada, no quadro de acionistas da SAD do Sevilla (Sampedro Contreras, 2020, p. 152-161).

Lideranças entre os torcedores do clube observaram que o movimento artificial e agressivo de aquisição de novas ações por esse novo ente ameaçava a existência do Estádio Ramón

---

9. Para estabelecer os quatro clubes que disputariam "Promoción", a AFA fazia um cálculo complexo sobre as pontuações dos três anos anteriores para definir quem jogaria contra os terceiros e quartos colocados da segunda divisão. Funcionava, basicamente, como um mecanismo para impedir o rebaixamento dos grandes clubes.

Sanchez Pizjuan, praça desportiva construída com doações dos torcedores na década de 1970. Seu terreno está em uma região altamente valorizada no centro da cidade de Sevilha, no bairro do Nervión.

Com os dizeres *"El Sevilla no se vende"*, uma marcha de milhares de torcedores tomou os arredores do estádio, em um dia sem jogo, em protestos protagonizados pela Accionistas Unidos del Sevilla FC (AUSFC). Os atos se repetiram nas arquibancadas, em jogos em datas posteriores, liderados principalmente pela Biris Norte, grupo *ultra* e principal organização torcedora do clube andaluz. As mobilizações se arrastaram ao longo de meses, chegando à assinatura de um acordo de diversos partidos locais em comprometimento à blindagem do estádio. Caso esse novo investidor, como tudo levava a crer que seria, adquirisse 51% das ações da SAD, automaticamente passaria a ter poder sobre o terreno onde se localiza o estádio (Simões Santos, 2019).

A AUSFC é uma organização que agrega os chamados *pequeños accionistas*, ou, como eles se reivindicam, os *accionistas de base*. Essa figura, comum no futebol espanhol, é remanescente do processo de transformação dos clubes em SAD, em que torcedores comuns com títulos de sócios tiveram prioridade na oferta de compra de ações da nova empresa. São eles que mobilizam o conjunto da torcida sobre pautas como a possível compra do clube por um investidor externo alheio ao, como eles dizem, *sevillismo*. Eles se pautam pelo *"sevillismo puro y duro"*, ou *"sevillismo honesto y desinteresado"*[10] para

---

10. Na língua espanhola a palavra *"interés"* tem uma forte conotação financeira. *"Desinteresado"* seria, dessa forma, dizer que os membros da AUSFC são acionistas apenas por obrigação da lei e para prover a proteção do clube para o *sevillismo*, e não pelo benefício comercial que essa propriedade pode ter. Um exemplo disso, como conta Moisés Sampedro Contreras (2020), foi a assembleia de 1997, que promoveu ampliação do capital social da SAD para que mais torcedores pudessem participar, elevando o poder participativo dos *"acionistas de base"* no clube.

conquistar o apoio e a legitimidade de representação do conjunto dos torcedores.

Com o tempo, a identidade do grupo de investidores é revelada, consumando as suspeitas sobre a origem estrangeira do potencial comprador: tratava-se do grupo norte-americano 777 Partners, que anos depois aportaria no Brasil para tentar a aquisição de um novo clube. Foram barrados na SAD do Sevilla por causa de uma rejeição comum entre os torcedores espanhóis quanto à aquisição de clubes locais por investidores estrangeiros, resultado do acúmulo de experiências negativas, quebras e comportamentos reprováveis desses compradores.

Contextos muito distintos, elementos muito parecidos. San Lorenzo e Sevilla se apresentam como exemplos visíveis do objeto central desta tese: o conflito das formas ativas dos torcedores na defesa dos seus clubes, dentro das condições particulares nas quais estão inseridos. É a isso que dedicaremos esse trabalho: investigar como os torcedores se organizam, mesmo em realidades muito diferentes, pela mesma ideia de que pertencem ao clube e que os clubes lhes pertencem. Para tanto, "associações civis" e "sociedades empresárias" precisarão passar por um escrutínio minucioso, repensadas em seus sentidos histórico, político-econômico e sociocultural.

* * *

Mesmo o sujeito mais desinteressado pelo esporte deve admitir como é praticamente impossível se esquivar do futebol de espetáculo nos tempos atuais. A Copa do Mundo FIFA é um desses momentos em que o futebol toma tal proporção na agenda pública — mobilizando famílias, vizinhanças inteiras, ambientes de trabalho, instituições de ensino, serviços públicos etc. — que praticamente não dá espaço para negociação. Com a oferta crescente de produtos relacionados ao espetáculo futebolístico nos canais de TV a cabo, serviços de streaming e plataformas piratas disponíveis nas profundezas da internet, o consumo de futebol tem se tornado algo diário pelos seus apreciadores mais ávidos. Mesmo jogos virtuais, os ditos *games*, são capazes de mobilizar recursos volumosos, servindo como mais uma plataforma eficiente da entrega da audiência para o mercado da publicidade.

Afinal, tudo é uma questão de audiência. Diferentemente da indústria da música ou da indústria do cinema, a indústria do futebol não depende tanto de constantes renovações estéticas para atualizar seu tipo de conteúdo. Não há necessariamente um "nicho" para cada "gênero" a ser detectado, moldado e produzido para consumo. O processo é bem mais simples aqui: a indústria do futebol por si só se encarrega de elaborar os "novos nichos" e os "novos gêneros" da sua atividade produtiva, pois há sempre um rol de grandes clubes vencedores em destaque, e há sempre o cardápio renovado de grandes craques globais agregando admiração, idolatria e inspiração dos novos consumidores.

A oferta de produtos secundários do espetáculo futebolístico em si (o jogo de, no mínimo, 90 minutos) também é uma marca dos tempos atuais. Para além dos próprios *games*, com sua forte presença na produção imagética dos elementos dessa indústria, ampliam-se as produções jornalísticas, semijornalísticas, documentais, docu-dramáticas, verdadeiros *realities shows* do dia a dia de jogadores e treinadores, assim como os conteúdos próprios das plataformas pertencentes aos clubes. Evidente que todos são absolutamente dependentes do produto central, o jogo em si, mas não é possível descartar o papel que esses novos produtos cumprem na atual conjuntura.

O século XXI é uma quadra histórica em destaque para a indústria do futebol nesses termos. A oferta de campeonatos europeus em território asiático, por exemplo, há muito tempo deixou apenas de ser uma modalidade de comercialização dos produtos espetaculares do futebol. O ataque a esses "mercados consumidores" se constituiu como uma estratégia crucial de diferenciação financeira entre essas empresas produtoras de espetáculo. Há as grandes marcas, aquelas que mobilizam as audiências na Índia, na China, na Indonésia ou na Nigéria; e há aquelas que buscam igualá-las, incapazes de alcançar esses imensos contingentes populacionais além-mar para revertê--los em audiência (Li e Nauright, 2020; Bunn, 2018). É nessa segunda esfera que ainda se encontra o futebol do continente americano e de 90% dos países europeus.[11]

Novamente, a audiência. Como toda indústria cultural, o futebol se caracteriza pela lógica produtiva de uma "dupla mercadoria". Ao passo que produz um objeto tangível, capaz de adquirir um valor de troca — o espetáculo em si, consumível presencialmente nos estádios ou remotamente por uma tela —, também produz uma "mercadoria audiência" a ser comercializada com outras empresas, pela cessão do direito de exposição e vínculo de marca. Poderíamos chamar essa mercadoria de "atenção", ou de "olhos, corações e mentes" do público, mas basta compreender que anunciantes e patrocinadores, em geral, recorrem ao futebol como uma grande loja de "mercadoria audiência" (Bolaño, 2008).

---

11. Já é lugar comum a classificação das chamadas *Big 5 Leagues*, as cinco principais ligas do mundo, representadas por Inglaterra, Alemanha, Espanha, Itália e França (elencadas em ordem decrescente de geração de receita). Essas são as verdadeiras ligas globais, mas que ainda exigem maior apuração, são poucos aqueles que realmente alcançam o status de clube global — os hoje chamados *super-clubes*. É dizer: a desigualdade entre a Europa e o resto do mundo, na realidade, é a desigualdade entre os clubes globais das cinco grandes ligas e o resto do mundo.

Trata-se de um produto de difícil precificação que assume papel cada vez mais central na produção capitalista contemporânea, afinal, a comunicação constitui uma "infra-estrutura sem a qual a mercadoria não chega ao consumidor" (Bolaño, 2008, p. 102). Como em toda relação de troca, as "mercadorias audiências" em concorrência precisam provar qual é mais qualificada e eficiente para atrair o interesse dos melhores compradores.

Ao menos desde a década de 1970, o futebol se constituiu como uma das principais indústrias de "mercadoria audiência" do planeta (Sloane, 1971, p. 121-146). Mas é apenas no século XXI que essa economia política do futebol vai assumir o grau de sofisticação "globalizado" característico dos tempos atuais. As receitas dos clubes crescem na medida em que são capazes de valorizar e expandir o seu alcance, isto é, suas mercadorias audiências, mobilizando anunciantes nos mais variados modelos contratuais, composições geográficas ou segmentações de plataformas de exposição.

A ordem da midiatização do público, entretanto, é generalizada, atingindo todas as escalas dessa indústria. As formas de relação do clube com o seu público são profundamente transformadas, uma vez que o "público de fora" segue se ampliando em ordem muito superior ao volume do "público dos estádios" (King, 1997, p. 224-240). O advento da TV e a consolidação das modalidades de "direito de transmissão" já resultaram em uma reestruturação completa da produção do espetáculo, na medida em que os clubes perceberam as receitas relacionadas ao estádio perderem importância frente à magnitude das receitas "da televisão". Mas, agora, já estamos falando de uma nova escala.

Um exemplo dessa transformação agressiva das prioridades é a *Supercopa de España*, um torneio que desde 1982 era definido em partida única entre o campeão de *La Liga* e o campeão da *Copa del Rey*, as duas principais competições do futebol espanhol. Após um acordo da Real Federação Espanhola de Futebol (RFEF) com o governo monárquico da Arábia Saudita, a competição foi realizada nesse país do Oriente Médio e ampliada para quatro equipes — adicionados os vice-campeões de cada competição —, de modo a garantir a presença constante de Real Madrid e Barcelona.[12] Para a RFEF, uma oportunidade de arrecadar fundos inéditos. Para a Arábia Saudita, a oportunidade de explorar o poder de atração do futebol para "limpar a sua imagem" perante o mundo (Leite Junior e Rodrigues, 2020, p. 298-331). Se há pouco falávamos da função "publicidade" da indústria do futebol, aqui vemos um caso concreto da função "propaganda" — a exploração desse mesmo mecanismo para finalidades políticas e ideológicas de diversas ordens (Bolaño, 2008).

Recorremos aos conceitos de César Bolaño (2008), que define publicidade e propaganda como uma "dupla função da indústria cultural". A publicidade é útil para os fins do capital privado em concorrência e para a legitimação do capitalismo liberal enquanto modo de vida, articulando valores, códigos morais e instituições necessárias para a reprodução do sistema de produção capitalista. Já a propaganda se refere aos seus usos por grupos políticos dominantes ou pelo próprio Estado, com vias à disputa da hegemonia, do controle político e da produção de consensos. Como o futebol permite perceber, essas duas funções estão em constante correlação.

A distinção financeira capacita tais agremiações a obterem preponderância na atração do escasso mercado de jogadores qualificados à disposição, o *"star system"* do futebol. Essa elite

---

12. Antigamente, caso houvesse repetição do campeão da liga e da copa, o vice--campeão de *La Liga* seria convocado à Supercopa. Na ocasião da ampliação para quatro clubes, logo na primeira edição (2019/2020) foi necessário convocar o Real Madrid como terceiro colocado da liga — que acabou se consagrando o campeão do torneio. Os dois torneios seguintes foram conquistados pelo Athletic Bilbao, vice-campeão da *Copa del Rey* 2019-20, e pelo Real Madrid, vice-campeão de *La Liga* 2020-21.

da bola não apenas contribui esportivamente com sua capacidade especializada de realizar o seu trabalho, mas também mobiliza, por si só, novos contingentes de consumidores a serem convertidos em mercadoria audiência. Públicos consumidores volumosos são direcionados para os clubes nos rastros desse "*star system*" (Figueiredo Sobrinho e Simões Santos, 2020).[13]

Essa correlação só tende a se agravar com a incidência das formas mais elaboradas de monetização através de mídias sociais utilizadas em todo o globo. Essa nova "economia dos dados" que capta, através de complexos algoritmos, o comportamento do público que interage com os "perfis" dos clubes e atletas nas redes sociais tem assumido crescente importância no universo do futebol. O caráter fidelizado desse público, junto ao imenso potencial de criação de conteúdos relacionados a clubes e atletas, tem atraído *players* dos mais diversos para explorar esse mercado cruzado de geração de audiências, coleta de dados e direcionamento de publicidade. Essa minuciosa "economia da atenção" tende a se tornar cada vez mais decisiva.

Não por acaso, o tradicional relatório "*Football Money League*", elaborado pela firma de consultoria internacional Deloitte, decidiu elencar a quantidade de seguidores na rede social Instagram dos clubes e dos seus principais jogadores, na edição publicada em 2020, com números da temporada 2018/2019. Dos 20 clubes de maior receita no mundo naquela ocasião, apenas cinco tinham mais seguidores no Instagram do que o seu jogador mais seguido. A título de exemplo: enquanto

---

13. Os autores fazem uma abordagem distinta sobre o conceito de "*star system*", mais precisamente relacionando essa categoria às estratégias dos meios, em contexto de concorrência. Nos sentidos que estamos usando, entendemos o "*star system*" como parte da estratégia dos clubes para expansão dos seus públicos consumidores, de modo a ampliar a produção da mercadoria audiência e, consequentemente, ampliar receitas comerciais e de patrocínio.

o PSG apresentava 26,7 milhões de seguidores, Neymar Jr. reunia 131,1 milhões (Deloitte, 2020). Essa tendência está no cerne das principais movimentações dentro da indústria do futebol nessa década de 2020. Desde a corrida desenfreada pela aquisição de direitos de transmissão de competições, incluindo aí sites e aplicativos de apostas, à produção de conteúdos de bastidores para plataformas de streaming — que, por sua vez, também começam a adquirir direitos de transmissão de competições — e à aquisição de uma rede ampla de clubes em diferentes mercados, buscando estabelecer novas "sinergias" entre negócios dos mais diversos do grupo econômico que adquire tais propriedades. Um universo cada vez mais complexo, que será explorado ao longo da tese.

Com consumidores espalhados por todo lugar, quem são os "torcedores" desse futebol do século XXI? O público dos estádios e os membros do clube se diluíram em um oceano de consumidores anônimos instalados nos sofás de milhões de lares. Para o espetáculo, a prioridade está invertida: o produto deve ser prioritariamente midiatizado, posteriormente presencial.[14]

---

14. A elitização do público dos estádios decorre, principalmente, pelo interesse em equilibrar as fontes de receitas dos clubes. Defendo em "Clientes versus Rebeldes" que o peso do "combate à violência nos estádios" — argumento muito comum para justificar o aumento vertiginoso do preço dos ingressos — é consideravelmente menor que o peso exercido pela demanda interna dessa indústria que, desde então, foi incapaz de superar a receita dos direitos de transmissão com a chamada "operação dos jogos", identificando essa questão como uma "dependência da televisão". A primeira razão apenas opera como discurso de legitimação da nova ordem dos estádios: controle e vigilância, precificação agressiva e inacessível às classes populares, público sentado e passivo e cerceamento das culturas festivas do torcer (Simões Santos, 2017).

Antigamente restritos às suas comunidades de origem e posteriormente mobilizadores de grandes massas nas cidades onde estavam instalados, os clubes atravessaram um século e meio sujeitos a inúmeros processos de redimensionamento até chegarem ao atual estágio em que se encontram. À medida que o futebol se desenvolvia enquanto indústria, aprimorando as dinâmicas de mercantilização do espetáculo, a instituição da sua origem ainda resguardava características tradicionais, como "associações civis sem fins lucrativos".

Essas organizações sociais de adesão voluntária, modelo ainda hegemônico em países como Brasil e Argentina, são compostas por um estatuto que estabelece as regras de composição do seu quadro social, como sócios que contribuem com valores determinados, para obterem poderes políticos. Esses poderes políticos são válidos em assembleias, dentro das quais está o processo de eleição dos diretores dessa instituição. O caráter "sem fins lucrativos" determina que nenhum membro dessa organização está autorizado a compartilhar os lucros gerados por ela — no caso do futebol, dos resultados financeiros oriundos da comercialização do espetáculo futebolístico. Em uma associação, todo e qualquer retorno relacionado a essa atividade econômica deve ser reinvestido na própria associação ou mantido sob sua posse. Se nos é possível falar de uma propriedade, ela é coletiva e compartilhada pelos seus membros voluntários, os sócios. Essa propriedade não se dá por uma relação de objetivos econômicos, apenas sociais.

Por mais de um século, as necessidades e as técnicas da produção do espetáculo conviveram em contradição com essa organização social que criou e deu substância ao clube. Esse perfil "contraditório" perdurou enquanto modelo mais comum em todo o mundo até meados da década de 1980, quando, país a país, uma nova etapa de mercantilização do futebol passa a promover a transformação dessas "associações civis" em "sociedades empresárias" (Helal, 1997).

A conversão generalizada do modelo jurídico é um marco central na história do futebol e altera significativamente as formas de relação entre torcedores e clubes. O clube, dentro dessa perspectiva, deve expelir a "associação civil" do seu núcleo, assumindo de vez uma feição empresarial por direito. Empresas com donos pressupõem clubes sem membros: nesse novo futebol de empresas, os torcedores deveriam ser entendidos como clientes do espetáculo, afastados das decisões relevantes. Agora, sob a propriedade de um ente privado, todas as decisões devem ser guiadas por princípios de mercado, dirigidas por finalidades financeiras. Em tese, geridas de forma profissional, eficiente e controlada.

Parte considerável desta tese será dedicada a investigar os diferentes contextos em que essa perspectiva gerencial, que também é profundamente ideológica, se estabelece sobre o formato jurídico dos clubes. Ou, como é o caso de muitos desses contextos, como ela sofre resistências, modificações pontuais ou rechaços mais significativos.

Não há um único modelo de conversão obrigatória. Na verdade, é possível dizer que nenhum modelo é realmente semelhante ao outro, considerando que a experiência seguinte acumularia o aprendizado — mais necessariamente, os erros — da experiência anterior. Há um visível encadeamento histórico de surgimento de novos pressupostos, resultado das experiências concretas vivenciadas nos países pioneiros. A Itália estabelece conceitos diferentes da França, que não é seguida como modelo na Espanha, que é tida como aprendizado por Portugal, Alemanha e Chile, assim por diante. Mas esses movimentos pela empresarização dos clubes nunca se trataram apenas de propostas técnicas e isentas de renovação do modelo de gerenciamento dessas empresas produtoras de espetáculo.

Muito pelo contrário. Estamos falando de investidas profundamente políticas em diversos sentidos: tanto no que se refere aos planos dos seus promotores, muitas vezes motivados pela visibilidade e pela projeção que o trato com o tema futebol oferece, quanto aos interesses privados atiçados por essas propostas, igualmente cientes do poder que os clubes conferem aos seus envolvidos, no intuito de reverter a "magnética do futebol" para seus fins como futuros proprietários. Mas, principalmente, no que se refere ao caráter densamente ideológico por trás da defesa da empresa como subjetividade predominante no tecido social.

Convém antecipar que são raros os casos em que clubes adotaram o formato de empresas de forma voluntária. Todos seguiram as determinações de leis nacionais que obrigavam a conversão, na maior parte das vezes, sob o argumento do acúmulo das dívidas dessas organizações com o Estado. A conversão de associação para empresa visava sanear essas dívidas através da venda dos seus ativos para um ente privado, zerando os passivos dessa empresa e tornando-a financeiramente capacitada para retomar a atividade econômica do futebol, agora sob o modelo "ideal" de empresa com dono.

Ao passo que um país promove seu processo próprio de "empresarização" dos clubes — frisamos, quase sempre obrigatório —, os efeitos imediatos da capitalização das agremiações, nesse processo primeiro de aquisição, se revertem em vantagens financeiras e, consequentemente, esportivas, conferindo aos clubes desse país o posto de "novo paradigma" de modelo gerencial do futebol. Essa "alavancagem" é um movimento natural desse processo e por isso está no cerne dos argumentos favoráveis à conversão dos clubes. Mas nada indica, e o plano material dá várias provas contrárias, que o ritmo dessas "alavancagens" é constante e de fôlego. Ele tende a se resumir às primeiras dezenas de metros de uma longa maratona.

Como mostraremos adiante, por mais que essa preponderância não seja efetiva, muito menos duradoura — dado que esse diferencial financeiro se dissolve em espaço curto de tempo e os mesmos problemas financeiros voltam a se apresentar, agora sob a figura de sociedade empresária —, é certo que essa experiência localizada será tratada como um modelo a ser seguido ao longo de alguns anos. Ao nível clássico dos sentidos de falseamento da realidade, a "ideologização" da transformação dos clubes em empresa é realmente impactante e igualmente presente nos discursos dos promotores da mercantilização do futebol.

Esse destaque é fundamental, porque afeta inclusive a percepção de estudiosos mais críticos do futebol, a exemplo de Richard Giulianotti, respeitado sociólogo britânico. Em seu seminal "Sociologia do Futebol", cuja versão original é de 1999, o autor acusou o modelo associativo presente "na Península Ibérica e na América Latina" de ser uma "tradição arcaica", caracterizada por favorecer seus diretores para finalidades políticas, e condenou o futebol global a não ter como "resistir à 'privatização' dos clubes", dado o nível já perceptível da globalização do capital (Giulianotti, 2022, p. 117-118).

Talvez contaminadas pelas formulações ideologizadas do clube-empresa descritas anteriormente, as impressões e previsões de Richard Giulianotti falharam em inúmeros sentidos, mesmo que totalmente compreensíveis em vista do contexto histórico em que foram produzidas, no longínquo ano de 1999.

Vejamos: 1) Não concebeu a persistência da figura da associação civil em diversos lugares, como nos clubes da Espanha (os que não foram obrigados a se converter em empresa e não o fizeram voluntariamente), na totalidade do futebol da Alemanha e nos principais clubes de futebol de países como Portugal, Holanda e Turquia; 2) Não supôs a retomada da ideia da estrutura associativa como forma de governança dos clubes de futebol, defendida, inclusive, pela UEFA, em seu apoio institucional à Supporters Direct Europe, organização internacional que defende explicitamente a retomada do controle dos clubes pelos seus torcedores; 3) Desconsiderou que clubes em formatos de empresas também estão totalmente passíveis de captura por interesses políticos, alguns em ordem muito superior e mais agressiva do que a tradicional questão eleitoral apontada na sua crítica, como inúmeros exemplos práticos provaram ao longo das duas primeiras décadas do século XXI.

Por isso dedicamos uma parte desta tese para dar atenção a essa questão, a partir da exploração desses exemplos práticos.

* * *

A dicotomia entre "associação civil sem fins lucrativos" e "sociedade empresária" é, por si só, limitadora. Inúmeros modelos de associação civil são possíveis, coexistindo um enorme leque de modalidades e custos de adesão; formatos e composições dos órgãos de poder; regras eleitorais e durações de mandatos e da própria composição social do seu quadro associativo. Tão diverso quanto é o quadro de modelos possíveis de uma sociedade empresária, podendo ela pertencer a um único sujeito, assumir o formato de sociedade anônima — listada em bolsa ou não, com divisão das suas ações em um número indeterminado de proprietários — ou mesmo adotar um modelo de empresa com a própria associação se estabelecendo como proprietária dessa sociedade empresária.

Essa considerável pluralidade de formatos estabelecidos nos diferentes países nos obrigará a fazer uma longa discussão histórica, político-econômica e sociocultural sobre os clubes de futebol. São inúmeros os fatores que exigem observação mais apurada, pois cada localidade conta com particularidades produtoras de resultados distintos. Destacaremos adiante ao menos três etapas do processo de empresarização dos clubes, que ajudarão a entender por que cada país assume um modelo diferente e por que eles testemunham impactos de ordem tão variada.

Há outro questionamento possível à dicotomia entre "associação civil" e "sociedade empresária", pelo qual vale antecipar uma questão que será aprofundada ao longo da obra. "Empresa" e "associação" são termos que podem ter diferentes usos. Como vimos anteriormente, clubes de futebol são, ao menos desde os anos 1930, verdadeiras "empresas produtoras de espetáculo". O emprego da força de trabalho dos jogadores — primeiro de forma não oficial, posteriormente nos moldes "profissionalizados" — e a mobilização de uma série de outros tipos de trabalhadores e segmentos profissionais viabilizaram a produção contínua do "jogo de futebol" enquanto divertimento urbano, comercializável como espetáculo a ser assistido (por isso, a "assistência"), em consumo presencial, pela via dos bilhetes de entrada nos estádios (Toledo, 2002).[15]

Ainda que os clubes passassem muito longe de contar com uma estrutura típica de uma empresa tradicional, eles auferiam renda com a venda de bilhetes, articulavam distintos e abastados amantes do futebol para a construção de *grounds* e novos *stadiums* com maior capacidade para assistências maiores, contabilizavam ganhos e perdas etc. Também prometiam

---

15. Nessa obra, há uma dedicação especial às ideias primeiras sobre a "assistência", calcada em estranhamentos e acusações, por não se admitir que os *sports* pudessem ser concebidos para serem "assistidos", ao invés de praticados. O caráter classista dessas ideias parasitou a história do futebol até os tempos atuais.

pagamentos cada vez maiores para os melhores jogadores da cidade, com o intuito de garantir a proeminência esportiva sobre os times dos outros clubes locais, criando as "rivalidades".

É possível, portanto, dizer que aqueles clubes sociais lidaram com a crescente importância de um setor específico, aquele responsável pela venda desse produto atraente aos tantos cidadãos comuns no cotidiano das grandes cidades modernas. A "empresa produtora de espetáculos", que comercializava bilhetes à assistência, ganha nova proporção a cada nova quadra histórica, forçando a expansão do clube para comportar seu tamanho. Em contrapartida, é também ela que agrega novos sujeitos interessados em integrar a associação destacada dentro daquele "mundo do futebol". A estrutura física do "clube social", equipamento de lazer e socialização presente na origem da maioria dessas associações civis, perde gradualmente a sua preponderância enquanto fator de atração de novos associados. É o "futebol" que passa a fazer o clube crescer em relevância em determinada sociedade.

Aqui estaria, talvez, a grande "dialética" do futebol. Ao mesmo tempo que produz um espetáculo a ser comercializado para públicos cada vez maiores — forçando, inclusive, a construção de praças desportivas com estruturas capazes de suportar dezenas de milhares de "assistentes" —, a "empresa produtora de espetáculos" se abriga em uma associação civil fundada muito antes do seu advento. É a própria "empresa produtora de espetáculo" que dá nova escala a essa associação civil, redimensionando-a para muito além dos seus componentes tradicionais, mobilizando, reunindo e angariando integrantes alheios ao seu éthos de fundação. O espetáculo mobiliza o interesse de contingentes cada vez mais volumosos de pessoas dedicadas a associar-se ao clube, que já não pretendem resumir suas práticas ao consumo do espetáculo futebolístico. Aqui o "valor de troca" da mercadoria do espetáculo é suplantado pelo "valor de uso" do clube: a pertença a uma organização social; o afeto por seus símbolos e espacialidades; a identificação individual e coletiva na representação social.

Acontece que a associação nunca esteve disponível a todos os segmentos que compunham o público dos clubes. Os próprios custos de associação criaram barreiras a essa adesão, quando não eram os próprios estatutos que limitavam o acesso de determinados segmentos sociais ao clube, ou mesmo tolhiam as ferramentas de participação. Novamente, o "direito" não pode ser um limitador de análise: ao longo da história, torcedores buscaram estabelecer diferentes formas organizativas para compor, ainda que simbolicamente, a associação relacionada a um clube de futebol. Aqui, novamente respeitando o caráter introdutório desse capítulo, destacamos que esse será outro ponto de discussão com vistas à criação de uma nova perspectiva sobre o tema: conceber as mais variadas formas organizativas dos torcedores como iniciativas coletivas de participação e interferência nos clubes, ainda que não respaldadas pelos direitos políticos conferidos aos membros juridicamente legítimos da associação civil — os sócios.

E não apenas da "associação civil", é bom frisar. Como a investigação mostra, dada a longevidade da formação de muitos clubes como empresas (o modelo jurídico), gerações de torcedores nunca tiveram a possibilidade concreta de vivenciar espaços de participação. Ainda assim, é possível detectar iniciativas de caráter semelhante nessas realidades, através de formas coletivas diversas de expressão torcedora que, no fim das contas, se coincidem no objetivo de busca por legitimidade política.

Falamos de organizações numerosas ou pequenas, capazes ou incapazes de interferir no dia a dia dessa empresa, com composição massiva ou mais restrita a determinados segmentos da torcida etc. As formas coletivas da identidade torcedora merecem, dentro dos sentidos propostos aqui, uma abordagem, digamos, "politóloga", daquilo que já foi discutido nos sentidos simbólicos da "sacralidade" do futebol frente aos imperativos da mercantilização.[16] No que tange à composição política da "pequena sociedade" para muito além do consumo do espetáculo, essas formas organizadas são um sintoma de persistência de uma "associação" onde ela é restritiva ou onde ela já foi extinta.

Superar a acepção meramente jurídica dos conceitos de "empresa" e "associação" nos permite conceber a "empresa produtora de espetáculo" em constante contradição com o clube enquanto "associação de torcedores". Por outro lado, permite conceber a existência de segmentos de torcedores dotados de características específicas, que desempenham um papel ativo na produção **simbólica** e, sobretudo, **material** do clube, para além dos desígnios da "empresa produtora de espetáculo", mas por ela igualmente explorados nos mecanismos de produção de mercadorias.[17]

Frisamos a característica **simbólica** e **material** da "produção dos torcedores", pois reside aqui uma das principais investidas teóricas desta tese.[18] As reflexões até aqui

---

16. Mais precisamente a "profanação do espírito esportivo" e a "sacralização" dos elementos lúdicos (Gastaldo e Helal, 2013, p. 111-122).
17. O antropólogo Arlei Damo deu contribuições substanciais a essa discussão, valendo-se da distinção entre torcer e pertencer, especialmente no que observou ser "um segmento de público militante", a partir do qual cunhou o termo "pertencimento clubístico" (Damo, 2005).
18. Ainda sobre a contribuição de Arlei Damo, convém a leitura de um artigo no qual o autor narra o processo intelectual que o conduziu à formação do conceito de "pertencimento clubístico", salientando o ensejo de avançar sobre o que já estava à disposição. O intuito desta tese é fazer basicamente o mesmo (Damo, 2012, p. 45-72).

elaboradas serão conduzidas para outros campos do conhecimento, especialmente a geografia humana e as contribuições de Henri Lefebvre (1991) às ideias de "produção social do espaço". As ações dos torcedores e as suas reivindicações enquanto "membros" de um clube não devem ser investigadas apenas no campo das simbologias, das pretensões ou dos anseios, como parte importante da literatura dos estudos do futebol e das ações dos torcedores se contenta em fazer (Kennedy e Kennedy, 2013).[19]

É preciso estabelecer novos pressupostos teórico-metodológicos e novos instrumentais analíticos capazes de perceber o papel **produtivo** dos torcedores nos clubes de futebol, de modo a entender essa distinção entre o clube e a "empresa produtora de espetáculo" em todos os diferentes contextos possíveis. Se estamos falando de torcedores que, diferentemente do resto do público consumidor de espetáculo, não se resumem ao mero consumo do espetáculo, também convém criar uma terminologia capaz de distinguir esses sujeitos. Possivelmente, o critério será pela observação da postura ativa — e, por consequência, produtora — desse tipo específico de torcedor.

Essas propostas podem contribuir de forma considerável à análise do futebol como fenômeno social e primordialmente urbano, pois ajudam a conceber as mais variadas formas das organizações dos torcedores ativos sempre como formas renováveis de ação. Por "ação" entenda-se a participação e a composição dentro de um sistema. Torcidas organizadas, *bandas* ou *curvas*; sócios-torcedores ou sócios do clube; associações de pequenos acionistas ou *supporters trusts*; *peñas*,

---

19. Essa coletânea de artigos é um exemplo concreto do que foi dito, independentemente da qualidade do material.

embaixadas ou inúmeras outras formas já existentes, extintas ou a surgir: torcedores ativos são torcedores que produzem o clube, e essas variadas e heterogêneas organizações, no fim das contas, são resultado da mesma dinâmica de interesse e desejo por participação, representatividade e poder de decisão (Garcia e Llopis-Goig, 2020, p. 1.116-1.135).[20]

Não se deve confundir, entretanto, essas ações pela participação e pela decisão nos clubes como iniciativas relacionadas a um "programa político" pré-estabelecido. Sua multiplicidade em termos de formato e composição se dá independentemente dos seus objetivos manifestos, ainda que, muitas vezes, essas organizações elaborem táticas e estratégias de ação, produzam conhecimento sobre os clubes e sobre seus lugares como torcedores, ou mesmo sejam cooptadas para a reprodução do poder dos grupos hegemônicos que controlam o clube.[21]

É possível inclusive ver essas organizações assimilando a própria ideia de transformação de clubes em empresas ou outros processos de mercantilização do futebol e clientelização do torcedor. Isso não nos permite descartá-las como exemplos do que está sendo exposto. A crença nos benefícios de certos processos de mercantilização deve ser entendida como parte

---

20. Garcia e Llopis-Goig produziram um dos muitos trabalhos que buscam identificar tipos de torcedores de acordo com o seu grau de dedicação e engajamento pelo clube.
21. O processo de constituição das sociedades anônimas do futebol (SAFs) no Brasil foi um momento especial para observar essa questão. Torcedores eram incitados por agentes políticos e econômicos a se mobilizarem a favor da venda dos seus clubes através de discursos articulados de oposição à figura do "conselheiro" — título comum em clubes associativos. Da mesma forma, dirigentes tradicionais de clubes associativos buscaram mobilizar argumentos contrários à constituição de SAFs nas agremiações onde exercem poder. Em escala menor, outros grupos de torcedores suspeitavam da velocidade de constituição dessas empresas e suas respectivas vendas.

do próprio processo contraditório do futebol, que só se esvai após tais contradições se expressarem no plano real. A elitização dos estádios e o controle privado nefasto dos clubes, por exemplo, só são compreendidos quando demonstram suas faces negativas, quando se materializam diante dos olhos dos torcedores. Raramente antes.

Essa dificuldade de percepção deve ser entendida em dois sentidos. Primeiro, o desejo de ver a sua instituição crescer: pode-se acreditar nessas soluções porque, no fundo, o que o torcedor espera é que seu clube suba de patamar esportivo, e os exemplos estrangeiros dos "novos donos mecenas" alimentam a crença de que esse é um processo imediato. Segundo, porque o caráter dessas discussões é categoricamente político-ideológico e a crítica sempre estará no campo da contra-hegemonia, travando uma batalha desleal contra o poder midiático, financeiro e político dos promotores dessas mudanças.

Ainda que o objeto desta tese seja o conflito entre torcedores e os processos de mercantilização do futebol — ou seja, relacionado a fatos específicos previamente identificados —, a contribuição teórica e conceitual aqui estabelecida sugere uma postura aberta às possibilidades. As experiências coletivas de torcedores ativos são incansavelmente surpreendentes e imprevisíveis em seus formatos organizativos, métodos de ação, compreensões da realidade, composição social e correlação de forças.

Ao longo desta obra teremos momentos mais elaborados de reflexão sobre a produção social do espaço e o princípio do comum como elementos centrais dessa característica das culturas torcedoras, questões protagonizadas por aqueles cuja relação com o clube, e com o conjunto de sujeitos que compõe o clube, está muito além do consumo do espetáculo futebolístico — onde tratamos do "fator *supporter*".

Mas, por que "*supporter*"? A priori, o termo tem o mesmo significado que o "torcedor" em países como Inglaterra e França, principalmente, mas também é comum em arquibancadas de outros países, com uma origem mais aproximada do sentido de "apoiador". Embora seu uso seja muito comum para designar apoiadores de uma figura política, um partido ou uma ideologia, no caso do futebol acabou se tornando um termo mais frequente entre torcedores que reivindicam uma relação mais intensa com o clube. "*Supporter*" funciona como um demarcador de posição, como um distintivo de dedicação, mobilização e fidelidade, principalmente em contraste com a postura dos "*fans*".

Também poderíamos explorar outras categorias, como "*aficionado*" (Espanha), "*hincha*" (América hispanofalante) e "*tifoso*" (Itália), sem alcançar o mesmo efeito. Ao longo da tese exploraremos como o termo "*supporter*" ganhou essa dimensão, explicando por que o seu uso nos ajuda a formar um conceito operacional útil. Como esse conteúdo é escrito na língua portuguesa, o termo cria uma distinção automática ao conceito genérico de "torcedor" (indivíduo que segue um clube de futebol), o que evidentemente perderia efeito em uma tradução para a língua inglesa, em que esse termo pode ter exatamente esse significado genérico, a depender de quem o utiliza.

Usaremos "*supporter*", portanto, para designar algo como um "torcedor ativo", um tipo específico de torcedor de futebol que poderíamos caracterizar pelo seu alto grau de dedicação, mobilização e fidelidade — em que pese o imenso relativismo que permeia essas classificações, afinal cada torcedor compreende o seu lugar dentro de uma escala de intensidades de dedicação extremamente pessoal, inclusive de acordo com as suas próprias finalidades. Dedicar-nos-emos a essa discussão também.

O termo "*supporter*" está presente em muitas organizações torcedoras que compõem o corpus dessa pesquisa: *supporters club*, *supporters associations*, *supporters trusts*, Supporters Direct, Independent Supporters Associations, Supporters in Campo, Association Nationale des Supporters, Football Supporters Europe. Do mesmo modo, serve como termo de identificação em faixas de protestos, como "*supporters not costumers*" ["torcedores, não clientes"], muito utilizada em faixas para questionar mudança dos estádios e encarecimento de ingressos. O termo também permite designar o caráter internacionalizado dessas experiências, cada vez mais conectadas. Na academia, o termo "*supporterism*" também tem tomado importância dentro dos estudos do futebol, principalmente os sociológicos. Na França, por exemplo, *supportèrism* vem sendo utilizado para observar os movimentos sociais protagonizados por torcedores de futebol (Busset; Besson e Jaccoud, 2014).

Uma vez que estamos buscando tratar da emergência de novas formas de se relacionar com os clubes, é através do "*supporter*" que conseguiremos traçar uma diferenciação diante dos tipos mais genéricos de envolvimento de indivíduos com clubes de futebol. Os "*supporters*" são caracterizados como os sujeitos que compõem os movimentos utilizados para o estudo.

O uso do termo "comunidade" no título é igualmente provocativo. Grande parte da produção sociológica do esporte se dedica a discutir os sentidos desse conceito para tratar do que seria, em tese, a "torcida" de um clube, mas com derivações complexas o suficiente para exigir um uso mais cuidadoso.[22]

Há um sem número de vieses possíveis de abordagem dessa questão: a dicotomia entre "tradicionais" e "consumistas"; as

---

22. A título de ilustração da longevidade e da profundidade desse debate: uma edição inteira da revista *Soccer & Society* ao tema, com o título "Futebol e Comunidade no Contexto Global" (Brown; Crabbe e Mellor, 2008, p. 303-312).

próprias contestações aos sentidos de "tradição"; a inevitabilidade das relações mediadas por redes sociais que também implicam e impactam diretamente na "vida real"; a complexa relação entre as demandas financeiras dos clubes, cada vez mais voltados para o alcance de públicos globais; a organização de grupos segmentados de torcedores nas redes e nas arquibancadas; e, como é o caso aqui, a emergência de grupos de torcedores guiados por interesses políticos em comum com relação aos seus clubes e aos seus estádios.

A grande questão aqui é identificar as semelhanças e diferenças entre essas percepções em contextos geográficos, político-econômicos e socioculturais tão distintos. Assim como o termo "*supporter*", o sentido de "comunidade" nos auxilia a resumir a percepção do que há de comum, mas também nos obriga a destacar com frequência o que há de particular em cada realidade.

* * *

O negócio, a política e o público compõem, conflituosamente, o ambiente do futebol no século XXI. Lançar luz sobre a "empresa" e a "associação", nos sentidos oficiais da doutrina jurídica e nos sentidos alternativos aqui elaborados, é um desafiante caminho para desvendar o que há de destoante e o que há em comum nas relações entre torcedores e clubes de futebol, em localidades tão diversas quanto particulares.

O olhar alternativo sobre as "empresas" e "associações" nos clubes nos proporciona, além do mais, outra perspectiva primordial para entender o futebol em sentido histórico. Como "empresas produtoras de espetáculo", os clubes de futebol absorvem uma característica comum às indústrias culturais, das mais simples às mais elaboradas, que é a dupla função "publicidade" e "propaganda", anteriormente destacadas.

Ao passo que a publicidade nos serve como conceito operacional para entender a importância do futebol na produção da mercadoria audiência, pois se remete à função exercida ao serviço da concorrência capitalista na exposição das marcas e mercadorias, é possível também conceber o espetáculo futebolístico como produto de uma indústria cuja função propaganda serve a projetos de poder, seja do interesse de grupos políticos, seja na consolidação de doutrinas ideológicas dominantes. Curiosamente, essa função propaganda se mostra hipertrofiada dentro do futebol do século XXI.

Como hospedeiros de "empresas produtoras de espetáculo", os clubes em formato de associação civil estão passíveis dos mesmos riscos de um clube como sociedade empresária: estarem à mercê dos interesses e projetos privados daquele que estão com o controle da produção do espetáculo. A partir daí se compreende como, especialmente no Brasil, as associações civis adotaram estruturas restritivas aos seus torcedores ao longo da história. A necessidade de reter, reproduzir ou limitar o poder reside no anseio de manter-se sobre o controle exclusivo da "empresa produtora de espetáculo", ainda que dentro de um modelo jurídico onde essa propriedade não é definitiva.

Em sentido histórico, os clubes brasileiros sempre foram mais fechados do que aqueles existentes em países como Espanha, Portugal, Argentina e Chile.[23] Essa diferença é

---

23. A Espanha obrigou todos os seus clubes a extinguirem as associações e virarem sociedades anônimas desportivas (com exceção de quatro). Portugal obrigou seus clubes a constituírem uma sociedade anônima desportiva para o futebol, mas suas associações podem continuar no controle dessas. O Chile, igualmente, obrigou a criação de sociedades anônimas desportivas profissionais, autorizou a participação da associação, mas não garantiu mecanismos de controle por parte delas. A Argentina, muito pelo contrário, proibiu a "privatização" dos clubes, só autorizando associações a disputarem os principais torneios locais.

comprovada tanto no volume dos quadros associativos — superando as dezenas de milhares nesses outros países, mesmo em clubes menores — quanto nas formas elaboradas para concentrar e conservar o poder — conselhos vitalícios, conselhos deliberativos não paritários, ausência de estruturas e mecanismos efetivos de fiscalização e punição etc.

Um clube de caráter "oligárquico", no qual poucos associados abastados têm acesso aos círculos decisórios, no fim das contas, funciona como uma empresa privada, mesmo que o modelo jurídico de associação civil sem fins lucrativos pressuponha coisa diferente. O clube oligárquico atenta contra a proposta de uma propriedade coletiva, em que a aderência se dá por abnegação e o retorno desse investimento de tempo e dinheiro se apresenta apenas em valor de uso.

A diferença crucial para um torcedor comum, ou um sócio movido por interesses coletivos, é que no modelo jurídico de associação civil ainda sobra uma possibilidade concreta de participação e intervenção, por meio da democratização de suas estruturas. O clube pode proporcionar isso ampliando o quadro social através de modalidades de associação mais acessíveis, estabelecendo reformas estatutárias que ampliam o poder de participação e o alcance do voto do associado, e estabelecendo órgãos de contra poder para fiscalizar, acompanhar e punir maus gestores etc.

Uma sociedade empresária, por sua vez, não contempla espaço para reforma.[24] A propriedade total ou parcial dos

---

24. Exceto, como dito na nota anterior, se a sociedade empresária estiver sob o controle majoritário da associação. Em outras palavras, nesses casos os ativos do futebol foram tirados da associação, revertidos para uma sociedade anônima, e a associação, enquanto pessoa jurídica estabelecida, manteve o controle da maior parte das ações da empresa.

ativos de um clube de futebol sempre se manifestará como propriedade. No mundo capitalista liberal, das circunstâncias mais democráticas às formas mais autoritárias, a propriedade é a manifestação mais absoluta da lei. O direito, em grande medida, existe para preservá-la. Basicamente, não há um espaço político disponível para a atuação dos torcedores que contemple a contestação da aquisição total ou parcial dos ativos daquela antiga associação civil.

Mas isso tampouco significa que há resignação. Esta tese demonstra a existência de um quadro muito diferente do que a lógica formal da propriedade supõe, como já salientamos anteriormente. Na realidade, o ponto mais relevante de conexão dessas organizações é exatamente a contestação da propriedade.

A relação de semelhança entre uma associação oligárquica e uma sociedade empresária reside, portanto, na concentração de poder nas mãos daqueles que assumiram a "empresa produtora de espetáculo". A partir dela e dos benefícios políticos e financeiros que ela pode proporcionar, esses sujeitos expropriam o clube da associação, nos sentidos jurídico e alternativo estabelecidos, e a submetem aos desígnios da produção do espetáculo.

Por isso vale retomar um dos equívocos de Richard Giulianotti, ao acreditar que a transformação do modelo jurídico para empresa seria capaz de reverter a finalidade política (a função propaganda) que clubes de futebol ofertam aos seus controladores. Uma análise apurada da atual situação do futebol global aponta para uma conclusão absolutamente distinta: clubes estão sendo transformados em empresas (ou adquiridos, quando já são empresas), acima de tudo, para proporcionar projeção política e social aos seus envolvidos.

A relação entre investimentos e resultados esportivos é incerta, mas ainda menos previsível é a relação entre geração de receitas e equilíbrio financeiro. O futebol dos tempos atuais precisa ser analisado com um olhar mais clínico, sob pena de se resumir a uma leitura idealizada do seu caráter de "negócio". O que se expressa no mundo real, o mundo da materialidade da produção capitalista do futebol, é um quadro muito distinto de qualquer outro segmento econômico. Mesmo o caráter de "negócio" é contestável, quando da imprecisão do pressuposto de que essa atividade pode gerar mais receitas do que custos, revertendo lucros para os seus envolvidos.

A tese tem o objetivo de contribuir para uma crítica da economia política do futebol, para desvendar os seus modos de funcionamento para além das aparências do que se convencionou chamar de "negócio do futebol". Há muitas evidências que sugerem que o futebol, em grande medida, não é mais objeto de procura por grupos interessados em aumentar seus rendimentos (Simões Santos, 2020b, p. 28-69). Isso ficou para trás, na poeira das ilusões da viabilidade financeira da atividade. O futebol de hoje se constitui como o mesmo espaço de produção de poder que sempre foi, mas, diferente do que foi no passado, agora opera através do formato jurídico de empresa, atendendo aos interesses de proprietários que já não se preocupam com retornos financeiros. Tampouco estão submetidos à avaliação de uma assembleia de sócios com poder de decidir pela sua permanência ou troca, como ocorre em uma associação civil. O clube, nesse contexto, atende primordialmente (não apenas) à função propaganda.

Cabe observar, em especial pelo perfil de investidores que se aproximaram do futebol brasileiro na esteira da Lei da SAF, que já se identifica uma nova geração de compradores de clubes de futebol com uma leitura razoavelmente renovada. Inspirados no relativo sucesso do City Football Group e da rede de clubes da Red Bull,[25] muitos empresários norte-americanos passaram a se movimentar para a formação de novos conglomerados de clubes, os ditos *multi-club ownership*. Partem da leitura de que esses empreendimentos se complementam e de que há um potencial a ser explorado dentro da indústria do futebol, principalmente o europeu, para o qual apontam suas principais investidas.

Uma reportagem do site The Ringer (2022) abordou o assunto com a manchete "Uma nova onda de compradores americanos voltou os olhos para o futebol europeu". O extenso conteúdo explora várias dessas iniciativas, mas chama mais atenção pelo espaço cedido ao economista do esporte Stefan Szymanski — autor do best-seller *"Soccernomics"* com o jornalista Simon Kuper (2020) — e a uma longa lista de estudos sobre a natureza deficitária da indústria do futebol. As aspas de Szymanski, condensadas abaixo, são impactantes:

> Uma coisa que une todos esses donos americanos é que eles acreditam que ser dono de um time esportivo e fazer dinheiro pode andar de mãos dadas. [...] Essa ideia de que existe de alguma forma um valor oculto a ser destravado nos níveis inferiores do futebol europeu me parece ser um tema em comum entre essas pessoas. E é o que eu venho lutando bravamente para entender. Eu não sei do que essas pessoas estão falando. Eu

---

25. O City Football Group e a rede de clubes da Red Bull ainda demonstram grande dificuldade de estabelecer equilíbrio financeiro em suas operações. O primeiro, de propriedade do fundo soberano do emirado de Abu Dhabi, possui uma retaguarda considerável. O segundo, de propriedade de uma multinacional de energéticos que faturou 6 bilhões de euros em 2020, e surfa na popularidade dos clubes para se projetar ainda mais, segue aportando "empréstimos" para os seus principais clubes competirem a nível continental — mais de 95 milhões de euros em 2019 (The Athletic, 2022).

simplesmente não vejo como eles acham que podem fazer isso. A menos que seja apenas um bilhete de loteria no qual eles acreditam que terão muita sorte. Na média, esta deve ser uma aposta perdida, na minha opinião. [...] Eu não vejo nada de fundamental na estrutura do futebol que tenha mudado nesse período. Eu não vejo a estratégia aqui. A menos que você pense que todas as pessoas são estúpidas e você é mais inteligente. A ideia de que as pessoas que tentaram isso no passado são idiotas que não sabiam o que estavam fazendo, isso é sem noção (The Ringer, 2022).

A reportagem completa as colocações de Szymanski com outros dados: trinta anos atrás, a soma das receitas de todos os clubes europeus era incapaz de superar aquelas geradas pelas principais ligas esportivas norte-americanas de beisebol, de futebol americano ou de basquete. Atualmente, entretanto, o futebol europeu sozinho gera mais receita do que essas três ligas somadas. Para o economista, isso é não apenas uma prova de que o crescimento almejado por esses compradores já ocorreu, mas o indício de uma grande bolha prestes a estourar: "O motivo dessa bolha é o excesso de oferta de *equity funds* que está levando os investidores a ativos cada vez mais arriscados, porque há um excedente de dinheiro a investir".

Esse movimento de multipropriedade não é necessariamente novo, como já observara João Ricardo Pisani (2020, p. 332-355), que ressaltou modalidades distintas dentro desses projetos. Observou, no entanto, que esse tipo de estrutura demanda uma capacidade maior de aporte de recursos que nem todos esses novos grupos investidores possuem ou pretendem lançar mão. Dentro do movimento desses compradores norte--americanos, alguns estão muito relacionados à realização da Copa do Mundo FIFA 2026 nos Estados Unidos, Canadá e

México e à tentativa de estabelecer "sinergias" entre diferentes negócios no universo do futebol. Outros, mais amplos, buscam traçar estratégias de entradas em determinados mercados a partir da aquisição de clubes dessas localidades em específico, como tática de projeção e conexão.

Mas, para além disso, a preocupação é a falta de compreensão real sobre a diferença entre esses universos. A própria natureza do esporte norte-americano garante certa viabilidade financeira às franquias (NBA, NFL, MLB ou MLS,[26] o *soccer* local), e isso se baseia em um conjunto de fatores: altíssimo grau de regulamentação, controle de remuneração aos atletas, centralização e redistribuição de receitas, sistema de contratação que preza pelo equilíbrio esportivo, e uma incrível resiliência em manter essa estrutura após tantas décadas, mesmo estando no maior mercado consumidor do mundo, com o sistema financeiro mais voraz à disposição.

Há ainda outra questão ainda mais decisiva. O sistema de rebaixamentos e acessos de liga, típico do futebol associativo europeu, que foi replicado em praticamente todos os países do mundo, simplesmente não existe no esporte norte-americano. As novas franquias são aprovadas nas ligas a partir de decisões estritamente comerciais, não por mérito esportivo. É exatamente o sistema de "degraus" europeu que torna o futebol tão deficitário em todo o mundo: opera-se numa lógica de cassino, de apostas arriscadas de ampliação de investimento (em aquisições e salários) para se atingir um novo patamar (um acesso a uma divisão superior ou uma vaga em competição internacional) que pode muito facilmente não se concretizar — frustrando projeções de receitas que não vão se realizar,

---

26. NBA (National Basketball Association); NFL (National Football League); MLB (Major League Baseball); MLS (Major League Soccer).

com o peso da dificuldade em se desfazer dos altos custos em tempo hábil (se desfazer dos jogadores de salários mais altos, por exemplo). Essa característica centralizada e regulada é exatamente o que está em falta na organização do tradicional modelo piramidal do futebol na Europa e na América do Sul.

O resgate histórico do desenvolvimento dessa indústria do futebol será fundamental para desvendar essas relações, como elas se estabelecem e como vão se modificando ao longo do tempo e dos acúmulos das experiências. Se a ampliação quase inédita das receitas dos clubes de futebol foi incapaz de resultar em uma mínima sustentabilidade financeira — apresentando uma infinidade de experiências notáveis por apresentarem dívidas, falências, abandonos ou decadências abruptas (Kennedy e Kennedy, 2016, p. 25; Simões Santos, 2020; Motta, 2020) —, então nos parece extremamente urgente uma análise mais assertiva sobre a atual situação dessa indústria.

O futebol pode ser uma atividade econômica extremamente lucrativa para muitos agentes que operam nas suas estruturas, mas não exatamente para os clubes, núcleo duro desse organismo.

Jogadores e seus agentes se beneficiam diretamente desse crescimento de valores. É possível dizer que os anunciantes também se beneficiam, dada a entrega eficiente da audiência comprada. Também é possível perceber o ganho de intermediários dos mais diversos, como firmas de consultorias, profissionais "de mercado", escritórios de advocacia, agências de marketing etc. Mas, ao fim e ao cabo, são os clubes que assumem todos os riscos e custos da atividade. Qualquer descompasso entre entradas e saídas — e isso não compromete a remuneração de nenhum dos entes anteriormente mencionados — é de total responsabilidade dos clubes, estejam eles sob o modelo jurídico de associações civis ou de sociedades empresárias.

* * *

Ao longo desse trabalho discutiremos com maior profundidade a atual situação dos clubes de futebol em diversos lugares, para refletir sobre o novo processo de empresarização dos clubes brasileiros, questão que tomava a agenda pública do futebol local quando da produção desta tese e chegou ao seu momento mais agudo na sua fase de conclusão. Ainda que essa seja uma das justificativas para a pesquisa, a experiência brasileira de transformação dos clubes em empresas não se trata necessariamente do seu objeto central, que é mais amplo quanto às formas organizativas dos torcedores, os "*supporters*".

A experiência brasileira, dessa forma, é apenas um dos tantos elementos que compõem o corpu*s* desse objeto, e que será analisada sob as mesmas premissas que as experiências de outros países. Uma análise focada apenas no Brasil comprometeria o objetivo principal dessa pesquisa, pois particularizaria os fenômenos aqui entendidos como sintomas gerais da relação entre torcedores e clubes, ao menos naqueles lugares onde o futebol se desenvolveu como expressão cultural popular significativa ao longo dos séculos XX e XXI.

Entretanto, devido à velocidade e ao impacto dos acontecimentos a partir do final do ano de 2021, quando os vetos presidenciais são derrubados e a Lei da SAF entra em vigor, esse assunto também não poderia ser ignorado pela pesquisa, tampouco tratado sem a devida profundidade. A priori, a Lei da SAF seria uma breve menção dentro da introdução à tese, mas os fatos exigiram maior dedicação.

A lei foi aprovada em outubro de 2021 e já em janeiro de 2022 dois grandes clubes brasileiros haviam vendido 90% de suas SAFs a grupos registrados em países estrangeiros. O Cruzeiro Esporte Clube, primeiro a anunciar o processo, negociou sua

SAF com o grupo Tara Sports, de propriedade de Ronaldo Nazário, ex-jogador de futebol. Já o Botafogo de Futebol e Regatas transferiu 90% da sua SAF para o grupo Eagles Holding, de propriedade do norte-americano John Textor. Ao final de março de 2022, o CR Vasco da Gama anunciava a proposta do grupo norte-americano 777 Partners para compra da SAF do clube e outros muitos clubes já indicavam que constituiriam suas sociedades anônimas do futebol: Athletico-PR, Coritiba, América-MG, Chapecoense, Figueirense, Gama, Bahia etc. Os fatos se desenrolaram de forma tão acelerada que possivelmente o texto desta tese será fechado sem relatar algum novo acontecimento relevante — motivo pelo qual o Capítulo 6 foi pensado (em julho de 2022).

O processo de definição de um novo arcabouço que reformasse a então Lei Pelé (n. 9.615/1998) foi longo e cheio de idas e vindas. Trazido para o debate público principalmente a partir das movimentações iniciadas no superendividado Botafogo de Futebol e Regatas, ainda em 2018, esse debate foi impulsionado pelo então presidente do Congresso Nacional, Rodrigo Maia (DEM/RJ), mas só chegou a uma conclusão no final de 2021, por iniciativa de membros do Senado.

A visibilidade do tema acabou por provocar uma avalanche de debates, seminários, discussões em mesas redondas, produção de conteúdo jornalístico e não jornalístico e, no caso dessa pesquisa, ensejou a publicação do livro "Clube Empresa: abordagens críticas globais às sociedades anônimas no futebol" (Simões Santos, 2020), uma coletânea de artigos lançada em julho de 2020. A "comunidade do futebol" passou a estar engajada no assunto, contando com a participação direta de dirigentes de clubes na produção do texto final.

Para além do resgate histórico do processo de discussão da lei, também nos interessou observar a própria "política dos clubes" diante da eufórica conjuntura da compra de clubes por investidores com promessas de altíssimos investimentos. O comportamento dos torcedores comuns, assim como daqueles grupos que percebemos como "*supporters*", e a movimentação dos tradicionais grupos políticos e demais sócios do clube protagonizaram acontecimentos dignos de análise em direções tão imprevisíveis quanto reveladoras. Observar o processo brasileiro acabou por enriquecer as reflexões já elaboradas a partir dos casos de outros países, percebendo a "empresarização" dentro de novas chaves, ainda mais significativas.

Afinal, enquanto grupos de torcedores ingleses estavam lutando pela criação de espaços de decisão acessíveis aos torcedores dentro dos seus clubes-empresa e os torcedores alemães elaboravam táticas de resistência contra o fim da regra do 50+1, no Brasil os torcedores mais ativos percebiam na SAF uma forma de livrar o futebol do clube do controle dos grupos oligárquicos e das associações que sempre foram altamente restritivas à sua participação. Isso não só nos demandou uma revisão de certos conceitos, como deu nova perspectiva temporal a tais processos: se a SAF se apresentava como algo positivo, a ação dos torcedores serviu para acelerar tais processos através da pressão dos tomadores de decisão dentro dos clubes.

Disso também resultam outras questões importantes, como não deixar de perceber como pode ser facilmente capturado o discurso voltado para a valorização do papel dos torcedores como atores legítimos de decisão dentro do clube. No caso do Cruzeiro, a pressão exercida pela torcida mostrou uma faceta perigosa, uma vez que, incitada por um ator específico, proporcionou a primeira grande crise dentro da "era SAF". Nesse caso, o agitador foi Pedro Mesquita, diretor da XP Investimentos, empresa contratada pelo Cruzeiro para captar investidores interessados na aquisição da SAF do clube.

Os termos do contrato assinado na proposta vinculante entre o presidente da associação, Sérgio Santos Rodrigues, e o comprador, Ronaldo Nazário, acabaram se mostrando extremamente lesivos à associação, principalmente em comparação com o acordo celebrado pelo Botafogo poucas semanas depois. Nesse processo estava o agitador da torcida, Pedro Mesquita, que foi contratado para mediar o acordo pelos interesses do clube, mas que praticamente atuou pelos interesses de Ronaldo, em um episódio que levantou muitas suspeitas. Antes de o problema estourar, quando ainda imperava o bom clima causado pela expectativa de mudança de rumos de um Cruzeiro em longa crise, os sócios da XP sempre se faziam presentes ao lado de Ronaldo nos jogos do clube.

Sendo o Cruzeiro um clube extremamente restrito — custos de associação altos, barreiras de participação em assembleias, conselho deliberativo restrito e cultura política engessada —, para muitos torcedores o imbróglio todo aparentava ser parte de uma ofensiva dos velhos "conselheiros" contra o processo de "modernização" e "profissionalização" do clube através da compra da SAF por Ronaldo Nazário. Isso tornou o cenário das narrativas completamente confuso.

Esse processo é apenas um exemplo de como a Lei da SAF deu início a uma infinidade de situações políticas dentro dos clubes brasileiros, inclusive daqueles que não tinham pretensões imediatas de transformação da sua "empresa produtora de espetáculo" em empresa. Como as vantagens trazidas pela lei atraíam interesse de investidores, ao mesmo tempo ensejavam agentes do mercado a incitar grupos políticos de cada clube a promover o caminho da SAF. O processo não deveria parecer apenas inevitável, mas indispensável para a sobrevivência dos clubes.

Para muitos, de fato era uma questão de sobrevivência. O alto endividamento, as recorrentes penhoras, os bloqueios de contas e premiações e toda sorte de problema financeiro praticamente condenavam alguns clubes à mediocridade esportiva. Em se tratando do Brasil, um país onde 12 clubes se reivindicam "grandes" pelas glórias de tempos longínquos do passado, as promessas da SAF interditavam completamente os debates sobre os riscos, os mecanismos de proteção dos clubes, as contrapartidas e exigências a serem feitas ao comprador e mesmo sobre o ainda importante processo de reforma das associações civis. Afinal, de todo modo, elas comporão o quadro de acionistas da SAF e ocuparão cadeiras nos conselho de administração e fiscal da sociedade empresária.

O último capítulo relata o que aconteceu com relação ao tema SAF no Brasil até metade de 2022, e também discutirá algumas questões referentes às possibilidades de adoção de instrumentos para transformar as associações civis do futebol.

* * *

A tese está estruturada em seis capítulos. Os dois primeiros cumprem a função de sistematizar as transformações dos clubes de futebol e do seu público ao longo da história; os três capítulos seguintes se dedicam a explorar estudos de caso relacionados ao tema dos *"supporters"*, à luz de abordagens teóricas consideradas pertinentes para situar essas experiências dentro de questões mais amplas; e, por fim, o último capítulo, surgido diante das necessidades impostas à pesquisa na sua fase de encerramento, será dedicado a reflexões sobre os acontecimentos do futebol brasileiro nos começo do ano de 2022 — a criação das SAFs e o comportamento de torcedores e demais atores nesse processo.

Essa estrutura foi criada para separar etapas da tese, buscando apoiar cada capítulo em uma reflexão anterior.

Uma primeira parte (capítulos 1, 2 e 3), responsável por conceituar e definir historicamente a transformação dos clubes e das formas de envolvimento dos torcedores com esses, que sustentará e servirá de referência para a outra parte dedicada aos estudos de caso, sustentados em novas reflexões teóricas (capítulos 4, 5 e 6). Nessa segunda etapa, para não cindir de forma abrupta as discussões teóricas da parte prática da pesquisa, cada capítulo contará com um subcapítulo inicial, de caráter teórico, acompanhado de três subcapítulos dedicados aos estudos de caso. O seguinte (5), dentro da mesma proposta, já conectado à discussão teórica anterior (4), oferecerá outras reflexões a serem colocadas em xeque com o estudo de outros três novos casos.

Os subcapítulos dedicados aos estudos de caso seguirão o mesmo princípio na análise das estruturas e conjunturas de cada país, com o intuito de contemplar os aspectos concretos que distanciam e aproximam as diferentes localidades selecionadas:

1. a análise do processo histórico de desenvolvimento da indústria do futebol no país, com a intenção de dar relevo aos eventos mais significativos — a exemplo do modelo jurídico predominante dos clubes em distintas fases históricas, passando pelas características socioculturais que marcam aquele lugar em particular — e, principalmente, ao processo político da empresarização dos clubes;

2. a descrição dos impactos mais significativos da transformação dos clubes locais em empresas, tanto no que tange à economia política do futebol no país em análise quanto ao impacto sociocultural desse processo, buscando observar como isso remodelou as expressões mais relevantes das organizações de torcedores ativos nesses lugares;

3. o estudo localizado em clubes que ilustram, no plano da prática, as questões salientadas nas discussões teóricas trazidas. Aqui se analisou mais concretamente as ações de alguns agrupamentos de *"supporters"* em diferentes clubes. Partiu-se de uma leitura sobre os conflitos entre torcedores e aqueles à frente dos clubes, monitorando os novos acontecimentos a partir das ações dessas organizações, presenciais e no ciberespaço, onde expressavam suas posições políticas, engendravam discursos e buscavam mobilizar torcedores a partir de termos capazes de dar sentido às suas pautas. Partimos do pressuposto de que esse ambiente virtual proporcionou a formação de novas arenas de discussão e estímulo à participação dos torcedores nos debates dos quais são historicamente alijados. O século XXI também corresponde ao momento histórico de massificação do acesso à internet e da consolidação das redes sociais como espaço de prática de política e cidadania, o que dinamizou as formas já existentes da ação torcedora.

Em "1. O Clube até o Século XXI: dos redimensionamentos históricos", buscaremos abordar o clube de futebol em perspectiva histórica, observando as suas transformações estruturais e simbólicas ao longo do processo de massificação da assistência e da sofisticação do futebol enquanto atividade econômica, até chegarmos ao século XXI, em que trataremos mais especificamente da predominância do formato empresarial.

Assim, o capítulo inicial será dividido em duas etapas: em "Resquícios da História" vamos analisar como se deram os diferentes redimensionamentos dos clubes ao longo do desenvolvimento do futebol de espetáculo. Em um primeiro momento, regressaremos aos primórdios das associações civis, para entender o caráter fundacional dos clubes esportivos, a exceção inglesa e a difusão do futebol para outros países, de modo a perceber como os clubes se constituíam e como passaram a se constituir a partir da popularização do futebol.

Adiante, em "Indústria do Futebol", complementarmente, observaremos como esse longo processo reposicionou os torcedores com relação às agremiações, reconfigurou os seus quadros sociais, alterou o desenho das relações políticas convencionais e alçou esses clubes a uma relevância social muito distinta do seu ambiente original de fundação, analisando o processo de massificação da torcida e do quadro social e, posteriormente, a midiatização do futebol.

Em "2. O Clube do Século XXI: das transformações impostas", avançaremos sobre as questões referentes à transformação dos clubes em empresas, discutindo seus sentidos em três etapas.

Em "Empresarização do Clube", como o título já indica, trataremos do processo global de transformação dos clubes associativos em sociedades empresárias. De forma desigual entre os países, ainda que imbuídas de princípios semelhantes, as "empresarizações" dos clubes de futebol ocorrem ao longo das últimas décadas do século XX em características distintas ao que será observado no século XXI, nos vários aspectos que rondam esse tema.

Em "Tipologia dos clubes" completaremos as discussões anteriores com um quadro de classificação dos tipos de clubes que resultaram desse processo de empresarização em escala global. Apontando a existência de pelo menos dez tipos possíveis de clubes de futebol na atualidade, esse modelo tipológico servirá para destacar as diferenças entre os países, bem como dos seus respectivos clubes, internamente. Essa etapa cumprirá também um papel importante de referência aos capítulos posteriores, já que indicará o formato jurídico, a estrutura societária e o modelo político dos clubes e como eles impactam na forma como os "*supporters*" se organizam.

Por fim, em "Dimensão político-ideológica", encerramos a primeira etapa com reflexões sobre a transformação de clubes em empresas a partir da análise da dimensão ideológica que impulsiona tais medidas, dos argumentos que tentam sustentar a ideia do fim dos clubes associativos (e como esses são falhos) e de uma análise sobre os proprietários de clubes e suas pretensões políticas como fatores preponderantes no futebol há algumas décadas.

Adiante, em novo capítulo, "3. O Clube e a Comunidade: dos novos torcedores", a tese se desloca dos clubes para os públicos que os seguem. O século XXI é marcado por mudanças consideráveis nas práticas de socialização, impactadas pelo aprofundamento, pelo aprimoramento e pela intensificação do uso e da presença das redes sociais virtuais. No campo do futebol-espetáculo, esse fenômeno pode ser percebido em muitas perspectivas, mas aqui daremos destaque a dois tipos possíveis: o "teletorcedor" e o "*supporter*" — categorias elaboradas nessa pesquisa.

Em "A era dos 'teletorcedores'" vamos explorar o processo de consolidação de um tipo de público consumidor dos clubes que, diferentemente da relação unidirecional produzida pela transmissão do espetáculo futebolístico pelos tradicionais meios de comunicação de massas, é caracterizado por uma postura mais ativa, por dizer "engajada", na relação com o seu clube de preferência. Mais do que "consumidores à distância", quando usamos o termo "teletorcedores" buscamos designar um sujeito que se dedica a demonstrar seu interesse de interação com o clube e com outros torcedores desse clube, principalmente através das redes sociais virtuais, provocando, inclusive, a elaboração de estratégias de mercado voltadas para potencializar essa relação.

Em seguida, "A era do 'ator-cedor'" servirá para explorar o outro lado da moeda desse mesmo fenômeno. O crescimento das experiências de ação e engajamento do "torcedor presencial" também se apoia na intensificação das redes de relacionamento online e, ainda que dedicados a elaborar formas presenciais/físicas de manifestação, esses grupos dependem e se utilizam das novas possibilidades de difusão de ideias e de propaganda de ações e eventos proporcionadas pela cibercultura. Esse subcapítulo servirá de introdução ao próximo, que aprofundará questões elaboradas em sentido distinto, agora observando o objeto central da pesquisa.

Adiante, "O fator '*supporter*'" vai trabalhar a constituição desse tipo de torcedor. O que aqui designamos como "*supporter*" são os indivíduos que se articulam através das organizações estudadas nessa pesquisa, cuja relação com o clube e os demais torcedores merece uma análise apurada. Essa atuação "militante", caracterizada principalmente pelo sentimento de propriedade sobre os clubes, pode ser encontrada em diversas localidades, com as mais variadas estruturas organizativas, dimensões, e formas de atuação, mas com termos, palavras de ordem e concepções parecidos entre si. Refletiremos, também, sobre os sentidos do "clube" para além dos seus tipos jurídicos. Partindo do pressuposto de que todo time de futebol é uma "empresa produtora de espetáculo", a fim de perceber as formas de organização de torcedores — suas manifestações públicas, suas expressões de identidades, seus sentimentos de pertencimento — somos instados a perceber o "clube" em uma nova perspectiva: como formas constantemente renovadas e recriadas de "associações". Não no seu sentido jurídico, mesmo que também assim se expresse em alguns casos, mas na percepção das formas associativas reinventadas de inúmeros torcedores, como forma de representação de uma identidade que vai além da "empresa produtora de espetáculo" — que também não se resume ao formato jurídico de sociedade empresária.

Assim, entramos nos dois capítulos dedicados a descrever e analisar a atuação dos movimentos de torcedores, aqui designados "*supporters*". A todo instante, em sentido comparativo, essas experiências serão analisadas em seus aspectos de "semelhança" e "distinção", levando em consideração as questões estruturais e socioculturais particulares que moldam cada uma dessas realidades.

Em "4. O Clube Comum: da produção torcedora", aproximaremos nossa investigação sobre as formas organizativas de torcedores e a relação desses com seus clubes de uma perspectiva teórica e política desenvolvida nas últimas décadas — a questão do "comum". Essa nova proposta será articulada à discussão previamente desenvolvida sobre a ideia de "reinvenção das associações".

Essa exploração teórica se dará em "Princípios do Comum e o futebol-negócio". As muitas concepções sobre o conceito de "comum" serão exploradas em observação ao constante avanço dos processos de mercantilização do futebol, seus impactos nas culturas torcedoras e a consolidação de uma noção de propriedade sobre os clubes, o que demanda um olhar mais amplo sobre os fenômenos sociais que eclodem diante do avanço da sinalizada "hegemonia neoliberal". Os conceitos de "comum" aqui colocados pretendem observar as resistências a tais processos dentro do universo futebolístico (e vice-versa), relacionando-as às concepções anteriormente destacadas de "propriedade simbólica", agora diante de uma dimensão renovada e socialmente observável do clube como um "comum": instituição produzida pela atividade social coletiva, não apropriável, mas em processo constante de expropriação para finalidades financeiras e políticas.

Para testar essas noções, "'*Supporters not Costumers*' — Inglaterra" explora as formas organizativas dos "*supporters*" ingleses, que desde o início do século XX conviveram com clubes como empresas com acionistas, mas elaboraram diversos tipos de organizações, seja para aglutinar torcedores, para dar maior visibilidade e protagonismo a suas ações, para contestar ações dos proprietários, ou para elaborar formas de sustentar o clube. É indispensável iniciar pela Inglaterra, tamanha a particularidade da estrutura e das experiências ali observadas.

Em seguida, "'*Nuestra Pasión No se Negocia*' — Espanha" vai abordar as experiências dos "*supporters*" dos clubes espanhóis, principalmente após a constituição desses enquanto *sociedades anónimas deportivas* (SAD), em 1992. O reposicionamento dos sócios, o surgimento da figura de "*accionistas de base*", além das outras formas organizativas próprias da Espanha demandam uma categorização mais apurada. Quando colocadas em análise comparativa com as experiências inglesas, as noções propostas de "reinvenção das associações" se apresentam de forma mais clara.

O capítulo se encerra com "'*Unverhandelbar! 50+1 Bleibt*' — Alemanha", onde essas noções serão observadas a partir da análise das formas de organização dos "*supporters*" alemães, destacados pela defesa da regra "50+1", que garante o controle das associações, obrigatoriamente criadas em 1996, sobre a empresa controladora dos ativos do futebol do clube. Essas disputas, junto a outros embates protagonizados por entidades de torcedores com alto poder organizativo, compõem um cenário à parte no contexto europeu, onde os "*mitglieder*" (membros/associados) reivindicam a inexistência de donos nos clubes.

Em seguida, já em "5. O Clube na Cidade: dos usos e apropriações", nos dedicaremos a discutir o futebol a partir da ótica dos estudos da geografia humana, em especial a sua contribuição quanto à produção social do espaço e a as relações dialéticas entre o uso/troca e a apropriação/dominação.

Como já salientado, sem apartá-lo das contribuições anteriores sobre a reinvenção associativa e a produção do comum, complementamos esse esforço com a investigação de experiências de movimentos de "*supporters*".

Iniciaremos com "Produção Social do Espaço e o Futebol", resgatando as históricas contribuições teóricas sobre o tema e destacando abordagens que já foram feitas com relação ao futebol. Nesse processo, buscaremos observar a nova realidade dessa discussão diante do aprofundamento das ciberculturas na vida cotidiana e como isso também impacta a própria ideia de produção do clube pelos torcedores — como feito em todas as etapas, sem perder de vista a condição especial do fator "*supporter*" dentro desse processo.

Em "'É nosso e há de ser' — Portugal", a ideia de proteção ou conservação do controle da associação sobre o futebol do clube se apresentará em outros marcos na ação dos "*supporters*" portugueses. Obrigados por lei a constituir uma sociedade anônima desportiva (SAD) a partir de 1996, alguns clubes mantiveram sua associação civil no controle dessa empresa, provocando diferentes tipos de embates a serem observados nos sentidos aqui propostos.

Em "'Yo a Vos No Te Vendo' — Argentina" os "*supporters*" argentinos serão observados diante das ações concretas tocadas por agrupamentos de sócios em um contexto muito particular: o futebol argentino ainda limita a existência de sociedades empresárias nas suas competições, apesar das várias ofensivas nesse sentido. Os torcedores sempre se fizeram presentes e em alguns clubes desempenharam um papel de contrariedade ao processo, algo que merece atenção dentro dos sentidos da produção do clube aqui sugerida.

História diferente será abordada a seguir, em *"'Que se vayan esos buitres'* — Chile", em que se observará um processo agressivo e eivado de interesses políticos na transformação dos clubes de futebol *sociedades anónimas deportivas profesionales* (SADPs), relegando papel menor à associação. Os *"supporters"* chilenos atuam no sentido de resgatar os clubes sociais, reinseri-los nas discussões do futebol local e retomar o controle das SADPs.

Por fim, "6. O Clube brasileiro na década de 2020" vai trazer todo esse leque de discussões para a realidade brasileira, profundamente impactada pela Lei da SAF e pela adoção de diversos clubes ao novo modelo estrutural.

Em "Clube-empresa no Brasil" será resgatado o histórico dessa temática no país, observando outros momentos nos quais o debate de transformação de clubes em empresas esteve com grande relevância na agenda pública. Retomaremos os eventos que precederam e sucederam a aprovação da Lei Pelé, cujo efeito não foi imediato, dadas as movimentações legislativas protagonizadas por parlamentares vinculados aos clubes de futebol.

Em "As SAFs e os torcedores" faremos reflexões sobre o distinto momento da aprovação da Lei da SAF e a forma como suas promessas de transformação do futebol brasileiro foram recebidas por torcedores de determinados clubes, em grande medida aderentes e entusiastas dos benefícios da entrada da figura dos "proprietários" nos clubes mais populares do país. A figura do *"supporter"* será observada nesse contexto a partir de algumas ações que demandam reflexões mais elaboradas sobre o tema central da tese.

.I.

O CLUBE ATÉ O SÉCULO XXI

— ★ —

DOS REDIMENSIONAMENTOS HISTÓRICOS

Um dos grandes desafios de estudar o futebol de espetáculo é encontrar o que há de particular em um fenômeno de ordem tão global. Igualmente desafiador é buscar o que há de comum em organizações sociais forjadas em contextos tão distintos. Para estudar clubes de futebol, portanto, é necessário elaborar ferramentas teóricas e metodológicas capazes de especificar o que parece mais generalista em um contexto mais amplo, sem perder a capacidade de observar como as transformações de ordem superior têm particularidades indispensáveis para a compreensão de casos específicos.

Esse capítulo inicial se dedica a pensar os clubes de futebol ao longo da história, entender a sua atualidade e perceber o universo plural ao qual estamos nos dedicando. Vamos definir o que é o "clube" em suas diferentes dimensões, buscando destacar os momentos-chave que ajudaram a forjar o que entendemos hoje por "cultura torcedora", sem deixar de observar as transformações de ordem político-econômica que conduziram as histórias dos clubes até os tempos atuais.

Dividido em duas partes, o capítulo dedica-se a expor a variedade de formatos de clubes existentes na atualidade e como esses derivam de processos de ordem ao mesmo tempo particular, de clube para clube; localizada, de país a país; e, por fim, geral, diante da crescente internacionalização do futebol ao longo do tempo.

No primeiro momento ("Resquícios da História"), vamos analisar como se deram os diferentes redimensionamentos dos clubes ao longo dos primeiros passos do desenvolvimento do futebol como espetáculo. Começaremos analisando as características mais primordiais de formação de associações civis na Inglaterra, destacando a sua particularidade. Depois, a difusão dessas práticas para outros países, com a reprodução de alguns elementos centrais. E, por fim, discutiremos o processo de popularização do futebol em diferentes sentidos.

Adiante, ("Indústria do Futebol") dedicaremos o trabalho à análise dos processos de massificação da torcida, do quadro social e da midiatização. Observaremos como esse longo processo reposicionou os torcedores com relação às agremiações, reconfigurou os quadros sociais dessas, alterou o desenho das relações políticas convencionais e as alçou a uma relevância social muito distinta do seu ambiente original de fundação.

O Capítulo 1 tem conexão direta com o Capítulo 2, que aprofunda discussões sobre o processo de empresarização e elabora uma tipologia dos clubes de futebol no século XX a partir da observação de alguns países. Devem, portanto, ser contemplados como partes complementares dedicadas à discussão de caráter histórico de constituição dos clubes em seus aspectos socioculturais e político-econômicos.

Resquícios da História

Na oportunidade da elaboração da pesquisa que resultou na dissertação "Novas culturas torcedoras: das arenas do futebol- -negócio às resistências nas arquibancadas e redes" (Santos, 2017), elaboramos uma cronologia do desenvolvimento da indústria do futebol a partir de alguns marcos históricos de maior relevância, sugerindo conceitos que tomaremos como base para aqui estabelecer novas contribuições. Lá, a linha do tempo do desenvolvimento do futebol foi dividida em algumas etapas: dos primórdios à expansão (até 1890); da expansão à popularização (1890-1910); da popularização à profissionalização (1910-1940); da profissionalização à midiatização (1940-1970); da midiatização à empresarização (1970-1990) e, por fim, a "plastificação" (2010).

Agora, entretanto, com enfoque nos diferentes processos que impactaram os clubes sociais de forma direta, tanto no sentido material quanto no sentido simbólico, nas suas estruturas "oficiais" e na formatação dos públicos identificados com essas organizações. Afinal, à medida que o futebol de espetáculo se sofisticava enquanto atividade comercial, os clubes sofriam mutações, arregimentavam novos segmentos sociais, atravessavam disputas políticas, agregavam outros interesses políticos e se fixavam no imaginário popular como algo muito mais amplo e representativo do que eram em sua origem.

É importante observar como cada nova quadra histórica vai provocar redimensionamentos em muitos sentidos. A transição de uma fase a outra não tem data definida, mas pode ser percebida a partir de alguns momentos-chave. A formação da assistência e, posteriormente, da torcida tem tanta relevância quanto os novos desenhos dos quadros sociais com direitos políticos. A formação de grupos de poder internos será algo decisivo na trajetória dos clubes na mesma importância da ingerência e da correlação com grupos de poder "externos". A necessidade de atualizar os procedimentos administrativos para possibilitar uma gestão mais complexa de recursos cada vez maiores também vai propiciar novos paradigmas organizativos. São todos elementos que se transformam e se renovam ao longo da história dos clubes de futebol, sendo cada clube um universo em particular.

Aqui será importante perceber as diferentes proporções entre "torcida", "quadro social" e "direção" no passar do tempo e em cada contexto geográfico, sociocultural e político-econômico. Consideremos, então, a "torcida" como o conjunto de indivíduos que acompanha e se identifica com um clube; o "quadro social" como o conjunto de indivíduos oficialmente vinculados aos clubes através de direitos políticos constituídos estatutariamente; e a "direção" como os indivíduos que, por razões e motivações sociais, financeiras e/ou políticas, puderam estar na posição de comando dessas agremiações.

O enfoque será dado principalmente à história dos clubes de futebol profissional dos países da Europa Ocidental e da América do Sul, devido à maior aproximação das "culturas associativas" a serem observadas. A história das associações esportivas também é a história da constituição da "sociedade civil" na modernidade, significativa dentre os muitos elementos centrais da história do futebol como conhecemos. Como parece óbvio, é necessário começar precisamente pela Inglaterra, berço do que hoje se entende por "esporte moderno".[27]

Influência inglesa, exceção inglesa

Clubes ingleses são, simultânea e contraditoriamente, o modelo de constituição de sociedades esportivas em boa parte do mundo e a exceção ao modelo jurídico hegemônico no futebol global até o quarto final do século XX. Ainda que a Inglaterra seja a referência primária para o desenvolvimento tanto das associações civis quanto das entidades esportivas em muitas localidades, há um conjunto de fatores históricos que a torna um caso à parte diante dos outros países de forte tradição futebolística. Algo que vai separá-la da história dos clubes em geral. A explicação para isso está mais no plano do direito do que necessariamente em alguma questão cultural, como veremos mais adiante.

De antemão, cabe observar que quando se fala de uma associação para a prática esportiva, fala-se antes de uma associação

---

27. Ainda que não se tenha a pretensão aqui de discutir o sentido de "esporte moderno", vale assinalar como há divergências interessantes e válidas sobre esse conceito. Enquanto Stefan Szymanski (2008) afirma que o "esporte moderno" e "associações civis" estão intimamente conectados em sentidos históricos, com base no historiador Allen Guttmann, uma boa contestação parte de Arnd Krüger (2008) quando observa a presença dos ditos "elementos constitutivos do esporte moderno" em práticas sociais do século XVI, em regiões da Inglaterra, da atual Itália e da atual Alemanha. Do mesmo modo, Krüger percebe a noção de "vida associativa" como algo mais amplo do que a constituição de pessoas jurídicas. O artigo de Szymanski (2008, p. 1-32) "*A Theory of the Evolution of Modern Sport*" foi alvo de uma resposta crítica de Kruger (2008, p. 39-48), "*Which Associativity? A German Answer to Szymanski's Theory of the Evolution of Modern Sport*".

civil descendente de um longo processo histórico de criação de espaços de socialização, conexão e troca de informações entre indivíduos. Organizações características do amadurecimento da chamada "esfera pública", esse tipo de "associação de civis" é consequente à série de conflitos que resultaram nas chamadas democracias liberais na Europa Central e Oriental ao longo do século XIX, a partir da emergência da burguesia.[28] Na Inglaterra, o crescimento dos centros urbanos, acelerado pela Revolução Industrial, ao lado da consolidação dos ideais republicanos de liberdade e participação política, motivou a elaboração de inúmeros tipos de organizações destinadas a reunir grupos de indivíduos com interesses comuns.

As associações esportivas inglesas criadas ao longo do século XIX, portanto, eram nada muito além de espaços de socialização como outros tantos, que sequer poderiam imaginar que estariam gestando um "modo de vida" popular algumas décadas à frente. Essas organizações civis são consequência desse intenso movimento associativo iniciado ainda no século anterior, que fez surgir "*clubs*" de toda ordem. Stefan Szymanski (2013, p. 1-21) destaca, por exemplo, a Royal Society, dedicada a pesquisas científicas e históricas, e, em sentido muito diferente, o Hellfire Club, onde os seus diversos membros se reuniam basicamente para o consumo de álcool e para festas.[29]

---

28. Jürgen Habermas entende a constituição desses espaços políticos independentes do governo como resultado da consolidação de direitos de ordem política, como liberdade de expressão e de associação, e da distinção legal entre o domínio público e o domínio privado — família e propriedade (Habermas, 1989).
29. O que não significa, por óbvio, que a cultura associativa se resumisse aos altos escalões sociais. Segmentos da classe média e mesmo da classe operária já buscavam criar organizações de caráter semelhante para desenvolver atividades sociais de finalidades recreativas e educativas.

O interesse crescente pelos *sports*, dessa forma, acabou por ser direcionado a esses espaços restritos a pessoas com interesses e origem social parecidas, dedicadas a atender a regras e regulamentos em comum acordo e organizadas para viabilizar a estrutura necessária para interação e, claro, para a prática esportiva. A ideia de organizar um conjunto de indivíduos em uma associação esportiva tinha a finalidade clara de fornecer uma estrutura financeiramente viável aos membros, mas também se dava pela importância dada aos contatos sociais e os benefícios advindos da preservação do *status quo*. O *football*, com longo histórico de utilização para finalidades educativas nos colégios de elite da Inglaterra, passaria a ser assimilado por esses clubes esportivos, embora a sua prática já fosse observada em segmentos sociais muito diversos.

O Sheffield Football Club, fundado em 24 de outubro de 1857 e reconhecido pela FIFA como o clube de futebol mais antigo do mundo, era um desses clubes formados em círculos sociais abastados, voltados para o desenvolvimento da prática esportiva entre seus membros. Fruto de uma contradição posteriormente comum ao futebol em todo o mundo, o clube decano nunca aderiu ao futebol "profissional" — a regulamentação das remunerações pagas aos jogadores de origem operária a partir de 1885. Até porque, nessa altura, o cenário dos clubes ingleses de futebol já estava muito diferente, com uma presença bem menos destacada dessas agremiações aristocráticas (Proni, 1998).

Além de muitos clubes vinculados a entidades religiosas em regiões mais pobres de algumas cidades, também eram criados aos montes clubes idealizados por membros da então pujante burguesia industrial inglesa. Percebendo os benefícios da criação ou do incentivo de times ligados às suas fábricas, muitos clubes nasciam com vínculos diretos com o ambiente de produção, com times compostos por operários ali empregados.

Afinal, eram tempos que sucediam em poucas décadas uma era de grande efervescência política do movimento operário inglês, cujos piquetes, paralisações e greves tanto preocuparam esses industriais quanto conquistaram direitos que se mostraram convenientes para o crescimento desse divertimento chamado futebol: ao passo que garantiram o tempo livre aos fins de semana, também renderam melhores remunerações, o que viabilizou o consumo de bens não essenciais. Os novos tempos eram um produto das conquistas dos movimentos dos trabalhadores,[30] os mesmos que viriam a formar uma verdadeira massa de homens compradores de ingressos de jogos de futebol.

A febre da "assistência" pode ser exemplificada a partir do aristocrático Aston Villa FC, uma associação fundada em 1874. Em quatro anos, o clube já registrava ótimos números com venda de ingressos para jogos no estádio Wellington Road, atingindo já em 1888 um público recorde de mais de 25 mil espectadores naquela estrutura. Cerca de uma década depois desse marco, em 1897, o Aston Villa se mudava para o The Aston Lower Grounds, onde construiria um novo estádio, posteriormente batizado de Villa Park, com capacidade para 40 mil espectadores. Um caso que ilustra bem o ambiente à época. A intensa procura por ingressos levava clubes a ampliarem ou construírem novas instalações capazes de receber essa massa de trabalhadores, auferindo rendas cada vez maiores.

As ligas se sofisticavam, agregavam novos clubes e aprimoravam seus regulamentos para proporcionar uma programação

---

30. A força do movimento operário inglês (e o seu caráter crescentemente associativo) era tamanha que resultou na elaboração dos chamados *Combination Acts*, em 1799, conjunto de leis que proibiam expressamente a existência de sindicatos e organizações de fábrica — em um tempo em que mesmo crianças eram submetidas ao trabalho exaustivo nas fábricas. Apenas as organizações assistenciais de trabalhadores eram permitidas. A medida foi derrubada em 1824, graças à resistência protagonizada por inúmeras organizações clandestinas (Marxists, s/d).

mais extensa de jogos ao longo do ano. A chegada da profissionalização em 1885, com regras mais rígidas quanto à troca do registro dos jogadores de um clube para o outro — o que deu início a um novo mercado de transferências —, se junta à regra do teto salarial, estabelecida em 1901.

Os *football clubs*, portanto, buscavam formas de aumentar receitas, diminuir custos e controlar os riscos — uma verdadeira atividade empresarial —, fatos que convergem para outro processo decisivo. Como observa Stefan Szymanski (2013, p. 1-21), nada menos que 36 clubes de futebol decidiram se converter de associação civil para o modelo de sociedade limitada entre os anos de 1888 e 1900. O pioneiro desse processo foi o Small Heath FC, uma associação criada em 1875, primeira a adotar o modelo de sociedade limitada, ainda em 1888. Hoje o clube se chama Birmingham City FC, da cidade homônima, centro industrial de grande relevância à época e, coincidentemente, grande rival do supracitado Aston Villa.

A tendência de transformação de clubes em empresas era tão forte que, em meados da década de 1921, apenas dois, dentre os 88 participantes das quatro primeiras divisões, ainda não haviam se convertido em empresas — ou sido fundados já sob esse formato jurídico. Uma sequência de transformações que antecedeu as mais primárias etapas organizativas do futebol de espetáculo em outros países.[31]

---

31. A título de ilustração, vale aprofundar mais esses dados contrastantes. Nesse mesmo momento histórico, inúmeros clubes importantes conhecidos na atualidade ainda nem existiam. No Brasil, por exemplo, aquele que é comumente indicado como o primeiro clube a praticar o futebol, o Sport Club Rio Grande, surgiu apenas no ano de 1900. Ainda mais relevante do que isso é constatar que o futebol inglês já era completamente formado por clubes com acionistas quando a profissionalização do jogador de futebol no Brasil sequer havia se concretizado, na década de 1930 (Proni, 1998).

A adoção do modelo empresarial, entretanto, não deve ser vista apenas como uma consequência lógica da sofisticação dos modelos gerenciais dos clubes já àquela época. Na realidade, o motivo é muito mais específico. Como precisavam recorrer a grandes empréstimos para construir seus novos estádios, os clubes optaram por alterar o seu modelo jurídico, de modo a evitar que os seus associados se responsabilizassem pessoalmente pelos eventuais prejuízos dessa atividade. Isso ocorre porque no direito britânico o modelo comum de associação civil é considerado uma *unincorporated association*, isto é, uma associação que não é considerada uma pessoa jurídica distinta dos seus membros associados. Foi exatamente para evitar que as dívidas recaíssem sobre os seus membros que os clubes adotaram, em sua maioria, o modelo de sociedade limitada (Motta, 2020).

Algo muito diferente do que ocorre aos clubes em formato de "associação civil sem fins lucrativos" em países cujo direito segue a tradição romano-germânica, quando a associação civil é uma pessoa jurídica individualizada. A dívida "da associação" não compromete os bens de seus respectivos associados — e isso será algo muito importante a ser observado nos próximos itens desse subcapítulo. No caso inglês, o modelo de sociedade limitada surgia exatamente para proteger os bens dos seus administradores, enquanto nos demais países, a própria figura da associação civil sem fins lucrativos já cumpria esse papel. Essa questão mostra como a "exceção inglesa" remove os clubes da Inglaterra do roteiro mais aproximado dos clubes de outros países.

Importante observar que, graças a essa peculiaridade, alguns clubes eram compostos por um quadro numeroso de cotistas, de maneira muito distinta de empresas convencionais. Um desses casos é o Woolwich Arsenal (atual Arsenal FC),[32]

---

[32]. Também fundado como associação por operários da fábrica Royal Arsenal, o clube levava o nome do distrito de Woolwich, em Londres.

que em 1893 possuía cerca de 860 cotistas, dentre eles muitos operários da fábrica de armas onde o clube foi criado, em 1886. Outros clubes à época, como Croydon Common, Dartford FC e Southport FC também tinham estruturas semelhantes, ainda que não alcançassem a relevância do Arsenal. Essa característica não era a mais comum, como observa Jim Keoghan (2014), uma vez que os custos altos de entrada nessas companhias geralmente as tornavam sociedades majoritariamente compostas por comerciantes locais e profissionais de classe média.

A divisão do capital também tendia a concentrar poder sobre os sócios mais ricos, que comumente controlavam a maior parte do capital. O Liverpool FC, por exemplo, tinha 60% do seu capital nas mãos de oito diretores, já na virada do século — um modelo que representava melhor o quadro geral dos clubes ingleses. Muitos clubes eram controlados por grupos empresariais específicos, como foi o caso do Manchester City, ao longo de décadas conhecido como "o clube dos cervejeiros" pela relação de muitos donos de pubs com a organização, utilizando-a como uma plataforma publicitária dos seus produtos. Apesar de alguns casos de sucesso financeiro, anota-se que, na temporada de 1908/1909, apenas seis clubes dentre os 62 mais importantes conseguiram distribuir dividendos entre os seus envolvidos. Ainda no último ano do século XIX, a Football League havia soltado um comunicado sugerindo que clubes contribuíssem com um fundo comum que serviria para apoiar financeiramente os clubes em dificuldade financeira (Keoghan, 2014, p. 34).

O *football club* produtor de espetáculos inglês era, portanto, uma organização muito peculiar já à época, embora a finalidade "comercial" dessa empreitada precise ser sempre colocada em observação. Ainda que operassem e se constituíssem como empresas, o papel desses acionistas era afetado por uma relação ainda mais complexa. Imperava na opinião pública uma espécie de "dever" da parte desses proprietários, como uma responsabilidade social por um "senso comunitário" mobilizado por essa identidade clubística crescente. Eram tempos de conexão muito mais intensa entre clube, estádio e o seu local de origem — um bairro, uma vila operária, uma fábrica, uma instituição religiosa ou um antigo clube social local –, no que já podemos perceber o embrião dessa cultura de identidade e pertencimento dentro do futebol inglês. Ainda assim, vale observar como ter o controle dessa organização oferecia muitos dividendos políticos, mais do que financeiros, aos seus dirigentes, mesmo que isso demandasse um tipo de comprometimento inconveniente do ponto de vista comercial.

É preciso ainda observar que o caráter "empresarial" dessas organizações era bem particular. Não apenas eram organizações sem finalidades lucrativas efetivas, como a própria regulação elaborada para o futebol buscou controlar um eventual ímpeto comercial potencialmente prejudicial ao desenvolvimento da atividade, como ocorreu com a Regra 34, efetivada em 1912 (Keoghan, 2014, p. 40). Esse mecanismo proibia diretores de receber remuneração e limitava a distribuição de dividendos a 5% do valor nominal das ações. Não estaríamos, portanto, falando, na Inglaterra do final do século XIX, do mesmo tipo de "empresarização" que o futebol fora de lá só vai vivenciar a partir da década de 1970. Até o início da Primeira Guerra Mundial (1914- 1919), o capital dos clubes foi gradualmente se concentrando, mas seguiam raros os casos de clubes com "um único dono".

Esse longo resgate da particularidade inglesa é importante para facilitar a discussão que desenvolveremos nas próximas etapas. Ainda que a cultura esportiva, a finalidade associativa e o modelo de organização de competições de todos os outros países estejam profundamente vinculados ao que foi elaborado nos primórdios do futebol da Inglaterra, esse conjunto de correlações será limitado. Clubes ingleses duraram pouco tempo sob um formato jurídico associativo, o mesmo que se mostrou hegemônico no futebol ao longo de muitas décadas, proporcionando relações muito particulares, com influências diretas das características políticas e sociais de cada localidade. Por isso as etapas observadas até aqui com os clubes ingleses — popularização, massificação e empresarização — precisam ser analisadas à parte, caso desejemos de fato compreender o que há de comum no desenvolvimento histórico dos clubes em outros países.

Difusão: associações esportivas pelo mundo

Vamos retornar ao futebol inglês quando já estivermos falando da "torcida", ao analisarmos as interessantes experiências de tentativa de criação de algo próximo ao "quadro social", que já indicamos ser inexistente nos clubes ingleses. A partir daqui, trataremos mais diretamente do processo de difusão das associações esportivas e da prática do futebol na América do Sul e em outros países europeus além da Inglaterra, reunindo-os sobre o termo "Europa Continental".[33]

Ainda que a Inglaterra tenha conquistado uma relevância global superior aos países vizinhos no século XIX, graças ao desenvolvimento da sua força produtiva industrial, a história das associações civis tem uma trajetória com

---

33. Há muitos usos possíveis para o termo "Europa Continental", por isso é necessário frisar que aqui buscamos apenas identificar de forma conjunta os países europeus aos quais a tese mais se dedicou ao longo da pesquisa, com exceção da Inglaterra. São eles: Portugal, Espanha, França, Itália, Holanda e Alemanha.

contornos relativamente particulares em outros países europeus (Habermas, 1989). Esse destaque é importante para que não se veja esse processo de forma homogênea, ou mesmo de modo espacial e historicamente delimitado aos fenômenos observados no contexto britânico.[34] Contudo, a influência cultural inglesa dos tempos do seu grandioso "império informal" global[35] não pode deixar de ser percebida como um vetor poderoso, senão o principal, de geração de novas organizações sociais autônomas, dentre as quais estavam as sociedades esportivas. Pesa ainda o fato de o futebol ter uma história particular. Como observa Gilmar Mascarenhas (2002, p. 84-92), os ingleses eram "portadores dos nexos globais, os agentes 'demonstradores' desta novidade esportiva, e a presença maior ou menor destes agentes implica no grau de exposição do lugar" ao futebol. Isso se deve ao fato de um terço da imensa onda migratória europeia registrada entre 1850 e 1890 ter sido feita a partir da Grã-Bretanha. A presença dos ingleses em diversos países de forma simultânea, através da migração para o trabalho em ferrovias, empresas de engenharia, serviço público, minas e fábricas teria sido fundamental para difundir valores e costumes britânicos. Mas, segundo Mascarenhas (2014, p. 42), o papel mais decisivo na difusão do futebol seria desempenhado pelos marinheiros britânicos.

---

34. Nunca é demais lembrar que essa noção de "sociedade civil" era concebida em bases muito restritas: exclusivamente masculina e branca e raramente compreendia a classe trabalhadora. Enquanto as potências europeias praticavam "associações independentes do governo", as suas colônias na América do Sul e na África ainda exploravam o trabalho escravo.
35. Mascarenhas (2014, p. 24-38) se vale do conceito de "império informal" do historiador Eric Hobsbawm (1917-2012) para observar como, ao final do século XIX, pelo menos um terço dos países do planeta estava submetido ao poder econômico e político da Grã-Bretanha, de forma direta — pelo jugo colonial — ou indireta — dependentes ou submetidos à sua potência industrial e comercial.

Enquanto os ingleses emigrados optavam por fechar-se em si, nos seus clubes "para ingleses", os trabalhadores viajantes, em sua dinâmica mais comunicativa, se mostravam uma via mais lógica para uma espécie de intercâmbio cultural com a prática do futebol. É ver como os primeiros registros da prática do futebol na França (Le Havre), na Itália (Gênova), na Holanda (Rotterdam), na Espanha (Bilbao), na Alemanha (Bremen), no Brasil (Belém), no Peru (Callao), no Chile (Valparaíso), na Argentina (Buenos Aires) e no Uruguai (Montevidéu) sempre se deram através de cidades com relevância portuária (Mascarenhas, 2014, p. 42).

Nada impede, entretanto, de notar a ideia de organização civil em clubes de esportes como um dos impactos dessa lógica de autossegregação inglesa, mesmo porque o futebol só aporta em tais países algumas décadas depois da "instalação" de uma primeira cultura associativa esportiva. A introdução de esportes como o remo, o críquete e o rugby através de clubes criados "por ingleses, para ingleses" é um indício dessa preponderância, assim como é a resposta direta dos "nativos" a essa restrição.

Um exemplo é a história do então Club de Cricket Victoria, atual Esporte Clube Vitória, fundado em 1899 por membros da alta sociedade da cidade de Salvador, na Bahia. Os registros não apenas destacam a insatisfação de seus fundadores com a impossibilidade de praticar o *sport* com os imigrantes ingleses, como apontam que a proposta original era que o clube fosse batizado de "Brasileiro" e vestisse uniformes com as cores da bandeira nacional (Santos, 2014). História muito parecida à da fundação do Club Nacional de Football, nascido no mesmo ano de 1899, na distante Montevidéu, capital do Uruguai. Mas, nesse caso, diferentemente do críquete, já estamos falando do futebol, esporte cujo roteiro se conecta mais ao observado na Argentina.

Numa Buenos Aires ainda mais central para os interesses britânicos, uma liga foi formada em 1893 com cerca de 20 times oriundos de escolas inglesas. Nesse caso, observa Julio Frydenberg (1998), cerca de 40 mil ingleses viviam na capital da Argentina, dentre eles muitos professores deslocados para trabalhar nos centros educacionais exclusivos para filhos da colônia inglesa, onde o futebol era uma atividade corriqueira. Para Mascarenhas (2014, p. 46), essa "singularidade platina" deve ser vista como uma variação no padrão clássico de difusão. Esse fato, combinado com elementos como os grandes fluxos migratórios e algumas particularidades políticas locais, provocou, em pouco mais de uma década, a criação de mais de dez ligas, com cerca de 350 clubes. Outros dados apontam, mais precisamente, 482 clubes existentes apenas na Grande Buenos Aires em 1912 (Horowitz, 2017, p. 270-285).

Essas questões servem para pensar, na realidade, que a prática do futebol se difundiu em muitos países antes mesmo que os clubes esportivos, geralmente vinculados a segmentos da elite e da classe média, tivessem o interesse de assimilá-lo. A diferença entre a fundação dos clubes esportivos mais antigos da América do Sul e a introdução da prática do futebol entre seus membros geralmente é de quase uma década. Isso quando ocorria, observados os muitos registros de rejeição da prática do futebol em clubes desse tipo.

O caráter anglicizado dos nomes dessas primeiras associações, e suas respectivas adaptações, indica a influência anglófona: *sport club*/esporte clube, club sportivo, *sporting club*, *athletic club*/atlético clube/clube atlético, *football club*/futebol clube etc. Entre o modismo, a dificuldade de interação, a vontade de afirmação e a ânsia pela assimilação dos valores da modernidade incitados pela prática esportiva, muitos clubes começaram a se formar por influência da imagem de desenvolvimento projetada pelo poderio econômico e político do capitalismo britânico — muitas vezes criados por jovens abastados que tiveram a oportunidade de estudar ou trabalhar na Europa. Em um espaço curto de tempo, no Brasil, assim como nos países vizinhos, outros segmentos sociais passam a fundar seus clubes e ligas, alterando o cenário elitizado das agremiações de cada localidade, como veremos no próximo item.

Em Portugal, Espanha, Itália e Países Baixos essa influência segue padrões muito parecidos, sendo o futebol praticado entre clubes desde a década de 1890, em que pese as diferenças entre as constituições históricas desses países. Mas quando falamos de Alemanha e França, uma característica em comum se apresenta: a resistência e a rejeição aos padrões de vida ingleses, considerados degenerados, muito em virtude das longas rivalidades de ambos os países com a Inglaterra. Dado que explica o certo atraso na difusão do futebol em comparação à América do Sul e aos países vizinhos, mesmo que a proximidade geográfica pudesse de alguma forma ter contado a favor. Ainda que França e a Alemanha já contassem com longa tradição esportiva, cada qual à sua maneira, o futebol em si só terá sua primeira competição em 1894 e 1900, respectivamente, mesmo levando em conta que esportes como o rugby já eram praticados em clubes há tempos, como indicam o alemão Heidelberger Ruderklub e o francês Le Havre Athletic Club, ambos fundados em 1872.

Essa resistência se dava por razões distintas. David Ranc e Nicolas Hourcade (2018, p. 39-59) observam que apenas no ano de 1901 será elaborada uma lei sobre liberdade de associação na França, o que motivaria a criação de muitas associações civis esportivas. Esse processo tardio, apontam, era resultado de uma "dolorosamente lenta separação entre Igreja e estado (conclusa em 1905)". A nomenclatura *"Associations Loi de 1901"* ainda hoje é indicativa do formato jurídico em questão, até porque seu significado político extravasava o mero registro da pessoa jurídica. A lei simboliza um avanço modernizador da Terceira República.

Já na Alemanha, além da supracitada anglofobia, a história das políticas esportivas dava preponderância à ginástica (*turnen*), resultado de uma longa tradição de valorização da educação física voltada para fins militares, ideológicos e nacionalistas que remontam às invasões napoleônicas. Ainda que muitos clubes autônomos fossem criados por membros da classe média, a lógica da "cultura esportiva" era carregada de xenofobia contra o "olimpismo" francês e os "espiritualmente decadentes" esportes competitivos ingleses, dentre eles o futebol — que já era profissionalizado à época.[36] Até meados da Primeira Guerra Mundial, a resistência perdurou, parte por um conservadorismo propriamente local, parte por razões ideológicas e xenófobas. A instituição da República de Weimar (1919), após a guerra, vai auxiliar no processo de mudança de paradigma, junto à adoção gradual do futebol pelos clubes, o que provocou uma aderência inédita, alterando rapidamente os padrões vigentes (Sonntag, 2018, p. 61-84).

Até o encerramento da destruição provocada pela Primeira Guerra Mundial, o futebol de clubes na América do Sul esteve em posição avançada com relação aos países da Europa Continental. Isso manteve, apesar das diferenças estruturais, os padrões de desenvolvimento relativamente próximos no período entre guerras. Por isso, novamente será possível falar do processo de popularização em sentido mais amplo.

---

36. Udo Merkel (2003, p. 89) faz menção a um artigo de Karl Planck, educador físico do Eberhard-Ludwigs-Gymnasium de Stuttgart, que define o futebol como "uma doença inglesa", "lamentável" e "nojenta".

Popularização: novos clubes, assistência, 'profissionais'

A ideia de assistir a eventos esportivos, obviamente, não começa com o futebol. A organização de eventos esportivos de exibição já era uma "tradição" muito antiga, antes mesmo das primeiras agremiações esportivas. Mas se estivermos buscando traçar um corte histórico condizente com os nossos objetivos, obviamente será preciso perceber a noção de "esporte moderno" e a conformação de um "mercado de entretenimento" ainda em meados do século XVIII. Os primeiros anos do século XX, entretanto, consistem em um ambiente distinto, convergente com a "a ampliação do progresso da democracia eleitoral e a consequente aparição política das massas", como define Eric Hobsbawm (2012, p. 338), o que é decisivo para entender a formação do futebol de espetáculo.

Assim como a "história da constituição das associações civis" e a "história da difusão da prática esportiva" terão dinâmicas próprias em cada contexto sociocultural, a ideia de "público assistente" seguirá a mesma questão. O detalhamento profundo nos casos dos muitos países tornaria esse capítulo extenso de forma exacerbada, por isso vale mencionar um exemplo que ajude a notar como esse popular modo de vida nas grandes cidades se molda de acordo com as novidades esportivas que surgiam. Dentre elas, ainda que em momento posterior, mas com uma capacidade mais destacada, estará o futebol. Vejamos como exemplo o Brasil, mais precisamente no Rio de Janeiro, centro administrativo brasileiro e grande irradiador cultural na virada do século XIX para o XX.

Os estudos de Victor Andrade de Melo trazem uma noção de excelente utilidade para pensar como o público assistente "se cria" ao longo do tempo, até quando se torna "torcida".[37] Um dos pontos centrais observados é o declínio da importância central da prática das apostas como elemento de mobilização do público — e uma postura de maior desfrute da competição a partir da "escolha por um lado", isto é, a identificação com um dos times em disputa. É o que se observa na transição de popularidade do turfe (corrida de cavalos) para o remo (Melo, 2012, p. 17-50). O turfe era um esporte realizado em eventos produzidos por cada clube. O público escolhia o evento o qual frequentar e investia em apostas direcionadas ao cavalo que indicasse maior retorno. Para além da função de sociabilidade atendida por certa elite local, os eventos agitavam populares, e os ingressos vendidos e o dinheiro investido nas apostas alimentavam as rendas dos clubes. Entre as décadas de 1850 e 1890 esse mercado se desenvolveu de formas muito diversas, mobilizando o cotidiano das cidades em seus mais diversos estratos sociais.

O remo rompe essa lógica, sem evitar a confluência desses mesmos populares, gerando interação competitiva entre os clubes. O que provoca uma dinâmica de identidade, ao mesmo tempo que gera certo desprendimento da então lógica de interesse financeiro que aquela prática das apostas ensejava. A partir da década de 1870 vão surgir clubes náuticos com maior interesse na realização de eventos a serem atendidos por um público espectador,[38] mas é por volta de 1890 que a formalização de federações vai se acentuar, acordando

---

37. Victor Andrade de Melo remete às touradas as primeiras grandes assistências de algo próximo ao "esporte" no Brasil, contando como alguns "empresários" já produziam eventos voltados para um público de menor poder aquisitivo.
38. O autor recorda uma regata em 1882, realizada pelo Club Guanabarense, cuja presença de cerca de 30 mil pessoas foi acompanhada por manifestações de grupos liberais, antimonárquicos e abolicionistas. Um exemplo do que era a "sociedade civil" na capital de um país independente há 60 anos, mas que sequer era republicano.

regras e criando competições mais frequentes.³⁹ Apesar das instalações serem reduzidas e resumidas a membros da elite da época, as praias eram tomadas por populares interessados em apreciar as competições.

Como afirma Victor Andrade de Melo (2012, p. 17-50): "Já estavam lançadas as bases de um modelo de participação, erigido tendo como eixo central a identidade clubística". Muitos desses clubes vão se engajar no futebol, ainda que o interesse em receber esse tipo de público leve algum tempo a se concretizar, dados os muitos conflitos que essa mudança de paradigma de classe provocaria nos membros de elite dessas agremiações. De todo modo, o exemplo dos clubes do então estado da Guanabara indica como a constituição dos públicos dos eventos esportivos se dava pela convergência de muitos fatores socioculturais e até geográficos a serem levados em consideração.

Em cada país, será sempre necessário observar tais fatores: os esportes que antecederam o futebol, a proeminência de determinados centros urbanos irradiadores de tendências, a postura e o interesse dos membros dos clubes pioneiros, a dedicação e o engajamento desses públicos "externos" ao clube, a capacidade de criar estruturas viáveis à expansão dessa assistência, o envolvimento do poder público no subsídio a esse mercado e, claro, o papel da imprensa na valorização e na visibilidade dessa nova cultura urbana.

Quando organizou com Terence Ranger o seminal livro "Invenção das Tradições", em 1983, no qual redigiu "A produção em massa das tradições" como artigo de fechamento da obra, o historiador Eric Hobsbawm (2012) ainda não tinha à disposição

---

39. Não apenas no Rio de Janeiro, senão em quase todas as principais cidades litorâneas. Muitos dos atuais clubes de futebol de grande torcida no Brasil são clubes náuticos em sua origem.

uma vasta bibliografia sobre a história do futebol. No entanto, pressupôs desde ali que na Europa Continental, "ao que parece, o esporte, importado da Grã-Bretanha, permaneceu monopolizado pela classe média por muito mais tempo que em seu país de origem". Hobsbawm (2012, p. 363) se referia principalmente ao que aqui chamamos de popularização da prática esportiva, mas não necessariamente à popularização da assistência, para a qual ele tem uma leitura ainda mais precisa, apesar das circunstâncias: "Sob outros aspectos a atração que o futebol exercia sobre a classe operária (...) e a ascensão da identificação das massas urbanas com os clubes desenvolveram-se de modos semelhantes".

Há três sentidos possíveis de pensar a "popularização" no futebol do início do século XX na América do Sul e na Europa Continental: 1) a formação generalizada de associações esportivas em segmentos sociais alheios aos círculos elitizados que formaram as primeiras associações, assimilando e reproduzindo a ideia da prática competitiva entre clubes em novas ligas; 2) a presença cada vez maior de praticantes do futebol de origem popular, que destoavam dos tradicionais *sportsmen*, atraídos por motivações financeiras — o que dispararia uma série de conflitos geracionais; 3) a popularização da assistência como o processo embrionário do que posteriormente se chamaria de "torcida", cuja presença cada vez mais numerosa e frequente também contribuiria para o processo de consolidação do futebol como divertimento popular nos grandes centros urbanos.

A existência simultânea de muitas ligas diferentes dentro de uma mesma cidade, por exemplo, indicava um "cenário político" de disputas sobre o que deveria ser o futebol. Enquanto algumas ligas restringiam a sua inscrição aos clubes "fidalgos", outras eram mais receptivas e diversas. No Brasil, foram muitas as localidades que registraram verdadeiras cisões classistas entre ligas, sendo que a proeminência de uma sobre outra também dependeu de um complexo arranjo político. O caráter fragmentado do território brasileiro, em que as principais cidades portuárias ao norte tendiam a se conectar mais com o exterior do que com os principais centros urbanos ao sul, explica essa formação dispersa do futebol brasileiro — cada cidade com suas próprias ligas, essas ligas com pouca relação e pouco contato entre si. Esses muitos "isolamentos" só vão começar a se alterar a partir da década de 1930.

A remuneração dos jogadores, ainda que não regulamentada pela profissionalização, foi outro fator decisivo na mudança do cenário dos clubes no início do século XX. Em maior ou menor medida, é comum à história de quase todos os países esse processo de "afastamento" de muitos clubes do futebol. São clubes que ou não existem mais ou que nunca alcançaram uma grande visibilidade, exatamente por se resumirem às suas atividades sociais. Muitas ligas se encerraram no amadorismo, perdendo relevância social; outras ligas se dividiram por causa da presença desses jogadores não amadores; muitos clubes deixaram a prática do futebol para evitar esse crescente "contato popular"; e outros clubes surgiram por iniciativa das dissidências dos clubes tradicionais, que se mostraram interessadas em desenvolver tal atividade apesar das resistências. Esse processo político foi encarado por muitos clubes no âmbito do redimensionamento provocado pela popularidade do espetáculo futebolístico.[40]

---

40. No Brasil, os exemplos mais representativos são o São Paulo Futebol Clube, fundado em 1930 por dissidências do Club Athletico Paulistano e da Associação Atlética das Palmeiras; e o Esporte Clube Bahia, fundado em 1931, oriundo de dissidentes da Associação Atlética da Bahia e do Clube Bahiano de Tênis.

Ainda que esses três sentidos de popularização se articulem de forma intrínseca, a popularização da assistência é o que mais importa para os sentidos aqui propostos. Até porque a história das agremiações é feita de numerosos surgimentos e muitos encerramentos. São incontáveis os clubes que não sobreviveram ao tempo por razões financeiras ou estruturais, assim como há clubes de "origem popular" que só sobreviveram ao tempo pela capacidade de negociação e aproximação de membros e grupos ligados às elites "esportivizadas". É dizer: a existência de algum clube na atualidade é resultado de uma complexa dinâmica de interações, disputas e negociações entre grupos de poder, de dentro para fora e de fora para dentro. Cada clube contará sua história própria, mas sempre haverá uma lógica incontornável de consequência entre três pontos: relevância financeira, relevância esportiva e relevância social.

Para uma definição mais precisa dessa tríade: 1) Relevância financeira: a capacidade de manter-se estruturalmente funcional, com investimento recorrente em equipamentos, uniformes, inscrições e, no tocante à popularização do jogador, no poder de pagamento de premiações por desempenho; 2) Relevância esportiva: consequente à capacidade financeira, é o poder de conquista das partidas e das taças e a sobreposição diante de outros clubes existentes ou os que foram sendo criados com o passar do tempo, muitas vezes dissidências dos então clubes mais relevantes; 3) Relevância social: consequente aos resultados esportivos, é a capacidade de atrair um público identificado, encantado pelo que os seus jogadores realizam em campo; a proximidade geográfica do estádio; a imagem que produz de si em relação aos adversários ou, importante frisar, a capacidade de ser notabilizado pela incipiente "imprensa esportiva" do início do século XX.

Do ponto de vista daqueles que podiam ocupar cargos de direção, essa virada popular alterou consideravelmente as motivações e os benefícios de estar à frente do clube. Se antes a rede de relações se dava no resumido número de membros de uma associação restrita, na medida em que o futebol se popularizava, ampliava-se também o tipo de interlocutor. Estar à frente de um clube com um bom time de futebol garantiria retorno interessante ao seu "patrono". Afinal, foi o que, de fato, muitos começaram a fazer: financiar a remuneração não oficial dos jogadores "amadores" em campo. Gols e vitórias pesavam tanto quanto o carisma do mais aprazível dos homens públicos.

Cabe observar que, a essa altura, os clubes de futebol eram "clubes sociais com futebol". Isto é, mesmo que seus departamentos de futebol se destacassem como fonte de arrecadação, a associação ainda tinha as mesmas finalidades de sua origem: promover outros esportes (que, com o tempo, seriam chamados de "amadores"); ser espaço de socialização, encontro e trocas; e oferecer instalações para o lazer e o usufruto dos seus associados. Ao longo do processo veremos como isso se redimensiona de formas diferentes de país a país, mas nessa etapa — primeiras décadas do século XX — estaremos falando de uma estrutura muito primária, na qual o futebol ainda não havia se destacado tão abruptamente.

Sobre esse fator reside um traço de distinção entre os países aqui estudados. Enquanto na Alemanha, por razões históricas, os clubes sociais já eram compostos por membros da classe média, apresentando um quadro social mais diverso, no Brasil, considerando os clubes existentes na atualidade, quase todos foram gestados entre membros de uma elite pouco disposta a torná-los mais abertos. Em cada país essa questão se apresentará de forma distinta, com o cenário geral dos clubes talvez destacando um ou outro exemplo de "clube tradicional" (de elite) que escolheu ampliar o seu quadro social por razões muito próprias, ou mesmo de "clube de origem popular" que sobreviveu à dura concorrência pela relevância social das décadas seguintes.[41] Considerando o Brasil recém República, com uma larga população paupérrima apenas liberta da escravidão — e depois uma massa de trabalhadores imigrantes com dificuldade de integração —, não é difícil compreender as razões que levaram os clubes brasileiros a serem tão restritos, da sua fundação até o século XXI. Um pouco diferente é o cenário dos clubes de futebol da Argentina, onde muitas organizações nasciam vinculadas a regiões ou bairros específicos da capital Buenos Aires e seus arredores, como observa Rodrigo Daskal (Daskal e Moreira, 2017). Esse fator estimulou a demanda por quadros sociais mais diversos, capazes de sustentar a relevância financeira dessas agremiações ao longo do tempo, e, assim, elaborou um cenário diferente de clubes "sobreviventes". Quando o futebol ganha contornos nacionais, a principal região do país apresenta uma grande quantidade de clubes capazes de manter sua relevância esportiva e social e fazer frente ao disputado futebol de espetáculo.

A questão de bairro — ou "*barrial*", como se diz no país vizinho — nunca foi um fator de grande relevo nas principais cidades brasileiras, quanto menos nas décadas seguintes, nas quais as federações começam a buscar formas de ampliar geograficamente as competições profissionais. O importante é perceber que o clube de futebol já não estava mais resumido em si. A sua projeção social, que se deu a partir da forma

---

41. É muito comum ver referências aos clubes "de fábrica" ou ferroviários como "clubes populares", o que cabe ponderar. Muitos desses clubes gozaram de privilégios que associações civis "de bairro" raramente tiveram, como o suporte financeiro de um "patrono" ou a facilidade de aderência da sua "comunidade" ao quadro social, pela questão da identidade com o ambiente de trabalho e pela renda diferenciada do operário assalariado (Santos Junior, 2014).

particular como conseguiu cativar um público identificado, obrigou o clube a se dedicar a atender a esse público como principal fonte de receita, mas também a reconhecer esse elemento, a "torcida" — o conjunto dos torcedores mais dedicados ao clube —, como um membro externo, porém indissociável da associação. A questão da composição do quadro social dos clubes de futebol será melhor explorada adiante.

Apesar da década de 1910 ser marcada por muitos desarranjos organizativos, as seleções nacionais já começavam a ser desenvolvidas como equipes competitivas — a Confederación Sudamericana de Fútbol (Conmebol) foi criada ainda em 1916, por iniciativa da Fédération Internationale de Football Association (Fifa), por sua vez criada em 1904 (Proni, 1998). Muito influenciadas pelo movimento olímpico, processo que estabeleceu conexões incontornáveis entre os Estados e os esportes, as organizações internacionais do futebol estimulavam as competições entre "as nações" (as suas equipes nacionais), conectando de forma decisiva as políticas de caráter nacionalista à promoção desse esporte tão popular.

A massificação da torcida é uma etapa que redefine o clube de futebol e dá os indícios do que serão as "culturas torcedoras" de cada realidade. É fruto, mas também razão, da fase mais aguda de uso do futebol para fins de propaganda. Uma vez alçado a outro nível de relação de financiamento e interesse público, o futebol de espetáculo ganha características mais elaboradas, por assim dizer, de uma "indústria cultural".

Indústria do Futebol

Como define Wagner Barbosa Matias (2020), "a lógica do valor está presente no futebol desde o momento em que o atleta passou a receber um pagamento pelo seu trabalho e gerar um produto com o objetivo de troca para o clube". Entretanto, esse mesmo autor definirá o conceito de "Futebol de Espetáculo" em um sentido mais restrito à midiatização do futebol, produto derivado da exploração da "Força Esportiva", outro conceito que elabora e tem grande serventia no seu trabalho.

Em um aspecto geral, suas contribuições para os estudos de uma "Economia Política do Futebol" são muito alinhadas aos pressupostos mais consolidados dos estudos do futebol contemporâneo, mas a ênfase dada à identificação das características de produção, circulação e consumo da mercadoria relacionada ao futebol acabou levando o autor a optar por definir o "Futebol de Espetáculo" como algo posterior, mercadoria distinta do longo processo de constituição do evento esportivo como um espetáculo comercial — isto é, algo a ser assistido mediante a compra de um bilhete —, observado ainda no início do processo de popularização aqui descrito (Matias, 2020, p. 49).

Trata-se de uma diferença terminológica, mais do que conceitual. O espetáculo de futebol midiatizado de fato é um divisor de águas do desenvolvimento desse esporte, ainda que talvez fosse mais adequado escolher um termo menos dúbio para tal finalidade — o que não significa se tratar de uma tarefa fácil. Aqui, assim como no caso do trabalho de Matias, o uso do termo "indústria" nos serve muito mais como a observação desse novo paradigma do que uma divergência sobre os elementos que marcam o processo histórico constitutivo do futebol de espetáculo. Como os anos 1950 vão testemunhar a recuperação das potências europeias após a Segunda Guerra Mundial (1939-1945) e inaugurar um período de crescimento econômico, que dura até meados da década de 1970, a noção de "indústria" nos serve principalmente como um conceito capaz de distinguir a natureza dos clubes e a relação desses com os torcedores nesses diferentes contextos.

Nesse subcapítulo vamos nos dedicar a observar o futebol no processo de massificação da torcida e os seus impactos na incidência de um amplo quadro de atores políticos e econômicos; depois avaliaremos a transformação dos clubes sociais, quando do afluxo de um novo tipo de sócio, não mais interessado no uso das instalações ou na prática esportiva, mas identificado com o clube a partir do futebol; o paulatino processo de transformação provocado pela "midiatização" — nesse caso, precisamente a entrada da televisão como plataforma de transmissão de jogos; e, por fim, a incidência de uma nova ideologia sobre essa indústria, que opera para a transformação das suas estruturas tradicionais através de novos marcos legais.

Massificação da torcida: o espetáculo nos grandes estádios

A etapa da massificação da torcida cumpre um papel decisivo na relevância social de um clube de futebol. É nesse momento que o fator relevância financeira vai cumprir um papel mais acentuado, porque é o momento-chave da constituição dos *grounds* e *stadiums* mais ou menos adequados para o recebimento do público assistente. Quanto maior um estádio, maior a capacidade de comercialização de ingressos, portanto de maior capacidade de auferir renda. O que leva a um maior recebimento de público e um maior número de pessoas a serem inseridas em processos de identificação. A tríade relevância financeira-esportiva-social volta a se fazer valer.

Sobre fatores que determinam o cenário dos clubes de um país, cabe trazer casos de dinâmicas ainda mais complexas. Na Itália, o regime fascista de Benito Mussolini (1922-1945) não apenas tomou o protagonismo no processo de profissionalização do futebol e do fortalecimento de uma nova competição nacional, como também interviu diretamente na fusão de clubes de uma mesma cidade (Wynn, 2007). A proposta era garantir representatividade local e estabelecer forças esportivas para além dos centros urbanos mais desenvolvidos, que fossem capazes de viabilizar o projeto de campeonato que contribuísse com a produção simbólica da nação italiana. Isso fez com que o quadro de clubes de futebol profissional de espetáculo fosse mais resumido do que visto nos países vizinhos, com uma ou no máximo duas equipes relevantes por cidade (Archambault, 2018). Na França, em sentido diferente, há um atraso na popularização do futebol em comparação com outros esportes, como ciclismo e rugby, o que provoca a participação direta das municipalidades no subsídio dos clubes e acaba também criando um quadro mais restrito, a partir da formação de clubes identificados com suas cidades de origem, concentrando essa preferência do público e, consequentemente, conferindo-lhes relevância social quase sem concorrência local (Ranc e Hourcade, 2018, p. 39-59).

Apesar de ser um caso particular de excessiva ingerência política na constituição do futebol profissional, a Itália fascista não pode ser vista como a única localidade onde o poder público passou a atuar junto aos clubes para o desenvolvimento desse novo espetáculo de massas. O apoio financeiro direto, a construção de praças desportivas públicas e o estímulo às competições nacionais foram parte fundamental na consolidação do futebol em praticamente todos os países. Em um sentido muito parecido ao que foi promovido por Mussolini, por exemplo, esteve a ditadura de Miguel Primo de Rivera na Espanha (1923-1930), que se valeu do futebol como mecanismo de contenção dos sentimentos separatistas, principalmente catalães e bascos (onde estavam os clubes mais fortes da época), organizando a primeira liga realmente "espanhola" a partir de 1929.[42]

Poderíamos contar histórias semelhantes sobre o brasileiro Getúlio Vargas, o argentino Juan Domingo Perón, o espanhol Francisco Franco, o português António Salazar, o alemão Adolf Hitler e assim por diante. Mas não só de "finalidades autoritárias" o futebol foi alvo. Em cada país, os diferentes arranjos políticos vão proporcionar outras variadas investidas que impulsionariam financeiramente e socialmente o futebol de espetáculo como um todo — e, com isso, a consolidação da torcida.

Como aponta Anderson Santos (2021, p. 71), o "contexto das primeiras décadas do século XX é de produção industrial apoiada pelo consumo de massa, tendo a necessidade de ampliar a circulação da mercadoria também a partir da comunicação", mais precisamente da imprensa escrita e da radiodifusão, que atuam como veículos de publicidade comercial e propaganda política. Esse processo foi acompanhado por inovações constantes nos sistemas de transporte, o que dinamizava os deslocamentos de mercadorias e pessoas de forma cada vez mais ampla e ágil. Eram tempos de avanços inéditos desses elementos cruciais para o desenvolvimento capitalista

---

42. Até então, a Copa del Rey era o único torneio de caráter nacional, enquanto outros campeonatos eram disputados a nível regional (Rivero, 2008).

que, por consequência, favoreceram esses projetos nacionalizantes para o futebol.

É tal processo, de incidência de finalidades de propaganda sobre o futebol, que indica como a afluência constante e massiva de indivíduos a estádios passou a mobilizar interesses políticos de muitas escalas. Desde o dirigente que se favorecia da relevância de um clube para se projetar politicamente até essas intervenções mais amplas de regimes, autoritários ou não, na produção do futebol. Desse modo, é praticamente impossível conceber um clube que tenha atravessado o século XX sem a participação direta ou indireta de grupos de poder hegemônicos, locais ou nacionais. Clubes deixavam de existir com maior facilidade até certo momento histórico, o que vai se tornar cada vez mais raro na medida em que a relevância social de um clube também lhe conferia posição privilegiada de atração de grupos de poder interessados em manter suas atividades, para então explorá-lo para finalidades próprias. O controle de uma instituição social de grande porte era fundamental para garantir status, adentrar ciclos sociais relevantes, limpar a imagem, conquistar a simpatia popular e se proteger de adversários.

Por relevância social, estamos falando daqueles clubes de torcidas "massificadas", que conseguiam atrair público a perder de vista e, portanto, demandavam estádios cada vez mais amplos. A partir das décadas de 1930 e 1940, terá início uma longa era de construção de praças esportivas públicas e privadas que, apesar de interrompida na Europa por conta da Segunda Guerra Mundial, já passavam a conceber espetáculos esportivos para públicos da ordem de mais de cem mil espectadores.[43]

---

43. Na Inglaterra, a final da FA Cup de 1923, entre Bolton Wanderers e West Ham United, registrou um público oficial de mais de 125 pessoas no Estádio de Wembley. A invasão do público alimenta teorias de que o total de presentes no evento teria ultrapassado a marca de 300 mil pessoas.

Já estamos falando de uma geração que não via mais o futebol de clubes como novidade, mas como uma prática cotidiana, uma cultura urbana que seduzia principalmente homens da classe trabalhadora. Um momento de consolidação de muitas das culturas torcedoras que não dependiam apenas dos grandes eventos internacionais de seleções para serem exercidas, mas de uma tradição quase religiosa de programação semanal. As relações de sociabilidade se somavam à constituição de verdadeiros mercados de comunicação impresso e radiofônico, bem como mercados editoriais dos mais diversos dedicados ao futebol, que exploravam a sua popularidade para fins publicitários ao mesmo tempo que ajudavam a tornar mais sólidas as relações das pessoas comuns com essa cultura urbana. A identidade clubística não apenas se mostrava aguçada, como começava a redesenhar o futebol (Gastaldo, 2011, p. 39-51).

O "clube", em seu sentido simbólico, contestava o próprio "clube", agora não mais uma associação civil registrada, com estatutos, sócios, patrimônios e atividades encerradas em si. O clube ganha uma dimensão muito mais ampla do que essa estrutura oficial do registro da pessoa jurídica e das muitas pessoas físicas que a compõem. O clube de futebol de espetáculo começa a se moldar como uma instituição social de grosso calibre, produzida por um incontável número de não membros oficiais altamente engajados e responsáveis por sua existência. Mais do que compradores de ingressos, esses não membros passam a exercer um papel cada vez mais decisivo na manutenção da estrutura da "empresa produtora de espetáculo" que o clube involucra e da qual passou a ser dependente no momento em que escolheu aceitar o futebol como carro-chefe de sua existência.

Por isso, a massificação da torcida opera em dois sentidos irreversíveis para o clube de futebol. Em um sentido mais direto, demanda a necessidade de diálogo extenso e intenso com esse conjunto amplo de torcedores que dedicam tempo e finanças em favor da agremiação. Em outro sentido, a sua nova dimensão como uma espécie de "patrimônio cultural" confere a essa agremiação um caráter de interesse público, tanto na sua proteção diante das intempéries financeiras e políticas quanto no avanço de interesses de fins políticos desejosos pelo uso do poder popular por ele provocado. Se o futebol enquanto indústria cultural já apresentava suas funções propaganda e publicidade,[44] o futebol de clubes mostrava uma natureza mais presente do que os tais "símbolos nacionais" que eram os selecionados. O "clube" era o futebol cotidiano.

A massificação da torcida já causava o surgimento de grupos de torcedores interessados em maior distinção, organizados em segmentos mais definidos, como se recriando outras formas de associação. Na Argentina as *"barras"* começam a ser identificadas nos anos 1920; no Brasil, os anos 1930 já apresentavam os primeiros grupos dedicados a "carnavalizar" as arquibancadas, período semelhante em que surgiam as *"peñas"* na Espanha, os grupos *"tifo"* na Itália e os primeiros *"supporters clubs"* na Inglaterra, e assim por diante (Frydenberg, 2011; Hollanda, 2008, p. 27; Keoghan, 2014). O caráter cada vez mais diverso do público também incitava formas de aglutinação mais específicas, elaboradas para conferir distinção, mas, principalmente, para dinamizar o próprio engajamento por um clube. O que, de certa forma, também será instrumentalizado por aqueles à frente dos clubes.

É pensar por quais motivos os clubes passaram a promover organizações de torcedores de forma institucional. A existência de um vínculo entre a agremiação e as pessoas mais

---

44. Dentro dos conceitos definidos na introdução desta tese (Bolaño, 2008).

comuns — mediadas por agitadores, promotores de festas, músicos ou líderes — era crucial para a concretização das relações de afeto. Ao fim e ao cabo, eram dirigentes buscando consolidar a relevância social do clube, ampliar seu público de interesse, angariar mais torcedores e usufruir da relevância que essa organização "quanto mais popular, melhor" poderia lhe oferecer. Negócio, poder e comunidade já se articulam de forma muito evidente nesse momento inicial da massificação do público. Os "clubes de massa" não são necessariamente "clubes populares" em sua origem, mas clubes que arregimentaram segmentos populares para as suas fileiras, ainda que raramente conferindo a esses o papel legítimo de membro. O "quadro social" muitas vezes se fecha em si, protegendo-se da "torcida", mas também usufruindo dela de forma inevitável.

Há um resquício da história a ser observado nesse processo. Peter Millward destaca o que entende ser uma "sensação de posse sobre os clubes", enquanto Ramón Llopis-Goig e Peter Kennedy sugerem uma "posse moral e simbólica" que os torcedores acreditam ter sobre seus clubes (Millward, 2011; Llopis-Goig, 2012, p. 392-408; Kennedy, 2012, p. 409-425). Ainda que alijados dos espaços decisivos destes — fossem associações civis ou aquelas sociedades limitadas inglesas —, essas organizações torcedoras buscavam, de algum modo, elaborar formas de obtenção de maior protagonismo. Caso pensemos um possível sentido político de interação/intervenção presente já nesses modos primários de organização, será possível compreender muito do que significará a postura dos grupos torcedores que estudaremos mais adiante.

De forma mais elaborada, ainda que em chave parecida, Arlei Damo sugere o "pertencimento" como uma categoria mais adequada para pensar essas questões. O "pertencimento clubístico" aparece como chave central para designar uma "modalidade de vínculo intensa, duradoura e exclusiva" de relação entre torcedores e clubes, e mesmo torcedores entre si. O termo ocupa o lugar da "identidade" por denotar uma relação de traços mais profundos e caracterizados por uma relação ativa do torcer, em que o "engajamento" é um elemento de distinção (Damo, 1998; 2012).

As décadas que marcam a massificação do futebol também testemunharão experiências coletivas mais elaboradas da parte dos torcedores. Para além de se fazerem presentes nos estádios, como público assistente, esses indivíduos organizados passam a protagonizar atividades e campanhas em favor do clube. Não são poucos os casos de clubes que ergueram estádios com o apoio de torcedores comuns, seja na doação de materiais ou mesmo na participação direta na construção dessas estruturas. Se o "*club*" deixa de constituir apenas uma "empresa produtora de espetáculo" pertencente a uma associação civil esportiva, é graças à ação de inúmeros indivíduos organizados, que "praticam" o clube cotidianamente enquanto "torcida", que a organização passa por uma transformação irreversível nos seus significados e simbologias. Mas mesmo as "associações civis" serão impactadas com esse processo.

Massificação do sócio: clubes de dezenas de milhares

Para além de perceber como o "clube" era reinventado por torcedores, será preciso observar como as associações se transformam graças à proeminência do futebol dentro das suas atividades originais, porque não serão apenas os grupos de poder que se aproximarão dessas organizações. A incidência cada vez maior de sócios dedicados a compor e participar de uma entidade destacada por relevância financeira, esportiva e social também merece atenção destacada, principalmente pelo que oferece em termos de "resquícios da história" que exploraremos mais adiante. A massificação do sócio não deve ser vista como um processo apartado da massificação da torcida, porque não ocorre em momentos históricos muito distintos, mas constitui uma etapa de diferenciação importante entre as "culturas associativas" dos países aqui estudados, dado que será fundamental no decorrer desse trabalho.

Os "clubes sociais" já tendiam a se ampliar como consequência histórica de ordem superior. Caso observemos o crescimento econômico decorrente do período pós-Segunda Guerra Mundial, com a implantação de direitos sociais e trabalhistas e, mais precisamente, do Estado de Bem-Estar Social nos países europeus, o acesso a esse tipo de vínculo a organizações civis que ofereciam equipamentos de lazer e convivência se torna mais viável, constituindo uma prática comum às grandes cidades. A "cultura de clube" se intensifica à medida que o poder aquisitivo de parte da população cresce, principalmente a classe média, segmento que se ampliava no rastro desse processo.

Quanto aos clubes detentores de relevantes "empresas produtoras de espetáculo", essa aderência se daria por motivos mais amplos, inclusive em sentidos simbólicos. Não falamos apenas de uma associação com espaços físicos a serem usufruídos, mas, principalmente, de uma associação de grande relevância social "graças ao futebol", cuja identidade de boa parte da sua comunidade já se encontrava estabelecida por gerações. Essa motivação "a mais" desprendia o ato de associação de uma relação geográfica e utilitária, como a que ensejava o uso das instalações do clube localizado no bairro de moradia ou cercanias. Era o "clube de futebol" o grande vetor de escolha por um vínculo formal à associação, com a dedicação financeira voluntária a favor dele. O que, por óbvio, dependeria muito da predisposição dessa organização em se abrir para um novo conjunto de sócios alheios ao seu "público" original.

A tarefa de encontrar dados sobre a progressão do número de sócios de um clube não é fácil, tampouco o é a sistematização de um tipo específico de desenvolvimento de uma associação massiva. Muitos fatores podem impactar a alteração desses números, seja a situação econômica de um país, a mudança da sede de bairro ou a própria situação esportiva do clube em questão. Mas, além desses fatores, conta de forma decisiva o que poderíamos chamar de "cultura associativa" e "cultura política", que tendem a variar muito de país a país, de acordo com suas características socioculturais e político-econômicas.

Para ilustrar essa questão, convém observar a diferença visível entre os clubes brasileiros e aqueles de países ibero-americanos de forte tradição associativa e futebolística, como Argentina, Chile, Portugal e Espanha. Os principais clubes brasileiros que conhecemos hoje sempre foram organizações de quadro social muito restrito, fato que não era exatamente igual nos países em questão. São hipóteses a serem exploradas em pesquisas de maior fôlego, evidentemente, mas aqui nos damos ao direito de analisar alguns dados encontrados em pesquisa.

O CA Velez Sarsfield, que não é considerado um dos clubes de maiores torcidas na Argentina, já registrava 62 mil sócios em 1980 (Bunster, 2021). No CA River Plate, sabidamente mais popular, eleições com mais de 12 mil votos já aconteciam em 1968 (Daskal, 2020). O clube, desde a década de 1940, já tinha mais de 50 mil sócios — assim como o seu maior rival, o CA Boca Juniors. Esse modelo eleitoral amplo persiste na Argentina até os tempos atuais, em números muito maiores, e nos servirá como "resquício da história" na hora de analisar os movimentos de torcedores nesse país.

O Chile também conta histórias de ampliações dos quadros sociais às dezenas de milhares. Ainda na década de 1950, o CSD Colo-Colo já registrava 30 mil sócios (Maza Martínez, 2016), marca que o Club Universidad de Chile teria antes do início de uma era histórica de duras intervenções da Ditadura Civil-Militar (1973-1990), comandada por Augusto Pinochet, nos principais clubes (Ruete, 2020, p. 178-201). A primeira década do regime proibiu eleições, passou a nomear dirigentes e a controlar os rumos dessas associações.

Um dos casos mais destacados foi a eleição do Colo-Colo de 1976, proibida pelo regime diante da iminente vitória de Antonio Labán, candidato com apoio declarado de Tucapel Jiménez à sua candidatura. Tucapel era um líder sindical da Asociación Nacional de Empleados Fiscales e militante do Partido Radical, opositor e figura incômoda ao regime. Pinochet reagiu à possibilidade de o clube mais popular do país cair sob tal influência, suspendendo as eleições sob a alegação de que as altas dívidas do clube exigiam intervenção. De imediato, designou o controle do clube ao Grupo BHC, conhecido como "Los Pirañas" ou "Chicago Boys" (Matamala, 2015, p. 176). Tucapel Jiménez acabou assassinado pela inteligência do Exército em 1982.

Esse tipo de medida se repetiu em outros emblemas. Ainda que não fossem clubes de participação direta ou ampla dos sócios (havia muitos modelos, levando em conta inclusive a particularidade dos "clubes universitários"), é de se imaginar que esse período barrou um processo de possível transformação como ocorreu em outros países. Como a ditadura só caiu em 1990, não estaríamos falando da mesma quadra histórica do que será vivenciado ainda antes, em Espanha e Portugal.

A começar por Portugal, onde alguns registros indicam que clubes como o Sporting CP e o SL Benfica, rivais da capital portuguesa, saltaram de mais de 40 mil sócios no início dos anos 1970 (SAPO Desporto, 2013) para o expressivo número de mais de uma centena de milhar na década seguinte (Record, 2003). Pesa, nesse processo, o fato de Portugal ter sido comandado por mais de quatro décadas pelo regime do Estado Novo (1933-1974), do líder autoritário, conservador e proto-fascista António Salazar. O regime atuou de forma contrária à regulamentação da profissão do jogador de futebol e os clubes eram obrigatoriamente amadores.

A abertura democrática, a partir da Revolução dos Cravos (1974), testemunhou o aumento da atividade associativa e política nos clubes de futebol. A eleição do Benfica em 1981 contou com 4.477 votos (Diário de Lisboa, 1981a) e a seguinte, em 1983, com 6.747 votos. Conta-se que essa eleição precisou ser encerrada por conta do horário, mesmo com uma longa fila de sócios à frente da sede do clube na Baixa lisboeta. O destaque dado pela imprensa local era de que, dos mais de 70 mil sócios do clube, foram os sócios "do futebol" (os mais jovens) que decidiram a eleição, no que parecia ter se tornado um fator irreversível: "Uma vez mais, o barómetro eleiçoeiro de um clube foi o futebol. Esperado, evidentemente: e plenamente aceite por gregos e troianos" (Diário de Lisboa, 1981b).

No rival conterrâneo, o Sporting CP, a primeira eleição com mais de um candidato ocorreu em 1984: dos mais de 105 mil sócios (Diário de Lisboa, 1984), um total de 8.312 compareceu às urnas (Diário de Lisboa, 1986). Curiosamente, a eleição seguinte, em 1986, contou com uma participação muito menor, de apenas 1.698 votos. Esse fato deve ter explicações muito particulares quanto ao pleito, já que foi um número dez vezes menor do que a quantidade de eleitores em 1988, quando um expressivo número de 17.093 associados se fez presente em Alvalade (Diário de Lisboa, 1988). Já o FC Porto, clube do norte do país, teve a sua primeira eleição nessa época em 1982, com 4.591 votos, e em 1988 registrou-se uma eleição com 10.700 sócios votantes.[45]

Dados sobre a preferência dos eleitores são mais difíceis de mensurar em Portugal, por duas razões: a diferença do peso do voto dos associados de acordo com o tempo de associação (norma que perdura até hoje) e a existência de muitos sócios vinculados a equipes esportivas de outras dezenas de modalidades, questões que possivelmente implicavam no número de votantes. De todo modo, é o final da década de 1970 que dá início às eleições mais representativas. O modelo eleitoral desses clubes segue mobilizando um grande número de sócios, mesmo com a adoção do modelo de *sociedade anónima desportiva* (SAD) no final dos anos 1990 (controladas pelas associações), geralmente ultrapassando a dezena de milhares de votos dos sócios.

Na Espanha, por conta da ditadura de Francisco Franco (1939-1975), o esporte em geral, mas principalmente os clubes profissionais, foram alvo de mecanismos de maior controle ao longo de décadas. Dentre as dezenas de milhares de sócios dos clubes, muitas vezes o pleito era resumido entre os chamados "*socios compromisarios*", categoria criada para restringir o pleito eleitoral entre sócios mais antigos, ex-presidentes e um número específico de sócios definidos por sorteio. Desse modo, as eleições eram mais restritas e pouco numerosas.

O voto direto só começou a ser uma prática comum no final dos anos 1970, no bojo da chamada Transição Democrática

---

45. O caso do FC Porto é muito particular, já que desde 1982 o clube só teve um único presidente, José Nuno Pinto da Costa (que iniciou o 15º mandato em 2020). Seu respaldo junto aos sócios e à torcida, conquistado por logros esportivos inéditos, praticamente decreta as eleições de forma antecipada desde então. Muitas delas sequer contaram com opositores (Record, 2020).

Espanhola (1975), com a morte do caudilho e a implantação do regime democrático. O Barcelona (1978) e o Athletic Bilbao (1982), clubes que até hoje permanecem como associações civis, foram os pioneiros em implantar eleições diretas, em pleito com, respectivamente, 26 mil (48,6% dos sócios com direito a voto) e cerca de oito mil votantes (31%).[46] O Valencia CF, outro clube tradicional, realizou sua primeira eleição em 1983, com cerca de cinco mil votos (Levante-EMV, 2013). Nem todos os clubes realizavam eleições massivas por causa das barreiras criadas internamente, como o tempo mínimo de associação.

O Real Betis, por exemplo, realizou as suas primeiras eleições, em 1983 e 1986, com menos de 2 mil votos, mesmo contando com um quadro de mais de 16 mil sócios (El País, 1983) — situação que ocorreu também em outros clubes, considerando-se que, muitas vezes, eleições não se realizavam por inexistência de candidato opositor. O Atlético de Madrid, por motivos diversos, só realizou sua primeira eleição direta em 1987, com números próximos a 12,5 mil votos. Essa eleição, a última da história do clube, elegeria Jesús Gil y Gil, figura que voltará a ser mencionada nesta tese (El País, 1987).

A transição democrática foi parte importante no estabelecimento de uma nova cultura democrática dentro dos clubes, contando com a própria "Real Federación Española de Fútbol" como impulsionadora desse processo (El País, 1981). Não só alterou seus estatutos para se adequar ao novo espírito democrático, como buscou determinar que todos os membros com mais de três anos de associação teriam direito ao voto (Ferreira, 2021; Soto, 2014, p. 74). De todo modo, não se pode perder de vista que em todos esses países os clubes têm autonomia para

---

46. O primeiro pleito "democrático" do Athletic não contou com mais de uma chapa (Mundodeportivo, 2021; El País, 1982).

definir e alterar suas regras eleitorais em assembleias. Nas quatro únicas associações do futebol profissional espanhol na atualidade — Barcelona, Real Madrid, Athletic Bilbao e Osasuña — as regras são distintas. No Barcelona, por exemplo, os candidatos são filtrados de acordo com o aval dos "*compromisarios*", que devem declarar apoio a algum pré-candidato através de assinaturas (*firmas*), e há muitos casos históricos de restrições aos direitos políticos de sócios mais novos.

Essas associações foram as únicas "sobreviventes" de um processo posterior que obrigou os clubes espanhóis a se converterem em *sociedades anónimas deportivas* (SADs) a partir do ano de 1990. A essa altura, clubes italianos e franceses já haviam iniciado seu processo de empresarização, em iniciativas legislativas que influenciariam de forma decisiva o futebol espanhol. Nesse intervalo de menos de quinze anos, poucos clubes puderam amadurecer suas culturas políticas antes da dissolução das associações e da conversão dos então *socios* em acionistas.

Fora do contexto ibero-americano, cabe observar a Alemanha, outro país de larga participação associativa e política. O restabelecimento das associações ao fim da Segunda Guerra Mundial pelas Forças Aliadas (1945-1949) — primeiramente proibidas e extintas por causa da sua pretensa conexão com as políticas e os valores nazistas — foi estimulado como parte de uma política de desnazificação, educação e democratização durante o período transitório de constituição da nova República Federal da Alemanha (1949-1990). Alguns clubes foram recriados e outros fundados, com restrições às suas eventuais conexões com o antigo regime e com proibições expressas às atividades políticas (Krüger, 2013, p. 1.586-1.603). Esse novo sistema esportivo acabou por realimentar a forte tradição associativa alemã, massificando a associação também em clubes esportivos e, principalmente, naqueles clubes de futebol. Mesmo que o próprio futebol ainda não fosse profissionalizado, já era amplamente assistido e praticado.[47] A complexa retomada dos clubes de futebol alterou consideravelmente o cenário dos clubes locais, que se aprofundou após a profissionalização (1960) e a criação da Bundesliga (1963). Esse período provocou uma rápida ascensão de "monopólios" em muitas cidades e regiões, restringindo a relevância social a poucas agremiações. A capacidade de muitas delas de dinamizar sentimentos regionais também favoreceu o processo de massificação associativa a clubes de futebol, sem que estes perdessem conexão com uma cultura associativa e política mais ampla, típica do país em muitas esferas. Ainda hoje, clubes de futebol realizam assembleias anuais com participação massiva dos seus *mitglieders* (membros), que elegem novas diretorias em participação direta. Curiosamente, o número de votos é bem menor do que visto em clubes de outros países, graças à dinâmica própria de discussão e de longa duração dessas assembleias (Merkel, 2012, p. 359-376).

Como se pode notar, a história dos clubes de futebol é impactada por uma complexa dinâmica entre poder, negócio e comunidade. Cada localidade vai produzir as condições socioculturais e político-econômicas próprias, que vão explicar questões que impactam na forma como os clubes funcionam e como os torcedores se relacionam com eles — no sentido objetivo da participação ou no simbolismo que dá sentido ao que entendem que seja o "clube".

---

47. A Alemanha Oriental tem uma história muito distinta de retomada da cultura esportiva, com um modelo mais centralizado e menos aproximado dos antigos. Organizações esportivas eram sempre vinculadas a fábricas, companhias e órgãos governamentais. Isso impacta no cenário dos clubes associativos, contando uma história muito mais complexa do que na parte "capitalista" da Alemanha.

É evidente que, quanto a esse aspecto, também é preciso atentar para a contaminação e os vícios da política institucional, a preponderância do poder de homens da elite de cada localidade, a utilização inescrupulosa desses clubes para finalidades de publicidade e propaganda, e, principalmente, os favorecimentos que esses tipos de relações ensejaram, impactando o cenário geral dos clubes e os sentidos da relevância financeira, esportiva e social de que tanto tratamos até aqui. A participação dos sócios pode ser afetada por contradições, manipulações e discursos populistas comuns aos ambientes políticos e eleitorais de massas. Esses problemas não impedem, entretanto, de perceber a profundidade da "cultura de clube" desenvolvida em muitas localidades, tornando essas organizações "pequenas sociedades" que mobilizavam grandes contingentes populacionais. Elementos que explicam os sentimentos de pertencimento e identidade de uma forma muito mais profunda do que a redutora aderência comercial à "empresa produtora de espetáculos" (Moreira, 2010).

Mas cabe voltar à particularidade brasileira. Sócio-remido, sócio-benemérito, sócio-patrimonial, sócio-contribuinte, dentre outras tantas nomenclaturas, foram modalidades criadas de tempos em tempos em determinados clubes. A ideia era estimular uma associação que garantisse segurança orçamentária ou a efetivação de projetos estruturais de custos mais elevados, como estádios. Eram títulos divulgados ao público, mas a sua aderência era controlada de modo a preservar o status político dos principais grupos dentro da associação. Esses "títulos" seguem até hoje válidos, em muitos casos. Famílias passam para a geração seguinte um símbolo de status e de pertencimento a esse fechado círculo que representa a instituição futebolística. Esses mecanismos de restrição à vida associativa se somam a outros, como o

"Conselho Deliberativo", tipo de estrutura que não foi encontrada em nenhum outro clube pesquisado fora do Brasil. É um órgão que tende a restringir ainda mais o processo de participação, existindo ainda o acréscimo de um segundo órgão superior, como o "Conselho de Beneméritos" ou o "Conselho de Vitalícios", em algumas realidades.[48] A cultura política restrita e controlada dos clubes de futebol no Brasil parece encontrar conexões com uma baixa tolerância das elites locais aos mecanismos democráticos. Do mesmo modo, parece explicar por que a Ditadura Civil-Militar (1964-1985) teve pouca necessidade de intervenção direta nessas organizações, sem casos de remoção forçada de diretorias.[49] O diminuto quadro social e os muitos mecanismos de controle e cerceamento de participação já eram suficientes para manter essas agremiações bem distantes de grupos políticos ameaçadores, o que acabou resultando em um cenário de clubes fechados, com poucos sócios, sem tradições políticas amadurecidas e funcionamento mais aproximado de uma loja maçônica do que de uma associação civil detentora de um clube de futebol de massas.

Mesmo se tratando de associações bem menos massivas do que os exemplos utilizados anteriormente, ainda se restringiam a processos ainda mais fechados, geralmente passando pelo conselho deliberativo. A título de exemplo, o Flamengo, desde sempre um dos clubes mais populares do país, elegeu Marcio Braga presidente, no final do ano de 1976, com um

---

48. O modelo mais aproximado do "conselho deliberativo" nos clubes brasileiros seriam os *"socios compromisarios"* nos clubes espanhóis. A finalidade de filtrar os candidatos e compor as assembleias de apreciação de contas tem caráter semelhante, guardadas as devidas proporções.

49. A Ditadura Civil-Militar apenas se dedica a reforçar pontos presentes na lei criada na era Vargas, que restringia a autonomia das associações e federações esportivas, mantendo-as sob a tutela do Estado (Helal, 1997, p. 88-85).

colégio eleitoral de 3.100 conselheiros, considerado à época uma "frequência recorde na história do clube", mas com apenas 2.016 votos (65%).[50] Essa característica é extensiva a muitos outros clubes brasileiros, com alguma diferença pontual aos clubes do Rio Grande do Sul, onde estão Internacional e Grêmio, que sempre desenvolveram modos distintos de associação. Ainda assim, suas eleições só passaram a ser diretas a partir da década de 2000, questão de que trataremos no Capítulo 6.

Uma hipótese possível também é a alienação dos torcedores em geral quanto ao processo de associação e participação em seus respectivos clubes. Por mais que as entidades realizem processos muito fechados, o grau de aderência aos clubes brasileiros sempre se mostrou muito mais reduzido do que os exemplos citados em Argentina, Chile, Espanha, Portugal e Alemanha. Por outro lado, os clubes apresentavam um número considerável de organizações de torcedores, dentre as quais as torcidas organizadas, que conseguiam reunir números expressivos de filiados, de forma até contraditória — outro tema interessante a ser desenvolvido em pesquisas focadas na história política dos clubes de futebol.[51]

Fora do Brasil, ainda que esse modelo popular de eleições de clubes seja atrasado pela existência de regimes autoritários, o fato é que ele se mostrou um fenômeno amplo.

---

50. Antes, as eleições eram feitas por um colegiado de 300 membros, sendo que 150 eram vitalícios. A chapa vencedora selecionava 100 membros, a perdedora os outros 50. Era o modelo predominante no Flamengo, quando o grupo "Frente Ampla pelo Flamengo" promove alteração nessa regra e inaugura o voto de todos os sócios na Assembleia Geral (Jornal dos Sports, 1976; 1979).
51. Aqui cabe uma menção de agradecimento ao professor Arlei Sander Damo, pela provocação e contribuição nessa pretensa "ciência política dos clubes de futebol". Esse trabalho deve muito a uma conversa em meio à programação do III Simpósio Internacional de Estudos Sobre Futebol, realizado em São Paulo em setembro de 2018, pelo Museu do Futebol, LUDENS/USP, PUC-SP, Unicamp e Ludopédio.

Convém observar essa nova dimensão das associações em dois sentidos, consequentes ao restabelecimento ou ao surgimento de democracias eleitorais mais consolidadas: 1) perceber o uso político-eleitoral do clube, dada sua característica de sociedade civil autônoma, com grande poder de aderência de inúmeros cidadãos e dezenas de milhares de sócios. Os clubes de futebol se apresentavam como um mecanismo privilegiado para a projeção da imagem dos seus dirigentes, o que levaria à formação de novos grupos internos, com uma nova perspectiva de atuação, para os quais a abertura política do clube poderia ser crucial para romper velhas hegemonias políticas; 2) conceber como o próprio fortalecimento de uma cidadania participativa e ativa a nível institucional (eleições diretas e democráticas para os poderes Legislativo e Executivo) também contribuiria para a retomada de um entendimento mais concreto sobre a importância da participação dos clubes — uma escala em tese menor, mas simbólica e afetivamente muito mais representativa. Torcedores passavam a entender o clube como uma esfera de participação política.

    Em países de menor tradição associativa popular, os chamados *"supporters clubs"* assumiram uma importância significativa, dado que contribuíam para a mediação entre clube e torcedores, no que muitas vezes auxiliava a administração de outro tipo de associação: os "abonados". Eram os torcedores com contribuições fixas, que buscavam benefícios no acesso aos jogos, mas também dedicavam isso como uma forma de colaborar com a agremiação. Na França, por exemplo, esse modelo ainda é visto em clubes como o Olympique de Marseille; nos Países Baixos está presente em Ajax, Feyenoord e PSV, maiores torcidas do país. Na Inglaterra, onde os clubes basicamente nunca foram associativos, os *"supporters clubs"* também têm papel histórico significativo como espaço organizativo e representativo dos torcedores.⁵² De certa forma, o fenômeno brasileiro de aderência às torcidas organizadas, ao invés da associação aos clubes, aparenta ter uma relação de semelhança dentro desses aspectos.

Todas essas questões sobre o formato constitutivo dos clubes serão impactadas por outro processo importante na história de desenvolvimento do futebol enquanto indústria: a consolidação das transmissões televisivas dos jogos de futebol. Esses novos paradigmas serão atravessados por tais transformações, que os alimentam e deles usufruem.

Midiatização: nova ordem da "receita" e um novo torcedor

Na virada do milênio a dupla de economistas Wladimir Andreff e Paul Staudohar (2000, p. 257-276) desenvolveu um esquema de observação da evolução do modelo financeiro dos clubes europeus, o que, por consequência, também implicaria nos clubes de futebol do resto do mundo. Na ocasião, os autores ressaltaram essa transição a partir daqueles modelos que batizaram como "SSSL" e "MCMMG".

SSSL é a sigla para "*Spectators-Subsidies-Sponsors-Local*" ("Espectadores-Subsídios-Patrocínios-Local"), enquanto MCMMG é a sigla de "*Media-Corporations-Merchandising-Markets*" ("Mídia-Corporações-Mershandising-Mercados"),⁵³

---

52. No início dos anos 1990, surgirão as chamadas "*supporters trusts*", novo tipo de organização de torcedores, que se organizavam para adquirir participação acionária nos clubes ingleses. Esse assunto será abordado ao longo da tese.
53. A palavra "*merchandising*" não possui uma boa tradução literal, sendo utilizada para designar um conjunto de técnicas desenvolvidas para apresentação e informação de produtos e marcas. Por "*markets*" os autores se referiam principalmente à negociação dos direitos econômicos dos atletas a partir da Lei Bosman (1995).

com a letra "G" carregando um sentido de "globalização". Essa transição seria mais significativa a partir da década de 1980, no rastro das transformações do próprio mercado audiovisual europeu, cada vez mais desregulamentado e controlado por grandes grupos financeiros privados, rompendo com uma era de predominância do modelo de monopsônio estatal existente na Europa.[54]

Ainda que seja um artigo relativamente datado, com algumas conclusões passíveis de críticas e demais observações, o esquema tem sua utilidade para a compreensão desse processo de transição que aqui resumimos por "midiatização". A influência dessa leitura para os estudos da economia do futebol seria decisiva nos anos seguintes, se mostrando útil também para entender como a entrada da lógica televisiva no futebol de espetáculo ensejaria alterações de várias ordens, no que tange ao modo de gerenciamento e funcionamento dos clubes de futebol. Dentre esses pontos estará a questão da "empresarização", tema que será abordado no próximo capítulo.

O que os autores destacam de mais importante, a partir de uma série de dados históricos sobre as fontes de receitas dos clubes, é como estes buscavam formas de desenvolver financeiramente suas atividades. Para além da tradicional (e mais relevante) receita oriunda da venda de ingressos para os jogos (*spectators*), há o destaque para o modo de desenvolvimento diferenciado entre tais linhas de arrecadação. Países como Alemanha, França e Itália eram destacados pelos "*subsidies*", geralmente garantidos por governos locais ou "*industrial patrons*" (chefes industriais) — dentro dos quais apontam

---

54. De um modo geral, o conceito de "monopsônio" se refere a uma estrutura de mercado onde há apenas um comprador de bens ou serviços ofertados por muitos vendedores.

as montadoras de automóveis Fiat, na Itália (Juventus FC), e Peugeot, na França (FC Sochaux); a farmacêutica Bayer, na Alemanha (Bayer 04 Leverkusen); e a eletrônica Philips, nos Países Baixos (PSV Eindhoven).

Ao longo das décadas de 1960 e 1970, o uso dos uniformes como plataforma publicitária vai proporcionar o crescimento das receitas identificadas como "*sponsors*" (patrocinadores). Tratava-se de um caráter distinto do que seria visto no futuro, sendo mais comuns os casos de empresas locais aproveitando a identificação direta dos clubes com as suas áreas de atuação. Esse modelo tinha um aspecto mais local e menos comercial, até mesmo porque as transmissões televisivas eram raras ou mesmo inexistentes.

Até meados da década de 1980, as transmissões televisivas do futebol começaram a ser realizadas por empresas públicas, como RAI, na Itália; ARD-ZDF, na Alemanha; BBC, na Inglaterra; e ORTF, na França. Esse processo se arrastou por anos, diante da reticência dos clubes quanto ao possível esvaziamento dos estádios diante da oferta de jogos pela TV. Ainda em 1967, por exemplo, a Premier League britânica rejeitou uma proposta milionária pela transmissão televisiva ao vivo das partidas. A título de ilustração, nesse mesmo ano a venda de direitos de transmissão do futebol americano (NFL) para a CBS rendeu 72,2 milhões de dólares (média de 1,6 milhões por time). No contrato celebrado para os anos 1970-1973, esse valor subiu para a ordem de 185 milhões de dólares, diante da entrada de mais concorrentes (Andreff e Staudohar, 2000, p. 270).

Como observa Anderson Santos (2021, p. 105), até então as receitas oriundas da cessão dos direitos de transmissão do futebol europeu ainda eram secundárias frente às outras fontes identificadas no modelo SSSL. Só ao final da década de 1980, com a ampliação da concorrência privada na exibição audiovisual televisiva (primeiramente gratuita, depois paga), esses valores vão se ampliar diante do fim do monopólio estatal na radiodifusão de alguns países europeus. Federações ou ligas passam a centralizar a comercialização desses direitos para esse mercado concorrencial, garantindo o crescimento paulatino dessa fonte de receita.

Aqui cabe uma observação importante. Para Andreff e Stoudohar, a conversão de clubes italianos e franceses em empresas, na década de 1980, teria-os dotado de uma lógica mais direcionada para o lucro, o que teria impulsionado sobremaneira a adoção do modelo MCMGG — posição que abre o subtítulo "Reasons for the transition" ("Motivos para a transição") do artigo. Como veremos no próximo capítulo, não é exatamente disso que se trata a criação obrigatória do modelo empresarial no primeiro momento, dedicado primordialmente ao controle financeiro dos clubes, com restrições expressas à distribuição de dividendos. Tampouco parece ser uma transformação decorrente de questões "internas" à indústria do futebol, mas de transformações mais gerais na própria indústria televisiva, que vão impactar de forma generalizada as indústrias culturais, dentre elas o futebol (mesmo onde os clubes seguiram sob o modelo associativo). É curioso que os autores cheguem a tal conclusão, quando compreendem perfeitamente o caráter amplo da estruturação dos mercados midiáticos, a partir da identificação do processo de privatização e desregulamentação do setor ao final dos anos 1980, no mesmo sentido observado anteriormente (Andreff e Staudohar, 2000, p. 271).

Vale abrir uma longa citação da obra de Anderson Santos acerca dessas transformações "de ordem superior", que explicam como o futebol é impactado ao longo dessa quadra histórica:

A partir da década de 1970 há uma potencialização da mercantilização do futebol e em torno dele formou-se um mercado de produtos, serviços, espetáculos, eventos e megaeventos. As condições histórico-estruturais que possibilitariam a apropriação do futebol à forma mercadoria são [...]: a) crescimento do setor de serviços e entretenimento combinado com processos de precarização e aumento da taxa de exploração do trabalhador; b) hipertrofia do capital especulativo parasitário; c) Estado com uma feição empreendedora, que amplia o seu papel em garantir as condições de produção e reprodução do capital em detrimento ao desenvolvimento de políticas que garantam direitos; d) produção destrutiva e a taxa decrescente do uso dos produtos, combinadas com a espetacularização dos fenômenos culturais; e) relativização do luxo e das necessidades combinado com o exibicionismo e a ostentação em paralelo ao entesouramento.[55]

Andreff e Staudohar também parecem compreender pouco a dinâmica da massificação da associação em clubes de países como Espanha, Portugal e Alemanha, que se mostrou desde sempre muito distinta da dinâmica em países como França e Itália e nos Países Baixos, onde as associações já eram restritas antes da empresarização. A atenção menor dada ao "*membership fees*" (taxas de associação) compromete a própria elaboração do conceito de SSSL, porque são resumidas a uma diferença pontual em países onde os subsídios públicos eram proibidos. A redução desse aspecto aos benefícios da associação (a aquisição de ingressos mais baratos) acaba por ocultar

---

55. Nesse trecho, Anderson Santos (2021, p. 111) faz uma síntese de um texto mais amplo e aprofundado do trabalho de Wagner Matias (2020), o qual também merece menção.

um elemento decisivo no funcionamento desses clubes. É de se observar, ainda, que a forma de "associação" não se resumia ao clube, quando organizações como os *"supporters clubs"* também serviam como modo de financiamento ativo das agremiações.[56] De todo modo, suas observações seguem úteis. É preciso perceber que a "midiatização" do futebol é um fenômeno iniciado com maior ênfase na década de 1970, de forma controlada pelos clubes, para impedir o esvaziamento dos estádios, e com valores reduzidos — diante da inexistência de um amplo mercado de empresas em concorrência disputando esses direitos. Esse processo acontece apenas ao final dos anos 1980, frente à entrada do capital privado, constituindo um novo mercado concorrencial, o que tende a valorizar esse produto. Com isso, a maior receita deixa de ser aquela advinda dos estádios e passa a ser a venda dos direitos de transmissão desses eventos.

Os dados de Andreff e Staudohar mostram o desenvolvimento de novas receitas consequentes à consolidação da transmissão televisiva, como o aumento da importância dos valores de publicidade (nos uniformes e nas placas publicitárias em jogos) e da comercialização de produtos relacionados aos clubes, principalmente nos anos 1990. Além disso, a própria lógica de exploração dos uniformes como plataforma publicitária se altera, agora com um número mais amplo de empresas disputando os principais clubes, valorizando essa linha de receita e desprendendo essa relação de questões locais.

A participação dos direitos televisivos na receita dos clubes de futebol franceses, por exemplo, saltou de 7%, em 1985, para

---

56. Quando os clubes espanhóis são convertidos em SAD, a ideia de *"socios"* segue viva através de programas de associação ao clube. Dentre as suas motivações, também estariam os benefícios dos descontos e prioridade na compra de ingressos. Defendemos, entretanto, que essa relação vai bem além da reprodução do modelo de *"season ticket"* tradicional na Europa. No Brasil, a lógica do *"sócio-torcedor"* possui um sentido semelhante, em que pesem as particularidades locais.

32,4% em 1996 (em 1997 esse valor saltaria para 42,5%). Nos demais países o movimento é semelhante, com a observação da queda gradual da importância das receitas com venda de ingressos para jogos, ainda que seu valor real não decrescesse tão significativamente por causa das transmissões televisivas (Buraimo, Paramio e Campos, 2010, p. 461-474; Paramio, Buraimo e Campos, 2008, p. 517-534). Outro elemento importante está na própria entrada de empresas televisivas na aquisição parcial ou majoritária dos clubes, como estratégia de mercado. Apenas na França se observam a aquisição do Bordeaux pela CLT-UFA (M6) no FC Girondins de Bordeaux, do Canal Plus no Paris Saint-Germain e da Pathé no Olympique Lyonnais.

É em 1995, entretanto, que uma decisão judicial vai alterar completamente a ordem do futebol global. A Corte de Justiça Europeia determinou, ao apreciar o "caso Bosman", que o sistema de transferência de jogadores e as restrições vigentes sobre o número máximo de jogadores estrangeiros violava os termos do Tratado de Roma, conjunto de normas que instituiu a Comunidade Econômica Europeia em 25 de março de 1957. Jean-Marc Bosman era um jogador belga que havia entrado em litígio com o seu clube, o RFC Liège, da Bélgica, cinco anos antes de tal decisão. Bosman reclamava o direito da sua saída para outra agremiação, o USLD Dunkerque, da França, com rompimento de contrato. Até então, vigorava o sistema de "passes", em que a inscrição de um jogador só poderia ser trocada mediante pagamento do valor exigido pelo clube vendedor.

A partir dali, as regras de negociação entre atletas e clubes foram alteradas, passando a prever um contrato com prazo de encerramento que, em caso de não renovação, tornava o jogador livre para negociar com o clube que lhe conviesse. Junto ao fim das restrições a estrangeiros (no caso, europeus atuando em clubes europeus), esse novo sistema provocou como consequência uma maior competição entre clubes por atletas, com a oferta de salários mais sedutores e/ou com propostas de pagamento mais vantajosas aos clubes, para que aceitassem o rompimento bilateral do contrato, que em algum momento se extinguiria naturalmente. Tanto os salários seriam inflacionados de forma abrupta quanto os clubes de menor poder financeiro começariam a se organizar de modo a serem fornecedores de atletas, buscando potencializar suas receitas para tentar competir esportivamente em um nível mais alto. Os clubes de maior poder financeiro poderiam se impor dentro desse mercado, atraindo os melhores atletas e concentrando cada vez mais poder nas competições. Quanto a esse "ciclo vicioso", poderíamos entender como um sistema de "desigualdade exponencial", no qual a "tríade de relevância" se aprofunda: clubes mais ricos (relevância financeira) se impõem nesse novo mercado de atletas, adquirindo maior poder de competição (relevância esportiva), acumulando títulos ano após ano e expandindo a sua base de torcedores/consumidores (relevância social), com o apoio da cada vez mais sofisticada midiatização, em uma escala cada vez mais ampla: se antes local, agora nacional e em seguida global.

As tendências no século XXI são apenas o aprofundamento dessas questões. Na parte mais visível, Andreff e Stoudharg foram altamente precisos: a concentração midiática, de recursos e de títulos em poucos clubes acabaria ensejando a proposição de uma liga especial.[57] Em 1998 era criada uma organização chamada "G-14", ou "Grupo dos 14", com a seguinte composição: Real Madrid e Barcelona (Espanha), Manchester United e Liverpool (Inglaterra), Internazionale, Milan e Juventus (Itália), Olympique Marseille e Paris Saint-Germain (França),

---

57. Os autores observam como a motivação da primeira ideia de uma "super liga" era exatamente o alto custo salarial do futebol à época, o que expunha a insustentabilidade de muitos clubes, inclusive dos maiores ((Andreff e Staudohar, 2000, p. 272).

Bayern Munich e Borussia Dortmund (Alemanha), Ajax e PSV Eindhoven (Países Baixos) e Porto (Portugal). Quatro anos depois, seriam inseridos outros clubes: o inglês Arsenal, o alemão Bayer Leverkusen, o francês Lyon e o espanhol Valencia. Essa organização se desenvolveria, em 2008, para uma estrutura mais complexa, chamada European Clubs Association (ECA), ainda hoje vigente, com um caráter mais abrangente, mas com o controle político dos principais clubes fundadores do G-14. É essa organização que vai protagonizar, em vários episódios, a mudança do regulamento da Champions League, principal competição de clubes do continente europeu, e, em uma estratégia ainda mais agressiva, sugerir a criação da "European Super League".

O nome dessa pretensa nova competição foi alterado em diferentes iniciativas, mas se anuncia como "The Super League" em 18 de abril de 2021, em plena pandemia da Covid-19, com a reunião de 12 clubes. A proposta era clara: a criação de uma nova competição internacional independente do antigo sistema da UEFA, restrita e de acesso controlado, gerenciada pelos próprios clubes — agora chamados de "super-clubes", diante da magnitude conquistada em anos de concentração financeira e relevância social global. A agressiva reação de diversos setores da imprensa, das federações nacionais e dos próprios torcedores desses clubes provocou a debandada de muitos desses idealizadores, principalmente os ingleses, e fez o projeto, em tese, ser suspenso.[58]

---

58. A parte mais notável dessa movimentação se percebia pelos proprietários desses clubes. Paris Saint-Germain, propriedade do Fundo Soberano do Catar, e Manchester City, propriedade de um conglomerado de empresas ligado ao emirado de Abu Dhabi, foram clubes com posição muito tímida no processo. Por outro lado, os proprietários norte-americanos dos clubes ingleses (Manchester United, Liverpool e Arsenal) se apresentaram como protagonistas, ao lado de Real Madrid e Barcelona, clubes associativos espanhóis, e da Juventus, clube italiano de propriedade da família Agnelli, que comanda o clube desde os anos 1920.

Mas, para os nossos objetivos nesta tese, vale regredir ao começo do processo de midiatização. Uma vez que o "público dos estádios" deixava de ser prioritário aos clubes, da mesma forma os seus tradicionais mantenedores, os sócios ou os torcedores locais, deixavam de ser prioridade nas estratégias dos seus dirigentes. Nos sentidos dos "redimensionamentos" que nortearam todo esse capítulo, sugerimos a observação de três movimentos mais amplos, conectados, mas de caráter distinto.

O primeiro sentido é o da "clientelização". O desprendimento do fator local de alguns clubes vai ser uma consequência irreversível da midiatização, que impulsiona as estratégias para o atendimento desse público cada vez mais amplo em diversas posições geográficas alheias às suas origens. Inserir esse público em lógicas de consumo mais sólidas também passava por alimentar a identificação desse novo contingente, ainda que o sentido clássico de "pertencimento" fosse sacrificado: o torcedor à distância, aquele torcedor midiatizado, deveria ser entendido como de importância igual ou até superior aos tradicionais frequentadores dos estádios.

Desse processo também decorre o segundo sentido, a "arenização". Ainda que a história da transformação dos estádios seja muito mais complexa do que um efeito da midiatização, ela é decorrente desse processo. A busca por ampliação da receita dos clubes e uma tentativa de redução da "dependência da TV" (o reequilíbrio das fontes de receita) vão impulsionar uma revisão na forma como os estádios deveriam ser concebidos e preenchidos. A "arenização" é um conjunto de conceitos sobre o consumo esportivo, profundamente influenciado pelo que foi desenvolvido no esporte norte-americano, que sofisticou e dotou os estádios de funcionalidades muito mais amplas do que a apreciação do "evento jogo de futebol". Ao mesmo tempo que demandava uma alteração do público — cada vez mais elitizado, para a sustentação dessas estruturas modernas —, também provocava uma reorganização do espaço físico dos estádios, com assentos para todo o público, setores especiais, modalidades de consumo expandidas e a constituição arquitetônica dessas praças para a realização de eventos diversos para além do jogo de futebol. No livro "Clientes versus Rebeldes" (Santos, 2017), previamente mencionado, esse longo histórico é discutido a partir dos muitos eventos-chave que trouxeram para o futebol essa nova concepção. Os principais conflitos que impulsionam organizações de "*supporters*" estão conectados com esse processo.

Por fim, o próprio processo de "empresarização" dos clubes ganha um novo elemento. Os recorrentes casos de clubes à beira da falência (ou decretando falência) provocam uma discussão sobre os então limites ao "lucro" — constantes em normas vigentes em países como Inglaterra, Itália e França — e decretam a urgência do fim das associações civis no controle dos clubes de futebol em inúmeros outros países. É a esse assunto que o próximo capítulo será dedicado, dada a alta complexidade das questões que impactam, país a país, no surgimento de políticas de reforma do futebol. Mais do que decisões de cunho gerencial, técnico ou administrativo, esse tema ganha ingredientes político-ideológicos de fundamental compreensão.

.II.

O CLUBE DO SÉCULO XXI

— ✦ —

DAS TRANSFORMAÇÕES IMPOSTAS

O longo arco de transformação dos clubes de futebol ao longo do século XX se finda no processo de empresarização dos clubes, como consequência de uma série de fatores. A constante sofisticação das modalidades de transmissão ao vivo dos jogos de futebol, com crescente reversão de receitas aos clubes; as mudanças nas regras de contratação de jogadores estrangeiros, que qualificaria o jogo dentro de campo, mas também provocaria um aumento abrupto dos custos; a ampliação e aprimoramento das competições internacionais, que geraria um novo nível de competitividade a ser alcançado; a entrada de novos e cada vez mais influentes agentes econômicos, que interfeririam na organização do jogo e dos clubes; e, por fim, a própria visibilidade ampliada do futebol de espetáculo, que ao mesmo tempo que atraiu grupos de poder e grupos criminosos, também aumentou a preocupação dos agentes públicos pela maior regulamentação do setor, que acumulava dívidas, escândalos de manipulação de resultados e a incidência de dinheiro suspeito sobre a atividade.

    O capítulo em questão vai se dedicar principalmente à incidência de novas leis e normas que vão contestar o tradicional modelo de associação civil, sugerindo a adoção de novas estruturas empresariais que, em tese, seriam capazes de dotar os clubes de futebol de maior profissionalismo, qualidade administrativa e rigidez fiscalizatória.

Para iniciar ("Empresarização do Clube"), diante do alto grau de complexidade da apreciação do processo de empresarização, dedicaremos o subcapítulo inteiro para tratar do processo global de transformação dos clubes associativos em sociedades empresárias. Observaremos os diferentes elementos desse assunto, observando quatro diferentes etapas desse processo: a fase da responsabilização e controle, a fase da abertura ao lucro, a fase do novo mecenato e o atual processo de formação de conglomerados multinacionais de clubes, os ditos *multi-clubs ownership*.

Em seguida ("Tipologia dos clubes" *no século XXI*), apresentaremos um quadro de classificação dos clubes que resultaram desse processo de empresarização, a partir da existência de 10 tipos, observados o formato jurídico, a estrutura societária e o modelo político. Esse modelo tipológico servirá para destacar as diferenças entre os países e entre os clubes, indicando como esses modelos de funcionamentos impactam na forma como os *"supporters"* se organizam. Servirá tanto no sentido expositivo, quanto no amadurecimento das discussões dedicadas à análise pormenorizada dos casos nos capítulos da segunda etapa, servindo de referência constante de classificação.

Por fim ("Dimensão político-ideológica"), um último subcapítulo será dedicado a discutir três questões fundamentais: o fundo político e ideológico mais amplo que permeia a discussão da transformação de clubes em empresas; em seguida, o escopo das premissas mais comuns que norteiam o debate favorável a tal processo; e para finalizar, uma discussão sobre a propriedade dos clubes na atualidade, observando em seus sentidos políticos preponderantes.

Empresarização do Clube

Esse subcapítulo se dedicará mais especificamente à questão da empresarização dos clubes. Geralmente explorada de forma muito superficial ou distorcida na imprensa esportiva, com incentivo de certos atores econômicos do segmento, a história da transformação dos clubes em empresas passa muito distante da mera adoção de um modelo pensado para a "obtenção do lucro".

Como observa Luciano Motta, três argumentos principais se sobrepuseram dentro dos círculos mais relevantes do ambiente do futebol, sugerindo a inviabilidade da manutenção dos clubes de futebol profissional de espetáculo como associações civis sem fins lucrativos:

> (I) A precariedade do modelo associativo, como, no mínimo, um dos principais responsáveis pela falência do atual modelo de gestão nos clubes de futebol; (II) considerando que o desporto de alto rendimento ganhou o status de negócio, sua forma jurídica seria incompatível com o conceito de associação e, consequentemente, seria compatível com o conceito de empresa, principalmente se considerando que se percebe uma busca pelo lucro; e (III) o sucesso da adoção da tipologia

do clube-empresa ao redor do mundo como sinônimo de prosperidade capaz de superar uma crise paradigmática (Motta, 2020, p. 73).

A história da conversão dos clubes para o formato de empresa é bem mais complexa do que parece. Para tanto, este subcapítulo será dividido em etapas, buscando observar as diferentes quadras desse processo, que se inicia em um tempo em que clubes de futebol ainda eram submetidos a uma concepção política mais dedicada a proteger sua pretensa finalidade social, percebidos enquanto organizações de interesse público.

Mesmo as propostas de transformação dos clubes em empresas — percebidas como uma solução aos graves problemas financeiros dos clubes — vinham imbuídas de mecanismos de proteção à especulação, como a restrição ao lucro. Essa perspectiva vai se esvair aos poucos, com a definitiva permissão ao lucro apenas em meados da década de 1990, quando será suplantada por outras quebras de paradigmas que vão autorizar a aquisição de clubes por grupos econômicos estrangeiros. Essas duas mudanças também serão incapazes de garantir a sustentabilidade financeira da atividade econômica do futebol, como será percebido diante da aquisição desses clubes por grupos com finalidades políticas evidentes. Em um processo mais recente, o que se observa é a formação cada vez mais comum de grandes conglomerados empresariais internacionais que adquirem diversos clubes em países diferentes, com estratégias distintas.

Há sempre de se levar em consideração a exceção dos clubes do Reino Unido, constituídos enquanto sociedades empresárias ainda no século XIX. A diferença central do arcabouço legal que distingue as associações civis no direito britânico e no direito latino-germânico é explicada em maiores detalhes no item "Influência inglesa, exceção inglesa", do subcapítulo "Resquícios da História".

Cabe também observar de antemão que é comum a todas as iniciativas legislativas a oferta de um plano de reorganização financeira, cotejando a obrigação ou o incentivo à conversão dos clubes em empresas, em detrimento do modelo associativo. Evitaremos repetir essa informação ao longo da explicação de cada modelo, porque se tornaria redundante, mas vale ressaltar a centralidade dessa questão, inclusive no Brasil da Lei da SAF: a oferta de "salvamento" dos clubes é diretamente relacionada à sua entrega a grupos empresariais ou acionistas privados, o que poderia constituir uma relação de conflito de interesses. Afinal, são esses "futuros donos", de longe e sem dúvida, os principais beneficiários dessas iniciativas — os clubes são "comprados" por valores baixos e suas históricas dívidas são equacionadas pela lei, não necessariamente por aportes diretos do comprador, o que basicamente se resumiria à obrigação de manejar as receitas do clube para fazê-las caber no plano de saneamento.

De todo modo, ainda que esses planos tenham atingido o objetivo de permitir que essas empresas começassem "do zero", com suas dívidas equacionadas, a história geral dos clubes de futebol empresarizados segue sendo a mesma: dívidas e falências.

Responsabilizar, controlar, limpar

Convém iniciar a história da empresarização dos clubes a partir da Itália, país que dá os primeiros e mais decisivos passos no assunto, influenciando decisivamente esse processo no ambiente europeu. Assim como em quase todos os países com relevância no futebol, os clubes italianos se constituíam enquanto associações civis (*associazioni non riconosciute*), até que, em 1964, a Associazione Calcio Napoli decide adotar um modelo comum a empresas, constituindo-se como sociedade anônima, ou *società per azioni* (SpA), alterando sua nomenclatura para Società Sportiva Calcio Napoli SpA.

Essa primeira experiência, de alguma forma, influenciou a discussão interna sobre a situação financeira dos clubes. A Federazione Italiana Giuoco Calcio (FIGC), principal entidade reguladora do futebol local, decide por exigir dos clubes a alteração do formato jurídico em 1966. Eles deveriam adotar o modelo de SpA ou de *società a responsabilità limitata* (Srl), modelo semelhante às sociedades limitadas. Essa medida foi barrada pelas autoridades judiciais, que consideravam a intervenção em associações civis uma medida extrema. Os clubes deveriam ter autonomia para tomar as medidas cabíveis em assembleias, no que alguns procederam com a transformação, mas grande parte seguiu no modelo convencional.

Só a partir da Lei n. 81/1981, novamente diante de grave crise econômica no futebol local, se elaborará uma imposição mais rígida, que vai fazer com que as associações se convertam em sociedades anônimas, com seus então membros subscrevendo essas ações e, consequentemente, levantando recursos para o cumprimento das dívidas, especialmente tributárias (Grassi, 2015). As duas figuras jurídicas (SpA e Srl) eram permitidas, mas com uma restrição direta e objetiva: os clubes eram proibidos de distribuir o resultado econômico em forma de dividendos para os seus sócios. É dizer: ainda que constituídos como empresas e submetidos a normas de fiscalização e controle típicos dessas sociedades, os clubes funcionavam como as associações convencionais.

Esse período iniciou um processo generalizado de aquisição do controle dos clubes por empresas vinculadas à região de origem desses, explorando essas agremiações como plataforma de fortalecimento e projeção da marca das suas proprietárias.

A ausência da finalidade lucrativa, acreditava-se, tornava essa propriedade uma nova espécie de mecenato, o que só mudaria em 1996, em período que trataremos adiante. O importante aqui é observar, por um lado, a urgência da obrigatoriedade como um mecanismo extremo para garantir maior controle e responsabilização sobre os envolvidos com os clubes, buscando também "limpar" a atividade da contumaz presença de grupos relacionados a atividades ilícitas; e, por outro lado, que a restrição ao lucro se baseava em uma perspectiva de proteção da atividade e da agremiação, buscando garantir que a finalidade social e esportiva fosse preservada frente a um eventual interesse especulativo ou de exploração financeira. O que não pareceu sequer ser o caso, dado que os clubes continuaram a apresentar consecutivos problemas financeiros, diante dos quais o caráter "não lucrativo" passará a ser o novo vilão, atacado como a raiz do persistente problema.

A iniciativa italiana terá influência na França logo em seguida, mas o caso francês é um pouco mais complexo, porque é composto por elementos diferentes. A presença constante de municipalidades na injeção de recursos dos clubes já se constituía como um debate incômodo ao processo de transformação dos clubes de futebol, que até então eram constituídos pelo modelo de associação civil (*association Loi 1901*) (Senaux, 2011, p. 123-137).

Assim, a Lei n. 988/1975 estabeleceu que os clubes franceses poderiam adotar o modelo de *sociétés d'économie mixte sportive locale* (SEMLS), uma sociedade com participação do poder público e das associações originais. A necessidade de regulamentação dessa relação se dava pela participação estatal na construção das arenas esportivas, utilizadas pelos clubes de forma gratuita, mas também porque esses entes eram responsáveis por volumosos subsídios, que representavam cerca de 30% das receitas das agremiações (Senaux, 2011, p. 123-137). A aderência dos clubes não foi tão relevante, mesmo com a crescente lista de escândalos relacionados ao futebol — o que vai provocar, anos depois, uma nova investida.

Com a aprovação da Lei n. 610/1984, clubes de futebol deveriam constituir, de forma obrigatória, uma nova empresa, que seria responsável pela gestão dos ativos do futebol, uma *société anonyme à objet sportif* (SAOS). Diferente do que ocorreu na Itália, as associações não foram dissolvidas e, pelo contrário, deveriam deter um mínimo de 51% do capital desta nova sociedade. Uma semelhança com o país vizinho, entretanto, se deu com a restrição ao lucro, em uma proposição que visava "salvaguardar o ethos esportivo e evitar a deriva comercial", preservando sua função educativa (Senaux, 2011, p. 123-137).

Como se pode notar, a constituição primária de clubes como empresas na Itália e na França se deu a partir de princípios semelhantes àqueles que buscavam controlar a exploração econômica de clubes de futebol na Inglaterra nos primórdios do século XX. Entendia-se que essa era uma medida necessária para evitar a retirada de recursos da atividade esportiva para outras finalidades, bem como uma garantia do papel social dos clubes junto às suas comunidades de origem. O modelo francês, de forma particular, buscou preservar o papel das associações e sua conexão com o poder público local, de modo a garantir que, mesmo com a entrada de investidores, essas seriam as controladoras do futebol do clube em qualquer hipótese.

A persistência dessa ideia da finalidade social do clube de futebol é curiosa, porque ao mesmo tempo que era condenada como "conservadora" pelos agentes mais relevantes da comercialização do futebol, que traçavam paralelos com as resistências à profissionalização dos jogadores, foi se constituindo enquanto plataforma de atuação de movimentos de torcedores nas décadas seguintes, como veremos no próximo capítulo.

Cabe ainda observar que essas associações italianas e francesas possuíam quadros sociais muito mais reduzidos, diferentes dos padrões vistos em países como Portugal, Espanha e Alemanha já à época. Fala-se, portanto, de uma estrutura cuja transformação causava um impacto menor do que aquele que será notado em outras localidades.

A quebra das regras de restrição ao lucro só vai começar a acontecer nos anos 1980 e se intensificar nos anos 1990, sendo que muitos países ainda restringiam a existência de empresas dentro do futebol, resumindo o cenário de clubes ao modelo de associação civil. Na Inglaterra, a *"Rule 34"* da Football Association ainda seguia em vigor, mas com algumas alterações importantes em 1981, quanto à autorização da remuneração de dirigentes em regime de exclusividade, e em 1983, principalmente, quanto à extensão do limite de distribuição de dividendos de 10% para 15% do lucro. Nesse mesmo ano, o Tottenham Hotspurs se reestruturou, tornando-se uma subsidiária de uma nova companhia maior, uma *holding* registrada como *public limited company* (Plc), que teria seu capital listado em bolsa. Essa medida foi implantada sob o argumento de que torcedores poderiam passar a participar dos clubes como acionistas, ainda que o resultado não tenha sido exatamente satisfatório (Motta, 2020, p. 109).

De todo modo, o modelo do Tottenham provocou a entrada de outros clubes, como o Millwall, em 1989, e o Manchester United, em 1991. Essa mudança de paradigma, ainda que financeiramente contestável, acabou contribuindo para uma articulação de clubes rumo à mudança de diversos aspectos do futebol local à época. Uma delas era a necessidade de maior aporte de capital para a reforma dos estádios advinda do Relatório

Taylor, que promoveu mudanças severas após a Tragédia de Hillsborough, que vitimou 96 torcedores. A mais importante delas é a criação da English Premier League, em 1992. Essa liga, uma organização independente da então Football Association, passaria a organizar o futebol de elite inglês, alteraria consideravelmente as regras de distribuição dos recursos advindos dos direitos de transmissão e, claro, livraria os clubes da "*Rule 34*" (Porter, 2019, p. 36). Essa empreitada acabou sendo benéfica aos clubes ingleses porque antecipou as mudanças impostas pela Lei Bosman (1995), que teve impactos brutais na indústria do futebol. Em 1998, um total de vinte clubes estava cotado em bolsa. Eram indícios de novos tempos.

Disseminação do modelo e abertura ao "lucro"

Esse mesmo período testemunha a transformação dos clubes na Espanha, quando da conclusão da longa discussão pela *Ley de Deporte*, a Lei n. 10/1990, que deu o prazo de dois anos para conversão obrigatória dos clubes, até então constituídos como *asociaciones sin ánimo de lucro*. O modelo obrigatório seria o de *sociedades anónimas deportivas* (SADs). Como os maiores credores dos clubes eram a própria Fazenda e alguns bancos públicos, locais e nacionais — mais de 172 milhões de euros —, a impulsão da lei encontrou grande respaldo na opinião pública e em alguns dirigentes de clubes interessados na aquisição definitiva destes. A difícil situação econômica do futebol espanhol era basicamente a mesma encontrada em todos os outros países aqui listados, mas o modelo empresarial era tido como uma saída viável para a profissionalização dos clubes, para a adoção de critérios mais rígidos de divulgação dos seus balanços e para a maior responsabilização dos seus dirigentes.

A intervenção, protagonizada pelo governo de centro-
-esquerda do Partido Socialista Obrero Español, foi justificada nesses marcos, com claras inspirações no que havia sido praticado na Itália e na França (ainda que sem resultados concretos dentro dos objetivos propostos). O contexto também envolvia um grande esforço do poder público para a produção das Olimpíadas de Barcelona de 1992 (Ferreira, 2021, p. 72-97), enquanto oferecia às SADs um regime tributário especial, de modo a equiparar o regime fiscal aos outros clubes da Comunidade Europeia (Ferreira, 2021, p. 86).

A resistência de algumas agremiações à medida fez com que os seus promotores criassem condições específicas que concederam o direito especial de permanecerem enquanto associações àqueles clubes que demonstrassem boas condições financeiras e apresentassem provas de que possuíam patrimônio líquido positivo nos cinco anos anteriores. Desse processo, Barcelona, Real Madrid, Athletic Bilbao e Osasuna foram poupados da obrigatoriedade — e por isso se constituem até os dias atuais como exceções.[59] Aos demais, o processo deveria ser semelhante ao ocorrido na Itália, em que as associações seriam dissolvidas e os seus associados teriam prioridade na aquisição do capital, em processo transitório definido por lei: o valor do capital dessa nova SAD seria definido de acordo com o montante geral de dívidas, e assim repartido em quantidades equivalentes ao número de sócios do clube.

Caso a totalidade das ações não fosse subscrita em uma primeira rodada, os sócios poderiam participar de uma segunda rodada, em condição de igualdade, adquirindo mais

---

59. Há clubes cujos torcedores alegam até os tempos atuais que foram injustiçados nesse processo, pois teriam apresentado as condições favoráveis para a não conversão, como o Valencia.

uma parte de seu interesse. Em não se completando novamente o capital necessário para a aquisição, a terceira rodada daria aos membros da diretoria do clube o direito de decidir o mecanismo a ser adotado. Isso fez com que esses próprios diretores adquirissem a maior parte do capital das SADs espanholas, as mesmas famílias influentes que controlavam os clubes enquanto associações. Esse mecanismo de privilégio foi um fator que contribuiu decisivamente para a aprovação da lei. Por outro lado, fez das SADs espanholas um modelo muito particular, no qual antigos sócios, então na ordem dos milhares, permanecem presentes como "pequenos acionistas", com participação ativa até os tempos atuais.

Importante observar que o mecanismo que determinou o valor dos clubes não considerava a existência de estádios, imóveis, símbolos ou mesmo o chamado *goodwill* (patrimônio da marca). Esse ponto ainda é alvo de muitas críticas, pois tornou extremamente barata a aquisição de um clube de massas, favorecendo a especulação sobre a venda futura das ações em caso de valorização. A lei espanhola não restringiu a distribuição de dividendos, mas criou regras para que pudesse ser realizada, bem como proibiu a participação de estrangeiros — restrição essa que acabou sendo eliminada em uma revisão da lei promovida em 1998.

Esse movimento amplo de empresarização do futebol europeu acabou também por atingir Portugal. Primeiramente, a Lei n. 1/1990 autorizou a transformação de clubes, que eram associações civis sem fins lucrativos, em empresas, mas a aderência se mostrou demasiadamente baixa. Isso levou à continuidade das discussões, resultando no Decreto-Lei n. 67/1997, que elabora o Regime Jurídico das Sociedades Anónimas Desportivas (RJSAD), que ainda não tornava obrigatória a criação de uma sociedade empresária, mas impunha diversas novas normas para aqueles clubes que optassem por permanecer associações.

Nas SADs, a associação civil deveria reter um mínimo de 15% e um máximo de 40% do capital, sendo o resto do capital destinado à bolsa de valores. Ocorre que os grandes clubes criaram outras empresas de sua propriedade, que atuariam dentro dessas sociedades como acionistas, de modo a assegurar o controle do clube sobre a SAD para além dos 40% estabelecidos pela lei (Motta, 2020, p. 167). Esse processo deu início à criação de muitas empresas nas quais as associações originais permaneceram como principais acionistas, especialmente nos principais clubes do país, como Sporting (1997), Porto (1998), Braga (1998) e Benfica (2000) (Neves, 2009). Apenas a partir do Decreto-Lei n. 10/2013 tornou-se obrigatória a criação de uma *sociedade anónima desportiva* (SAD) ou *sociedade anónima por quotas* (SDUQ), essa menos relevante.

Vale voltar ao ano de 1995, porque ajuda a contextualizar as normas de 1997 em Portugal e auxilia na compreensão das alterações realizadas na Itália (1996) e na França (1999), de que trataremos mais adiante.

Estamos falando novamente da Lei Bosman, que criou grande incerteza sobre como proceder com critérios de avaliação sobre o valor dessas empresas de futebol. A Lei Bosman rompe com uma lógica estabelecida em que a inscrição do jogador só deixava de pertencer ao clube mediante pagamento do valor de seu interesse pelo clube comprador. É dizer: a partir do momento em que a relação entre o jogador e clube é compulsoriamente alterada para que passe a ser feita através da celebração de contratos com prazo de encerramento, parte relevante dos "ativos" dos clubes simplesmente se desmancha.

A alteração legislativa ocorrida na Itália em 1996 versará exatamente sobre os efeitos desse fator. A Lei n. 586/1996 autorizou a entrada dos clubes italianos na bolsa de valores e, por óbvio, permitiu o pagamento de dividendos e a orientação pelo lucro, até então restrita pela lei de 1981. Por outro lado, obrigou os clubes a reinvestirem ao menos 10% das receitas na formação de atletas (academias ou divisão de base). Apenas Lazio (1998), Juventus (2001) e Roma (2002) se arriscaram na bolsa de valores, enquanto boa parte dos clubes seguiu controlada pelos mesmos proprietários anteriores, cuja postura de patronato seguia parecida. É nesse contexto que começam as numerosas e incessantes falências de clubes italianos, mais de 150, a partir de 2002 (Motta, 2020, p. 143).

Já a França vai voltar a alterar a sua norma sobre clubes de futebol em 1992, derrubando a exigência de participação mínima da associação nas SAOS de 51% para 33,3%, em processo de abertura que vai evoluir para novos modelos, mas ainda prezando pela restrição ao lucro. Em 1999, ocorre a conclusão definitiva de abertura dos clubes ao capital privado, com a criação da *société anonyme sportive professionnelle* (SASP), com vigência a partir de 2001. Esse modelo, totalmente diferente das SAOS, autorizava a finalidade lucrativa e poderia ser adotado pelos clubes que desejassem separar seu departamento de futebol para aplicar uma espécie de regime de concessão. A SASP teria a obrigação de rever tal concessão a cada quatro anos (prazo que foi se alterando com o tempo), geralmente oferecendo total controle sobre o futebol profissional aos investidores. Desde então, a maioria dos clubes franceses se constitui sob esse modelo, com a associação cumprindo funções mais específicas na formação de atletas e na manutenção dos ativos imobiliários — centro de treinamento e estádio, quando esse pertence ao clube (Bergmann, 2021). Em 2006 a França passa a autorizar a listagem dos clubes de futebol na bolsa de valores, diante da pressão da Comissão Europeia, mas segue com baixa aderência (Senaux, 2011, p. 131).

O termo "lucro" aparece entre aspas no subtítulo porque, apesar de todas essas mudanças, do aumento relevante das receitas dos clubes e da sofisticação recorrente dos variados segmentos da indústria do futebol, ainda impera uma lógica deficitária no futebol como um todo, como vamos tratar no subcapítulo "Dimensão político-ideológica". De todo modo, já cabe observar as razões pelas quais o modelo português acabou se apresentando mais próximo do francês, enquanto o modelo espanhol deu aos clubes formatos mais aproximados dos italianos. O cenário de clubes tornava-se ainda mais diverso, mas os problemas financeiros seguiam os mesmos.

Antes de passar para a América do Sul, é fundamental apresentar as transformações ocorridas em dois países cuja situação financeira dos clubes, em geral, não eram tão graves graças a um rol de normas que exigia maior transparência e controle orçamentário: Alemanha e Países Baixos.

A Alemanha sempre foi considerada um "bastião da boa governança", mas não deixou de ser impactada e perceber os riscos decorrentes da desregulamentação que se instalava sobre o futebol em diversos sentidos, principalmente os efeitos da Lei Bosman (Kennedy e Kennedy, 2016, p. 26). As *eingetragener Verein*, as "associações registradas" sem fim lucrativo, foram autorizadas pela liga local (ainda controlada pela federação) a constituir o modelo de empresa. A grande diferença, entretanto, era que os clubes originais deveriam, por obrigação, estar sob o controle de mais de 50% do capital votante da sociedade, não necessariamente das ações ordinárias. Por essa razão, ainda hoje o modelo alemão é conhecido como "50+1", em que os clubes controlam as empresas destinadas a gerir o seu futebol (Viñas, 2020, p. 240-265). Ou seja, quinze anos depois do que foi feito na França com as SAOS (1984), a Alemanha colocou em prática os mesmos termos de proteção dessas instituições e de preservação do caráter social do futebol. De todo modo, o modelo associativo seguiu dominante até 2007.

Algumas exceções foram concedidas aos clubes que já constavam com financiamento vinculado a alguma empresa local há pelo menos vinte anos, como foi o caso do Bayer Leverkusen, da farmacêutica Bayer, e do Wolfsburg, ligado à automobilística Volkswagen. Uma terceira exceção é o Hoffenheim, clube financiado pela empresa SAP, do bilionário Dietmar Hopp. Esse processo é um pouco mais complexo e nebuloso, pelas movimentações de bastidores que ainda hoje são criticadas pelos torcedores locais. O caso Red Bull só ocorre em 2009, contornando a lei com a troca do nome de uma antiga associação menor para RasenBallsport Leipzig (RB Leipzig), simulando uma associação de fachada, com apenas 17 membros (a maior parte funcionários da empresa de energéticos), mas que, burocraticamente falando, segue o padrão dos clubes alemães.

Há vários formatos, inclusive clubes que ainda hoje não criaram uma sociedade empresária "auxiliar". Na ampla maioria predomina o modelo de *Gesellschaft mit beschränkter Haftung* (GmbH), uma empresa de responsabilidade limitada, que pode vir acompanhada de outro formato chamado *Kommanditgesellschaft auf Aktien* (KGaA), uma sociedade em comandita por ações. Esse último modelo é uma particularidade alemã que havia sido recém-aprovada e teve utilidade aos clubes, pois permitia que sociedades limitadas tivessem outra empresa como cotista. Por conta disso, muitos clubes são identificados como "GmbH & Co. KGaA", uma vez que a empresa do clube participa de outra sociedade com outras empresas.

Há ainda o modelo menos comum, de *Aktiengesellschaft* (AG), que é o modelo de sociedades por ações mais convencional (sociedade anônima) (Motta, 2020, p. 153). Essa abertura faz o futebol alemão ter uma diversidade raramente vista de modelos, inclusive muitos em que a associação tem a menor parte do capital, mas detém a maioria do capital votante.[60] Nos Países Baixos, o cenário era relativamente parecido quanto à preocupação de estabelecer o modelo empresarial para assegurar a competitividade esportiva dos clubes locais a nível internacional. A "decadência" do futebol neerlandês se deveu muito mais a fatores macroeconômicos do que esportivos ou administrativos. Embora sejam de um país industrializado e de alto desenvolvimento socioeconômico, os clubes neerlandeses foram vitimados pela nova ordem político-econômica do futebol, pelos mesmos motivos que o futebol francês alcançou o status que o inseriu nas "*Big 5 Leagues*": mercado consumidor interno, dimensão da indústria comunicacional e poder de internacionalização.

Até o final dos anos 1990 os clubes locais eram *vereniging* (associações) ou *stichting* (fundações), sendo estas mais comuns em clubes que tinham empresas locais no papel de mantenedoras, como o famoso PSV Eindhoven, ligado à eletrônica Phillips. Até então, havia uma determinação expressa da federação local para que clubes fossem constituídos sob esses modelos. O processo de mudanças se inicia com a formação de uma liga de clubes (1997) que irá autorizar a constituição do formato empresarial (2002), ainda que o modelo já fosse utilizado de forma indireta por Ajax e PSV (Motta, 2020, p.

---

60. Com exemplos dentre os clubes mais relevantes, atualmente são seis tipos (Kicker, 2018): associações puras (Mainz 05, o SC Freiburg e o Schalke 04); GmbH com a maioria do capital (Borussia Mönchengladbach); GmbH sem maioria do capital (Wolfsburg, Bayer Leverkusen e RB Leipzig); GmbH & Co. KGaA com a maioria do capital (Hertha BSC, FC Köln e Werder Bremen); GmbH & Co. KGaA sem maioria do capital (Hannover 96, FC Augsburg e TSG Hoffenheim); AG com maioria do capital (Eintracht Frankfurt, Bayern Münich e Hamburger SV).

188). Com isso, assim como na Alemanha, um quadro diverso se estabeleceu, embora a maioria tivesse optado pelo modelo de sociedade anônima (*Naamloze Vennootschap*).[61]

A proposta de abertura dos clubes para investimentos privados, entretanto, foi incapaz de impedir que muitos clubes apresentassem situações financeiras calamitosas, principalmente a partir da década de 2000. O HFC Haarlem foi à falência em 2010; o AZ Alkmaar entrou em recuperação judicial em 2009; e o FC Twente revelou estar em "dificuldades financeiras desesperadoras" — os dois últimos logo após a conquista de um raro título nacional (Kennedy e Kennedy, 2016, p. 26).

Por fim, cabe atravessar o Oceano Atlântico para apreciar o que ocorreu no futebol da América do Sul na virada do século.

Os casos sul-americanos

Na Argentina, o estatuto da Asociación de Fútbol Argentino (AFA) também vetava o modelo empresarial nas suas principais competições. As *asociaciones civiles sin ánimo de lucro* eram o formato obrigatório, nos moldes do que ocorria nos países europeus. Ao longo da década de 1990 foram muitas as tentativas de estabelecer uma lei que convertesse os clubes em empresas, todas fracassadas, principalmente por não

---

61. Os três principais clubes têm formatos bem distintos: o Ajax teria na sua associação o controle do capital (73%), com a presença de acionistas minoritários; o PSV se tornou em definitivo uma empresa sob controle da Fundação PSV, com participação menor da associação e com presença de outros acionistas; o Feyenoord tem seu capital dividido entre a associação e um grupo de investidores ligados ao clube chamado *Vrienden van Feyenoord* (Amigos do Feyenoord), com a particularidade de possuir uma participação efetiva de uma associação de torcedores chamada *Het Legioen* (O Legado) no conselho de administração.

encontrarem eco nos clubes — que sempre realizaram eleições diretas junto aos seus muitos sócios. Em 1999, uma assembleia da AFA rejeitou uma tentativa de permissão ao modelo empresarial no futebol local.[62]

Apenas em 7 de março de 2000, o Comitê Executivo da AFA aprovou o "Plano de Recuperação Através de Investimentos Privados no Futebol Profissional", que autorizou a celebração de parcerias entre clubes e empresas para o gerenciamento do futebol, algo adotado por alguns clubes de menor porte e/ou do interior do país (Moreira e Daskal, 2020, p.140; p. 202-227).

Dentre os grandes clubes, o caso mais famoso foi o do Racing Club de Avellaneda, que se encontrava em grandes dificuldades financeiras O Racing já havia entrado com um pedido de recuperação judicial em 1998, cedendo a sua gestão para uma intervenção judicial. A comoção diante da decretação de falência e da liquidação de todos os bens do clube pela Câmara de Apelações de La Plata gerou um ambiente político favorável à "privatização" do clube. Isso provocou a aprovação da Lei n. 25.284/2000, o "Regime Especial de Administração de Entidades Esportivas com dificuldades financeiras". Desse processo, o clube entrou em um regime de concessão de dez anos pela empresa Blanquiceleste S.A. — um caso muito específico, que poderia impulsionar outros projetos do tipo. A trajetória se inicia com um título em 2001, tirando o clube de uma seca de 35 anos, mas resulta em um fracasso completo: dez pedidos de falência em oito anos. Em 2008, o clube retoma o controle do futebol e se restabelece (Ravecca, 2020, p. 221).

---

62. Nessa ocasião, muito mais por questões políticas internas do que necessariamente uma aderência a alguma ideia de preservação das associações, como sugere a participação decisiva e os interesses próprios de Julio Grondona, então presidente da AFA (Ravecca, 2020, p. 202-227).

Esse processo também se deu em outro grande clube local, o San Lorenzo, que, após ampla manifestação contrária dos seus torcedores, rejeitou uma proposta semelhante em 2001. A resistência à empresarização nos clubes argentinos se deve principalmente à função que esses cumprem no desenvolvimento de inúmeras outras atividades esportivas, bem como um amplo rechaço à própria ideia de ter um clube como empresa. Ainda que muitos dirigentes de clubes tenham apreço pela ideia, é comum ver falas comedidas e posicionamentos dúbios, dada a grande pressão que sofrem das suas bases e o prejuízo eleitoral que isso pode acarretar.

Esse tipo de relação política mais ampla inexistia no Brasil, mas a resistência ao modelo empresarial também foi vista com grande força no final dos anos 1990. Apesar do debate já se estender por décadas (como mostraremos em maiores detalhes no Capítulo 6, é apenas a partir da Lei n. 8.672/1993, conhecida como "Lei Zico", que o futebol brasileiro vai ser autorizado a constituir clubes de futebol sob o formato de sociedades empresárias. Apesar da criação de muitos novos clubes como empresas, os clubes tradicionais associativos seguiram iguais. Anos depois foi promulgada a "Lei Pelé", a Lei n. 9.615/1998, com inspiração no que havia sido estabelecido em Portugal, tornando obrigatória a conversão dos clubes, no prazo de dois anos, dentro de três alternativas: conversão total da associação civil em sociedade anônima, a separação do futebol profissional para a exploração econômica através de uma empresa ou a cessão da gestão do futebol para uma empresa, em forma de gerenciamento (Motta, 2020, p. 209).

Nesse primeiro momento, os casos mais significativos foram os acordos estabelecidos por clubes como Vasco da Gama, Corinthians, Cruzeiro, Grêmio e Flamengo, que se resumiam ao licenciamento da marca e dos direitos comerciais para empresas privadas, sem ingerência direta na gestão do futebol. Dentre os clubes da divisão de elite, apenas o EC Bahia e o EC Vitória, ambos de Salvador-BA, criaram e venderam parte maior do capital das suas sociedades anônimas. Apesar de um bom começo, as experiências de Bahia S/A e Vitória S/A resultaram em inúmeros problemas e crises que resultaram no rebaixamento inédito e simultâneo de ambos para a Série C (terceira divisão) do Campeonato Brasileiro, em 2005. Os dois clubes optaram por restabelecer controle e desativar as suas sociedades anônimas.

De resto, a maioria dos clubes manteve-se reticente ao modelo, enquanto no Congresso Nacional a atuação da chamada "Bancada da Bola" fazia alterações na lei, estendendo o prazo obrigatório de conversão e, posteriormente, derrubando de vez a obrigatoriedade. A revisão da Lei Pelé só voltaria a acontecer no final dos anos 2010, no processo que resulta na Lei da SAF, com aderência de muitos clubes, dentre eles Botafogo, Cruzeiro e Vasco da Gama. As particularidades dessa questão serão exploradas no Capítulo 6, junto a outro processo posterior em que a mesma "Bancada da Bola" vai derrubar pontos que visavam reformar as associações civis, através de exigências sobre o formato dos seus estatutos.

Portanto, nos dois maiores países da América do Sul o processo de transformação de clubes em empresas foi consideravelmente distinto daquele observado na Europa. Entretanto, dois países merecem menção, por terem conseguido, em momentos e formas distintas, promover a transformação dos seus principais clubes em sociedades anônimas: Chile e Colômbia.

O caso do Chile é especial por causa do forte ingrediente político do processo. Uma das principais lideranças políticas do país, o senador Sebastian Piñera, então presidente do partido conservador Renovación Nacional (RN), foi o principal artífice da Lei n. 20.019/2005, que instituía a obrigatoriedade da adoção do modelo de *sociedades anónimas deportivas profesionales*

(SADPs)[63] e se motivava pela "falência" de dois dos principais clubes locais, o Colo-Colo (2002) e a Universidad de Chile (2004). O termo "falência" vem destacado porque a situação financeira dos clubes se deteriorou de forma extremamente rápida por um fator muito particular: a cobrança de impostos sobre as premiações e bonificações pagas aos jogadores desde o ano de 1970, a partir da revisão de um decreto daquele período, que regia os direitos dos atletas profissionais e nunca havia sido colocada em questão.

Ainda que promovida pelo governo de Ricardo Lagos, do Partido Socialista do Chile, essa reinterpretação teve como um dos principais provocadores o próprio Sebastian Piñera, que atacaria o "problema" desde 2002, apresentando a lei que obrigava os clubes chilenos a se constituírem como empresas (Muñoz, 2015). A questão é que Piñera, por sua vez, já fazia parte do quadro de acionistas da Blanco y Negro S.A., empresa que tomaria em 2005 a concessão do Colo-Colo, clube do qual ele se tornaria diretor e figura pública mais proeminente, mesmo sendo publicamente conhecido como torcedor do rival Universidad Católica. A partir de investimentos vultuosos promovidos por aliados e apoiadores, a Blanco y Negro S.A. retorna quatro títulos nacionais consecutivos ao Colo-Colo entre 2007 e 2009. Sebastián Piñera é eleito presidente do país pela primeira vez logo em seguida, em 2010.[64] Cumpria-se o objetivo.

---

63. A lei também oferecia aos clubes a opção de seguir como associação, mas criando um *Fondo de Deporte Profesional*, alternativa que não soou vantajosa aos clubes.
64. Para medir o "efeito Colo-Colo" na popularidade de Piñera: em 1993, o RN foi representado na eleição presidencial por José Piñera Echenique, irmão de Sebastian Piñera — sua performance foi pífia, com pouco mais de 6% dos votos. Em 1999/2000, Sebastian Piñera ensaia uma candidatura, mas a retira após quatro meses de campanha, para apoiar o derrotado Joaquín Lavin (UDI). Em 2005/2006, finalmente candidato, Piñera conquista 25,41% dos votos, mas é derrotado no segundo turno com 46,5% por Michelle Bachelet (PS). Em 2009/2010, pós Colo-Colo, emplaca 44,06% no primeiro turno, vencendo no segundo turno com 51,61% dos votos.

Enquanto Colo-Colo e Universidad de Chile seguiam sob o modelo de concessões, a ampla maioria dos clubes locais adotava o modelo de SADP, dentro das quais as associações eram relegadas a um papel menor, quando muito detentoras de uma *golden share*, ação especial com poder de veto sobre poucos temas sensíveis. O resultado geral no futebol do Chile é desastroso: financeiramente, os clubes estão mais endividados do que eram quando associações (Vidal, 2017); esportivamente, o futebol chileno conseguiu ser ainda menos relevante em competições internacionais (Ruete, 2020, p. 178-201; p. 189).

Por fim, na Colômbia, a história é bem menos atribulada. O estabelecimento do futebol é mais tardio do que a média da região e foi profundamente marcado pela ingerência dos cartéis do narcotráfico que aterrorizaram o país ao longo de décadas, principalmente nos clubes Millonarios, Atlético Nacional e América de Cali — um quadro de clubes muito específico, que foi alvo da Lei n. 1.445/2011, chamada "*Ley del fútbol*", que buscou dar novo formato aos clubes, exigindo de forma mais incisiva as normas de contabilidade para a apresentação do balanço financeiro e oferecendo mecanismos para viabilizar a recuperação econômica e administrativa dos clubes. Ainda que não fosse obrigatória, a alteração do modelo jurídico foi bem-vinda pelos clubes que buscavam se valer de tais mecanismos. Assim, em poucos anos, 32 dos 36 clubes do futebol profissional colombiano se transformaram em empresas, sendo o Deportivo Cali a única associação remanescente dentre os grandes. A viabilidade financeira dos clubes colombianos também é colocada em xeque, menos de uma década depois da transformação provocada pela lei (Ardila Barrera, 2019).

Feita essa longa explicação do processo de empresarização em diversos países, conformando um quadro complexo e diverso de fundamental compreensão, cabe agora perceber outros dois fenômenos que ajudam a entender o atual estado dos clubes do século XXI.

Estrangeiros e o "novo mecenato"

Apesar de muito apregoada, a entrada de clubes no mercado financeiro teve uma vida curta e, de certa forma, até atribulada. Em poucos anos, muitos clubes ingleses se retiraram do mercado de bolsa de valores pelo baixo retorno, pela consequente desvalorização e pelo alto custo gerado para se manter nesse mercado. Outros clubes deixaram a modalidade diante do alto risco de *takeover* (oferta pública de aquisição), situação em que um investidor faz uma compra maciça de ações, conquistando o controle societário.

O caso mais famoso é o da "compra hostil" do tradicional Manchester United pelo norte-americano Malcolm Glazer, através de uma aquisição alavancada por empréstimos de grandes valores a juros baixos. Conhecido como *"cheap money"* ("dinheiro barato"), esse tipo de investida é muito comum a grupos de investimentos norte-americanos, que têm à disposição um sistema financeiro poderoso — curiosamente, o clube seria retirado da bolsa logo na sequência desse episódio.

O caso Glazer talvez seja o mais dramático de uma onda de aquisições de clubes ingleses por investidores estrangeiros, principalmente pelo alto nível de rejeição dos torcedores do clube, que anos antes já haviam impedido sua aquisição por Rupert Murdoch, magnata das telecomunicações cujo império incluía a empresa BSkyB (Porter, 2015, p. 452-465).

A entrada mais incisiva de estrangeiros em clubes da Premier League (elite do futebol inglês) só começa de fato em 1999, quando um grupo norueguês adquire o Wimbledon FC — outras compras já ocorriam em divisões inferiores. Esse caso é particularmente interessante, porque em 2004 o clube é levado para outra cidade, com o interesse em explorar um novo estádio. O Wimbledon, então, se muda de Londres para Milton Keynes, provocando uma imensa revolta em sua torcida, que decidiu fundar um novo clube (AFC Wimbledon), enquanto a antiga organização precisou alterar o seu nome para MK Dons. Ambos seguem existindo na terceira divisão nacional, formando uma excêntrica rivalidade.

Mas o caso mais relevante seria a aquisição do Chelsea FC, em 2003, por Roman Abramovich, um oligarca russo de passado obscuro que injetou valores espantosos para a formação de times vencedores — sendo bem-sucedido nesse sentido, exatamente pela baixa preocupação com o equilíbrio financeiro da empreitada (Jones e Cook, 2015, p. 116-139). Até o ano de 2008, um total de dez clubes da Premier League já eram de propriedade de estrangeiros, com outros três contando com estrangeiros com parte considerável do capital da empresa.[65]

Essa tendência também começava a ocorrer, ainda que em níveis menores, em clubes das outras grandes ligas europeias, ligando o sinal amarelo por dois motivos: a série de conflitos eclodidos entre novos proprietários e os movimentos de torcedores, que se queixavam de medidas desrespeitosas, falta de espaço de participação e excessivo direcionamento comercial; e o caráter suspeito da origem do dinheiro de alguns desses compradores, cujo interesse em adquirir clubes estava muito mais voltado para uma finalidade política do que para o desenvolvimento de uma atividade empresarial.

No próximo subcapítulo vamos explorar essas questões mais a fundo, mas aqui vale observar como esse "novo momento" da empresarização ensejou uma preocupação que ia de torcedores comuns até a política institucional mais ampla, como

---

65. Considerando clubes que foram rebaixados anos antes e outros que militavam em divisões inferiores, o número era ainda maior (Nauright e Ramfjord, 2010, p. 428-441).

mostra uma iniciativa surgida no âmbito da União Europeia. Ministros dos esportes de França, Alemanha, Itália, Espanha e Reino Unido encomendaram um estudo voltado para traçar um diagnóstico e arregimentar sugestões políticas para regular o futebol de clubes na região. O "*Independent European Sport Review 2006*", conhecido como "*Arnaut Report*" (2006), tinha como foco a elaboração de bases para uma regulação conjunta do futebol europeu, visando atacar os efeitos colaterais da "rápida e irreversível tendência de mercantilização do esporte", nas palavras do autor.

O autor em questão é José Luís Arnaut, político português que se destacou na realização da Eurocopa de 2004, quando era Ministro Adjunto do Primeiro-Ministro. O documento é extenso e com temáticas variadas (manipulação de partidas pela indústria das apostas, tráfico de jovens jogadores, regulação da atividade dos agentes de jogadores etc.), mas teve maior ênfase na discussão da entrada de investidores suspeitos nos clubes e da forma como isso estava impactando a relação dos torcedores com os seus clubes — e como garantir maior participação destes na tomada de decisões — e corroendo a própria lógica competitiva do esporte (Kennedy e Kennedy, 2016, p. 29).

O relatório apregoa de forma explícita a importância e as vantagens decorrentes do maior grau de participação dos torcedores nos processos decisórios dos seus clubes. Como sugestão, usa o exemplo da Supporters Direct (Diretório dos Torcedores), uma organização impulsionada no futebol britânico pelo governo do trabalhista Tony Blair (1997-2007), que visava estimular, impulsionar e dar suporte à existência de "*supporters trusts*". As "*trusts*" consistiam em iniciativas nas quais um grande número de torcedores se juntava para levantar fundos e comprar participações acionárias.

Essa ideia começou no Northampton Town, modesto clube que atravessava grande crise em 1992. Apesar de já serem corriqueiros os casos de mobilização de torcedores do futebol inglês pelo socorro financeiro aos clubes de suas comunidades, através das *supporters associations* (associação de torcedores), os torcedores do Northampton entenderam que era preciso criar uma estrutura que lhes conferisse maiores garantias de participação. Como foi bem-sucedida, com a conquista de cadeiras no conselho de administração, essa experiência pioneira acabou estimulando torcedores de toda a Inglaterra. O caso mais emblemático é a da Manchester United Supporters Trust, que em 1998 protagonizou a resistência e o impedimento da venda do clube a Rupert Murdoch, com a participação de 200 mil torcedores. Em poucos anos, mais 110 "*supporters trusts*" estavam constituídas (Keoghan, 2014).

O aparente sucesso dessa empreitada foi mencionado no relatório e motivou, com o apoio da UEFA, a criação da Supporters Direct Europe, em 2009, que passou a dar suporte a organizações semelhantes pelo continente. Como veremos adiante, o modelo de "*trust*" não era tão fácil de reproduzir em outras localidades por conta das particularidades presentes, mas de todo modo serviu para criar uma rede ampla e ativa de movimentos de torcedores, cuja contribuição garantiu algumas conquistas interessantes, que serão abordadas nos capítulos dedicados aos estudos de caso. Para o relatório, o princípio básico era garantir o direito de participação de grupos de torcedores nessas sociedades empresariais, de modo a inseri-los nas decisões mais importantes, defendendo o interesse coletivo dos torcedores em geral, a fim de contribuírem com a instituição e, de forma mais precisa, possuírem direitos constituídos e não apenas "simbólicos" de propriedade sobre seus clubes.

Outro ponto enfático do relatório era de ordem econômica, uma vez que o diagnóstico sobre o descontrole e a inflação salarial, que provocavam uma problemática instabilidade financeira generalizada, era entendido como um tema a ser atacado com regras mais rígidas de regulação sobre os gastos dos clubes. As sugestões dadas pelo relatório resultaram na elaboração da política de Fair Play Financeiro, adotada pela UEFA a partir de 2010 — com longo processo de adaptação e diversas regras graduais. A política regula a entrada de clubes em suas competições e prevê punições aos clubes que gastam mais do que arrecadam.[66]

Como destacam Peter Kennedy e David Kennedy, é importante observar como a UEFA pertence a uma longa tradição política social-democrata europeia, que se fia na promoção de interesses do capital produtivo contra o capital financeiro. Nesse sentido, o controle do caráter especulativo adotado pela indústria do futebol na virada do milênio, dado o alto risco criado pela desregulamentação, era parte importante do que se entendia como uma política de controle do endividamento, portanto, da própria sobrevivência da atividade e dos clubes a longo prazo (Kennedy e Kennedy, 2016, p. 30).

Ainda que as sugestões do *"Arnaut Report"* não tenham impacto tão decisivo, a sua menção é importante para oferecer um panorama da situação em que se encontrava o futebol europeu no início do século. À parte do crescimento econômico sem precedentes da atividade — alavancado pela sofisticação

---

[66]. Apesar de aplicar punições exemplares, essa medida se mostrou falha em algumas ocasiões, como a reversão da punição prevista para o Manchester City em 2020, uma vez revelada a política de injeção de recursos através do "patrocínio" de uma empresa vinculada ao Abu Dhabi United Group, *holding* que controla o City Football Group, do qual o clube faz parte.

das modalidades de midiatização dos eventos, decorrentes das rápidas inovações tecnológicas comunicacionais e da maior oferta desses eventos europeus por todo o globo —, a situação financeira dos clubes seguia preocupante como sempre esteve, desde os tempos das associações civis: clubes hiperendividados, concentração cada vez maior de recursos, visibilidade e conquistas esportivas em poucas agremiações, e uma crescente insatisfação dos torcedores locais com as alterações promovidas por esses novos donos.

Multi-club Ownership

De modo a encerrar este subcapítulo, convém explorar a mais recente fronteira de transformação dos clubes de futebol no século XXI: a formação de "verdadeiras organizações transnacionais dedicadas ao futebol, com franquias espalhadas em diferentes campeonatos pelo mundo afora" (Pisani, 2020, p. 332-355). Trata-se do modelo chamado "*Multi-club Ownership*" (MCO), ou "multipropriedade de clubes".

A ideia central dessas iniciativas consiste em espalhar operações empresariais em diversas ligas, diversificando mercados e expandindo essas marcas ao redor do mundo. É um novo modelo de negócio que está redesenhando a indústria do futebol de forma acelerada, principalmente na virada da década de 2010 para 2020. Esse modelo, de certa forma, ganha impulso pelo próprio advento do Fair Play Financeiro, uma vez que consiste na criação de uma ampla rede de formação de atletas, capaz de fazer circular novos talentos entre diferentes clubes de um mesmo grupo. Dentro dessa estrutura, os MCOs seriam capazes de driblar taxas e impostos e eventuais regras de restrição de transferência de jogadores.

Não existe exatamente um padrão de MCO, tampouco uma estrutura em comum dentre os muitos empreendimentos que surgem e se ampliam ano após ano. O certo é que essa tendência está se ampliando de forma inédita, com cinco, seis ou mais de uma dezena de clubes sob o controle ou a participação relevante de uma mesma organização empresarial. Essa tendência já era de preocupação da UEFA, que prevê em seu estatuto certas restrições à participação de clubes de um mesmo grupo em uma competição internacional, dado o visível risco que isso pode gerar em termos competitivos.[67]

A primeira experiência de MCO se deu ainda no final dos anos 1990, quando o empresário Giampaolo Pozzo, proprietário do clube italiano Udinese, iniciou sua expansão através da aquisição do Granada, da Espanha, e do Watford, da Inglaterra. O modelo era simples e direto: a criação de uma rede para deslocar talentos capazes de manter a competitividade de todos os times, sem custos elevados e de acordo com os objetivos de cada clube, em cada circunstância. Nesse período, o exemplo mais destacado vem da English National Investment Company (ENIC), que adquiriu participações em clubes da Grécia, da Suíça, da Escócia, da República Tcheca, da Itália e da Inglaterra.

Em 2008, se inicia a longa trajetória de aquisição de clubes do Abu Dhabi United Group, ao comprar o Manchester City, já sendo proprietário do Al Jazira Club no seu país de origem. Em 2012, o grupo lança o New York City na principal liga de futebol dos Estados Unidos. Em seguida, adquire o Melbourne Heart,

---

67. Essa regra já é comum em muitos países, como a Espanha, onde clubes maiores possuem, há muito tempo, outros clubes menores destinados a dar experiência a seus jogadores mais jovens. Esses clubes "B" são impedidos de disputar a mesma categoria que o clube "A", e geralmente são excluídos das competições em formato de copa, que reúnem clubes de diversos escalões.

da Austrália, alterando o seu nome para Melbourne City. Anos depois, entram como investidores minoritários no Yokohama Marinos, do Japão. A partir de 2017, já com a participação do conceituado treinador Pepe Guardiola, o grupo volta a buscar ampliação, chegando ao Club Atlético Torque, do Uruguai, alterando o seu nome para Montevideo City Torque, e adquirindo parte relevante do espanhol Granada CF, de propriedade de Pere Guardiola, irmão do treinador. Logo depois, se expandiu para China (Sichuan Jiuniu), Índia (Mumbay City) e Bélgica (Lommel SK) (Pisani, 2020, p. 342). O grupo ainda estabeleceu uma relação de "parceria técnica" com o boliviano Bolívar, enquanto apresentava propostas de aquisição de um clube brasileiro no compasso da Lei da SAF.

Outro grupo de MCO de grande relevância é o da empresa de energéticos Red Bull, que chega ao Brasil em 2007, com a criação do Red Bull Brasil, e só posteriormente, em 2018, vai proceder com o processo de aquisição do Bragantino, transformando-o no Red Bull Bragantino. O grupo possui outros clubes com o mesmo nome na Áustria, nos Estados Unidos e na Alemanha, mas encerrou a experiência em Gana. Nesse caso, em particular, o projeto nasce basicamente como uma estratégia publicitária da matriz, interessada em explorar o potencial do futebol para projetar sua marca. Entende-se que, assim como o City Football Group, a ampliação tem a finalidade de estabelecer uma rede de formação e prospecção de talentos, diminuindo custos de contratação e fortalecendo conjuntamente todas as franquias.

Esses dois exemplos são os mais poderosos, dada a capacidade de investimento de seus proprietários, que garante a estrutura com seguidos aportes. Diferente do que ocorre a outros muitos grupos empresariais que decidiram investir em grandes redes de clube pelo mundo, principalmente norte-americanos, que partem da leitura de que esses empreendimentos se complementam e de que há um potencial a ser explorado dentro da indústria do futebol, em especial o europeu — para o qual apontam suas principais investidas. Dentro do movimento desses compradores norte-americanos, alguns estão muito relacionados à realização da Copa do Mundo FIFA 2026 nos Estados Unidos, Canadá e México e a tentativa de estabelecer "sinergias" entre diferentes negócios no universo do futebol. Outros buscam traçar estratégias de entradas em determinados mercados a partir da aquisição de clubes dessas localidades, como tática de projeção e conexão. Atualmente, estão envolvidos em algum tipo de MCO 16 clubes norte-americanos, 15 clubes italianos, 15 clubes ingleses, 12 clubes belgas, 10 clubes espanhóis, 9 clubes franceses, 9 clubes dinamarqueses, 7 clubes mexicanos, 6 clubes alemães, 5 clubes portugueses, 4 clubes austríacos, 4 clubes chineses, 4 clubes suíços, 2 clubes australianos, gregos, egípcios, ganeses, húngaros, indianos, japoneses, galeses... (Menary, 2021).

Tal tendência, que já se fazia presente no Brasil com o Red Bull Bragantino, ganhou de imediato um novo exemplo, na primeiríssima aquisição confirmada após a Lei da SAF: o Botafogo de Futebol e Regatas, cuja SAF foi adquirida pelo empresário norte-americano John Textor (Eagles Holding), que já participava do inglês Crystal Palace e depois compraria o RWD Molenbeek, da Bélgica, enquanto ainda buscava entrar na SAD do Benfica, de Portugal. Enquanto esta tese era escrita, o Vasco da Gama alegava conversas avançadas com o 777 Partners, grupo norte-americano que já tinha participação no espanhol Sevilla (cujo caso será tratado no Capítulo 4), era proprietário do italiano Genoa, do belga Standard Liège e partia para a aquisição do francês Red Star Paris. Outros investidores do mesmo tipo já circulavam o futebol brasileiro.

Como trouxemos na introdução desta tese, a viabilidade desses empreendimentos é altamente contestável. À parte do aparente modismo dessas empreitadas, uma vez que é predominantemente norte-americana, o que se percebe é uma investida agressiva que se vale das dificuldades financeiras encontradas por esses grupos por conta da pandemia da Covid-19. Ao mesmo tempo que esse acontecimento ruiu a economia de praticamente todos os países, também viabilizou a injeção de recursos de quase 2 trilhões de dólares na economia norte-americana, viabilizando o interesse de investimentos em ativos de maior risco, dentre os quais está a aquisição de clubes.

Ao que consta, a tradicional instabilidade financeira do futebol agora terá um novo e potencialmente mais destrutivo modelo de negócio: mais internacionalizado e ao mesmo tempo centralizado em grandes conglomerados que, segundo apontam alguns especialistas, conhecem muito pouco da natureza do negócio em que estão investindo. Pior: empreendimentos extremamente confiantes de que estão aptos a revolucioná-lo, mesmo após quatro décadas de amplas reformas duras incapazes de controlar a lógica deficitária do futebol de clubes (The Ringer, 2022).

Tipologia dos clubes

Uma vez descritos os processos particulares de transformação dos clubes de cada país, interessa entender o cenário geral dos clubes de futebol no século XXI. Há uma grande complexidade nessa questão, dado que cada país estabeleceu um processo próprio em muitos sentidos: obrigatório ou facultativo; preservando ou dissolvendo as associações originais; permitindo ou mesmo obrigando o controle da empresa sob a associação original; permitindo ou concedendo exceções à existência de clubes como associações civis, e assim por diante.

Para sistematizar esse universo tão diversificado em sentido mais objetivo, elaboramos uma tipologia de clubes de futebol no século XXI a partir de três níveis: formato jurídico, estrutura societária e modelo político. Com o auxílio de um diagrama, ao menos 10 tipos de clubes podem ser observados.

Esse esforço é decorrente da baixa complexidade das discussões sobre a aprovação de um novo modelo de empresarização dos clubes de futebol no Brasil, que resumia essa tipologia em "associações" e "empresas". Esse reducionismo (muitas vezes proposital) não apenas prejudicava a compreensão dos muitos rumos possíveis a serem adotados pelos clubes brasileiros, como também interditava importantes debates sobre o planejamento desses clubes no aproveitamento dos mecanismos oferecidos pela Lei da SAF.

Na maioria dos casos, quando falamos de "sociedades anônimas" de clubes de futebol, estamos falando apenas da parte do futebol profissional ligado às associações civis, que seguem existindo. As exceções mais expressivas são Itália, Espanha e Colômbia, onde a maioria das associações civis já não existem mais, pois foram convertidas por inteiro em modelos locais de "sociedades anônimas". No caso de Brasil (com a Lei da SAF), Portugal, França e Chile, o que deve ser atentado é que a associação civil segue coexistindo dentro da "sociedade anônima", em níveis distintos.

No caso específico da Alemanha, os clubes são obrigados a manter o controle da sociedade empresária — que, geralmente, é uma "sociedade limitada", sendo o modelo de "sociedade anônima" minoritário. Entretanto, para fins de simplificação, os clubes alemães também serão demonstrados como "S.A.", uma vez que esse é o modelo mais comum em clubes de futebol do mundo inteiro. O mesmo servirá para os clubes ingleses.

Essas breves observações já indicam a grande variedade de tipos possíveis de clubes, não restritos às fronteiras de um país ou a um modelo puro de associação civil ou de sociedade empresária.

Antes de apresentar a classificação aqui proposta, cabe reforçar a sua motivação maior. Diante dos nossos objetivos de análise dos ativismos torcedores, um entendimento pormenorizado sobre a realidade concreta onde essas experiências organizativas são criadas se torna fundamental. Um coletivo de associados de um clube, por razões óbvias, só poderá ser elaborado em uma conjuntura em que um clube associativo está presente. De igual modo, movimentos como os de "pequenos acionistas", como ocorre na Espanha, só existem em circunstâncias nas quais o clube já não conta com uma associação civil e apenas a disputa pelo controle acionário, ou de mínima representação na assembleia de acionistas, está em perspectiva.

Por se tratar de estudos muitas vezes restritos a um clube ou a um único país, as obras que abordam esse tema acabam não favorecendo uma perspectiva mais ampla sobre as conexões existentes entre essas organizações, que ocorrem apesar das distinções profundas entre essas realidades. Essas diferenças só podem ser percebidas quando os clubes são compreendidos em suas constituições históricas, como a tese buscou mostrar até aqui. Ao mesmo tempo que esse esforço auxilia no estudo de um caso mais específico, ele tem utilidade na percepção mais ampla da existência dos movimentos de torcedores, sem que se resuma a um ou outro formato jurídico.

Em cada país, a legislação específica ou a norma interna que tratou de empresarizar os clubes de futebol terá características diferentes, dentro das quais será preciso observar: 1) a obrigatoriedade, ou não, da empresarização; 2) o termo e o caráter da "sociedade anônima" específica elaborada para atender às empresas relacionadas ao futebol (ou outros esportes, porventura); 3) a diferença entre a conversão total da associação civil em empresa ou apenas a criação de uma "sociedade anônima" para gerenciar os ativos do futebol profissional daquela antiga associação, que não se extingue nesse processo; 4) como essa associação remanescente compõe essa nova "sociedade anônima" — como acionista majoritária ou minoritária, com ou sem controle.

Tudo isso vai implicar na existência ou na inexistência de espaços possíveis de atuação dos torcedores e na elaboração de organizações que ensejem isso. Há de se levar em conta que essas diferenças também podem estar presentes entre clubes de um mesmo país, por isso a análise de cada clube deve atentar para três níveis distintos de classificação.

A Figura 1 apresenta o diagrama completo da classificação dos tipos de clubes de futebol:

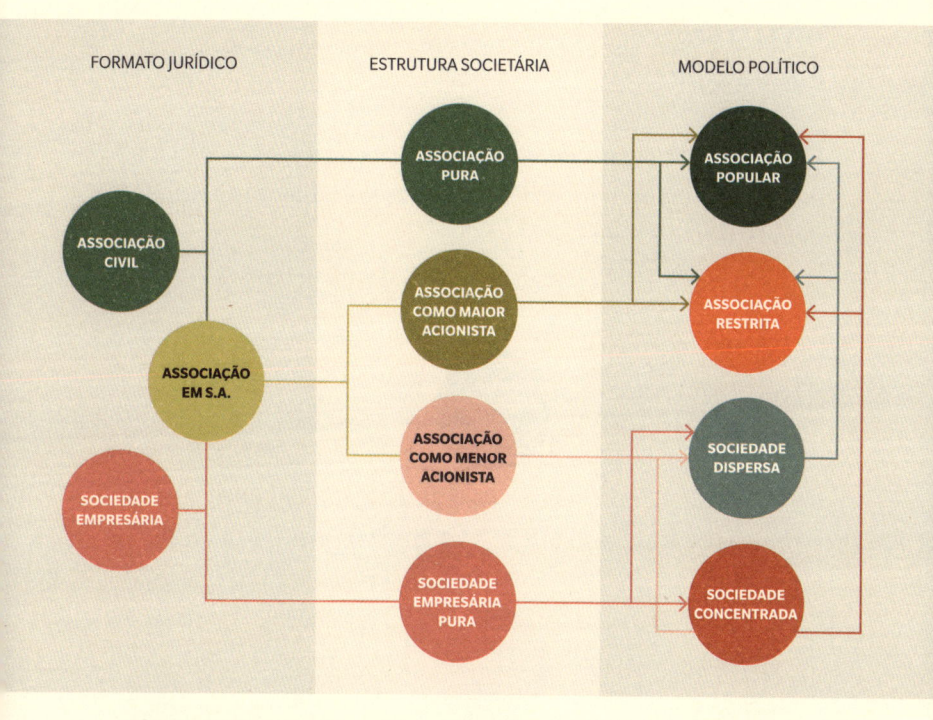

Figura 1. Diagrama Completo — Classificação de tipos de clubes de futebol. FONTE: Elaboração do autor.

Ao todo, o diagrama ilustra 10 tipos de clubes, a serem observados a partir das suas características em três níveis: o formato jurídico, a estrutura societária e o modelo político em questão. Como será possível perceber, nada sobre a estrutura desses clubes tem algum tipo de implicação absoluta sobre seu desempenho esportivo, tampouco quanto à qualidade da administração, do equilíbrio financeiro ou da relevância financeira desses.

Ao longo das próximas páginas esses critérios serão descritos em detalhes, com demonstrações reais da aplicação dessa tipologia.

NÍVEL 1
Formato jurídico

Em linhas gerais, existem três formatos jurídicos principais em clubes de futebol, sendo um deles geralmente chamado de "misto":

Figura 2. Formatos jurídicos.

A. ASSOCIAÇÃO CIVIL SEM FINS LUCRATIVOS: basicamente uma entidade civil que, por mais que desenvolva uma atividade econômica, não distribui dividendos entre os seus membros, sendo todo fruto financeiro da sua atividade revertido novamente à própria entidade, à qual os associados estão vinculados de forma voluntária;

B. SOCIEDADE EMPRESÁRIA: pode ser composta por muitos modelos existentes de empresas — em geral sociedades limitadas ou sociedades anônimas, no caso do futebol — e pode envolver um ou mais indivíduos que podem usufruir dos seus resultados financeiros em forma de dividendos, portanto, em que o vínculo, em tese, tem finalidades financeiras/comerciais;

C. ASSOCIAÇÃO CIVIL EM SOCIEDADE ANÔNIMA: formato muito comum em países onde os clubes foram obrigados a constituir uma empresa sem necessariamente obrigar a dissolução dessa associação civil, constituindo um modelo comumente chamado de "misto", em que acionistas/investidores compõem a sociedade em coexistência com uma associação civil nos moldes do item 1.

Como se pode perceber, apesar de soarem semelhantes, os tipos B e C já apresentam, a partir daqui, diferenças estruturais que influenciam decisivamente nos critérios de classificação seguintes. O que se observa é que não existe uma simples dicotomia entre clube associativo e clube-empresa, comum nos variados debates sobre a matéria observados no Brasil nos anos anteriores à publicação desse artigo, mas uma realidade em que a disputa dentro da associação pode ser mais ou menos decisiva dentro de um contexto geral.

NÍVEL 2
Estrutura societária

O segundo nível de classificação segue quase diretamente o caso anterior, observando-se, porém, que, em casos de sociedades anônimas compostas pela própria associação civil originária, essa configuração pode apresentar muitas variações. Em alguns países, como Alemanha e Portugal, os clubes associativos podem ter o controle majoritário dessa sociedade (Viñas, 2020; Macedo e Silva, 2020), enquanto em países como o Chile as associações foram obrigatoriamente reduzidas a uma participação minoritária — e muito menos decisiva (Ruete, 2020). Na França, essa posição pode variar, ainda que, de modo geral, as associações sejam restritas e com participação reduzida (Bergmann, 2021).

Nesses últimos casos, o poder de decisão da associação tende a ser diminuto e por vezes restrito a contrapartidas previstas em lei, como o controle de um tipo especial de ação — geralmente denominada de *"golden share"* — com poder de decisão/veto sobre temas específicos e mais sensíveis (marcas, símbolos, cores do clube, troca do estádio etc). Aprofundando o nível de classificação, assim se apresenta o quadro geral:

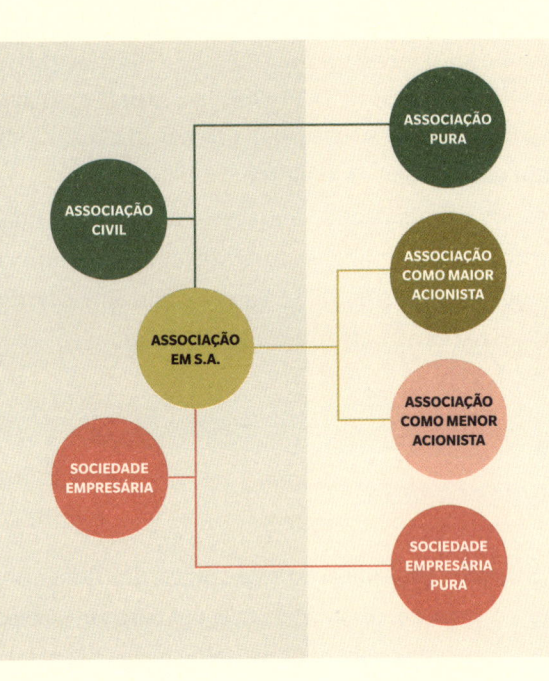

Figura 3. Formato jurídico e estrutura societária.

A. ASSOCIAÇÃO CIVIL SEM FINS LUCRATIVOS:
   1. ASSOCIAÇÃO CIVIL "PURA": quando o clube preserva seu formato original de associação civil sem fins lucrativos;

B. SOCIEDADE EMPRESÁRIA:
   1. SOCIEDADE EMPRESÁRIA "PURA": quando o clube é constituído como empresa e sua sociedade é inteiramente formada por investidores privados, sem a existência de uma associação civil;

C. ASSOCIAÇÃO CIVIL EM SOCIEDADE ANÔNIMA:
   1. ASSOCIAÇÃO COMO MAIOR ACIONISTA: casos em que a associação civil originária detém a maior parte da sociedade anônima, detendo o controle ou o maior poder dentro da mesma;
   2. ASSOCIAÇÃO COMO ACIONISTA MINORITÁRIO: quando a figura da associação civil ainda está presente, mas não tem maior poder de decisão na sociedade, ou está reduzida a uma função muito específica na cadeia de decisões.

Portanto, após o segundo nível de classificação, avaliados o formato jurídico e a estrutura societária, teríamos quatro tipos possíveis. Usando termos mais simplificados:

A1. Associação "pura";
B1. Empresa "pura";
C1. Empresa "mista" controlada pela associação; e
C2. Empresa "mista" não controlada pela associação.

No caso de clubes com o tipo **C1**, o controle da empresa ainda se dá pela associação civil originária, mesmo que seja detectada a existência de acionistas externos, que podem estar presentes em quantidades ilimitadas. É o caso dos clubes da Alemanha (50+1) e dos principais clubes de Portugal.

A estrutura societária, apesar de aprofundar e ampliar os tipos existentes de clubes de futebol apresentados no primeiro nível, não é suficiente para esgotar esse quadro de classificação. Por isso seguimos ao terceiro nível.

NÍVEL 3
Modelo político

Associações civis e sociedades empresárias têm processos de decisão consideravelmente distintos. Entretanto, o modelo de classificação pode condensar essas questões no nível da análise do "modelo político". Para o caso das associações, importa observar o processo político previsto em estatuto, que apresenta muitos modelos possíveis, seja quanto aos critérios de admissão de novos sócios (restrito/aberto), aos custos para o acesso e a manutenção dos direitos associativos/políticos (custoso/acessível), bem como ao próprio processo eleitoral (direto/indireto). Para apresentar um quadro mais sintetizado, dois tipos de classificação bastam para designar o modelo político das associações civis: "popular" ou "restrita". Isso vale tanto para aquelas de tipo A1 (associações puras) quanto para as presentes nos modelos C1 ou C2 (associação em S.A.s).

Por outro lado, onde a associação é minoritária em sociedade anônima, para além da própria configuração da associação (popular ou restrita), será preciso também observar o tipo de sociedade em questão. Há clubes com um acionista majoritário com larga diferença de ações frente a outros acionistas (sociedade concentrada) e outros em que essas ações estão mais pulverizadas entre os acionistas (sociedade dispersa), apresentando uma conjuntura de disputa consideravelmente distinta. No caso das sociedades empresárias puras, a configuração como "sociedade dispersa" pode indicar, a depender do caso, uma possibilidade de espaço de atuação dos torcedores, como é o caso mais comum em clubes espanhóis, onde vemos a figura dos "pequenos acionistas". Temos, então, os seguintes tipos de modelos políticos em clubes:

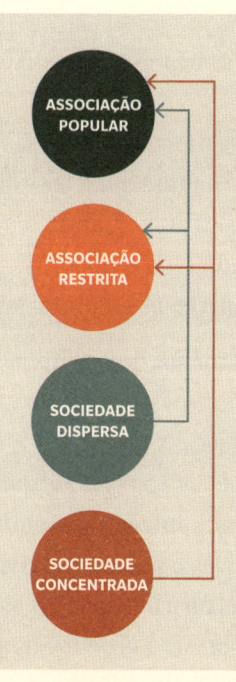

Figura 4. Modelo político.

A1. ASSOCIAÇÃO CIVIL "PURA":
    a. ASSOCIAÇÃO POPULAR: quando a associação é acessível e a participação nas assembleias é direta, incluindo voto.
    b. ASSOCIAÇÃO RESTRITA: quando o acesso à associação é mais elitizado e/ou o poder de participação é diminuído por barreiras estatutárias.

B1. SOCIEDADE EMPRESÁRIA "PURA":

a. SOCIEDADE DISPERSA: quando o controle acionário está pulverizado em muitos acionistas, em certos casos, contando com antigos associados.

b. SOCIEDADE CONCENTRADA: quando o controle acionário está largamente sob o controle de um único acionista majoritário.

C1. SOCIEDADE EMPRESÁRIA COM ASSOCIAÇÃO CIVIL COMO MAIOR ACIONISTA:

a. ASSOCIAÇÃO POPULAR: quando a associação é acessível e a participação nas assembleias é direta (incluindo voto).

b. ASSOCIAÇÃO RESTRITA: quando o acesso à associação é mais elitizado e/ou o poder de participação é diminuído por barreiras estatutárias.

C2. SOCIEDADE EMPRESÁRIA COM ASSOCIAÇÃO COMO ACIONISTA MINORITÁRIO:

a. SOCIEDADE DISPERSA:

a^1. COM ASSOCIAÇÃO POPULAR: quando o controle acionário está pulverizado entre muitos acionistas, dentre eles a associação civil, mas a associação é acessível e a participação nas assembleias é direta.

a^2. COM ASSOCIAÇÃO RESTRITA: quando o controle acionário está pulverizado entre muitos acionistas, dentre eles a associação civil, e o acesso à associação é elitizado e/ou o poder de participação é diminuído por barreiras estatutárias.

b. SOCIEDADE CONCENTRADA:

b^1. COM ASSOCIAÇÃO POPULAR: quando o controle acionário está largamente sob o controle de um único acionista majoritário, mas o acesso à associação é mais amplo e a participação nas assembleias é direta.

b². COM ASSOCIAÇÃO RESTRITA: quando o controle acionário está largamente sob o controle de um único acionista majoritário e o acesso à associação é mais elitizado e/ou o poder de participação é diminuído por barreiras estatutárias.

Como é possível observar, em casos em que a associação detém o controle da S.A. não há necessidade de distinção da sociedade entre "concentrada" e "dispersa" — está invariavelmente concentrada sob o controle da própria associação.

Os 10 tipos de clubes

Esquemas de classificação não pretendem esgotar os objetos aos quais se dedicam, nem abarcar todas as variações possíveis sobre um campo. O diagrama proposto busca facilitar a discussão dos estudos de caso que exploraremos adiante, de modo a visualizar de forma mais simplificada as possibilidades de constituição de um clube de futebol em três níveis. Por isso é sempre importante atentar para a possibilidade da ocorrência de particularidades e exceções.

Uma sociedade pode não ser controlada pelo seu maior acionista, uma vez que cada sociedade define seu próprio funcionamento e um acordo de acionistas pode indicar algo não tão objetivo e direto como a lógica de "mais ações, maior poder". De todo modo, trata-se de uma questão de pouco impacto sobre o diagrama proposto, cujo objetivo já salientado é observar o espaço possível de atuação dos torcedores nos clubes, inevitavelmente restrito nesses casos — exceto, como já observado, no caso de alguns clubes alemães, que cederam a maior parte do seu capital para investidores externos, mas mantêm o controle político através da regra 50+1 (sobre o capital votante).

Feitas as descrições dos modelos possíveis, passemos aos exemplos reais de cada um deles.

TIPO 1. A1a

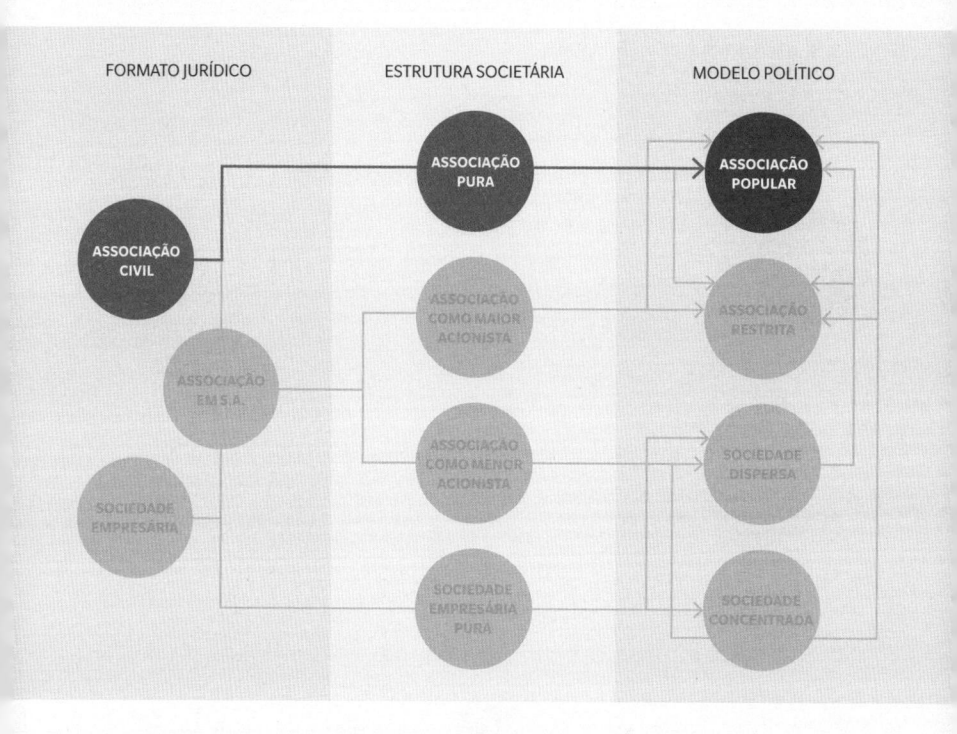

FORMATO JURÍDICO — ESTRUTURA SOCIETÁRIA — MODELO POLÍTICO

- ASSOCIAÇÃO CIVIL
- ASSOCIAÇÃO EM S.A.
- SOCIEDADE EMPRESÁRIA

- ASSOCIAÇÃO PURA
- ASSOCIAÇÃO COMO MAIOR ACIONISTA
- ASSOCIAÇÃO COMO MENOR ACIONISTA
- SOCIEDADE EMPRESÁRIA PURA

- ASSOCIAÇÃO POPULAR
- ASSOCIAÇÃO RESTRITA
- SOCIEDADE DISPERSA
- SOCIEDADE CONCENTRADA

O Tipo A1a apresenta o modelo de basicamente todos os clubes da Argentina e do CA Peñarol e do Club Nacional, principais do Uruguai. Também é o modelo que representa o FC Barcelona, o Athletic Club (Bilbao) e o CA Osasuna, da Espanha. No Brasil, alguns clubes adotaram esse modelo, tais como: SC Internacional, Grêmio FPA, Santos FC, EC Bahia, EC Vitória, C Náutico Capibaribe e Fortaleza EC. Em todos esses casos, há a possibilidade de participação direta do torcedor enquanto sócio com direitos constituídos, o que não exige modelos organizativos mais complexos, com algumas variações nas regras eleitorais e nos critérios de participação em assembleias.

TIPO 2. A1b

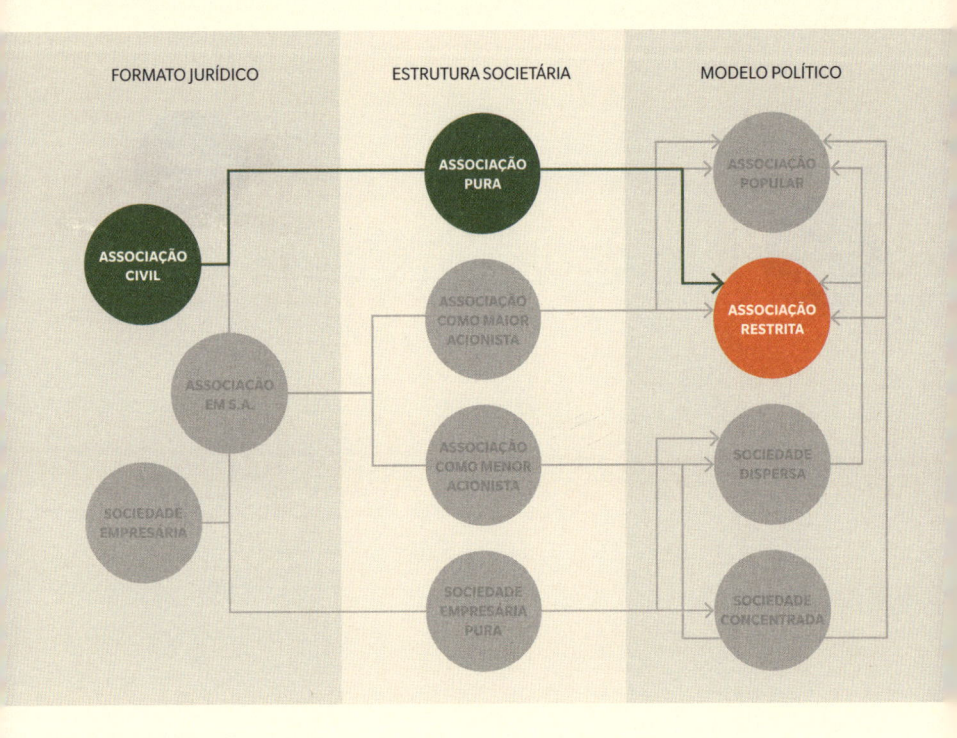

FORMATO JURÍDICO	ESTRUTURA SOCIETÁRIA	MODELO POLÍTICO

(ASSOCIAÇÃO CIVIL → ASSOCIAÇÃO PURA → ASSOCIAÇÃO RESTRITA)

O Tipo A1b é o modelo predominante dentre os clubes do Brasil; mas também inclui o Real Madrid CF (Espanha) e o Deportivo Cali (Colômbia). Nesse tipo de clube, as organizações torcedoras tendem a demandar maior poder de participação — a "democratização". No Brasil, esses grupos encampam campanhas por reformas de estatutos e abertura das assembleias aos chamados "sócio-torcedores". Onde esses movimentos por democratização não existem, a incidência de atuação organizada dos torcedores através de organizações coletivas é muito parecida com aquelas vistas em clubes sob o formato empresarial: uma crítica "externa", baseada em um senso de propriedade que não está respaldado em mecanismos legais constituídos do clube.

TIPO 3. B1a

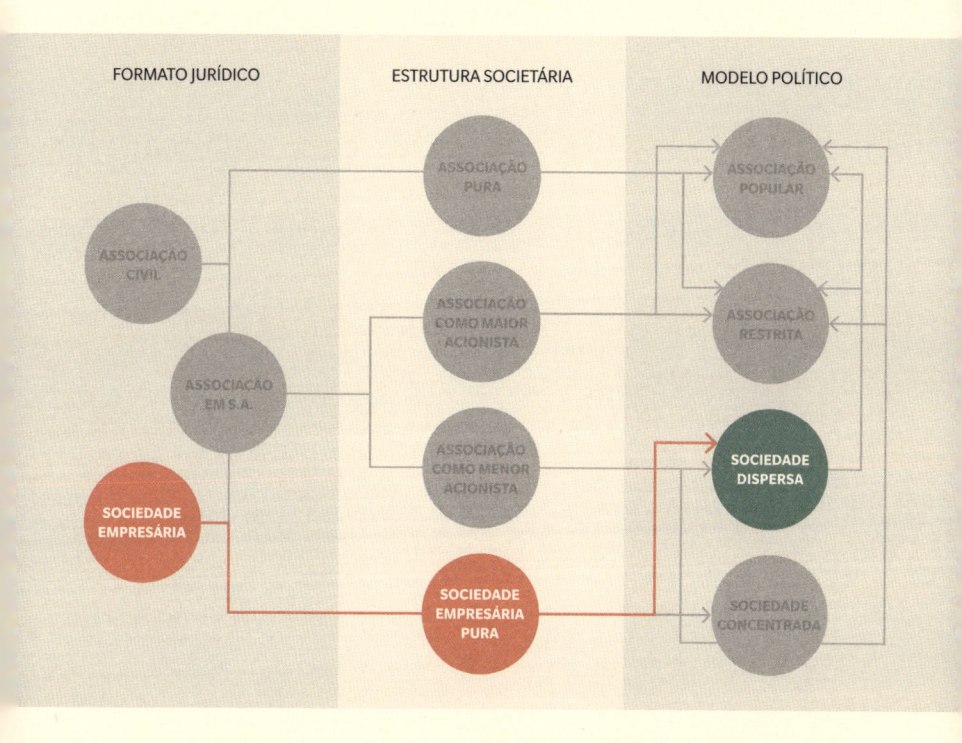

FORMATO JURÍDICO	ESTRUTURA SOCIETÁRIA	MODELO POLÍTICO
ASSOCIAÇÃO CIVIL	ASSOCIAÇÃO PURA	ASSOCIAÇÃO POPULAR
ASSOCIAÇÃO EM S.A.	ASSOCIAÇÃO COMO MAIOR ACIONISTA	ASSOCIAÇÃO RESTRITA
SOCIEDADE EMPRESÁRIA	ASSOCIAÇÃO COMO MENOR ACIONISTA	**SOCIEDADE DISPERSA**
	SOCIEDADE EMPRESÁRIA PURA	SOCIEDADE CONCENTRADA

O Tipo B1a apresenta casos em que torcedores estão presentes no quadro de acionistas, com algum grau de participação ou voz. É um modelo presente nos espanhóis Sevilla FC, Real Betis e Real Sociedad, dos poucos que mantiveram participação importante dos antigos associados nas SADs. Na Inglaterra, as *"supporters trusts"* — organizações pelas quais torcedores se reúnem para a compra de ações — apresentam uma relativa proximidade desses princípios. Atualmente, as *"trusts"* só possuem participação relevante em clubes de divisões inferiores, mas estão presentes em praticamente todos. A figura de ex-sócio/acionista também está presente na Colômbia, no Millonarios FC e no Independiente Santa Fe.

TIPO 4. **B1b**

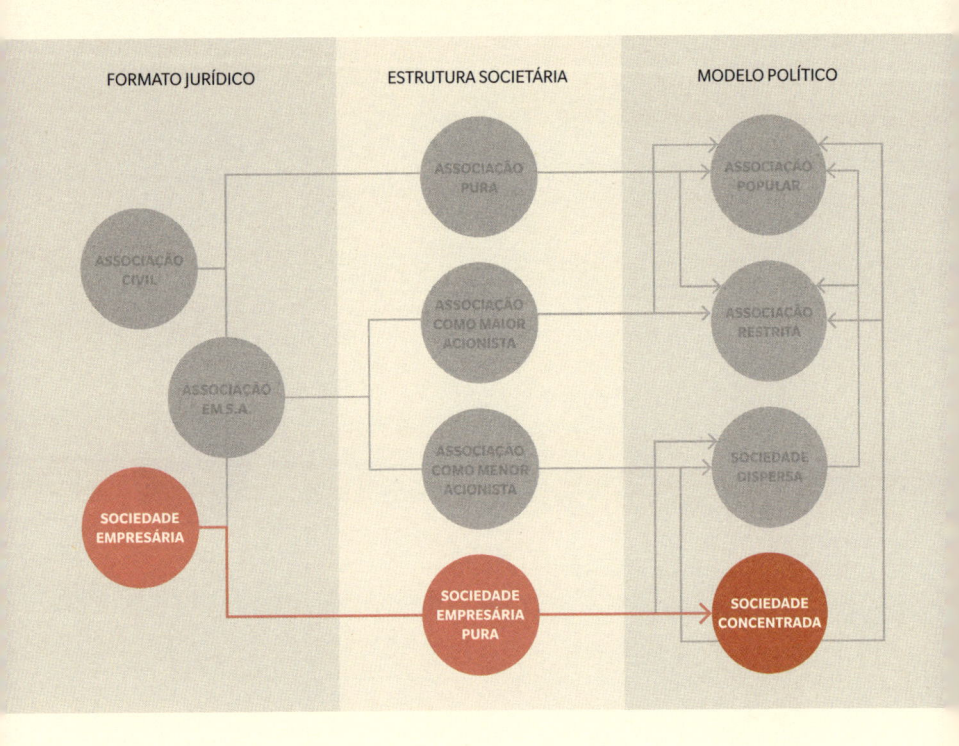

FORMATO JURÍDICO	ESTRUTURA SOCIETÁRIA	MODELO POLÍTICO
ASSOCIAÇÃO CIVIL	ASSOCIAÇÃO PURA	ASSOCIAÇÃO POPULAR
ASSOCIAÇÃO EM S.A.	ASSOCIAÇÃO COMO MAIOR ACIONISTA	ASSOCIAÇÃO RESTRITA
	ASSOCIAÇÃO COMO MENOR ACIONISTA	SOCIEDADE DISPERSA
SOCIEDADE EMPRESÁRIA	**SOCIEDADE EMPRESÁRIA PURA**	**SOCIEDADE CONCENTRADA**

O Tipo B1b apresenta o modelo predominante nos principais clubes da Itália, Inglaterra e México. São muito vistos também na Espanha, França, Países Baixos e Colômbia. Comumente se diz que esses clubes possuem "donos", mas na realidade são os acionistas controladores ou com maior poder de voto dentro da sociedade/empresa. Como esse modelo é impeditivo à participação dos torcedores, é possível apenas perceber a existência de agrupamentos "externos" aos espaços de decisão dos clubes. As próprias *"supporters trusts"* inglesas podem ser entendidas nesses contextos, mas como são os casos em que a participação é inexistente ou ínfima, restaria observar outros formatos organizativos não guiados pela disputa interna do clube.

TIPO 5. C1a

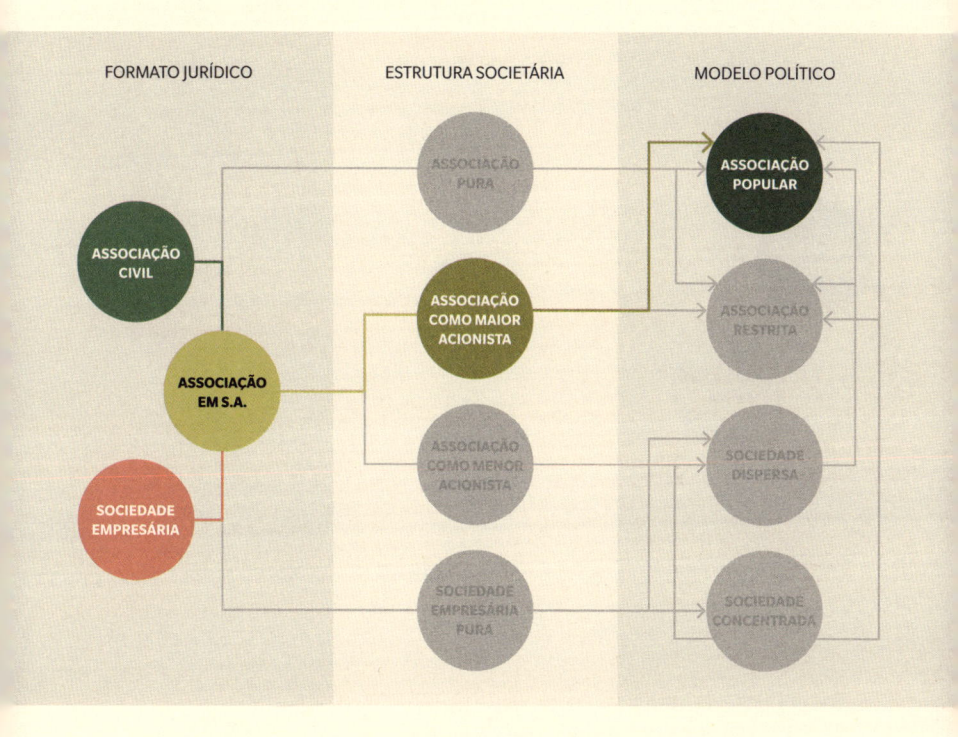

FORMATO JURÍDICO — ESTRUTURA SOCIETÁRIA — MODELO POLÍTICO

- ASSOCIAÇÃO CIVIL
- ASSOCIAÇÃO EM S.A.
- SOCIEDADE EMPRESÁRIA

- ASSOCIAÇÃO PURA
- ASSOCIAÇÃO COMO MAIOR ACIONISTA
- ASSOCIAÇÃO COMO MENOR ACIONISTA
- SOCIEDADE EMPRESÁRIA PURA

- ASSOCIAÇÃO POPULAR
- ASSOCIAÇÃO RESTRITA
- SOCIEDADE DISPERSA
- SOCIEDADE CONCENTRADA

O Tipo C1a é o modelo obrigatório na Alemanha (salvo algumas exceções), através da regra do 50+1, que conta com associações acessíveis, assembleias amplas e direito a voto. Também é o caso de Beşiktaş e Fenerbahçe, dois dos três grandes da Turquia; FC Porto, Sporting CP e SL Benfica, SC Braga e Vitória SC, clubes de maiores quadros associativos de Portugal. Apesar das associações portuguesas geralmente elaborarem alguns critérios de voto controlado (como maior peso de voto a sócios mais antigos), em geral essas podem ser enquadradas como associações populares pelo razoável custo de adesão e alto grau de participação.

Tipo 6 — C1b

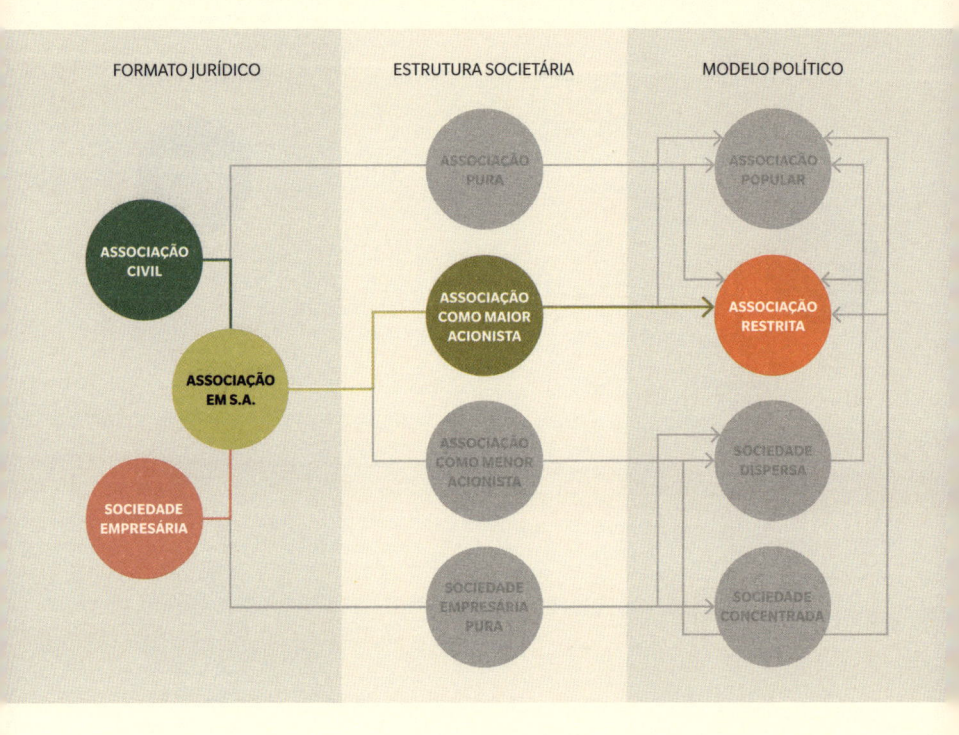

FORMATO JURÍDICO
- ASSOCIAÇÃO CIVIL
- ASSOCIAÇÃO EM S.A.
- SOCIEDADE EMPRESÁRIA

ESTRUTURA SOCIETÁRIA
- ASSOCIAÇÃO PURA
- ASSOCIAÇÃO COMO MAIOR ACIONISTA
- ASSOCIAÇÃO COMO MENOR ACIONISTA
- SOCIEDADE EMPRESÁRIA PURA

MODELO POLÍTICO
- ASSOCIAÇÃO POPULAR
- ASSOCIAÇÃO RESTRITA
- SOCIEDADE DISPERSA
- SOCIEDADE CONCENTRADA

O Tipo C1b é caso do AFC Ajax e do Feyenoord, principais clubes dos Países Baixos. A participação mais efetiva dos torcedores é em organizações como os *"supporters clubs"*, que servem de espaço de associação/representação desses junto aos clubes. No Feyenoord, a organização "Het Legioen" possui uma cadeira no conselho de administração da empresa que controla o futebol. O turco Galataşaray, uma associação restrita, também segue tal modelo. Há ainda clubes controlados por fundações, espécie de entidade civil restrita. Na Espanha esse foi um modelo visto após a conversão dos clubes em SAD, hoje ainda sendo visto no Levante UD, no Real Zaragoza e no SD Huesca. Também é o caso do Santiago Wanderers, do Chile.

Tipo 7 — C2a[1]

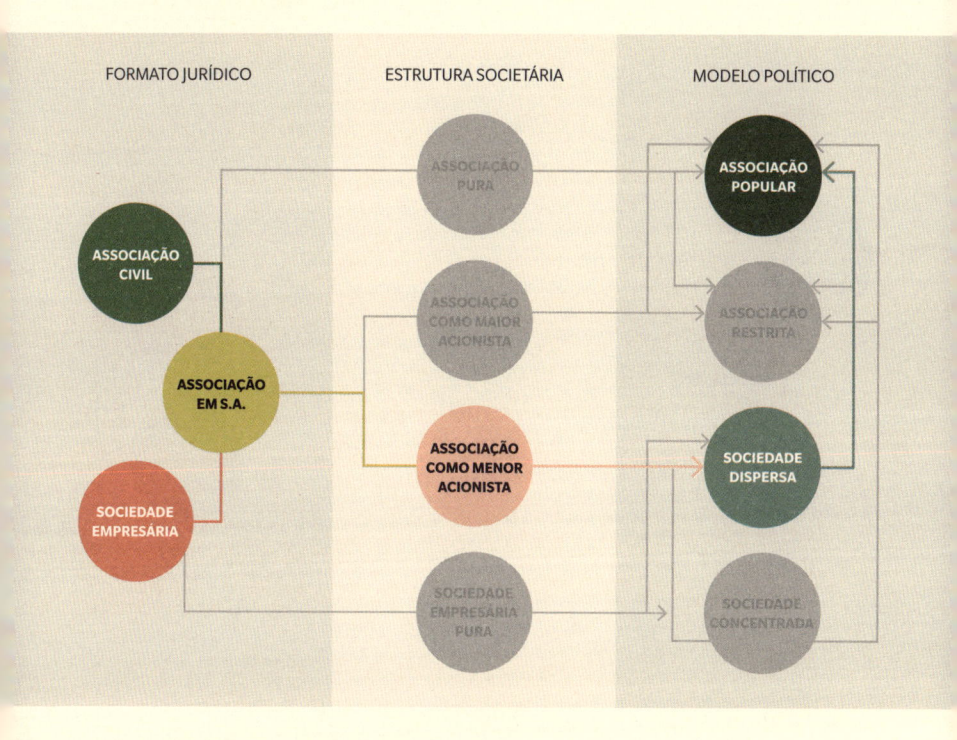

FORMATO JURÍDICO	ESTRUTURA SOCIETÁRIA	MODELO POLÍTICO
ASSOCIAÇÃO CIVIL	ASSOCIAÇÃO PURA	ASSOCIAÇÃO POPULAR
ASSOCIAÇÃO EM S.A.	ASSOCIAÇÃO COMO MAIOR ACIONISTA	ASSOCIAÇÃO RESTRITA
SOCIEDADE EMPRESÁRIA	ASSOCIAÇÃO COMO MENOR ACIONISTA	SOCIEDADE DISPERSA
	SOCIEDADE EMPRESÁRIA PURA	SOCIEDADE CONCENTRADA

O Tipo C2a[1] apresenta o modelo mais comum no Chile e na França, onde as associações possuem pequena participação ou apenas o controle das chamadas *"golden share"*. Essas ditas *"golden share"* conferem às associações o poder sobre alguns temas sensíveis (cores, emblemas, estádios etc.), mas não dá a elas o controle da empresa, e muitas vezes sequer uma cadeira no conselho de administração da empresa que controla o futebol do clube.

Tipo 8 — C2a^2

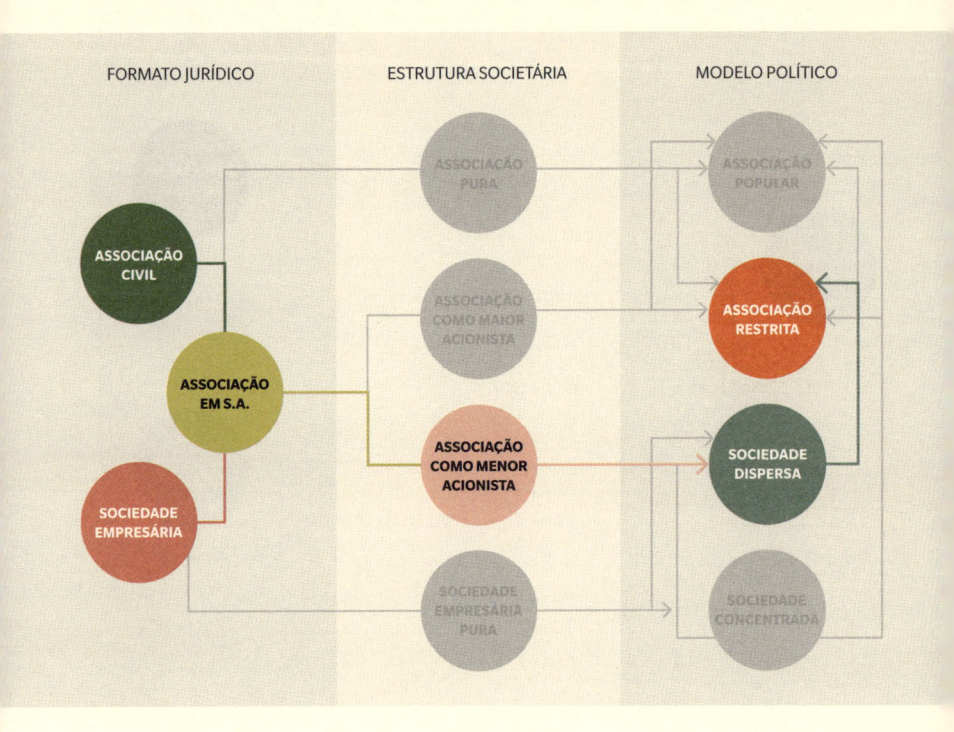

FORMATO JURÍDICO	ESTRUTURA SOCIETÁRIA	MODELO POLÍTICO
ASSOCIAÇÃO CIVIL	ASSOCIAÇÃO PURA	ASSOCIAÇÃO POPULAR
ASSOCIAÇÃO EM S.A.	ASSOCIAÇÃO COMO MAIOR ACIONISTA	ASSOCIAÇÃO RESTRITA
SOCIEDADE EMPRESÁRIA	ASSOCIAÇÃO COMO MENOR ACIONISTA	SOCIEDADE DISPERSA
	SOCIEDADE EMPRESÁRIA PURA	SOCIEDADE CONCENTRADA

O Tipo C2a^2 apresenta um modelo possível, mas pouco encontrado. O caso mais significativo é o do CD Universidad Católica, do Chile, onde a associação detém 12,94% da sociedade. Diferentemente dos seus principais rivais locais, a associação atualmente é restrita. Na França o modelo SAOS ainda persiste em clubes como Auxerre e Bastia, o que dá maior poder às associações (restritas). Quanto às SASP, em sua maioria controladas por um único dono, o Olympique Lyonnais apresenta caráter disperso do capital, que tendia a dar certa influência à associação, mas alguns acordos posteriores diminuíram essa ingerência.

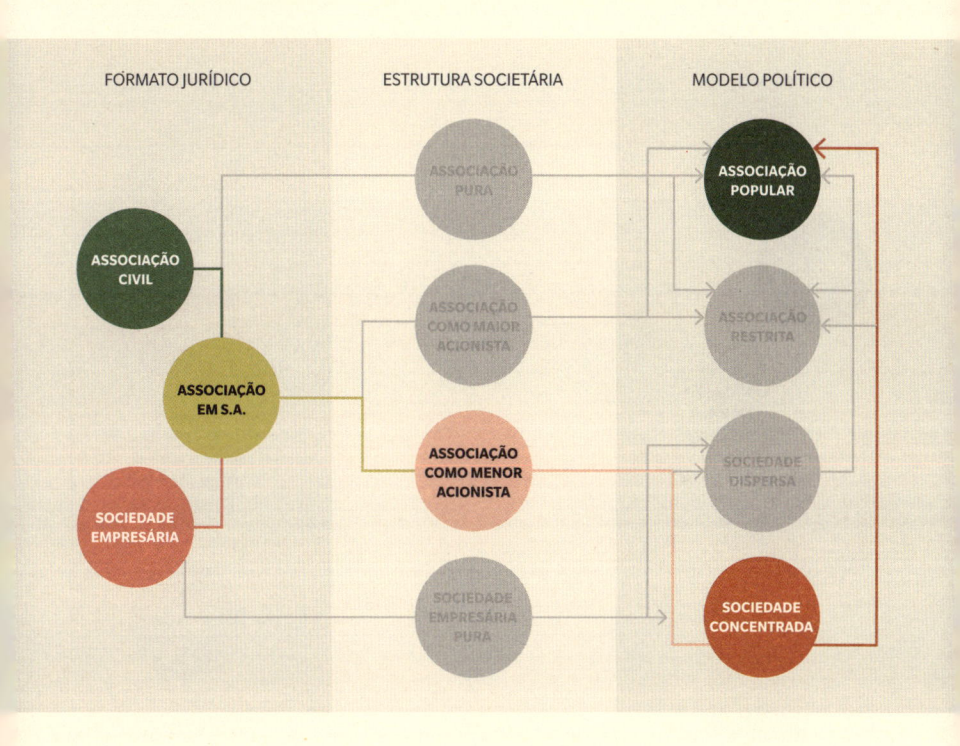

TIPO 9 . **C2b¹**

FORMATO JURÍDICO — ESTRUTURA SOCIETÁRIA — MODELO POLÍTICO

- ASSOCIAÇÃO CIVIL
- ASSOCIAÇÃO EM S.A.
- SOCIEDADE EMPRESÁRIA

- ASSOCIAÇÃO PURA
- ASSOCIAÇÃO COMO MAIOR ACIONISTA
- ASSOCIAÇÃO COMO MENOR ACIONISTA
- SOCIEDADE EMPRESÁRIA PURA

- ASSOCIAÇÃO POPULAR
- ASSOCIAÇÃO RESTRITA
- SOCIEDADE DISPERSA
- SOCIEDADE CONCENTRADA

O Tipo C2b¹ é o tipo comum em Portugal, uma vez que todas as SAD devem ter suas associações originárias com pelo menos 10% do capital, coexistindo com acionistas majoritários com amplo controle sobre a sociedade. Seria o caso do CF Os Belenenses até 2021; e era o caso do SC Beira-Mar, antes da falência da SAD. No Chile, onde o modelo também é recorrente em agremiações de menor porte, o CD Unión Española atualmente vive uma tentativa de restabelecimento da associação, detentora da chamada "golden share" da sociedade, que lhe garante poder de decisão quanto ao futuro do estádio do clube. O Santiago Wanderers, já mencionado como exemplo de SADP sob controle de uma fundação, ainda possui uma associação popular ativa.

TIPO 10. C2b²

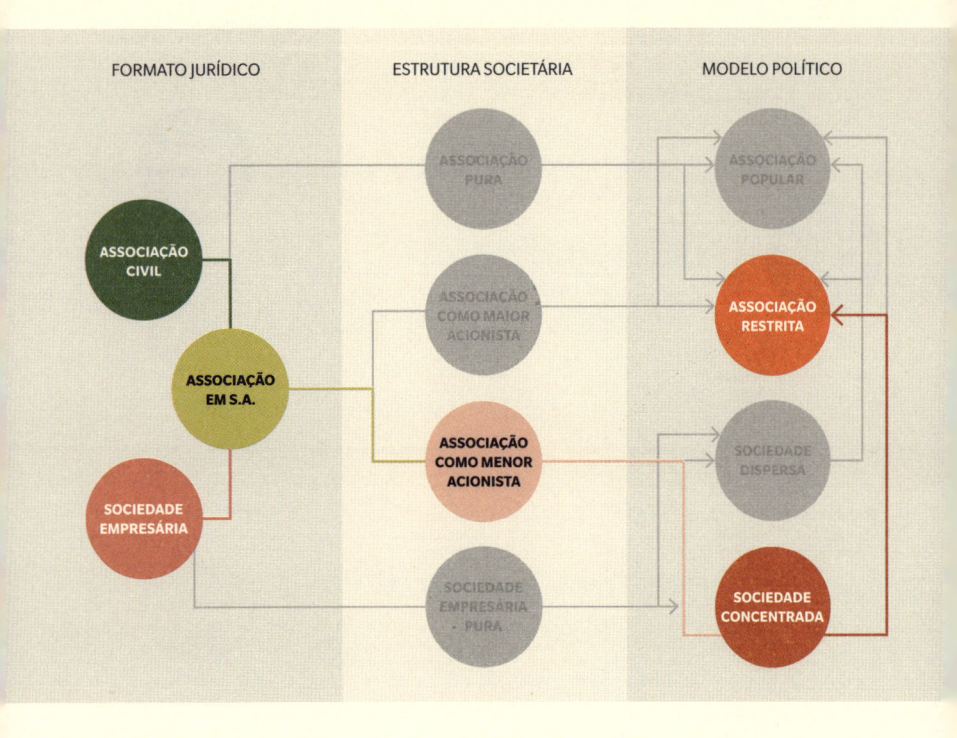

O Tipo C2b² apresenta um tipo visto em pequenos clubes de Portugal, por conta da obrigação de um mínimo de 10% da associação na SAD. No Brasil, por conta do tradicional modelo restrito das associações, as poucas experiências de clube como empresas podem ser todas percebidas nesse modelo. Com a Lei das SAF, entram nesse tipo o Botafogo FR e o Cruzeiro EC. Na França, representa as SASP — Marseille, PSG, Bordeaux e outras —, cuja associação ainda tem representatividade formal e poder de veto sobre alguns temas, mas com parte ínfima do capital. Nesse modelo, a participação dos torcedores é duplamente impeditiva, pois não existe na associação e esta, por sua vez, não possui poder dentro da sociedade empresária.

Figura 5. Tipos de clubes predominantes por país entre as décadas de 1970 e 2020.

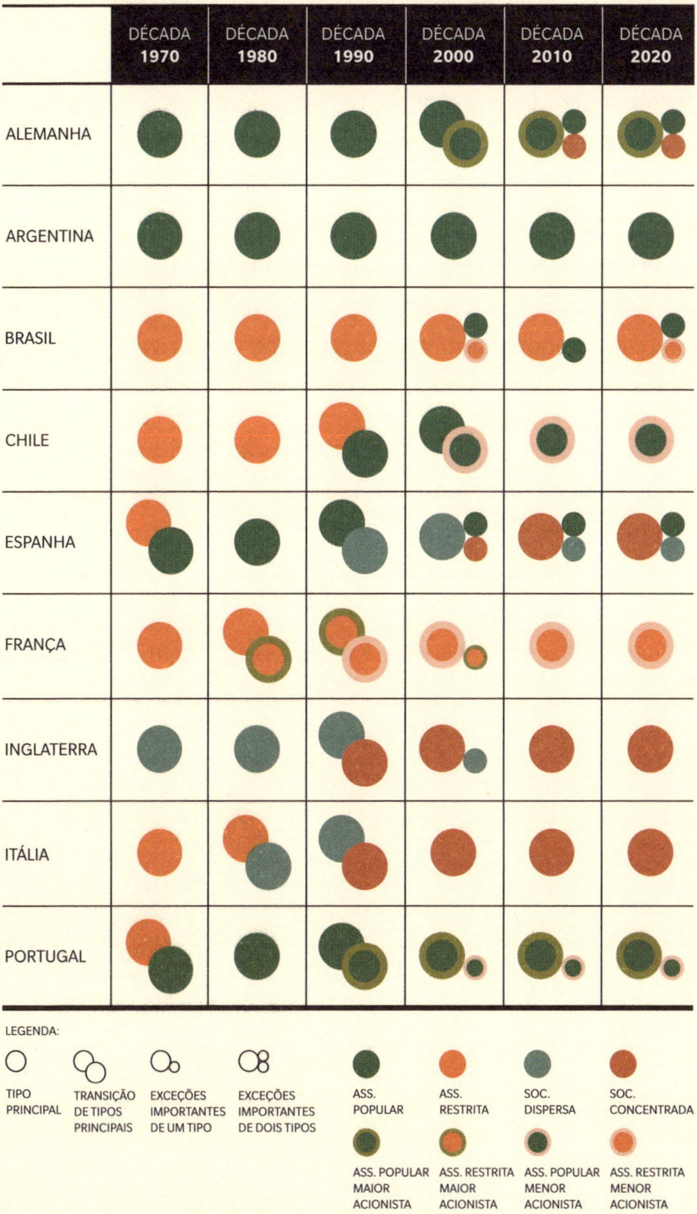

	DÉCADA 1970	DÉCADA 1980	DÉCADA 1990	DÉCADA 2000	DÉCADA 2010	DÉCADA 2020
ALEMANHA	●	●	●	●●	●●	●●
ARGENTINA	●	●	●	●	●	●
BRASIL	●	●	●	●●	●	●●
CHILE	●	●	●●	●●	●	●
ESPANHA	●●	●	●●	●●	●●	●●
FRANÇA	●	●●	●●	●●	●	●
INGLATERRA	●	●	●●	●	●	●
ITÁLIA	●●	●●	●●	●	●	●
PORTUGAL	●●	●	●●	●	●●	●●

LEGENDA:

○ TIPO PRINCIPAL

⚭ TRANSIÇÃO DE TIPOS PRINCIPAIS

⚬ EXCEÇÕES IMPORTANTES DE UM TIPO

⚯ EXCEÇÕES IMPORTANTES DE DOIS TIPOS

● ASS. POPULAR

● ASS. RESTRITA

● SOC. DISPERSA

● SOC. CONCENTRADA

● ASS. POPULAR MAIOR ACIONISTA

● ASS. RESTRITA MAIOR ACIONISTA

● ASS. POPULAR MENOR ACIONISTA

● ASS. RESTRITA MENOR ACIONISTA

Aglutinando todos os modelos, com os dados históricos levantados, na página anterior organizamos uma apresentação cronológica da tipologia proposta (Figura 5).

Para contribuir para o maior entendimento dos processos históricos que transformaram os clubes de futebol, a Figura 5 traz a tipologia aqui desenvolvida em uma perspectiva cronológica, a partir de nove países, em ordem alfabética: Alemanha, Argentina, Brasil, Chile, Espanha, França, Inglaterra, Itália e Portugal. Como as principais transformações se dão a partir da década de 1970, a cronologia tem início nessa década e em seguida apresenta os modelos predominantes ao longo do tempo. Para melhor apreensão dos dados, são necessárias algumas observações.

- **OBSERVAÇÃO 1:** a proposta do quadro é apresentar o tipo de clube mais comum dentre esses países, priorizando os clubes dos níveis mais altos do futebol nacional, dando ênfase àquelas agremiações que, quando apresentam associações, têm quadro social com um número expressivo de sócios. Exemplo: Na década de 2020, Portugal obrigou seus clubes a constituírem SADs, mas forneceu mecanismos que permitiram às principais associações o controle dessas empresas. Existiram, entretanto, aquelas associações que venderam maior parte do capital, configurando exceção.
- **OBSERVAÇÃO 2:** quando um país apresenta uma "transição de tipos predominantes", estamos falando de processos de democratização das associações (ex: Espanha e Portugal, déc. 1970); da aplicação de leis que obrigaram a conversão dos clubes de futebol em empresas (ex: Itália e França, déc. 1980); ou mesmo da mudança no caráter da propriedade dos clubes (ex: Inglaterra e Itália, déc. 1990). Nesse caso, processos que impactam a quase totalidade dos clubes, considerando-se algumas exceções.

- **OBSERVAÇÃO 3:** quando um país estabelece um modelo predominante, principalmente via lei, as principais exceções são observadas de acordo com a legenda. Exemplo: Alemanha, que apresenta exceções de clubes que são do Tipo 4 (propriedades de uma empresa), mas têm como modelo predominante o Tipo 5 (associação popular como maior acionista); ou Espanha, que permitiu a quatro clubes a manutenção do modelo associativo e posteriormente viu a transformação da propriedade das SADs para o Tipo 4 (sociedade concentrada).

- **OBSERVAÇÃO 4:** os tipos 7, 8, 9 e 10 do quadro tipológico anteriormente apresentado foram aglutinados em "7 e 9" e "8 e 10". Abriu-se mão da classificação do modelo político da sociedade anônima (se dispersa ou concentrada), resumindo a classificação apenas em "associação popular acionista menor" e "associação restrita acionista menor".

Desse modo, as figuras de 1 a 15 devem ser utilizadas como material de referência para os capítulos seguintes, para contribuir com a leitura e o entendimento dos casos estudados.

Dimensão político-ideológica

Para encerrar esse capítulo e a etapa que buscava descrever a história dos clubes de futebol até os tempos atuais, dedicamos essa última parte a discutir, em três pontos, questões fundamentais. A compreensão dos processos de transformação dos clubes em empresas deve ser percebida pelo seu fundo político e ideológico mais amplo; as concepções que norteiam o debate favorável a tal processo também advém de um verdadeiro escopo ideológico; e a própria propriedade dos clubes deverá ser observada em seus sentidos políticos preponderantes, os quais destrincharemos a partir de casos reais.

Assim, este subcapítulo se inicia com a discussão dos sentidos ideológicos que, oriundos de uma longa história de renovação da mentalidade liberal, impulsionaram transformações na indústria do futebol, impactando na nova forma de constituir clubes ("Novo liberalismo: empresa como subjetivação"); depois explora a forma como esse sentido estabeleceu alguns pressupostos primordiais para a defesa da constituição de clubes como empresa, elencando os argumentos que defendem a narrativa positiva sobre esse processo ("Escopo ideológico do clube-empresa"); e, por fim, elabora uma classificação dos tipos de donos de clubes e a forma como operam a instituição que movimenta mentes e corações de inúmeros cidadãos em todas as partes do mundo, principalmente os clubes da elite do futebol, em sentidos que muito dizem sobre a atual natureza do suposto "negócio" do futebol ("Preponderância política do clube como empresa).

Novo liberalismo: empresa como subjetivação

O uso dos termos "neoliberal", "neoliberalismo" e "pensamento neoliberal" é amplamente difundido, pouco compreendido em seu sentido histórico e duramente rebatido pelos sujeitos que são alvo desse tipo de classificação. Ao mesmo tempo que se tornaram chavões críticos à lógica hegemônica do capitalismo ocidental, também foram objeto de longas discussões e desqualificações. Conceitos tomam a forma de termos para resumir longas cadeias de raciocínio, então não seria diferente quando da identificação de uma renovação profunda no pensamento liberal ocorrida ao longo do século XX, que tomaria uma proporção muito mais ampla do que seus correlatos anteriores — principalmente porque se mostrou vitorioso. Essa grave ruptura provocada pela "renovação" do pensamento liberal submeteu seus seguidores a um profundo reenquadramento conceitual, mesmo que não se percebesse.

Esse tipo de discussão interessa a esta tese porque está diretamente conectado à conformação da ideia de que clubes de futebol devem ser convertidos em empresas, com a eliminação total ou parcial da associação civil do seu controle, diante da constante sofisticação da indústria do futebol. São crenças oriundas de um fundo ideológico bem mais significativo, com conexões muito sólidas entre essas concepções, que aparentam mais serem assimilações osmóticas de um discurso que arroga tecnicidade apolítica do que necessariamente uma reivindicação consciente de um modo de enxergar a realidade. E isso tem uma razão de ser.

O historiador e sociólogo britânico Perry Anderson (2012, p. 29) definia uma das características desse movimento de renovação do pensamento liberal como uma aversão à "política", dentro de um conceito filosófico muito específico que, na verdade, significava o questionamento da ideia clássica de democracia. Uma linha político-filosófica contrária à ampliação do poder decisório ao que se entendia por "massas", cuja fonte de poder residiria no número, no volume, e não no saber. A rejeição não era necessariamente às formas institucionais em si, mas aos modos como estavam sendo aceitos os processos decisórios de sua constituição. Daí a defesa de uma individualidade radical como procedimento político, principalmente em oposição ao que se definiu como "servidão".

Nesse sentido, o conceito de "democracia" era algo relativo, enquanto o conceito de "liberdade" tomava protagonismo. Para combater tal servidão da imposição coletiva, seria admissível a instauração de um regime de caráter autoritário e centralizado, por ser essa uma razão mais suscetível à eficiência pretendida pelos modelos econômicos desejados. Anderson (2012, p. 35) revela como influenciadores intelectuais importantes dessa linha teórica eram totalmente francos quando afirmavam que a instituição democrática, como estava concebida, conduzia a sociedade a uma ordem totalitária. Assim como o totalitarismo se opõe à liberdade, o autoritarismo poderia se opor à democracia. Era perfeitamente cabível aceitar um "autoritarismo garantidor das liberdades". Um conceito muito específico de liberdade, calcado em uma crença absoluta da concorrência de mercado como motor de progresso.

Essa renovação do pensamento liberal, cujos debates inaugurados nos anos de 1930 e de 1940 foram decisivos, não pode ser perdida de vista em sua importância histórica. É comum remeter o ato fundacional desse movimento político e econômico de renovação do pensamento liberal à Sociedade Mont-Pèlerin, fundada em 1947 pelo economista e filósofo austríaco Friedrich Von Hayek, com a companhia do seu mestre Ludwig Von Mises, do seu discípulo e economista norte-americano Milton Friedman, e do filósofo conterrâneo Karl Popper, dentre outros próceres menos famosos na atualidade. Para Pierre Dardot e Christian Laval (2016, p. 71), entretanto, essa história se inicia no Colóquio Walter Lippmann, evento ocorrido em Paris, com vários desses nomes, no ano de 1938. Lá, pela primeira vez, o termo "neoliberalismo" é utilizado, já dentro do espírito fundacional de um movimento que apenas se consolidou em Mont-Pèlerin, após o fim da guerra.

Ainda que tenha caído em desuso por esses pensadores, o fato é que seus primeiros agitadores almejavam redefinir o liberalismo em sua renovação neoliberal. A sua formação é oriunda de um período de grave crise no campo que acreditava estar "ao centro" do espectro político, opondo-se em ambos os flancos pelos "totalitarismos" de esquerda e de direita (a ameaça socialista internacional e o trauma recente do horror nazifascista). Mas a grave crise também estava no entendimento da raiz fundamental do pensamento liberal. Ao longo de muito tempo dominado por uma tendência conservadora que dava ao mercado uma acepção "natural" e, portanto, não passível de ser provida de uma intervenção estatal — que seria até ali entendida como invariavelmente negativa, independentemente de sua finalidade —, esse campo buscava se reformular sob novos marcos.

Depois da Grande Guerra, afirma Perry Anderson (2012, p. 44), "o antigo mundo político de governantes proprietários fundiários, eleitorados limitados, orçamentos modestos e moedas estáveis desabou". Essa transformação é percebida ao longo da história que traçamos sobre o desenvolvimento do futebol e suas correlações às mudanças políticas e sociais mais amplas. A "política de massas" se apresentava como uma temível ameaça.

O domínio do direito se torna um elemento central para a eliminação dessas crenças liberais mais "naturalistas" sobre a lógica de mercado livre. Para essa nova linhagem, entender a economia como um domínio isolado da política era um equívoco, pois o mercado era, em suma, um produto do direito. Um equívoco que se acreditava estar no cerne da permissividade que gerou o crescimento do socialismo e de outras práticas "niveladoras". Contratos estabelecem mercados e protegem a propriedade, o direito dá validade e estabilidade aos contratos. Não haveria nada de natural na constituição deles. O novo desafio intelectual era, portanto, colocar isso em prática, a partir do Estado, sem extrapolar suas competências, sob o risco de contaminar-se de um sedutor desejo de intervenção. O *laissez faire* não simplesmente existiria, ele precisaria ser constituído a partir de uma nova constituição do direito e do Estado.

Esse liberalismo renovado precisava, então, formular uma ideia de Estado que nunca esteve no cerne das discussões intelectuais desse campo político e teórico. Era preciso deixar de lado o espontaneísmo para elaborar um programa político, uma agenda concisa e disposta a formalizar os dispositivos capazes de fazer da ordem de mercado uma ordem estabelecida, estável e duradoura. Um liberalismo disposto a elaborar um "'intervencionismo liberal, um 'liberalismo construtor'", um dirigismo do Estado do qual conviria "distinguir de um intervencionismo coletivista e planista" (Dardot e Laval, 2016, p. 85). Caberia a esse intervencionismo liberal garantir o equilíbrio do jogo da concorrência em regras claras, proporcionando à sociedade a chance de colher os "benefícios da competição".

Pierre Dardot e Christian Laval (2016, p. 34) observam como esse movimento buscava colocar em prática uma nova "racionalidade governamental", ou uma nova "governamentalidade", termo que fundam para analisar esse processo. Não apenas uma doutrina, mas o "desenvolvimento da lógica do mercado como lógica normativa generalizada, desde o Estado até o mais íntimo da subjetividade", uma racionalidade que tem como característica principal a "generalização da concorrência como norma de conduta e da empresa como modelo de subjetivação" (p. 17).

Esse novo liberalismo estava designado a elaborar uma "nova razão": olha de longe seus adversários ideológicos, disseca-os e percebe que a produção de um "novo homem" também era parte da sua missão. Era preciso estabelecer uma realidade onde esse conjunto de ideias não precisasse ser assimilada de forma consciente, mas compusesse um mundo de forma tão dominante que a vida parecesse impossível de ser vivida sem sua aderência. Cada sujeito seria um empreendimento que determina seus concorrentes e parceiros, não mais em relações sociais. O princípio da concorrência deveria atravessar de forma vertical todas as escalas da vida e da sociedade — as políticas públicas, as relações econômicas entre países e, principalmente, a subjetividade de cada indivíduo.

No campo do futebol, as observações de Dardot e Laval também se manifestaram de forma evidente. Principalmente a partir da década de 1980, em compasso com a difícil situação econômica encarada pelos clubes, mas no rastro do crescimento sem precedentes das receitas geradas por esses, cabia a contestação direta do modelo de funcionamento dessas organizações. As associações civis, com suas estruturas "políticas" eleitorais inadequadas, deveriam ser removidas do negócio do futebol, com a adoção de estruturas capazes de se alimentar e promover as forças imperativas do mercado — o anseio individual pelas conquistas e riquezas, única via politicamente saudável e eficiente para o desenvolvimento econômico (e espiritual).

A associação civil democrática deveria ser expurgada da instituição esportiva produtora de riquezas. Afinal, sempre se percebeu como aceitável a imposição de uma ordem autoritária e centralizada, capaz de controlar a "política" e atuar a favor do equilíbrio, da estabilidade e do desenvolvimento. Cortada a raiz da servidão, os clubes passariam, enfim, a ser guiados pelos preceitos adequados da administração, oferecendo produtos de excelência ao público, viabilidade financeira à atividade e retorno lucrativo aos seus envolvidos. O futebol de clubes precisava de um "choque", uma norma técnica, apolítica e gananciosa de procedimento gerencial.

Associações civis em geral, não apenas esportivas, sempre foram regidas por princípios muito próximos de uma república liberal moderna, com a constituição de três órgãos que dinamizavam funções semelhantes aos poderes Executivo (diretoria), Legislativo (assembleia) e Judiciário (conselho fiscal). Maiores ou menores distorções desse organismo, em tese, seriam parte do caro processo político demandado pela democracia. Para essa abordagem mais radical do liberalismo renovado, entretanto, a "opinião" dos membros talvez até pudesse ser levada em consideração, mas jamais poderia ser tornada uma autoridade. É dizer: o fã de uma empresa produtora de espetáculo futebolístico tem total "liberdade" de manifestar sua posição, desde que resumido aos meios cabíveis: o consumo ou o não consumo. Essa forma de "protesto" autorizada aos cidadãos-clientes jamais poderia ser confundida com o direito ao voto e à participação.

Dentro desses pressupostos, a ausência de finalidade lucrativa não apenas impedia o clube de alcançar padrões superiores de eficiência administrativa, como era responsável pela coexistência de valores e interesses conflitantes, muitas vezes espúrios, constantemente inconciliáveis, portanto, nefastos ao funcionamento ideal do mundo da "empresa". No seu lugar, uma sociedade dirigida por finalidades lucrativas seria capaz de suplantar as diferenças e congregar os anseios, oferecendo óbvios benefícios aos seus proprietários, e gerando vantagens aos seus consumidores. Definitivamente, mais do que uma questão operacional, a transformação de clubes em empresas foi um debate profundamente político e ideológico.

Falta, entretanto, uma abordagem escalar. Esses pressupostos consideravam que a concorrência "generalizada e sem tréguas", mas em situações leais, resultaria na vitória dos mais aptos. A grande questão aqui é que o mérito esportivo é absolutamente transplantado pelo mérito econômico. Os menos aptos, portanto, teriam o fatal e inevitável destino da sua extinção. Já compreendíamos a total ausência de equivalência entre os resultados esportivos e os resultados financeiros no futebol. Sob essa racionalidade, então, produz-se uma razão ainda mais inadequada. Falaremos mais sobre isso adiante, mas cabe ilustrar a situação com um caso de grande impacto.

Quando esse liberalismo renovado ganhou a forte marca de distinção da Escola de Chicago, seus atores político-ideológicos já estavam articulados de forma muito concisa. Dos primeiros anos do regime ditatorial de Augusto Pinochet no Chile, Milton Friedman, figura destacada dessa escola, discípulo de Hayek e um dos nomes fundadores da Sociedade Mont-Pèlerin, é um nome muito recorrente dos círculos intelectuais político-econômicos. O país sul-americano sempre é destacado como "laboratório" das ideias neoliberais, mas também é de onde tiramos os melhores exemplos de como as novas propostas para um futebol de empresas têm fundamentos político-ideológicos profundos.

A participação de Friedman na formação de uma nova elite intelectual e política naquele país foi realizada pela Fundación de Estudios Económicos BHC, ligada ao Banco Hipotecário de Chile (BHC). Essa instituição, então quase centenária, foi extremamente relevante dentro desse período histórico, publicando o livro "*Milton Friedman en Chile: Bases para un desarrollo económico*" ("Milton Friedman no Chile: Bases para o desenvolvimento econômico"), em 1975, uma obra-símbolo das ideias que norteavam os grupos de apoio ao regime de Pinochet — quando ainda era possível considerá-lo como uma "salvação" à ameaça socialista de Salvador Allende, presidente deposto por um golpe.

Essa obra conta com a íntegra de uma carta enviada por Milton Friedman a Augusto Pinochet, com recomendações sobre como proceder com a economia do país. Foi do mesmo BHC que saiu o grupo apelidado de "Los Pirañas", uma fração da versão chilena da marca de distinção intelectual e gerencial mundialmente conhecida como "Chicago Boys", ainda hoje muito presente e extremamente significativa dentro desse contexto chileno.

Daniel Matamala (2015, p. 84) observa o imenso peso intervencionista do regime: "O processo que girou o país em 180 graus em seu desenvolvimento político, econômico e social, praticamente não deixou área da vida nacional intocada". Era a aplicação mais fiel da política da "nova razão" defendida por Friedman e seus colegas de Mont-Pèlerin. No futebol, o regime manobra politicamente para "eleger" um novo presidente da Asociación Central de Fútbol, e empossa o general Eduardo Gordon Cañas. Mas são "Los Pirañas" as peças-chave do episódio em que o ditador Augusto Pinochet se sentiu ameaçado pela eleição no Club Social y Deportivo Colo-Colo, clube mais popular do país, em 1976. A chapa favorita era formada por Antonio Labán, que contava com apoio público de Tucapel Jiménez, sindicalista, opositor, desafeto e ameaça política ao regime.[68] A solução encontrada por Pinochet foi criativa: suspendeu as eleições no Colo-Colo, alegou que as altas dívidas do clube exigiam uma intervenção, e designou o Grupo BHC para a função.

"Nessa época o predomínio dos Chicago Boys na equipe econômica já estava dado, e os novos grupos financeiros adquiriram cotas importantes de poder. Foi quando o governo decidiu levar suas receitas econômicas ao futebol", contextualiza Daniel Matamala (2015, p. 176). Alberto Simián — jovem membro do grupo "Los Pirañas" e, até então, gerente da Financiera Nacional, empresa de propriedade do Grupo Vial, assim como o BHC — foi o nome designado para liderar a intervenção no Colo-Colo em 2 de abril de 1976.

As páginas da revista Estádio exaltavam a iniciativa, estampando o novo gestor como alguém formado nos Estados Unidos, "um vencedor", trajando terno e gravata. Simián declarou que "Los Pirañas" estavam preparados para o desafio: "Sabendo como somos na área empresarial, sabemos que faremos bem. Se houvesse alguma dúvida, a menor dúvida, não teríamos aceitado" (Jara e González, 2019). A manchete da matéria era "Empresas com camiseta", uma clara alusão a essa nova ideia em formação. Matamala completa: "A decisão tinha uma lógica impecável: o que poderia ser melhor para legitimar a nova ortodoxia econômica, senão usando-a para tirar de seus problemas crônicos a instituição mais popular do país?" (2015, p. 176).

---

68. Tucapel Jímenez era presidente da Asociación Nacional de Empleados Fiscales e militante do Partido Radical. Foi assassinado pela inteligência do Exército em 1982.

A experiência de gerenciamento privado imposta por Pinochet ao clube Colo-Colo foi desastrosa tanto no sentido esportivo quanto no sentido financeiro. Para além da falta de tino para o futebol, Simián descumpriu promessas de títulos e encarou greve de jogadores por conta de salários atrasados. Ao final de 1978, o Colo-Colo não tinha títulos e quase não tinha jogadores: apenas dez atletas tinham contratos com o clube comandado pelos Chicago Boys. Em dezembro daquele mesmo ano, toda a cúpula do BHC renuncia. Exceto Alberto Simián, que teria a missão de recuperar o dinheiro investido pelo grupo. O Colo-Colo saiu ainda mais endividado do que se encontrava antes da intervenção, com débitos milionários, dos quais cerca de 60% eram devidos exatamente ao BHC, a instituição que assumiu a sua gestão para resolver tais pendências. Mas, sem que antes outros clubes também aderissem a tal ideia da criação de "gerenciamentos privados" — e saíssem igualmente endividados desse processo.

A experiência chilena, apesar de muito particular pelo envolvimento de um regime ditatorial na sua promoção, não está isolada de um longo histórico de falências do modelo de clube como empresa. Foram ideias que perduraram ao longo do tempo, reformadas e renovadas, mas sempre consequentes a uma clara concepção política-ideológica sobre a ordem social. Vale repassar esses elementos e suas inconsistências, depois de tantas décadas de empresarização.

Escopo ideológico do clube-empresa

Processos de ruptura são promovidos a partir de idealizações. A transformação dos clubes em empresas carrega um conjunto de significados de fins ideológicos, como descrito anteriormente, mas precisa se apresentar como processo inevitável ou definitivo para a solução dos problemas comuns aos clubes de futebol, quando ainda se constituem enquanto associações civis. Problemas financeiros diversos, má gestão, corrupção, tomadas de decisões precipitadas, desequilíbrios graves entre receitas e custos, resultados esportivos medíocres e impulsividade são questões sempre colocadas como problemas próprios de clubes comandados por "dirigentes amadores", escolhidos por sistemas eleitorais viciados e passíveis de escolhas equivocadas por estarem sob pressão constante de torcedores, associados, do próprio mercado ou mesmo da "paixão esportiva".

Sempre será possível observar esses argumentos que compõem o "escopo ideológico" das narrativas que ensejam a transformação dos clubes em empresas, no que o futebol brasileiro não foi exceção. A retomada da discussão por uma nova legislação que reformasse a Lei Pelé e voltasse a provocar processos de conversão dos clubes, que no fim de um longo processo legislativo resultou no modelo de SAF, baseou-se em uma série de argumentos que interessa resumir e comentar em maiores detalhes.

São, ao todo, oito pontos principais, que descreveremos a partir de três tópicos: argumento, fatos e conclusão.

1. EFICIÊNCIA CORPORATIVA

- **ARGUMENTO:** dentro de um modelo de empresa, o clube tende a ser objeto de práticas de gestão mais modernas e adequadas, tipo de conduta que é impossível ser desenvolvida por clubes associativos, dada a natureza do formato jurídico. Logo, até ali, a parte principal dos problemas financeiros que afetaram os clubes de futebol em todo o mundo foram decorrentes da ausência do modelo empresarial, com a ausência de acionistas e/ou dono, implicando na falta de profissionalismo.

- **FATOS:** apenas no século XXI mais de 40 clubes ingleses declararam insolvência, número próximo do que já ocorreu na Espanha aos clubes que recorreram ao mecanismo de "*concurso de acreedores*".[69] O número de falências decretadas no futebol italiano, onde alguns clubes definitivamente deixaram de existir, ultrapassou os 60. Emblemas como Parma, Napoli, Palermo, Fiorentina e muitos outros que hoje desfilam no futebol italiano, na realidade, são os chamados "*phoenix clubs*", novas empresas de futebol às quais foram concedidos os símbolos e os resultados esportivos daquela empresa que foi liquidada. Alguns clubes já passaram por esse processo mais de uma vez, tendo ocorrido três vezes com Mantova e Messina e quatro vezes com o Foggia. Bahia, Vitória e Figueirense são casos concretos de clubes brasileiros com razoável quadro associativo que explicitam essa questão. Os três resgataram o controle das suas empresas para as associações civis após resultados desastrosos das experiências.

- **CONCLUSÃO:** o formato legal é incapaz de garantir, por conta própria, melhores práticas de gestão, do mesmo modo que clubes associativos podem adotar estruturas profissionais e mecanismos de controle e fiscalização eficientes (Monfardini, 2020).

---

[69]. O concurso de credores é uma espécie de recuperação judicial em que o clube busca dar encaminhamento às suas dívidas, quando estas já se mostram insanáveis.

2. RACIONALIDADE DE MERCADO

- **ARGUMENTO:** livre das atitudes intempestivas dos dirigentes amadores (que assim agem por serem torcedores), o clube será conduzido para ações mais planejadas, previsíveis e responsáveis. Uma vez que agora envolve as finanças pessoais dos seus acionistas, essa agremiação vai prezar por maior racionalidade, buscando o equilíbrio financeiro e evitando a contumaz impulsividade provocada pela gestão do futebol em formatos associativos.

- **FATOS:** o futebol-negócio no século XXI sequer se apresenta como um negócio comum. Clubes continuam não sendo guiados pelos resultados financeiros, mesmo sob o formato de empresa. A gastança desenfreada e sem lastro nas suas receitas reais é sempre compensadora para garantir superioridade esportiva frente aos seus adversários. E muitas vezes nem é recompensada. Portugal, Espanha, Itália e Chile são países onde os clubes já possuem mais dívidas enquanto empresa do que nos tempos de associação civil.

- **CONCLUSÃO:** o que deve ser questionado não é o formato jurídico do clube, mas a natureza econômica do futebol, na qual clubes disputam um escasso mercado de atletas qualificados com a oferta de salários cada vez maiores, causando a inflação desses em efeito cascata, prejudicando as agremiações menos poderosas em sentido financeiro. O caráter político dos proprietários dos principais clubes, tema do próximo subtítulo, descarta de forma conveniente a lógica da racionalidade do mercado, dados os próprios objetivos da aquisição do clube.

3. ATRAÇÃO DE INVESTIMENTOS

- **ARGUMENTO:** com um modelo empresarial, principalmente em sociedade, as estruturas favorecem a chegada dos investidores que as associações afugentavam. Desse modo, um modelo de sociedade por ações tende a proporcionar a recorrente renovação do clube, sendo a chegada desses novos sócios um momento de injeção de capital.

- **FATOS:** esse fator capitalização existe, porém é absolutamente efêmero e limitado. Salvo aqueles clubes bancados por mecenas, a palavra "investimento" pouco existe no futebol atual. Onde ela existe, os pontos anteriores explicam a motivação. Muitos clubes são basicamente resultado da mobilização dos seus torcedores, através do consumo e de campanhas de financiamento, não necessariamente do aporte direto e recorrente dos seus proprietários. É dizer que, fossem associações, essas pessoas também estariam se dedicando financeiramente para o crescimento da agremiação.[70]

- **CONCLUSÃO:** salvo poucos casos, muito mais ensejados por finalidades políticas do que financeiras, os clubes de futebol não sofrem mudanças drásticas quando da mudança do formato de associação para o de empresa. Em casos de clube de menor porte, com proprietários sem grandes fortunas, a tendência é que a própria natureza do futebol exija uma política de maior controle de custos, não de injeção

---

70. Como uma vez me contou Edgar Macedo, autor do Capítulo 6: "Nós no Belenenses rimos quando se diz 'investidor'. 'Investidor' é algo que supostamente 'investe dinheiro'. O que se passa é que entre 2012 e agora terão passado, estima-se, um total de 100 jogadores, sendo que quase nenhum foi comprado. Ou eram jogadores de custo zero, ou eram jogadores emprestados".

de recursos — que só tendem a acontecer em ocasiões de ordem maior, como renovações de direitos de transmissão e acesso para uma divisão superior.

4. LIBERDADE DA POLÍTICA

- **ARGUMENTO:** o modelo associativo e político torna o clube vítima de corrupção, de fisiologismo e de eleitoralismo. De modo diferente, uma sociedade empresária é primordialmente guiada pelo retorno financeiro, o que garante estabilidade e continuidade de trabalho.

- **FATOS:** sociedades anônimas convencionais são guiadas pelo lucro, mas estão sempre convivendo com divergências entre seus acionistas, que, muitas vezes, redundam em disputas judiciais. Nesse quesito, as empresas do futebol são bem fiéis ao modelo, apresentando recorrentes casos de desavenças entre acionistas, o que também configura uma questão de ordem política a afetar a gestão do futebol.

- **CONCLUSÃO:** considerando outros sentidos de "política", como será explorado no próximo item, não se pode desconsiderar os interesses político-eleitorais dos proprietários. Por outro lado, em associações civis organizadas, o sentido de "política" pode ser visto como um mecanismo minimamente saudável de fiscalização e controle das ações pelos dirigentes, como aqueles que promovem discussões.

5. TRANSPARÊNCIA E GOVERNANÇA

- **ARGUMENTO:** são dois resultados diretos das sólidas leis/ normas que regulam a atividade das sociedades anônimas e punem os maus gestores. Graças a isso, seria impossível um clube em formato empresarial escapar dos mecanismos obrigatórios de exposição de suas contas e do escrutínio da justiça, da imprensa e dos torcedores em geral. A adoção de mecanismos de governança seria parte desse processo de adequação aos pressupostos legais que regem a atividade.

- **FATOS:** a falta de transparência dos clubes espanhóis é um tema que nunca sai do noticiário, trinta anos depois de promulgada a *Ley de Deportes*, em decorrência da qual os clubes devem quase um bilhão de euros ao Estado. O mesmo ocorre no Chile, onde 14 empresas, das 32 equipes que disputam primeira e segunda divisão, foram notificadas por órgãos de controle pela não divulgação de seus balanços financeiros reais. Na Itália, o governo ativamente abre mão de sua arrecadação para beneficiar os clubes em um cenário de franca decadência do futebol local. Em abril de 2022, a Justiça Desportiva Italiana absolveu 11 clubes e 60 dirigentes investigados por fraudes contábeis relacionadas ao valor de transferência de jogadores, realizadas para burlar as regras de fair play financeiro. Em julho de 2020, o Tribunal de Arbitragem do Esporte (CAS), da FIFA, anulou a decisão da UEFA de excluir o Manchester City de suas competições, por descumprimento de regras de fair play financeiro.

- **CONCLUSÃO:** o potencial político do futebol também faz com que haja contaminação dos órgãos internos (ligas) e externos (justiça), algo que tem sido recorrente após a elaboração de maiores mecanismos de controle financeiro dos clubes por ligas, federações nacionais ou federações internacionais — criados exatamente para conter a cada vez mais recorrente falência dos clubes. De todo modo, esses mecanismos poderiam ser criados e praticados em países onde os clubes ainda são associativos, o que inclusive seria bem-vindo.

6. GANHO DE COMPETITIVIDADE

- **ARGUMENTO:** o país, ou o clube, que adotar modelo de empresa vai se tornar mais competitivo frente aos seus concorrentes, porque há uma correlação direta entre a adoção do modelo empresarial, a atração de investimentos, a aplicação da gestão moderna e profissional e os resultados esportivos.

- **FATOS:** o futebol chileno sempre foi secundário no subcontinente sul-americano, transformou-se em um futebol de empresas e conseguiu se tonar ainda mais insignificante do ponto de vista esportivo, com resultados inferiores aos do Paraguai, país de economia bem mais frágil e clubes sem fins lucrativos. Segue também muito inferior a Brasil e Argentina, onde os clubes dominantes são associativos e seguem sendo os campeões de todas as competições internacionais sul-americanas. O mesmo ocorre quando se observam as situações dos clubes de Portugal e Países Baixos, tradicionais forças continentais, que adotaram o modelo empresarial para buscar maior competitividade, mas seguem financeiramente muito inferiores aos demais, inclusive aos clubes franceses.

- **CONCLUSÃO:** a competitividade a nível internacional depende muito mais de fatores macroeconômicos do que internos à indústria do futebol, em que sempre seguem se sobressaindo as agremiações com histórica relevância financeira, social e esportiva.

7. REVERSÃO DA EXPORTAÇÃO DE ATLETAS

- **ARGUMENTO:** com a chegada de investimentos, os bons jogadores não serão vendidos precocemente, fortalecendo o futebol local e tornando os clubes importadores ao invés de exportadores.

- **FATOS:** ao não se apresentar suficientemente estruturada para se colocar em papel de competitividade dentro da realidade em que está circunscrita, uma "indústria nacional" de futebol se molda à sua condição de dependência. Chile, Colômbia, Portugal e Países Baixos, por exemplo, foram países que basicamente adotaram para si a função de entreposto comercial de atletas para o centro do futebol global, com seus proprietários não tendo o menor pudor de admitir isso.

- **CONCLUSÃO:** salvo uma drástica mudança de ordem macroeconômica, países periféricos, financeiramente e esportivamente falando, sempre serão países exportadores, talvez ocupando um lugar de proeminência dentro de um contexto geográfico específico, mas nunca em nível global. O que determina esse fator é a moeda, a receita global dos direitos de transmissão e o mercado consumidor dos clubes de um país, não o formato jurídico dos clubes, tampouco a "qualidade" da gestão.

8. RESPEITO AOS CLIENTES

- **ARGUMENTO:** melhores serviços, gestão eficiente e resultado em campo deixarão os torcedores satisfeitos.

- **FATOS:** a tese explora casos concretos de torcedores que contestam os proprietários dos seus clubes por insatisfação com diversas questões.

- **CONCLUSÃO:** reservada aos capítulos 4, 5 e 6 desta tese.

O resumo desses pontos já indica que o atual estágio dos clubes que se converteram em empresas não é positivo. A recorrência de muitos problemas antigos, aliada a outras dificuldades de ordem própria de empresas, como falências, apontam que o que deve ser enfrentado por clubes de futebol não é o modelo associativo tradicional. Ainda que essa seja uma estrutura com muitos problemas reais, os quais alguns desses pontos com razão abordam, também está presente nos países que obrigaram seus clubes a adotarem o modelo empresarial mesmo após muitas décadas. O diagnóstico, portanto, precisa ser de outra ordem, observando o caráter deficitário do negócio futebol, as suas recorrentes instabilidades e a sua desregulamentação. O sistema competitivo com rebaixamentos, que derruba a arrecadação dos clubes de forma abrupta; a escassez de jogadores de qualidade, que provoca inflação salarial galopante; e a desigualdade financeira entre os clubes, que submete muitas agremiações a vulnerabilidades financeiras extremas, é uma questão muito mais ampla e mais decisiva a ser observada — e, se possível, atacada.

Exatamente por esses motivos, cabe observar o cenário mais amplo dos proprietários de clubes de futebol.

Preponderância política do clube como empresa

Não é exagero afirmar que clubes de futebol não dão retorno financeiro, e não são poucas as vozes que destacam isso. O antropólogo Simon Kuper e o economista Stefan Szymanski fizeram uma série de afirmações sobre o tema: "Administrar um clube de futebol para ganhar dinheiro parece uma causa perdida" (2009, p. 103); "Qualquer que seja o parâmetro, nenhum clube de futebol é um grande negócio" (p. 88); "O futebol não é nem um grande negócio nem um bom negócio. Provavelmente não é sequer um negócio" (p. 87).

Parecem afirmações aleatórias, mas a observação parte de dados concretos. Os autores comparam os maiores faturamentos entre os clubes do planeta — anualmente listados no relatório *Soccer Money League*, da consultora Deloitte — para concluir que os clubes dificilmente passam o faturamento de uma única grande loja de uma rede de supermercados. "E se a Deloitte classificasse os clubes segundo o lucro, os resultados seriam constrangedores", afinal "não apenas a maioria dos clubes tem prejuízo e não paga dividendos a seus acionistas, como muitos dos 'maiores' clubes estariam no final da lista" (Kuper e Szymanski, 2009, p. 88).

Caso se pretenda partir de uma perspectiva mais crítica do futebol, vale ainda mencionar as observações de David Kennedy e Peter Kennedy, em uma chave muito aproximada: "Uma perícia forense do estado da elite do futebol europeu confirma isso, revelando uma realidade totalmente diferente do dito sucesso comercial: é a realidade do débito, da falência, da perda do balanço competitivo" (2016, p. 25). Esses autores partem de dados mais duros: clubes das cinco grandes ligas têm dívidas de 5,5 bilhões de euros; cerca de 38% dos clubes têm dívidas maiores do que os valores dos seus ativos; custos estão sempre ultrapassando as receitas. "Embora os prejuízos financeiros decorrentes do sucesso sejam imensos, o custo de não conseguir competir — de fato, o único resultado para a grande maioria dos clubes — pode ser catastrófico" (2016, p. 25).

Para todos os clubes, senão os grandes, toda temporada representa uma aposta. Para aqueles cuja aposta não retorna, o resultado é o rebaixamento, a queda de receitas e a iminente dificuldade financeira. Os autores, então, desfilam duas páginas inteiras com uma longa lista de exemplos de como clubes foram à falência. Esse é o ambiente geral do topo do futebol europeu, o mais rico e exponencialmente valioso do planeta, que vai seguir acumulando poder midiático e retorno financeiro em ordens muito superiores ao resto dos países. À periferia, não só essas lógicas se aplicam da mesma maneira, como a necessidade de vender jogadores para ampliar receitas é diretamente proporcional à incapacidade de garantir remunerações compatíveis ao que se pratica no centro.

Se a propriedade de clubes de futebol não opera em uma ordem guiada pelo lucro, não costuma ter suas ações negociadas em ritmos convencionais, não estabelece faturamentos comparáveis a segmentos periféricos do terceiro setor, não repassa dividendos para os seus envolvidos... por que, então, alguém teria tanta vontade ser proprietário de um clube? Porque o futebol movimenta as multidões. Estar no comando de um clube de massas, proprietário ou não, é uma oportunidade única de reverter a importância de um clube de milhões de pessoas para benefício político próprio.

Os donos de clubes de futebol hoje podem ser divididos em quatro grandes grupos. Três deles são diretamente relacionados à utilização do clube como ferramenta de propaganda e/ou publicidade, o último é mais diverso: 1) geopolítica: Estados interessados em fazer dos clubes suas ferramentas de *soft power*; 2) política eleitoral: personalidades ou grupos políticos dispostos a investir em um clube de massas para reverter seu sucesso esportivo em capital político; 3) mercado de capitais: grupos financeiros, e seus respectivos representantes públicos, em busca de projeção de suas imagens e marcas para a atração de investidores para seus projetos; e 4) os alheios: ora desinformados, ora aventureiros, ora mal intencionados, muitas vezes notórios lumpenburgueses.

Comecemos apreciando a escala mais alta da preponderância política dos clubes de futebol, a geopolítica. O uso do clube de futebol como instrumento de *soft power* — isto é, o exercício do poder sem uso da violência — pode apresentar diversas finalidades, mas, em geral, define-se pela intenção de facilitar o trânsito dessas lideranças/Estados dentro de países centrais da economia global. O esporte tem sido utilizado com esse princípio há muitos anos, mas esse tipo de "comprador de clube de futebol" está basicamente relacionado a quatro países.

O primeiro seria o emirado de Abu Dhabi, o mais importante e rico dos Emirados Árabes Unidos, através do Abu Dhabi United Group, uma empresa privada controlada pela família que comanda o país, que adquiriu o Manchester City em 2008 e posteriormente criou o City Football Group, maior holding global do segmento. O segundo seria o emirado do Qatar, atual proprietário do Paris Saint-Germain, da França, que adquiriu o clube em 2011 através do Fundo Soberano do Qatar, empresa estatal que realiza investimentos estratégicos para o país. O terceiro seria a Arábia Saudita, reino que adquiriu o tradicional Newcastle United, da Inglaterra, através de um consórcio de empresas liderado pelo Fundo de Investimento Público, outro fundo soberano. Nesses três casos, trata-se de Estados teocráticos que mobilizam seus fundos públicos de investimento para adquirir grandes marcas do futebol global e se dispõem a realizar gigantescos investimentos. O quarto deles é o Estado chinês, responsável por financiar investimentos em dezenas de clubes localizados em territórios que representam pontos estratégicos dos interesses desse Estado — política que se retraiu a partir de 2017, após seguidas revisões do Partido Comunista Chinês.

Em escala inferior, mas em sentido muito mais comum e numeroso, está o uso de clubes para fins político-eleitorais. Como a compra de votos para se eleger a um cargo público é difícil, custosa, ilegal e arriscada, empresários milionários de diferentes países se dedicaram à aquisição de clubes de futebol, instrumentos de mobilização apaixonada de milhares (ou milhões) de cidadãos. Três exemplos ilustram esse tipo de fenômeno.

Silvio Berlusconi, na Itália, adquiriu o Milan em 1986, na esteira da nova lei das sociedades por ações. Tornou o Milan uma máquina de comprar jogadores com imensos aportes financeiros sustentados pelo seu império de telecomunicações. Oito anos depois, conquistados quatro campeonatos nacionais e três taças continentais, Berlusconi era eleito primeiro-ministro do país pelo partido Forza Italia, criado por ele mesmo naquele exato ano de 1994. Ocupou o cargo em outras duas oportunidades e só deixou o clube em 2017, após um processo de decadência política decorrente de uma série de escândalos envolvendo seu nome.

Dessa ordem também está a figura pitoresca do espanhol Jesus Gil y Gil, eleito em 1987 com margem apertada para a presidência do Atlético de Madrid em uma eleição com 22 mil votos. No cargo, torna-se um dos principais entusiastas da *Ley de Deportes*. Com a sua aprovação, em 1992, se torna imediatamente sócio majoritário do clube que até então presidia, em uma movimentação repleta de questionamentos. No ano seguinte, funda o partido Grupo Independiente Liberal (GIL) e se elegeu prefeito da cidade de Marbella, onde é reeleito três vezes antes de ser obrigado a abandonar a vida pública por envolvimento em um caso de corrupção realizado com o nome do Club Atlético de Madrid.

O caso mais emblemático talvez seja o de Sebastián Piñera, do Chile. Um empresário bilionário, cuja família teve relações firmes com os primeiros anos da ditadura Pinochet, já havia sido senador, apesar das imensas dificuldades de emplacar eleitoralmente o Partido Renovación Nacional, do qual era presidente. No começo dos anos 2000, começa a advogar pela conversão dos clubes chilenos em empresas, logo após impulsionar a revisão de uma lei em um processo que gerou uma dívida "retroativa" para os clubes. Logo depois, torna-se sócio majoritário da Blanco y Negro S.A., empresa que assumiria a gestão do Colo-Colo, clube mais popular do Chile (e rival da Universidad Católica, clube do qual declarou anteriormente ser torcedor). Em 2010, após quatro títulos nacionais sustentados por apoiadores/acionistas, Sebastián Piñera se torna presidente do Chile.

Inúmeros outros casos poderiam ser usados para ilustrar outros tipos de uso eleitoral da propriedade de clubes, que descartavam equilíbrio financeiro e apostavam alto em resultados esportivos que pudessem ser revertidos em adoração e apoio eleitoral. De deputados a presidentes, muitos proprietários atuaram como velhos dirigentes de associações. Nada muito novo.

Em outra chave, mas não menos relevante para apreciação dos usos do clube como mecanismo de publicidade e propaganda, mesmo quando se constituem empresas, está o "mercado de capitais". Mais do que necessariamente o uso do clube como forma de unir seu sucesso esportivo à imagem do seu proprietário, como mencionado anteriormente, esse quesito também envolve a limpeza da imagem de empresários com pregressos envolvimentos em atividades ilícitas. A força popular de um clube é capaz de blindar seus donos da lei.

Esses casos geralmente dependem das taças para lograr, e motivam grandes investimentos. É o caso do bilionário israelense-russo Roman Abramovich, que fez fortuna com a privatização das empresas estatais da antiga URSS, mais notadamente nos setores de mineração e petróleo. Em 2003 comprou o Chelsea, modesto clube de Londres, por meio do qual protagonizou o primeiro caso de megainvestimento do século XXI, rendendo diversos títulos, incluindo uma Champions League em 2012. Os resultados esportivos do Chelsea lhe renderam prestígio suficiente para se instalar com conforto no país. O final da década de 2010, no entanto, representou um gradual abandono dos investimentos, levando o clube a já não contratar como antes, a perder protagonismo e a suspender o projeto de um novo estádio. Roman Abramovich havia sido identificado como peça-chave de uma trama excepcionalmente complexa, que envolvia espionagem, guerra diplomática e lavagem de dinheiro, e, por isso, teve seu visto de residência no Reino Unido negado. Anos depois, foi obrigado a deixar a propriedade do clube por causa dos embargos aplicados pela União Europeia a oligarcas russos, quando do início da invasão da Rússia à Ucrânia, em 2022.

Em 2010, foi a vez do sheik Abdallah Ben Nasser Al-Thani comprar o Málaga CF, da Espanha, levando o clube até a uma inédita Champions League em 2013. Esse caso não pode ser confundido como um exemplo de *soft power*, uma vez que Al Thani intencionava projetar sua ambição no mercado imobiliário espanhol. Alguns indícios apontam que o drástico desinvestimento do sheik no clube andaluz ocorreu por causa das frustrações impostas aos seus planos empresariais, em especial pelo impacto das movimentações políticas contrárias aos seus projetos de arranha-céus na zona portuária da cidade. Em 2018, o Málaga CF é rebaixado para a segunda divisão espanhola. Em fevereiro de 2020, Al Thani foi afastado do conselho administrativo do clube por decisão da justiça espanhola, sob denúncia de apropriação indébita dos fundos da SAD.

Na Espanha há também o caso de Peter Lim, bilionário financista de Singapura que adquiriu o Valencia Club de Fútbol em 2014, no rastro de uma crise causada pelo desastroso projeto de um novo estádio. Peter Lim somou fracassos dentro de campo, mas acabou por conquistar uma improvável Copa del Rey em maio de 2019, tirando o clube de onze anos de jejum. Ainda assim, nunca gozou de prestígio junto aos torcedores e pequenos acionistas, que realizaram inúmeros protestos massivos desde a sua chegada. Com uma política austera nas contratações, Peter Lim ainda nomeou como presidente da SAD o seu conterrâneo Anil Murthy, um ex-diplomata, cuja experiência com o futebol era absolutamente zero. Sob sua gestão, o Valencia fracassou na tentativa de finalizar o antigo sonho do Nou Mestala, novo estádio que estava previsto para ficar pronto em 2010. Em certa oportunidade, Lim definiu a aquisição do Valencia como um "troféu ativo", que lhe permite se reunir com pessoas importantes: "Tem sido incrivelmente bom para fazer networking. Uma vez estávamos jantando com vários donos de clubes, assistindo à final da Champions League. Nessa reunião havia de sheiks a reis, mafiosos, negros, brancos e amarelos" (Marca, 2021).

Outros muitos casos poderiam ser enquadrados nesse perfil, como ocorre atualmente à multinacional de bebidas energéticas Red Bull e a ampla rede de clubes que estampam suas marcas nos uniformes — e custam caro para gerenciar.

Por fim, dentro do que definimos por "alheios", está um tipo de investidor que não dispõe de grandes fundos como os listados anteriormente. Ao se apresentarem como homens de negócios bem-sucedidos, conquistam a confiança de clubes que pretendem adquirir. Como resultado, é comum vê-los levando-os à bancarrota junto com seus próprios fracassos financeiros.

O empresário iraniano Majid Pishyar desembarcou em Portugal levado por sua experiência bem-sucedida de promoção à primeira divisão com o Servette FC, clube da Suíça. Por meio do 32Group, um grupo de investimentos criado em 2008, Pishyar assume a SAD do Beira-Mar e prometeu torná-lo o "quarto grande" do país. No ano seguinte, é forçado a admitir que estava abrindo pedido de falência no clube suíço e, em 2014, já repassava a sua participação no clube português para outro interessado. O Beira-Mar saiu dessa experiência falido e Majid Pishyar, apesar disso, continua desenvolvendo outras atividades financeiras com o 32Group. Hoje, os torcedores do Beira-Mar tentam refundar o clube nas divisões inferiores de Portugal.

No Brasil, esse foi o tipo de investidor que chegou ao Esporte Clube Vitória no ano de 1998, quando o clube baiano adotou o modelo de sociedade anônima no rastro do movimento gerado pela Lei Pelé. O Exxel Group, conglomerado financeiro argentino em franca ascensão, controlado pelo uruguaio Juan Navarro, adquire 50,1% das ações da Vitória S.A., por cerca de 6 milhões de dólares, faturando as dívidas que o clube possuía à época e planejando entrar no mercado de jogadores de futebol. Por ser esse um dos seus movimentos de expansão dentro do mercado sul-americano, o Exxel prometeu investimentos de 12 milhões de dólares ao longo de cinco anos. Antes de decolar, o grupo, que também havia comprado o clube argentino Quilmes, foi impactado pela crise cambial argentina e por uma grave denúncia de fraude financeira. O Exxel Group abandona o Vitória, não faz o aporte financeiro prometido, vai à falência e aceita negociar a recompra das suas ações pelo EC Vitória (associação) em 2006, quando o clube jogava a Série C pela primeira vez em sua história.

Outro caso digno de nota é a aventura de Marcos Ulloa à frente do Deportes Concepción, clube chileno que sempre foi um dos mais tradicionais emblemas fora da capital. Tal empresário chegou ao clube em 2006 com a proposta de investir recursos de um grupo alemão representado por Mario Munzemayer. Recursos em tese suficientes para cobrir as dívidas da agremiação, para construir um novo centro de treinamentos e um estádio semelhante ao do alemão Schalke 04, com o qual alegava possuir uma parceria firme. O clube aceita a entrada de Ulloa na SAD, mas o dinheiro não existe. O Concepción foi rebaixado antes de conseguir desfazer o acordo com os falsos investidores e, em uma segunda tentativa de restabelecimento com novos investidores em uma nova SADP, mergulha em dívidas que levaram à sua desfiliação da liga. Marcos Ulloa foi preso. Os torcedores refundaram o clube.

Com a exceção do grupo 4 desse exercício ilustrativo, no fim das contas, do ponto de vista dos proprietários e de suas finalidades, o futebol de empresas do século XXI acabou adotando uma configuração semelhante à do futebol inglês no final do século XIX: clubes deficitários voltados para agregar à imagem do seu proprietário. A diferença agora é a proporção. Em um futebol hiperconsumido, televisionado para os quatro cantos do mundo, clubes provocam impactos reais no cenário eleitoral de uma nação, reposicionam geopoliticamente líderes globais, viabilizam projetos financeiros fraudulentos e limpam a imagem de empresários de origem e práticas duvidosas. Nessa escala, os clubes servem a interesses potencialmente perigosos.

***

Este capítulo se dedicou a mostrar como é fundamental exercitar outras formas de "ver" o clube. Para além das instalações do clube social; para além da figura jurídica, de seu estatuto e seu quadro social; e para além da empresa produtora de espetáculo. O "clube" que propomos — ponto de partida para leitura das experiências políticas de torcedores — exige um olhar mais amplo, que nos alça a certa abstração, mas que nos permite conceber as relações concretas entre inúmeros indivíduos a partir de uma identidade comum.

Até porque esses indivíduos estão vinculados a esse tal "clube" de uma forma completamente diversa dos tantos tipos de motivos que agregavam pessoas aos clubes sociais. A bem da verdade, ainda que residindo na mesma região do clube social do seu clube, esses torcedores jamais tiveram o interesse de frequentar tais instalações.

Essas questões serão mais bem elaboradas no terceiro capítulo, mas já devem estar em mente na etapa que o antecede: a observação da transformação da "torcida" como se entendia anteriormente. A partir daqui, começaremos a refletir sobre os sentidos de "comunidade" em clubes de futebol, conceito muito presente nos estudos acadêmicos, nas abordagens jornalísticas e, principalmente, nos enunciados dos torcedores que se organizam para buscar meios de participar e intervir nos seus clubes de pertencimento.

As transformações da indústria do futebol, dos clubes e dos estádios geraram conflitos com as formas mais "tradicionais" de torcer, impulsionando a criação de organizações que, no fim das contas, guiam-se pela contestação da propriedade do clube. Esse "clube" externo ao "clube oficial" merece uma atenção especial, com o mesmo cuidado dedicado até aqui: encontrar o que há de particular em um fenômeno de ordem tão global e buscar o que há de comum em organizações sociais forjadas em contextos tão distintos.

.III.

O CLUBE
E A
COMUNIDADE

— ✶ —

DOS NOVOS
TORCEDORES

A transformação político-econômica do futebol não impacta apenas os clubes, mas também a forma como as novas gerações se envolvem com eles. O processo mais recente de hipermercantilização é atravessado de forma inevitável pela intensificação das relações sociais pelo ciberespaço, que redefinem os modos de consumo do espetáculo esportivo, viabilizam novas formas de interação entre torcedores e redesenham o próprio "público-alvo" dos clubes de futebol.

O "virtual" está cada vez mais presente sobre o "real", produzindo-o a partir das trocas de informação, sociabilidades e conteúdos gerados e consumidos em rede. No futebol, esse fenômeno se expressa de muitas formas e aqui exploraremos essas questões a partir de reflexões sobre figuras como o "teletorcedor", o "ator-cedor" e o "*supporter*" — produtos diretos desse novo momento, que não se excluem nem necessariamente antagonizam, mas se relacionam dialeticamente no universo do futebol dos tempos atuais. Traremos esses três conceitos para observar como o século XXI produziu novas relações sociais voltadas para o futebol, mas foi incapaz de romper com costumes pretéritos.

Esses "novos torcedores" são oriundos da convergência das novas fases de mercantilização do futebol com a cibercultura.

A partir deles poderemos observar a exploração econômica dos torcedores através de conceitos como "*fan engagement*", uma etapa mais elaborada da clientelização. Interessa ainda mais, porém, perceber como, na contraface desse processo, é a partir da existência dessas redes que os "*supporters*" se multiplicaram e ganharam força. As iniciativas torcedoras ativas, que já tinham um histórico relevante de presença nos estádios e ruas, passaram a se aproveitar da crescente cibercultura para se reproduzir, ganhar novos formatos e leituras, alcançando públicos mais amplos e, de certa forma, inacessíveis.

A convergência desses fenômenos provoca transformações cada vez mais aceleradas, implicando toda a pirâmide do futebol global, através de projetos que se sobrepõem e ameaçam as tradicionais estruturas desse esporte. É possível afirmar que os torcedores de hoje já não percebem o futebol como os de antigamente, mas há muitas "percepções torcedoras" que perduram. A análise das fraturas geracionais e desses eventos "disruptivos" exige a contemplação do que há de comum entre o passado e o presente, identificando os resquícios da história.

Dessa forma, o Capítulo 3 contará com quatro etapas. Começaremos discutindo ("A era dos 'teletorcedores'") as características desse modo de ser torcedor pelas redes, nas suas variadas abordagens, observando a exploração comercial cada vez mais intensificada das redes sociais pela indústria do futebol e a partir de estratégias particulares de cada clube — que se guiam pela mobilização desse público e não têm mais limites geográficos para acontecer — sem perder a complexa e contraditória relação entre torcedores locais e esses novos contingentes de público "externo", que passam a ocupar um lugar cada vez mais decisivo para as finalidades econômicas dos clubes.

Em seguida ("A cultura do "ator-cedor"), dedicaremos nossa investigação a observar como o as últimas décadas consolidaram uma noção de "torcer" mais ativa, dedicada a elaborar demonstrações públicas da relação dessas coletividades com seus clubes, que promovem grandes mobilizações dedicadas a causar impactos visuais. A questão "política" sobre o futebol ganha novos ingredientes, impulsionados pelo assentamento e pela popularização da cibercultura e da aderência entusiasmada — e até privilegiada, pelas suas características — dos grupos de torcedores a essas ferramentas.

Adiante ("O fator '*supporter*'"), o enfoque será dado aos torcedores que assimilam uma postura militante, reivindicam para si uma posição de maior conexão com o clube e se organizam politicamente para intervir ou participar das suas agremiações. Trata-se do personagem principal desta tese, que precisa ser entendido em consequência à série de transformações que nos dedicamos a descrever até aqui. Os "*supporters*" também são resultantes da cibercultura, assim como são herdeiros de culturas torcedoras antigas, relacionadas a movimentos de torcedores que se dedicavam a produzir o clube de futebol de acordo com alguns princípios caros ao que esses segmentos tinham como ideal — tanto para o que entendem por "clube" quanto pelo que entendem que devem ser os estádios, duas linhas de atuação desses sujeitos.

A era dos "teletorcedores"

Convém iniciar a discussão da transformação das formas de torcer no século XXI a partir da ideia de "teletorcedores", aqui elaborada para designar aqueles torcedores "à distância", como sugere o prefixo grego "*têle*", que significa "longe, ao longe, de longe". Ainda que o termo proposto aparente buscar designar aqueles torcedores midiatizados — que acompanham e se identificam com clubes que só conseguem apreciar através das transmissões audiovisuais, sem muitas vezes estabelecer qualquer conexão de forma presencial, nos estádios —, a proposta não é se resumir a essa característica (ainda que esses também possam compor o pretenso conjunto).

A proposta de designar um novo tipo torcedor como um "teletorcedor" parte mais precisamente do intuito de perceber como, mesmo muito distantes do local de origem e do estádio de realização do espetáculo do clube de sua preferência, esse torcedor à distância passou a ser inserido em novas estratégias comerciais que buscam, com o auxílio da cibercultura, fixar suas identidades, agitar suas conexões e estabelecer novas redes e agrupamentos de torcedores de um clube.

Evidentemente, não se trata de uma questão recente ou de observação inédita. Kevin Rozo (2021, p. 143-157), por exemplo, explorou esse fenômeno a partir da análise do que chamou de "*hinchas transnacionales*", em seu estudo sobre esses agrupamentos no México e na Colômbia, formados por torcedores que se organizavam e se encontravam para torcer por clubes europeus. Em localidade totalmente distinta, Jan Ludvigsen (2018, p. 872-890) investigou as formas de relação dos torcedores noruegueses de clubes ingleses, no que definiu, de forma idêntica, como "*transnational fans*". Assim como muitos outros estudos, interessava a esses pesquisadores analisar como essas conexões estavam se dando através de ações cada vez mais sólidas, com atuação dirigida dos clubes na exploração desses mercados consumidores mais afastados.

Por óbvio, é preciso conceber diferentes escalas quanto à promoção, à reprodução e à utilidade dada aos "teletorcedores" de acordo com a posição que um clube ocupa na pirâmide do futebol global. Os ditos "super-clubes" das *Big 5 Leagues* se posicionam em um lugar de visibilidade e potencial muito superior aos seus demais adversários conterrâneos. Da mesma forma, clubes médios dessas ligas superiores tendem a ter maior potencial que os clubes mais fortes de ligas inferiores. No fim dessa escala, deslocados do eixo europeu do futebol, que é o epicentro dessa indústria, podemos começar a conceber os clubes brasileiros ou demais clubes de massas em cada país.

Torcedores de longe

Não se trata de um fenômeno absolutamente distinto daquele que viabilizou a formação de grandes "torcidas nacionais" de clubes brasileiros como Flamengo, Vasco, Corinthians, Palmeiras e São Paulo, beneficiados pela preferência dada pelas transmissões televisivas abertas a partir dos anos 1980, em tempos em que ainda não eram tão relevantes as transmissões realizadas nas chamadas "TVs por assinatura", os pacotes pagos de canais, modalidade que ampliou consideravelmente as receitas dos clubes. Mas tampouco podemos deixar de notar como o "teletorcedor" se comporta, articula-se, engaja-se e consome esses clubes de forma muito mais intensa e cotidiana do que aqueles antigos "torcedores midiatizados". Estão inseridos em práticas distintas, atacados por estratégias mais elaboradas e munidos de ferramentas de interação muito mais eficientes.

Autores ligados aos estudos de mercado e marketing, como Anthony Kerr (2008, p. 48-66), já exploram essa temática desde os anos 2000, observando como essa crescente fronteira de exploração do que ele chamou de "*satellite supporters*" passava a moldar as estratégias dos clubes de modo a, inclusive, ditar novas dinâmicas de acordos de patrocínios de marcas interessadas em uma exposição de nível global. Junto a Paul Emery, Kerr identificou os elementos mais importantes na forma como as pessoas escolhiam os clubes a serem acompanhados à distância: a cobertura midiática, o estilo de jogo, a presença de um jogador em particular (geralmente com a sua nacionalidade), o sucesso do time, o seu histórico esportivo, a participação na principal divisão local e o estádio. Esses "*satellite supporters*", mesmo visivelmente alijados da relação direta e presencial com o clube e seu local de prática dos jogos, de acordo com essa pesquisa, expressavam intensa lealdade, que precisava ser fortalecida através de estratégias comerciais mais assertivas e planejadas (Kerr e Emery, 2011, p. 880-896).

Não bastaria a tais clubes-marcas, portanto, garantir que a sua liga celebrasse contratos de direitos de transmissão em outros países (mercados), mas, principalmente, como seriam cruciais estratégias de envolvimento desses consumidores. O processo de "americanização" do futebol europeu foi decisivo para o rompimento de certas barreiras, dada a já avançada experiência das grandes empresas esportivas norte-americanas nesse tipo de atividade. Nos Estados Unidos, os esportes mais populares — com destaque para o futebol americano, o basquete e o baseball — são organizados em grandes estruturas empresariais, dentro das quais cada time é uma franquia, com uma relação de dependência e regulação muito distinta dos modelos organizacionais do futebol europeu ou sul-americano. Essa estrutura, além de viabilizar maior equilíbrio esportivo e financeiro, o que beneficia todos os concorrentes, também viabiliza a centralização dessas estratégias de marketing, que agrega todos os envolvidos — potencializando esses investimentos e apresentando, portanto, um modelo que deveria ser seguido no futebol como ideal. Como foi a partir dos anos 2000, principalmente.

O potencial dessa nova abordagem fez desses teletorcedores uma fonte de receitas indispensável para garantir a proeminência financeira dos principais clubes, e se tornou o objetivo principal dos seus proprietários ou dirigentes. A promoção de eventos de pré-temporada e mesmo a realização de jogos de campeonatos oficiais em outros países passaram a ser corriqueiras; a política de contratações de atletas estrangeiros passou a seguir uma lógica de conquista e exploração de determinados mercados-chave; a prospecção de novos patrocínios, em estratégias localizadas, dependia da capacidade do clube de atrair um público em um país ou região específica; a alteração ou a criação de novas faixas de horário para os jogos se guiava pela necessidade de expor tais marcas para o público-alvo dentro do fuso horário mais adequado, como jogos às segundas-feiras ou no horário matutino aos fins de semana.

Para isso, os clubes passaram a instalar verdadeiras "bases militares" dentro de cada um desses países. Agências e consultorias passariam a ser contratadas para elaborar formas de dar maior visibilidade às marcas, no que passaram a promover centros de treinamento para jovens (ainda que esses não tivessem a intenção de formar atletas); programas de relacionamento e sociabilização de jovens; estratégias de engajamento mais frequente desses teletorcedores, com a criação de "embaixadas" ou "fã-clubes" oficiais, com seus respectivos representantes identificados nos sites dos clubes; ou eventos de grande porte, muitas vezes com a presença de estrelas de origem local, com a exibição de troféus e a comercialização de produtos oficiais. A ideia central era a de criar situações em que a experiência desses consumidores tornasse mais sólida a conexão com o clube e com outros consumidores do mesmo local, elaborando redes presenciais para além da conexão virtual que as redes sociais, as estratégias online e as próprias transmissões televisivas já viabilizavam. O global deveria parecer cada vez mais local, vívido, cotidiano, no que estabeleceu uma geração de torcedores de clubes estrangeiros muitas vezes alheios aos próprios clubes de futebol local — mesmo naqueles países de larga tradição futebolística, como o Brasil.

No ambiente cibercultural, esses clubes passaram a ser cada vez mais atenciosos à produção de conteúdo em línguas diversas, facilitando o acesso desses públicos estrangeiros. Sites oficiais de clubes dificilmente deixam de oferecer a opção de leitura em línguas das mais diversas, inclusive aquelas, em tese, menos convencionais, como o árabe, o mandarim, o tailandês ou o bahasa — cujo público nativo é numeroso e altamente bem-vindo. O mesmo passou a ocorrer nos perfis distintos de redes sociais em plataformas como Instagram e Twitter, voltados para países ou regiões específicas, com vídeos e textos exclusivos e interações nas mais diversas línguas. Os conteúdos para a plataforma de vídeos YouTube são, igualmente, cuidadosamente legendados, com a utilização dos jogadores-estrelas como forma de atração e sedução desses novos públicos.

Em suma, houve a elaboração de uma imensa estrutura multinacional de profissionais de comunicação com o objetivo de difundir a marca do clube, ampliar as bases locais de consumidores, atrair novos parceiros comerciais pontuais e reduzir a distância entre o clube europeu e os seus teletorcedores sul-americanos, norte-americanos, africanos, asiáticos, árabes ou o que mais conviesse (Baena, 2019, p. 660-674). Afinal, o que é "distância" na cibercultura? O futebol se moldou e ainda depende profundamente da experiência "presencial", o espetáculo todavia se realiza em estádios e a necessidade de mantê-los com grande público nunca será dispensável. Exatamente pela necessidade de garantir essa linha de receita, o chamado *matchday*, em que os estádios foram transformados em modernas e sofisticadas arenas, explorando comercialmente esse público em muitos sentidos e provocando, como consequência, uma drástica alteração no perfil desse torcedor "de estádio": a elitização das arquibancadas provoca um tipo de "distância" muito mais preocupante, nesse sentido. Ressaltar isso é importante pelos objetivos desta tese, dado que muitos movimentos de torcedores se estabelecem a partir dessa contradição. Mas deixemos isso para outro momento.

Monetizar o engajamento

Mais recentemente, a nova fronteira da exploração comercial dos "teletorcedores" se deu sob o conceito guarda-chuva de "*fan engagement*", literalmente "engajamento do torcedor". Esse conceito nasceu primordialmente como forma de identificar novas estratégias a serem elaboradas e colocadas em prática para garantir maior interesse dos torcedores na ida ao estádio, através de consultas diretas sobre os atrativos, os serviços e as outras possíveis atividades a serem realizadas em dias de jogos (Johan Cruyff Institute, 2021). Hoje, esse conceito se amplia para outras ferramentas que buscam inserir esses torcedores à distância em dinâmicas de interação com o clube e, obviamente, maior exploração econômica desse segmento.

A experiência mais representativa dessa nova etapa do *fan engagement* teve início durante a pandemia da Covid-19, em uma iniciativa batizada de "Socios.com", empresa fundada em Malta em 2018. A proposta do negócio consistia em fechar contratos com clubes, utilizar suas marcas e explorar o largo banco de dados que esses produziram a nível global, atraindo esses "teletorcedores" para a oferta de uma mercadoria bastante peculiar: as criptomoedas. Essas moedas virtuais ganharam força a partir de 2009 e consistem basicamente em um sistema de trocas descentralizado e desregulamentado, no qual a variação do valor dessas moedas prometia grandes retornos financeiros aos seus detentores, na medida em que se ampliasse a sua utilidade dentro de um sistema de trocas previamente definido.

O modelo proposto pela "Socios.com" consistia em criar uma criptomoeda específica para cada clube, as "Fan Tokens", que seriam ofertadas ao público, confiando principalmente no interesse de interação e na identidade dos torcedores — garantindo retorno financeiro à empresa e ao clube associado à iniciativa. A posse dessas moedas permitiria ao proprietário a participação em votações, criadas pelo próprio clube, sobre temas como um novo uniforme, a frase na faixa do capitão do time, a música a ser tocada no estádio no momento do gol ou ao fim do jogo, o design do ônibus oficial etc. Essas moedas também poderiam ser comercializadas de forma direta entre as pessoas interessadas, o que atraiu muito interesse especulativo, mesmo que não fosse algo sugerido pela plataforma.

A parte mais curiosa desse novo negócio é exatamente a apropriação do termo "*socios*", escrito em espanhol, da mesma forma que é utilizado para identificar aqueles sócios vinculados aos clubes da Espanha. De certa forma, a ausência de proprietários no Barcelona sempre causou muita curiosidade em torcedores de clubes de outros países, por se tratar de um modelo raro dentre os principais clubes europeus, que ganhou muita visibilidade quando do crescimento do movimento de "*fan ownership*" ("propriedade de torcedores"), surgido na Inglaterra.[71] Tal ideia de que clubes deveriam pertencer aos seus torcedores se fiava na persistência do Barcelona, um dos mais bem-sucedidos do século, no modelo em que os seus *members/socios* participavam de eleições e assembleias, sendo identificados como os verdadeiros "donos" do clube.[72]

A plataforma "Socios.com", portanto, vale-se dessa simbologia para provocar, nesses compradores de criptomoedas, uma espécie de pertencimento. O próprio Barcelona vai se associar aos "Socios.com", sem que isso interfira no seu processo de admissão de novos sócios — que já ultrapassam a marca de 140 mil. Ou seja, de sócio, na verdade, os aderentes ao "Socios.com" seguiam não tendo nada de fato, apenas a ideia fictícia de que poderiam participar do clube de alguma maneira, como visto, em assuntos de menor importância.

---

71. Hoje essa ideia é mais difundida pela Europa, ainda que sejam poucos os casos em que torcedores conquistaram esse direito. O livro "Punk Football", do britânico Jim Keoghan (2014), explora muitas dessas experiências, em perspectiva histórica.
72. Um dos muitos exemplos de conteúdo produzido para torcedores ingleses sobre o modelo de funcionamento de um clube associativo expressa bem a dificuldade em explicar como o presidente de um clube não é exatamente o seu proprietário, mas alguém "meramente co-proprietário, eleito por outros proprietários" (Goal, 2020).

Percebe-se, portanto, a convergência de uma nova forma de investimento pessoal especulativo — muito próprio dos tempos atuais, em que uma pessoa qualquer pode comprar e vender ações de uma empresa listada na bolsa de valores através de um mero aplicativo de celular — com uma nova era de envolvimento afetivo com clubes localizados a muitos quilômetros da sua cidade natal; com apenas mais uma de muitas estratégias de marketing elaboradas para alavancar as receitas dos clubes; e com o *fan engagement*, cujos princípios ganharam força dentro da indústria esportiva. Uma etapa mais profunda do processo de clientelização do torcedor, que não dispensa ou não rejeita mais o anteriormente incômodo aspecto da fidelidade afetiva, da identidade pessoal e do pertencimento. Ainda é muito incerto o retorno objetivo dessa iniciativa, mas, no mínimo, essa experiência aponta como os limites de exploração desse "teletorcedor" parecem ainda muito distantes de serem atingidos.

A autonomia prevalece

Como parece desnecessário observar, a viabilidade e a garantia de eficácia dessas iniciativas seguem sendo privilégios dos clubes de maior poder — no compasso da lógica da relevância social, financeira e esportiva que exploramos nos capítulos anteriores. Mesmo assim, essas estratégias já são adotadas por agremiações dos mais variados tamanhos. Afinal, na medida em que Chelsea, Liverpool, Manchester City ou Manchester United abrem essas novas fronteiras, os clubes mais modestos da Inglaterra também passam a usufruir desse novo ambiente. A internet está repleta de vídeos curiosos de torcedores de clubes menores e pouco vencedores, como as grandes mobilizações vistas a favor do Aston Villa em uma pequena cidade de Gana, na África (The Sun, 2021). Síndrome de um tempo em que as redes sociais formam imagens, significados e subjetividades que, muitas vezes, fogem ao que parece ser o mais lógico.

Dado o caráter difuso, descentralizado e desterritorializado das relações ciberculturais, essas conexões e interações não dependem apenas das estratégias de mercado desses clubes, no que também é preciso salientar o caráter relativamente autônomo dessas interações. As redes sociais estão repletas de perfis ligados a sites, grupos ou fóruns de discussão dedicados a clubes que passam longe de serem atrativos pelos seus resultados esportivos ou pelas características que convencionalmente seriam consideradas as mais relevantes para provocar a simpatia de pessoas com uma marca estrangeira tão distante.

Um caso significativo disso é o do FC St. Pauli, modesto clube da cidade de Hamburgo, na Alemanha, que tem como sua maior conquista esportiva um único título da segunda divisão local, em 1977. Seu poder de atração reside em uma característica muito específica: a identidade de "clube de esquerda", construída pelos seus torcedores a partir da década de 1980, responsável por projetar a marca do clube e torná-lo um dos mais apreciados e cultuados clubes em todo o mundo — obviamente, entre pessoas de identidade ideológica de esquerda (Viñas, 2020, p. 240-265).

Em estudo recente, Elias Santana descreveu o processo de popularização do clube alemão FC St. Pauli no Brasil, iniciado pela criação de um simples "blog" em 2009. Sua criadora, que teve a oportunidade de viver na Alemanha e dominar a língua local, dedicava-se a atualizar o conteúdo sobre o clube na língua portuguesa, o que se desenvolveu como um grupo na rede social Facebook, anos depois. Com isso, propiciou-se um novo ambiente de interação entre esses simpatizantes, que viria a se transformar no primeiro fã-clube oficial do St. Pauli no Brasil (Santana, 2022, no prelo). Uma trajetória muito diferente, portanto, que parte de ações autônomas.

São muitos os casos de agrupamentos de "teletorcedores" e diversos os clubes onde eles estão presentes. Os sentidos ou as motivações da relação de identificação com um clube são tão variados que pouco compensa buscar entender as suas dinâmicas em seus pormenores. O que importa mesmo é destacar como a globalização, como fenômeno significativo desse milênio, e o aprimoramento da internacionalização da venda dos direitos de transmissão de competições de clubes, cujo acesso muitas vezes é mais fácil do que aquele oferecido para jogos locais, acabaram por expandir ao inimaginável a "base social" desses clubes privilegiados.

Muito se questiona se esse processo será prejudicial ao tradicional público local de clubes que não têm tanta proeminência internacional, como ocorre aos brasileiros. Não foram poucas as situações em que mesas redondas de canais esportivos discutiram o impacto dessa identidade clubística internacionalizada. Por mais que, muitas vezes, seja compartilhada com um clube brasileiro, está de algum modo criando uma geração de torcedores mais afeitos a acompanhar jogos de competições estrangeiras do que o próprio campeonato nacional.[73] Ainda que os principais clubes brasileiros também busquem formar os seus "teletorcedores", porque se trata de uma possibilidade real, esse processo se mostra praticamente incontornável — e sequer está restrito aos vencedores.

---

73. Uma preocupação que não é tão recente. Ainda em 2014, a revista Placar publicou uma reportagem que buscava entender como "garotos e garotas escolhem um time europeu para torcer" e se "o futebol brasileiro deve se preocupar com isso" (Bezzi, 2014, p. 30-34).

A saída cada vez mais precoce de bons jogadores, ocasionada pela discrepância financeira crescente entre o futebol brasileiro e o futebol europeu (mas não apenas) não parece ser um processo possível de ser contornado. Com isso, as velhas percepções de crise, que sempre permeiam profissionais de imprensa, do futebol e torcedores em geral vão se reforçando em busca de alguma solução. Daí advém a força de tantas ideias apresentadas como caminho inevitável para a "salvação" do futebol brasileiro, da retenção dos principais jogadores, da retomada da qualidade do espetáculo esportivo e da preservação desse público torcedor — que está sempre se renovando e se aproximando do futebol com uma noção de distanciamento técnico, financeiro e imagético cada vez mais sólida (Helal, 1997).

Esse tipo de argumento se apresentou de forma repetida na promoção da reforma dos estádios e na construção de novas arenas multiuso quando da Copa do Mundo de 2014 no Brasil, defendendo a adoção de um "modelo europeu" de praças desportivas. Depois voltou a se fazer presente quando da retomada da discussão da transformação dos clubes em empresas, dado o péssimo estado financeiro de alguns dos principais clubes. Também fez parte das narrativas que buscaram impulsionar a reforma das leis que regulavam a venda de direitos de transmissão, no processo da chamada "Lei do Mandante", em 2020 (TNT Sports, 2020). E depois voltou a ser parte central na promoção da fundação de uma nova liga de clubes, em 2022 (GE, 2022).

Essas são as promessas de "resgate da grandeza" do futebol brasileiro, nostalgia que remonta aos grandes elencos dos anos 1970, quando a Seleção Brasileira era formada inteiramente por jogadores que atuavam nos clubes locais. Para além de ignorar — de forma intencional ou de forma ingênua — as condições macroeconômicas que submetem o futebol brasileiro à condição de periferia da indústria do futebol, são argumentos que ocultam as muitas transformações e desregulamentações que favoreceram os clubes europeus e lhes permitiram concentrar poder financeiro e esportivo de forma incontornável. A perda de públicos para esses centros não passa muito de uma consequência do distanciamento estrutural entre as principais ligas e o Brasil, já que não restam ao país muitas alternativas para impedir que sigam se aprofundando. Nem por isso podemos falar de uma falência do futebol e do torcer "local", porque a cibercultura também proporcionou outro tipo de torcedor que, de algum modo, sustenta essas relações.

A era do "ator-cedor"

É incerto o quanto essas transformações decorrentes da globalização e da cibercultura serão responsáveis por um verdadeiro "esvaziamento" dos clubes locais em países periféricos da indústria do futebol, o quanto as novas gerações irão se afastar do futebol nativo, ou como isso vai impactar financeiramente o futebol local de forma a provocar um declínio econômico grave a ponto de inviabilizar a atividade — ou, no mínimo, torná-la insignificante. Entretanto, a experiência dos torcedores dos estádios segue viva, renovada de forma salutar e não aparenta estar declinando.

O "teletorcedor" é produto de um tempo de hiperconsumo midiático, e o futebol está presente para além do espetáculo esportivo convencional. Preenche a vida desses sujeitos através de *games*, documentários e produtos audiovisuais diversos, tanto produzidos por clubes quanto viabilizados de forma independente por essas crescentes redes de interação que a cibercultura viabilizou para as novas gerações.

Ao se dedicar à investigação da mudança promovida pelo smartphone naquilo que cunhou como "nova etiqueta torcedora", Alexandre Carauta (2019) produziu um interessante estudo que identifica como mesmo aqueles torcedores "presenciais" são profundamente transformados nesse processo. Em sua leitura, essas dimensões convivem de forma sincrética: de um lado os "fluxos comunicacionais massivos (verticalizados) atinentes a padrões audiovisuais hegemônicos da indústria do entretenimento", que estão sendo complementados pelos "fluxos pós-massivos (descentralizados, desterritorializados) emanados por conexões intermidiáticas e hipermidiáticas". É dizer: o que até meados da década de 2000 era de preponderância dos meios de comunicação de massas passa a contar com a presença cada vez mais significativa e inevitável de experiências autônomas e "autogeridas nos circuitos online, que, ao impulsionarem novas frentes de interações e significações", propiciam um tipo de "empoderamento" desses consumidores de futebol (2019, p. 354).

Essa questão será central ao longo de todo o capítulo, mas aqui ainda resguardaremos a reflexão às formas como os torcedores têm uma relação ressignificada do "momento jogo de futebol" e da ideia de viver e conviver com o clube e com os demais torcedores que compartilham dessa mesma paixão. Em uma das muitas entrevistas realizadas em pesquisa de campo, Carauta oferece o depoimento de um torcedor aposentado de 75 anos, que revelou como o seu neto de dez anos "se alfabetizou no futebol pelo videogame, pela TV e pela internet", e como esse "já entende o futebol, já é um torcedor aguerrido, sem quase ter pisado num estádio" (2019, p. 369). Mas essa questão não se resume àqueles de baixa frequência em estádios, ela está cada vez mais difundida no próprio ato de torcer.

É de se pensar que, por mais que insistamos nos sentidos atribuídos à ideia de "teletorcedor", o próprio conjunto de torcedores que podem, porventura, seguir presencialmente os seus clubes compartilha dessas dinâmicas. Estão igualmente ligados ao "propósito de participar da dinâmica de interações lúdicas que aguçam a experiência futebolística e constituem o escopo identitário, simbólico e prático do torcedor" (Carauta, 2019, p. 369), que mobilizam os "teletorcedores", praticando uma série de dinâmicas de produção e compartilhamento de conteúdo online antes, durante e após os jogos. Mesmo sem dispensar o contato presencial, o torcedor dos tempos atuais insere o "virtual" nos seus rituais de sociabilização a todo instante, agregando o WhatsApp, o Instagram, o Twitter e as tantas formas de expressão cibercultural aos tradicionais rituais de reunião e socialização em bares, nas ruas e nas arquibancadas. Evidentemente, potencializado pelo advento da tecnologia e da popularização dos smartphones, que disponibilizam o universo cibercultural para todos os instantes da vida cotidiana.

O potencial dessa cultura autônoma e imprevisível do torcer constitui o outro lado da moeda desse contexto de transformações tão rápidas. É também graças à cibercultura que novas formas mais ativas do torcer estão se desenvolvendo e apresentando experiências dignas de observação mais cuidadosa.

Aqui, mais uma vez, nos valeremos de um neologismo para representar essa nova dimensão do torcer, que se pauta cada vez mais por uma postura mais ativa, viabilizada pelas novas ferramentas virtuais. O "ator-cedor" — o torcedor que deseja, busca meios ou se autoproclama ator dentro do futebol — nos serve como um conceito útil para explorar essa questão. São muitas as formas possíveis de conceber como esse novo comportamento dos torcedores se estabelece e como se reproduz com o apoio das tecnologias digitais.

Pensar os "tipos" de torcedores

Como dito anteriormente, o "teletorcedor" e o "ator-cedor" não precisam ser vistos como duas categorias excludentes, apenas como facetas mais evidentes dessa complexa e contraditória relação entre os imperativos comerciais do futebol enquanto indústria e as formas como os torcedores buscam se expressar com relação aos seus clubes — muitas vezes rejeitando o rótulo de clientes, de meros consumidores passivos do espetáculo, de alvos fáceis e inerciais dessas renovadas e cada vez mais sofisticadas estratégias de marketing. O "ator-cedor" é aquele sujeito que dedica boa parte do seu tempo para pensar e idealizar o clube, discutir o clube com outros torcedores, engajar-se em ações a favor do clube e, muitas vezes, atuar como verdadeiro agente ativo dentro desse universo.

Essas observações importam bastante à reflexão aqui proposta porque, nos vinte anos que precederam esta tese, a tentativa de classificação dos tipos de torcedores ocupou um espaço muito relevante nas pesquisas sobre futebol. Desde a publicação do artigo "*Supporters, Followers, Fans, and Flaneurs: a taxonomy of spectator identities in football*" ("Torcedores, Seguidores, Fãs e Observadores: uma taxonomia das identidades dos espectadores no futebol"), do conceituado sociólogo britânico Richard Giulianotti (2002, p. 25-46), muitos foram os pesquisadores que tentaram dar aplicabilidade a esse esquema em outros países ou que, em sentido contrário, partiram para a crítica e a reelaboração ou a revisão desses conceitos, sem deixar de reproduzir a ideia de "encontrar" as formas como torcedores se relacionam com clubes.[74] As tipologias dos torcedores se desenvolveram como um dos principais temas na sociologia do esporte, em trabalhos que buscavam explicar as identidades e os comportamentos desses sujeitos.

---

74. Esse artigo foi traduzido para o português dez anos depois, como indício da importância que essa temática ganhava dentro dos estudos do futebol (Giulianotti, 2012, p. 25-46).

A intenção de classificar torcedores ao longo dos novos estágios de desenvolvimento da indústria do futebol e o consequente aprofundamento da clientelização do torcedor é mais antiga. De alguma forma, são autores que motivaram o trabalho de Giulianotti, que, por sua vez, viria a inaugurar uma nova e extensa leva de estudos. Ainda em 1978, John Clarke sugeriu a distinção simples entre "*genuine fans*" ("torcedores autênticos") e "*others*" ("outros"); enquanto Steve Redhead, em 1993, apostou na classificação de torcedores como "*active/participatory*" ("ativos/participativos") ou "*passive*" ("passivos") (Clarke, 2018, p. 37-60; Redhead, 2013).

Richard Giulianotti buscou classificar torcedores em um gráfico com quatro direções, contrastando horizontalmente as formas de relação "tradicionais" ou "consumidoras", com base no investimento de tempo, energia ou dinheiro de um indivíduo em um clube; e verticalmente, as relações "quentes" ou "frias", para diferenciar o grau de centralidade do clube para o projeto de autoafirmação do indivíduo. Assim, "*supporters*" ("torcedores")[75] e "*followers*" ("seguidores") seriam torcedores do tipo "tradicional," sendo o primeiro de relação "quente" e o segundo de relação mais "fria" (o clube tem menor importância). Já os "*fans*" ("fãs") ou "*flâneurs*" ("observadores") seriam de identidade "consumidora", sendo o primeiro do tipo "quente" e o segundo do tipo "frio" (a ponto de não ter sequer uma identidade clubística fixa).

---

75. A Revista de História do Esporte optou por traduzir "*supporters*" como "fanáticos", algo em que não temos grande acordo. Dentre os torcedores ingleses, o termo "*supporter*" é uma categoria nativa, que serve de diferenciador do termo genérico "*fans*" ("fãs"). Ambos têm o mesmo sentido de "torcedor" utilizado no português, mas demarcam níveis distintos de envolvimento, sendo o primeiro mais presente e ativo e o segundo mais afastado, ocasional, presente apenas nos momentos de bons resultados esportivos.

Esse tipo de esforço, muitas vezes, não consegue atingir seu objetivo ou acaba se mostrando datado em pouco tempo, dado o caráter sempre renovado dos modos de torcer e da própria estrutura do futebol e dos clubes, como estamos buscando demonstrar até aqui. Em outra oportunidade, cerca de cinco anos antes desta tese, optamos por discutir essas pretensas "taxonomias" de forma mais resumida, tentando observar essas relações dentro de um *continuum* em que, em posições opostas, torcedores poderiam ser entendidos como mais afeitos a práticas mais consumistas (consumidores) ou a relações mais viscerais de identidade, com reivindicação por maior importância e participação dentro dos clubes (membros).

Naquela ocasião, tratávamos exclusivamente dos frequentadores de estádios — que também era o objeto de Giulianotti — e da forma como esses reagiam às transformações dessas praças desportivas, dentro do que chamamos de "arenização".[76]

Portanto, mesmo essa classificação está passível de questionamento e revisão, e, de certa forma, não tem grande utilidade ao esforço aqui empregado de analisar as novas formas de interação entre sujeitos e os clubes de sua preferência através da cibercultura.

Ainda assim, convém explorar o que se produziu nesse sentido em alguns estudos sociológicos e antropológicos, para demonstrar a complexidade crescente dessa discussão. Por conta da eclosão de muitos casos de organizações de torcedores contrários às medidas de mercantilização do futebol, o tema ganhou maior destaque e teve no trabalho de Richard Giulianotti uma grande influência.

---

76. Essa questão é abordada ao longo dos capítulos 11 e 12 do livro "Clientes versus Rebeldes" (Santos, 2017), trazendo o desenvolvimento desses estudos do torcer e sugerindo uma abordagem mais simplificada.

Sua perspectiva foi compartilhada de forma mais direta por muitos autores, a ver. James Cleland (2010, p. 537-552) desenvolveu uma pesquisa dedicada a analisar o "grau de participação" dos torcedores, observando formas variadas de acordo com a relevância esportiva e financeira desse clube, muito próximo da oposição "*active/passive*" de Redhead. John Williams (2012, p. 426-442) se valeu dessa classificação para tratar dos movimentos de torcedores — os "*supporters*" — do Liverpool contra a aquisição do clube por norte-americanos. David Kennedy (2012, p. 341-358), em sentido semelhante, utilizou tal perspectiva na análise do movimento de torcedores do Everton contra a mudança de estádio.

Ramon Llopis-Goig (2012, p. 392-408) sugeriu que esses torcedores mais ativos precisavam ser entendidos a partir da ideia compartilhada de que possuíam uma "propriedade simbólica" sobre os clubes. Dino Numerato (2015, p. 120-138), ao estudar o movimento "*No to Modern Football*", também buscou explorar a profundidade dessas taxonomias. Nicolas Hourcade (2014, p. 41-57) sugeriu a observação de verdadeiros "movimentos sociais" elaborados por esses torcedores mais viscerais, descrevendo algumas experiências como reveladoras dessa contradição entre consumidores e tradicionais. Udo Merkel, por sua vez, aplicou o conceito de hegemonia em Antonio Gramsci para observar as organizações de torcedores alemães no enfrentamento a algumas políticas que atingiam os seus entendimentos sobre como deveriam ser seus clubes e estádios (2012, p. 359-376).

Outros estudos, menos focados nesses movimentos de contestação, buscavam refazer essa classificação dentro de um contexto mais amplo. Vale também observar o que se produziu nesse sentido.

Ainda em 2012, o francês Paul Bartolucci buscou fazer um estudo comparativo daquilo que chamou de "militância esportiva" na França, na Alemanha e na Inglaterra, observando a contradição e o conflito premente entre o *supportérisme* e o *consumérisme*, essas duas dimensões mais amplas das culturas do torcer. Mais interessado no comportamento desses torcedores dentro dos estádios durante os jogos — e muito conectado aos estudos existentes sobre violência no futebol —, o estudo elaborou categorias como "casuais", "tradicionais", "ultras" e "hooligans". Nesse sentido, entendia que esses comportamentos eram reveladores da profundidade da identificação do torcedor com o clube, algo em que Giulianotti não aposta de forma explícita (Bartolucci, 2012).

Leon Davis, em 2015, publicou um artigo em que pretendia discutir esses sentidos mais antigos de "autenticidade" torcedora, que para ele era uma discussão que Giulianotti ajudou a romper, mas não o fez de forma definitiva — essas identidades eram móveis e não havia como estabelecer um sentido de oposição com os novos públicos. Para Davis, todas as formas de torcer, de alguma forma, são consumidoras, e não convém classificar esses sujeitos de forma específica senão entender essas identidades em um sentido mais fluido e mutável, com inspiração nos conceitos de identidade na pós-modernidade e "modernidade líquida" de Zygmunt Bauman (Davis, 2015, p. 422-436).

Tom Gibbons e Daniel Nuttal, por sua vez, vão se basear em entrevistas online junto a torcedores de clubes ingleses menores (os chamados *non-league clubs*) para investigar a percepção destes quanto aos sentidos de "autenticidade" que tanto importavam nesse contexto. O questionamento central era se esses torcedores concordavam com a assertiva de que o "frequentador de estádio" teria a proeminência dessa autenticidade, no que as entrevistas revelaram perspectivas distintas e divididas sobre o assunto. Curiosamente, a classificação opositora entre "*supporter*" (que vai ao estádio para apoiar o clube) e "fan" (aquele de menor envolvimento) apareceu como categorias comuns entre alguns torcedores entrevistados, revelando como o modelo de Giulianotti, de certa forma, encontrava eco na imagem que alguns torcedores tinham de si e dos demais torcedores (Gibbons, 2014, p. 527-539).

Por fim, outro trabalho que ilustra bem a importância da ideia de classificação dos tipos de torcedores parte de Borja García e Ramón Llopis-Goig, publicado em 2019. Através de pesquisas empíricas mais profundas, com torcedores de diversos países europeus, os autores elaboraram cinco novas categorias — *"club-militants"* ("militantes do clube"), *"institutionalists"* ("institucionalistas"), *"critics"* ("críticos"), *"moderns"* ("modernos") e *"globalists"* ("globalistas"). A menção a esse trabalho mais recente é importante pela maior complexidade dessas tipologias, que apontam e compartilham percepções em sentidos diferentes, como o maior ou o menor interesse sobre o tema da governança no futebol e a opinião sobre esse tema, a dedicação em tempo e dinheiro a favor do clube ou o nível de criticidade e exigência sobre a gestão do clube e as medidas que impactam os torcedores. Dentre muitas conclusões, a mais importante oferecida por Garcia e Llopis-Goig é como os torcedores mais ativos são exatamente os que mais consomem o clube — compram produtos, adquirem pacotes televisivos de jogos, assinam *season tickets*, viajam para jogos etc. —, quebrando a classificação mais comum que norteava as tipologias anteriores, para eles dicotômicas e simplificadoras.

Ocupando o "vácuo"

Em suma, o que se busca demonstrar com essa revisão de literatura é que a investigação sobre a identidade e o comportamento dos torcedores passa muito longe de ser consensual dentro dos estudos da sociologia do futebol, mas também não contribui de forma tão definitiva para dar cabo da multiplicidade de relações estabelecidas por torcedores com seus clubes e com outros torcedores. O que interessa aqui ainda é perceber como a cibercultura deu munição a esses sujeitos para elaborar formas mais ativas de torcer, no que observamos o "ator-cedor" em uma perspectiva muito mais ampla.

A "ação", nesse sentido, não pode ser resumida àqueles que organizam movimentos políticos para intervir e participar criticamente dos rumos dos clubes e da organização dos estádios, mas deve ser identificada em cada forma ativa e participativa do torcer em muitos sentidos: organizando grupos de discussão, produzindo e compartilhando conteúdo nas redes sociais, e elaborando demonstrações de envolvimento com o clube. Presencialmente, são esses torcedores, também articulados pelas redes, que desenvolvem atividades como recebimentos ao time fora dos estádios e produção de coreografias festivas, como mosaicos e outras manifestações públicas da devoção pelo clube, ou se engajam em campanhas de apoio financeiro ao clube e de atração de patrocinadores. Em sentido negativo, promovem ataques a árbitros, comentaristas esportivos e adversários que prejudiquem ou afrontem o clube de alguma forma.

 O engajamento nesses tipos de ações é amplo e não comporta discussões sobre tipologias do torcer, tampouco se refere aos sentidos de maior ou menor autenticidade. Trata-se de uma nova forma de torcer característica do século XXI e que oferece um objeto de importante observação para os estudos do futebol, principalmente porque expande o ato de torcer para além do "evento jogo de futebol" — é uma construção voluntária, autônoma e cotidiana que se vale do ciberespaço para realizar mobilizações concretas, que muito impactam nos clubes e na imagem que o público em geral pode ter dessa "comunidade".

Partindo de uma crítica ao modelo proposto por Giulianotti, a pesquisadora Ana Carolina Vimieiro (2015) se dedicou a investigar o que chamou de "mudança de paisagem" provocada pelo aprofundamento dos coletivismos em rede, rejeitando a ideia de que essa dimensão se resume a uma forma mercantilizada de relação entre clubes e torcedores. Interessada em observar as estruturas de sentido e as subjetividades dos torcedores, Vimieiro aponta como esses "utilizam as novas tecnologias midiáticas para reapropriar discursos, expressar paixão por algo que é muito mais do que uma marca, e organizar suas culturas em formas que possuem significado para si".

Essas novas formas de torcer, segundo a autora, são herdeiras de uma longa história de mobilizações de torcedores, tradicionalmente realizadas por agrupamentos de caráter mais institucionalizado, como as torcidas organizadas. A partir dos anos 2000, no rastro da ampliação do acesso às tecnologias digitais, observa-se ampliação e multiplicação de coletivos e organizações menos institucionalizadas, porém mais aptas à recepção de novos integrantes. Essas duas dimensões não se eliminam, podem porventura dialogar, mas nota-se uma importância cada vez maior desses grupos surgidos de relações ciberculturais diversas.

Nos mesmos sentidos propostos por Caruata, Vimieiro observa a multiplicação de projetos de produção de mídia amadora realizados por torcedores, de forma individual ou coletiva. Sites, blogs, perfis de redes sociais, podcasts e canais de vídeos são exemplos de ações que vão além da finalidade informativa ou socializadora, mas se mostram uma forma renovada de se fazer presente enquanto torcedor de futebol perante a "comunidade" do clube. Protagonismo, visibilidade, intercâmbio e respaldo junto aos outros torcedores são elementos que impulsionam essas empreitadas.

São iniciativas que remontam às antigas culturas dos "fanzines", revistas ou folhetos elaborados por torcedores para se comunicar com seus pares nos estádios — e para além deles —, realizadas de forma totalmente independente do clube, com maior ênfase a partir da década de 1970. Esse tipo de prática, muito comum na Europa, estava presente em basicamente todos os clubes, em muitos distintos coletivos, e só arrefeceu com a emergência da internet.

Peter Millward (2008, p. 299-310), ao analisar o surgimento de um novo movimento de "e-zines" nos anos 2000, destacou a conexão intrínseca entre essas formas pretéritas e as mais recentes, porque são semelhantes em seus objetivos de construção da identidade e, de alguma forma, de espaços de maior participação dos torcedores. Os fanzines serviam como espaço de trocas, porque convidavam e publicavam comentários de torcedores sobre seus clubes e estádios, forneciam uma verdadeira arena de debates e, como frisa o autor, buscavam oferecer contrapontos ao crescente problema do hooliganismo nas arquibancadas. Essas plataformas, inclusive, foram importantes para mobilizações como as "*supporters trusts*", de que trataremos adiante. Os e-zines, mesmo que não identificados de tal forma, eram a renovação e a ampliação dessa cultura, de forma mais ágil, prática e popularizada (Dixon, 2018, p. 96-114).

Ou seja, ao mesmo tempo que proporcionava uma estrutura mais ágil e barata para a produção de conteúdo dos torcedores, a cibercultura viabilizou uma descentralização e multiplicação de coletivos organizados que tinham o intuito de participar mais ativamente do clube em muitos sentidos. Ainda que ao longo de muito tempo o acesso a esse novo "estilo" de torcer fosse restrito a torcedores de maior poder aquisitivo e formação educacional, o pioneirismo dessas iniciativas muito ajuda a compreender como essa prática se estabeleceu e como ainda se encontra tão difundida.

Ao menos desde os anos 1990, como aponta Ana Carolina Vimieiro, torcedores passaram a criar comunidades online, através de uma plataforma conhecida como "Bulletin-Board Systems" (BBSs). Essa ferramenta era de difícil e restrito uso, mas conseguia viabilizar a troca de mensagens, ainda que muito mais lenta e ineficiente do que as tecnologias que surgiriam. Algo que começaria a ser alterado a partir do maior acesso a listas de e-mails e, posteriormente, com a popularização do uso do sistema conhecido como "Internet Relay Chat" (IRC), que favorecia a troca rápida de mensagem de forma direta ou em espaços mais amplos e coletivos, como os "canais". Outro sistema amplamente utilizado por torcedores de futebol eram os "*Internet Forums*", plataformas que funcionavam dentro de sites e viabilizavam espaços de discussão em tópicos. Já nos anos 2000, com a chegada da primeira grande "rede social", o Orkut, as comunidades vão se multiplicando e se renovando a cada novo modismo — Facebook, Twitter, Instagram —, mas sempre conectadas com as antigas práticas de produção de conteúdo digital e de viabilização de espaços virtuais de troca de informações e debates.

Esses coletivismos virtuais de torcedores são de importante compreensão para o próximo tópico, no qual vamos explorar o fator *"supporter"*, mas não devem ser entendidos como algo à parte. Aqui apenas buscamos observar que a participação mais ativa, mais crítica ou menos crítica, de torcedores em comunidades virtuais se tornou algo generalizado e muito significativo dentro da história do próprio futebol. Se no momento anterior observamos a ampliação das bases dos clubes viabilizada pela internet, em um sentido de maior exploração econômica a favor dos processos de mercantilização do futebol, aqui estamos falando de outro sentido. Essa persistência, e talvez até intensificação, de uma relação mais ativa do torcer, que também expressa a profundidade dos sentidos de pertencimento torcedor, é fundamental para não limitar a análise a cindir o que ocorre no ambiente virtual daquilo que vai se expressar no plano real.

A descentralização dessas formas organizativas explica o surgimento de muitos coletivos e novas organizações torcedoras, que rompem ou tentam renovar o comportamento dos torcedores na arquibancada, seja na promoção da festa, seja no olhar mais crítico aos grupos de poder que comandam as agremiações. Para encerrar as reflexões sobre a nova dimensão do "ator-cedor", importa tratar da dimensão "política" de muitas dessas ações, que precisam ser entendidas em sentidos distintos, mas igualmente consequentes ao assentamento do ambiente cibercultural futebolístico.

Política "dentro" e "fora" do futebol

Como foi possível observar na releitura bibliográfica feita sobre as abordagens sociológicas das tipologias dos torcedores, os anos 2000 também testemunharam uma ampliação notável da ação política dos torcedores de futebol. Entretanto, há uma grande diferença entre movimentos políticos "de fora" e "de dentro" do futebol.

A penetração de partidarismos políticos nas arquibancadas não está absolutamente ligada às organizações de torcedores que ensejam reações críticas à mercantilização do futebol, ainda que possam se confundir nesse processo. Há quatro dimensões a se distinguir: 1) a identificação política explícita de agrupamento de torcedores; 2) a participação de agrupamentos de torcedores em manifestações populares massivas; 3) a atuação de torcedores contra políticas de mercantilização do futebol; 4) as organizações de torcedores criadas para participar e intervir nos clubes.

Por isso, convém repassar sobre as distintas dimensões dessa questão "política" das arquibancadas, para que não se confundam as motivações de diferentes formas e experiências organizativas a serem analisadas. Será muito útil para definir melhor o que é o fator "*supporter*", a ser explorado no próximo subcapítulo. O que é preciso destacar aqui é que todas essas organizações são beneficiadas, elaboradas ou ao menos influenciadas pelas práticas torcedoras ciberculturais.

A identificação política explícita de certos agrupamentos de torcedores é um fenômeno europeu da larga escala, sendo mais notável na Itália, berço do movimento "ultra", e na Espanha, onde essa subcultura torcedora se desenvolveu a partir do final dos anos 1980. Esses agrupamentos, análogos ao que chamamos de torcida organizada no Brasil, surgem nos anos 1960, no auge dos chamados "Anos de Chumbo", momento de grande turbulência política causada pela rivalidade de grupos armados de extrema-direita e da esquerda radical. É comum reconhecer a Fossa dei Leoni, grupo de torcedores do AC Milan, como o primeiro coletivo "ultra" desse tipo, explicitamente identificado como uma torcida de esquerda. A partir daí, muitos outros agrupamentos vão começar a expressar sua identidade política, ainda que não fosse o caso de todos — a maioria, ainda hoje, considera-se apolítica (Elesbão, 2013).

A extrema-direita italiana também investiu de forma incisiva nesses movimentos, formando um amplo conjunto de organizações destacadas por suas demonstrações de xenofobia, racismo, antissemitismo e homofobia. Essa rivalidade política não acompanha diretamente a rivalidade esportiva, podendo grupos de clubes rivais serem representados pelo mesmo espectro político — às vezes, a arquibancada de um clube pode ser polarizada entre grupos dos dois espectros políticos. A aliança e a parceria entre grupos não atende apenas à identidade ideológica, mas a fatores muito específicos de confrontos históricos e regionais (Doidge e Liser, 2018, p. 833-840).

O fato é que, junto à expansão da forma "ultra", expandiu-se pela Europa, em dada medida, a ideia de constituir agrupamentos "militantes", como mostra a coalizão de grupos denominados "antifascistas", que consiste na aliança entre "ultras" de Livorno (Itália), AEK Athens (Grécia), Marseille (França), Beşiktaş (Turquia), Celtic (Escócia) e St. Pauli (Alemanha). Essa conexão política de nível ideológico "externo" ao futebol não tem necessariamente relação com a atuação desses grupos na política "interna" ao futebol, como mostraremos adiante.

Mas há ainda outro viés da expressão política das arquibancadas que chama muita atenção, igualmente minoritário dentro do contexto mais amplo das culturas torcedoras, apesar do fascínio que causou em torcedores de todo o mundo. Em 2011, muito se falou da participação de torcedores na organização e na mobilização popular na ocupação da Praça Tahrir, no Cairo, Egito. Um movimento que ganhou força após a repressão policial violenta contra manifestantes que protestavam contra o regime autoritário de Hosni Mubarak, que já levava trinta anos no poder. O grupo conhecido como Ultras Ahlawy, ligado ao clube Al Ahly, teve papel importante no combate à repressão policial e na agitação popular, garantindo proteção e fôlego ao movimento. Um caso muito específico, ainda que de interessante observação.

Nesse mesmo sentido, vale a menção aos movimentos populares endossados por organizações torcedoras na Turquia, em 2013. Lá, o futebol tem uma simbologia política significativa contra as forças políticas fundamentalistas islâmicas, representadas pelo Partido da Justiça e Desenvolvimento, do primeiro-ministro Recep Erdogan.[77] Agrupamentos ultras de Beşiktaş (Çarsi), Fenerbahçe (KFY) e Galatasaray (ultrAslan), após violenta repressão em protestos contra a demolição do Parque Taksim Gezi, se juntaram para formar uma frente batizada de Istanbul United, que atuou na proteção dos manifestantes e no fortalecimento dos movimentos (Irak, 2017, p. 400-417).

Outro caso notável de participação política conjunta de agrupamentos de torcedores se deu no Chile, em 2020, em protestos massivos contra o governo de Sebastián Piñera. *Barras* de diversos clubes se juntaram às manifestações, novamente utilizando a experiência do confronto com forças policiais, adquiridas nos estádios, para oferecer maior resistência. Em suma, diferente da reivindicação política expressa, como ocorre a grupos europeus, nos casos do Egito, da Turquia e do Chile falamos mais precisamente de atuação política de agrupamentos torcedores em manifestações nas ruas, sem que isso necessariamente implicasse em pautas relacionadas ao futebol.

Essa já seria uma questão de outra ordem, como apontamos no terceiro tipo de "dimensão política" a ser distinta. A atuação de torcedores contra políticas de mercantilização do futebol é bem ampla e geralmente voltada a protestos contra medidas de restrição aplicadas em estádios — encarecimento dos ingressos, controle dos adereços, proibição de instrumentos de percussão, banimento de torcidas, reforma de estádios

---

77. O futebol, como forma cultural estrangeira, sempre cumpriu um papel importante na "batalha cultural" que marca a sociedade turca. As forças políticas "secularistas", isto é, que buscam estabelecer um estado laico e independente da influência da religião, encontram grande eco dentre aqueles cidadãos aderentes ao futebol. As torcidas, nesse sentido, apresentavam ameaças ao regime de Erdogan (Irak, 2021, p. 38-55).

etc. (Lopes e Hollanda, 2018, p. 206-232). Nesse sentido, são inúmeros os possíveis exemplos, mas para demonstrar como a participação de torcedores em espaços virtuais tem cumprido um papel importante na atualidade podemos tratar de um caso em específico.

Ainda em 1999, portanto muito antes da existência das redes sociais mais conhecidas, um torcedor do clube italiano Roma publica um site com um texto intitulado "*Against Modern Football Manifesto*". Em poucos dias, mais de 70 grupos de torcedores de 21 países (em sua maioria "ultras") assinam o documento que fazia uma crítica à extrema mercantilização do futebol, ao desrespeito à cultura torcedora, ao cerceamento das manifestações festivas, à elitização dos estádios, à repressão policial aos torcedores, à imposição dos horários dos jogos pelas redes de televisão, à privatização do clube por megaempresários estrangeiros e à deturpação dos símbolos dos clubes (Numerato, 2015, p. 120-138).

A aderência ao manifesto foi ampla, suplantando as diferenças ideológicas dos grupos de identidade política mais definida, e lançou um slogan que rapidamente se espalhou e passou a representar torcedores de todo o mundo, exatamente pela sua flexibilidade. Para os grupos à direita, protestar contra o futebol moderno era uma reivindicação reacionária pela masculinidade, pela virilidade, pela honra, pela tradição e pelo nacionalismo, na crítica à vaidade dos atletas, à deturpação dos "símbolos sagrados" dos clubes como camisas e escudos e à nacionalidade dos proprietários dos clubes. Para os grupos de esquerda, combater o "futebol moderno" seria ensejar uma verdadeira luta anticapitalista e antissistêmica dentro do ambiente do futebol, na crítica à elitização, ao controle do público nos estádios e à preponderância dos interesses comerciais sobre o interesse dos torcedores.

Ainda que os sentidos desse slogan sigam muito difusos, até enfraquecidos nos tempos atuais, o fato é que essa perspectiva política sobre os rumos do futebol foi responsável por inúmeras experiências de combate a algumas medidas mercantilizadoras do futebol. A amplitude e a presença dessas organizações ensejaram bons debates sobre o pretenso caráter de movimento social que os agrupamentos torcedores começavam a expressar, inclusive elaborando organizações nacionais e internacionais com pautas e agendas de protestos definidas (Hourcade, 2014, p. 41-58; p. 160-172).

A participação dos ultras nos rumos dos clubes nem sempre é uma questão comum, sendo corriqueira a rejeição à abordagem. As pautas estão mais ligadas às questões dos estádios, da preservação dos modos de torcer e da acessibilidade dos torcedores. Por isso tratamos de estabelecer o quarto nível, que precisa ser entendido em outra chave, porque também envolve a questão da intensificação das formas de relacionamento dos torcedores pela cibercultura, mas apresenta um quadro muito mais diverso, dada a grande diferença entre os formatos dos clubes de país a país. O próximo subcapítulo será dedicado a refletir sobre o fator *"supporter"* no futebol do século XXI.

O fator *"supporter"*

Como explicado na Introdução, o objeto central desta tese é aquele tipo de torcedor que optamos por identificar pelo termo *"supporter"*. Assim como nos casos anteriores, trata-se apenas de uma etiqueta útil para identificar uma nova forma de torcedor que é resultante dos processos mais agressivos de mercantilização do futebol e consequente à importância adquirida pela cibercultura na formação das identidades e dos comportamentos dos torcedores. O intuito principal, portanto, não é traçar uma tipologia de torcedor na contemporaneidade, senão o de perceber como essa nova forma de representação e expressão do torcer se apresenta com relevância na atual quadra histórica.

A escolha pelo termo *"supporter"* busca designar algo como um "torcedor ativista", um tipo específico de torcedor de futebol que poderíamos caracterizar pelo seu alto grau de dedicação, mobilização e fidelidade, que se engaja e elabora organizações de caráter político que buscam intervir, participar ou questionar os rumos do clube. Estão presentes em muitas agremiações (talvez em sua ampla maioria), e buscam conferir representatividade política aos demais torcedores na promoção de pautas que se referem àquilo que entendem pelos seus direitos, ao maior poder de decisão e à contestação efetiva da propriedade dos clubes.

Diferente do que percebemos quanto à ideia de "teletorcedor" e "ator-cedor", que também elaboram coletivos e agrupamentos para se organizar, no que tange aos "*supporters*", trata-se de organizações definitivamente militantes. Porque esses atuam no sentido de defender concepções e princípios sobre o que deve ser o clube, o que deve ser o estádio, quais os limites da mercantilização do futebol, como devem se comportar os dirigentes (ou donos) do clube; reivindicam a mudança de direção ou propriedade; atuam junto ou provocam o posicionamento de representantes do poder institucional, dentre muitas outras ações de caráter político. Ou seja, mais do que coletivos de torcedores, trata-se de verdadeiros movimentos políticos.

Muitos estudos se dedicaram a observar como essas organizações se estabelecem em distintos países, com formatos variados, níveis distintos de influência, maior ou menor capacidade de aceitação e aderência da "comunidade" do clube. Pesou, para essa pesquisa, a dificuldade de encontrar um estudo de caráter mais amplo, capaz de estabelecer uma leitura mais global sobre esse fenômeno, muitas vezes tratado de forma localizada e particularizada. Esse problema se deve em grande medida à dificuldade em estabelecer uma noção mais aberta sobre como cada realidade se apresenta, no que esse subcapítulo servirá de momento introdutório aos próximos capítulos, nos quais abordaremos cada país e como os "*supporters*" locais se organizam de forma particularizada, sem deixar de perceber o que liga esses movimentos.

A seguir, em três etapas, vamos explorar os sentidos dessa "militância torcedora" e algumas abordagens que receberam de estudos acadêmicos, novamente estabelecendo uma releitura bibliográfica, para mostrar os limites e avanços interessantes sobre essa temática; discutiremos as diferenças entre essas estruturas e como elas influenciam ou mesmo determinam como os movimentos de cada país serão formados, dado que o próprio modelo do clube oferece maior ou menor espaço de atuação e conquistas de pautas caras aos "*supporters*"; e buscaremos traçar algumas questões que permitam entender esses distintos e plurais movimentos dentro de uma noção mais geral sobre as motivações, impressões e percepções que permeiam os "*supporters*" e suas organizações.

Esses movimentos são herdeiros de formas organizativas mais antigas, mas é preciso também entendê-los dentro do contexto histórico de assentamento das relações ciberculturais, que potencializam, dão maior eficiência e viabilizam a projeção dessas organizações, a publicidade de suas bandeiras e manifestos, e garantem o contato com o público mais amplo de torcedores do clube. Trata-se, portanto, de algo novo em sua forma, mas não necessariamente em sua matéria: o aprofundamento de uma ideia de relação com o clube que se assentou ao longo de décadas e se mostrou madura o suficiente para sobreviver à era da globalização, da hipermercantilizacão do futebol e dos imperativos individualistas da nova razão neoliberal.

Militância torcedora

Mobilizações coletivas, movimentos sociais, ações coletivas, reações torcedoras e ativismos torcedores foram palavras--chave que ganharam força nos estudos do futebol no século XXI, com um amplo conjunto de estudos que buscou investigar as formas e as motivações que resultaram em tantas organizações de torcedores, principalmente no futebol europeu. São experiências que apontam em um sentido muito distinto do processo de clientelização dos torcedores no futebol hipermercantilizado, que parecia impor uma nova lógica irreversível, motivo pelo qual tanto provocaram interesse de estudiosos dedicados a abordar criticamente esse processo.

Ainda que muitos desses estudos se dediquem a reproduzir a ideia das tipologias, de certa forma há um entendimento comum sobre esse tipo de torcedores militantes. Estão articulados em movimentos políticos, com pautas explícitas e um objetivo de representação do conjunto dos torcedores — ainda que em muitos casos pareçam restritos a segmentos menores e talvez até passíveis de acusações de ilegitimidade. Não importa tanto, nesse sentido, a capacidade de intervenção, o número de membros desses coletivos ou o sucesso de suas empreitadas, mas aquilo que têm em comum, como crítica e reivindicação do papel que os torcedores devem cumprir e o que os seus clubes significam para eles.

Esses movimentos são guiados por sentimentos de pertencimento ao clube e por um forte sentido de contestação da propriedade desses. A reivindicação de um lugar de importância histórica na constituição do clube dá a tais movimentos um sentido de exigência por maior direito de opinião e de poder de decisão, buscando submeter os interesses particulares dos proprietários ou dirigentes pontuais aos anseios dos torcedores. Nesse sentido, não apenas se contesta o lugar de cliente, como se defende um direito irrevogável de propriedade sobre o clube, a partir de ideias alternativas sobre o caráter dessas "instituições sociais históricas".

Alguns trabalhos merecem menção detalhada, porque contribuem de forma decisiva para perceber como o fator *"supporter"* representa o que há de mais relevante a se observar dentro dos estudos do futebol no século XXI. Primeiro porque se apresenta enquanto um fenômeno global, que se expressa em contextos muitos variados, de muitas formas diferentes.

Segundo, porque, por mais que aparentem estar travando uma batalha desleal e impossível de ser vencida, tais torcedores contribuem de alguma forma para a consolidação dessa concepção mais crítica — ainda que muitas vezes genérica e de fácil apropriação — de que "o clube pertence aos seus torcedores". Terceiro, porque de fato conseguem impactar suas realidades locais, obtendo conquistas diretas ou ao menos provocando reposicionamentos e recuos táticos daqueles que estão em posição de poder dentro dos clubes.

A trajetória dos estudos dos movimentos de torcedores se inicia ainda nos anos 1990, quando das muitas transformações ocorridas no futebol inglês. Após a Tragédia de Hillsborough, em 1989,[78] o país testemunhou uma agressiva transformação dos estádios e a imposição de uma série de restrições aos torcedores, justificadas como meios para o combate ao problema do hooliganismo. Em seguida, a criação da English Premier League, em 1992, deu início a uma intensa entrada de novos proprietários sobre os clubes, principalmente estrangeiros, interessados na exploração desse novo "momento" do futebol britânico. Os impactos e contradições desse momento, que atingiam diretamente os torcedores, foram decisivos para a atuação dos movimentos de torcedores, que, de certa forma se destacam a partir desse país.

---

78. Trata-se do acidente que vitimou 96 torcedores do Liverpool na semifinal da Copa da Inglaterra, em 15 de abril de 1989, disputada no Estádio de Hillsborough, Sheffield. A tragédia foi ocasionada pela superlotação do estádio e pela negligência policial, mas ao longo de 23 anos predominou a versão oficial, do governo britânico, à época sob o comando da primeira-ministra Margareth Thatcher, de culpabilização dos hooligans do Liverpool (Simões Santos, p. 124-133).

Em 1998 foi publicada a obra *"Fanatics! Power, identity & fandom in football"* ("Fanáticos! Poder, identidade e torcidas no futebol"), organizada por Adam Brown, autor com diversas publicações sobre a temática. Nessa ocasião, Brown publicou o artigo *"United we stand: some problems with fan democracy"* ("United nós seguimos: alguns problemas com a democracia dos torcedores") (1998, p. 346-358),[79] no qual analisa a experiência dos torcedores do Manchester United contra a aquisição do clube por Rupert Murdoch. A ideia de observar o crescimento das experiências organizativas de torcedores já começa a tomar corpo ainda nesse contexto.

As primeiras experiências mais relevantes de contestação organizadas por torcedores também ganharam a atenção de Rex Nash (2000, p. 465-486), que viria a publicar o artigo *"Contestation in Modern English Football: The Independent Supporters Association Movement"* ("Contestação no Futebol Inglês Moderno: O Movimento das Associações de Torcedores Independentes"). O texto tratava da proliferação das chamadas "Independent Supporters Associations", novas organizações de caráter mais crítico e combativo, que buscavam organizar torcedores para uma postura mais incisiva do que a representação tradicional e mais aderente das antigas "Supporters Associations", tipo de estrutura muito comum no futebol inglês. O uso do termo "democracia" começava a se apresentar como um sintoma do interesse cada vez maior dos torcedores ingleses na ingerência e na participação nos rumos dos clubes. Outra obra importante que indica a relevância do tema é *"British football and social exclusion"* ("Futebol britânico e exclusão social"), organizada por Stephen Wagg em 2004. Apesar de

---

79. O termo *"united"* ("unidos") é um trocadilho com o nome do Manchester United, clube analisado no artigo (Brown, 1998, p. 50-68).

não ser dedicada completamente ao tema dos movimentos de torcedores, essa compilação de artigos teve grande influência por dar maior atenção às contradições e aos conflitos vivenciados por torcedores dentro desse contexto. Além do artigo inicial produzido pelo organizador, a obra conta com colaborações de outros estudiosos de impacto sobre o tema, dentre eles o próprio Adam Brown.

Anos mais tarde, em 2011, seria publicada a coletânea *"Who Owns Football?: The Governance and Management of the club game worldwide"* ("Quem manda no futebol? A governança e gestão do jogo dos clubes pelo mundo"), por David Hassan e Sean Hamil. Esse contributo se dedicava a dar maior visibilidade ao tema da gestão dos clubes, inserindo a discussão dos movimentos de torcedores em uma chave mais profunda, oferecendo um quadro de discussões sobre a viabilidade e os mecanismos possíveis para a inserção dos torcedores na tomada de decisão dos seus clubes. Sean Hamil assina, como coautor, um artigo sobre o modelo de governança do FC Barcelona, cujo modelo associativo era inexistente na Inglaterra, para sugerir como era possível conceber e equilibrar princípios de democracia com exploração comercial, sem perder competitividade esportiva — dado o grande sucesso do clube nessas três dimensões. A referência ao modelo não é superficial, mas, praticamente, um posicionamento de defesa de um novo modelo para o futebol europeu, dentro desse leque de discussões crescente.

Uma das principais compilações desse tipo de estudo foi publicada em 2013, organizada por Peter Kennedy e David Kennedy. Em *"Football Supporters and the Commercialisation of Football: comparatives responses across Europe"* ("Torcedores de futebol e a comercialização do futebol: reações comparativas pela Europa") — originalmente uma edição da revista Soccer & Society, posteriormente publicada como livro —, os autores oferecem uma série de estudos sobre as contradições da mercantilização do futebol, com abordagens dedicadas, principalmente, a analisar as formas como torcedores se organizavam para contestar as políticas impostas. Além de artigos sobre torcedores de Alemanha, Espanha, Croácia e Israel, a obra trata de experiências vividas por torcedores do Everton contra a mudança de estádio e da resistência dos torcedores do Liverpool aos novos proprietários norte-americanos; e apresenta um interessante artigo de Peter Kennedy sobre a expansão do modelo britânico de "*Supporters Direct*" para o resto da Europa (p. 83-99). Sobre esse último tópico, trata-se do programa impulsionado pelo governo britânico para a formação das chamadas "*supporters trusts*", modelo que consistia na reunião de torcedores para a aquisição de participação acionária nos seus clubes — um indício do momento de ampliação dessas questões pelo continente, assunto de que trataremos melhor adiante.

Em 2014, publica-se a coletânea "*L'autre visage du supportérisme: autorégulations, mobilisations collectives et mouvements sociaux*» ("Outra visão sobre o *supportérisme*: autorregulações, mobilizações coletivas e movimentos sociais"), organizada pelos franceses Thomas Busset, Roger Besson e Christophe Jaccoud. Com o interesse em propor um novo paradigma para o estudo de uma sociologia política dos torcedores, "do apoio à equipe à defesa de interesses próprios", o livro reúne uma série de estudos sobre esses movimentos torcedores na França, na Bélgica, na Suíça, na Argentina e na Croácia, buscando contribuir com uma percepção comparativa e mais ampla dessa temática. O destaque fica pela aposta feita por Nicolas Hourcade em perceber essas organizações como verdadeiros movimentos sociais, cujas relevância, presença e capacidade organizativa não podiam ser negligenciadas dentro dos estudos do futebol (p. 41-58).

Outra contribuição de grande valor para esse campo é a obra *"Football and Supporter Activism in Europe: Whose game is it?"* ("Futebol e ativismos torcedores na Europa: de quem é o jogo?"), organizada por Borja Garcia e Jinming Zheng, publicada em 2017. Aqui, novamente a discussão sobre a gestão dos clubes ganha centralidade, reunindo estudos sobre as *"supporters trusts"* fora da Inglaterra e retomando o destaque para o modelo associativo, ainda presente em alguns clubes da Espanha e com maior constância na Alemanha. Garcia é um autor especialmente dedicado a compreender os modos de funcionamento dos clubes, diante do que defende os benefícios da maior participação dos torcedores, seja na criação de estruturas efetivas para o exercício desse direito, seja através de mecanismos de inserção desses *"stakeholders"* na tomada de decisões. Vale-se, portanto, da potência e da amplitude que esses movimentos de torcedores conquistaram ao longo das últimas décadas.

Logo depois, em 2018, é lançada a obra *"Collective Action and Football Fandom: a relational sociological approach"* ("Ações coletivas e torcedores de futebol: uma abordagem pela sociologia relacional"), escrita por Jamie Cleland, Mark Doidge, Peter Millward e Paul Widdop. Apesar de ser uma contribuição com esboço teórico-metodológico mais definido do que os demais exemplos, trata-se de um trabalho produzido coletivamente por quatro autores muito produtivos e influentes dentro desse campo de estudos, que sempre se dedicaram a investigar os ativismos torcedores em suas variadas formas. Abordam tanto as chamadas *"supporters trusts"* quanto o deslocamento de torcedores mais críticos para o apoio a clubes do futebol não profissional (logo, menos mercantilizado), a organização de campanhas contra o aumento do preço de ingressos e a formação de redes transnacionais de cooperação e solidariedade entre movimentos de torcedores.

Por fim, cabe menção ao livro de Dino Numerato, publicado em 2019: *"Football Fans, Activism and Social Change"* ("Torcedores de futebol, ativismos e mudança social") é um esforço especial na tentativa de encontrar os pontos de conexão entre esses movimentos de torcedores, abordando, principalmente, aquelas experiências investigadas em locais de atuação do pesquisador, como Inglaterra, Itália e República Tcheca. Além do olhar mais amplo à importância do estudo comparativo, Numerato contribui ao observar como esses ativismos se dão em três diferentes sentidos: a luta dos torcedores sobre policiamento, medidas de segurança e criminalização; a luta dos torcedores sobre "aspectos socioculturais", como identidades, símbolos e rituais; e a luta de torcedores sobre a governança, contra a má-gestão, por maior envolvimento e pela propriedade dos clubes. Talvez a contribuição mais completa até então, que oferece um quadro amplo e complexo desse universo dos movimentos dos torcedores na contemporaneidade.

Essa revisão bibliográfica apresenta o campo de estudos do futebol com que esta tese em questão busca dialogar. Como é possível notar, o termo *"supporter"* é de uso generalizado, muito alinhado com a discussão previamente feita sobre como essa pretensa categoria serve como demarcador de posição entre torcedores mais ativos e os de postura mais fluida (os *"fans"*). A produção sobre o tema é crescente e cada vez mais sofisticada, sendo ao mesmo tempo indício da relevância e da vitalidade desses movimentos de torcedores, fonte interessante de informações e abordagens teóricas sobre esse instigante objeto, e contribuição política de grande valor para essas organizações.

Vale agora discorrer mais um pouco sobre os fatores estruturais, socioculturais e político-econômicos que impactam na forma como esses movimentos se estabelecem. Como já percebemos no capítulo anterior, existem muitos tipos de clubes possíveis, o que vai influenciar e até condicionar os espaços possíveis de atuação dos torcedores e os meios pelos quais esses buscam participar dos seus espaços de pertencimento e identidade.

Estrutura do clube e do movimento

Nos próximos capítulos estudaremos casos de movimentos de torcedores em seis países, além do próprio Brasil. Nessa altura, de modo a introduzir as diferenças entre essas realidades, vale perceber de forma mais panorâmica como esses movimentos se apresentam em Inglaterra, Alemanha, Espanha, Portugal, Argentina e Chile. Os espaços de atuação e as possibilidades de conquistas de pautas caras aos "*supporters*" dependem da estrutura de cada clube.

Antes de iniciar, convém observar que esses movimentos podem ser formados por torcedores de origem, classe social e posições políticas variadas. Não se deve entendê-los apenas como movimentos militantes que transplantam perspectivas políticas mais amplas para o plano do futebol, até porque essas iniciativas buscam diálogo com o conjunto dos torcedores e tendem, de certa forma, a elaborar palavras de ordem e bandeiras abrangentes que compitam ao lugar que esses torcedores devem ocupar no clube. Não se trata, portanto, de organizações com traços ideológicos mais rígidos, como aqueles vistos nos agrupamentos "ultras", mas grandes frentes que buscam conferir espaços institucionais de intervenção e participação torcedora em um sentido mais aberto, geralmente reivindicando a "democracia torcedora" como princípio comum (Doidge, 2016).

Os movimentos de torcedores se conectam através de concepções muito parecidas. Essas semelhanças estão em certas "categorias nativas", por assim dizer, criadas para designar o papel dos torcedores ativos na defesa do clube; destacar as suas identidades coletivas como formadoras dessa instituição-clube, a qual não admitem que seja apropriada de forma privada; e demarcar o caráter multifacetado da produção do clube ao longo de sua trajetória histórica.

Dentro desses modelos, temos pelo menos três tipos de clube, seguindo aquilo que foi apresentado no Capítulo 2 — do qual se sugere a conferência da descrição de cada tipo ao longo da leitura. Seriam esses grupos, resumidos em seu "formato jurídico": empresa pura, associação em sociedade anônima e associação civil pura.

O modelo de empresa pura está presente na Inglaterra e na Espanha, levando sempre em consideração as quatro exceções "associativas" espanholas. O modelo de associação dentro de sociedade anônima é predominante na Alemanha, em Portugal e no Chile, com formatos e expressões distintas. O modelo de associação pura é hegemônico na Argentina e era o mais comum no Brasil até a "Lei da SAF". Dentro de cada um desses tipos será importante ressaltar as diferenças remanescentes do "modelo político", que também será decisivo para entender como essas experiências se constituem. Repassemos cada tipo.

EMPRESA PURA

Há uma diferença importante, de origem histórica, que diferencia os clubes da Inglaterra e da Espanha. Como já destrinchado no capítulo anterior, clubes ingleses se constituem enquanto empresas desde o início do século XX, enquanto os clubes espanhóis eram todos constituídos enquanto associações civis até os anos 1990. Foi o próprio mecanismo estabelecido para a conversão dos clubes em *sociedades anónimas deportivas* (SADs) na Espanha que permitiu que muitos dos antigos sócios pudessem ter a propriedade de pequenos pacotes de ações dos clubes.

Ainda que até meados da década de 1980 alguns clubes ingleses contassem com um número amplo de acionistas, o cenário sempre foi muito distinto, com a figura do "proprietário" — aquele sujeito com maior participação e poder de decisão — sendo uma realidade mais comum. Já na Espanha, a tomada de controle mais amplo de clubes de maior porte sempre foi uma questão incômoda, formando dentre aqueles antigos sócios a ideia de que era necessário manter a posse dessas ações, de modo a viabilizar a representação torcedora dentro do clube. Desse modo, esses dois países apresentam modelos diferentes: na Inglaterra, praticamente alijados da participação efetiva na empresa, mesmo enquanto acionistas, os torcedores só conseguem organizar movimentos "externos", raramente institucionalizados; na Espanha, em alguns clubes, os autointitulados "*accionistas de base*" formam a linha de frente dos movimentos dos torcedores, participando efetivamente das assembleias de acionistas, mesmo que em posição de minoritária.

Considerando isso, é possível entender por que na Inglaterra os principais movimentos de torcedores são identificados como "*supporters club*", "*supporters associations*" ou "*supporters trusts*". Ainda no início do século XX já existiam agrupamentos como "clubes de torcedores", que buscavam envolver a comunidade com finalidade socializadora e para a mobilização por trabalho voluntário a favor dos clubes de sua localidade, como o suporte na construção ou na reforma de um estádio. Há o relato até de participação desses grupos na diretoria dos clubes, como ocorreu ao Southampton nos anos 1930, de forma menos comum (Keoghan, 2014, p. 48).

As associações de torcedores são formatos posteriores, presentes em praticamente todos os clubes, que buscavam reunir, organizar e dar representatividade aos adeptos, estabelecendo diálogos com o clube e sugerindo espaços de consulta e de proposição de melhorias em estádios. Essas organizações acabaram com o tempo caindo em práticas mais aderentes e acríticas, o que motivou o surgimento, no início dos anos 1990, das chamadas "Independent Supporters Association" (ISAs), organizações que empenhavam uma posição mais combativa aos proprietários dos clubes, ou aos seus pretensos compradores, principalmente estrangeiros. Boa parte delas está vinculada a uma organização nacional chamada Football Supporters Association (FSA), que também reúne filiados individuais. De todo modo, são as ISAs que vão alçar o ativismo torcedor inglês a um novo patamar de organização, que vai, em dado momento, convergir com a ideia das "*supporters trusts*" (Keoghan, 2014, p. 63).

As "*trusts*" consistem em uma organização de torcedores que levanta recursos para a aquisição de parte do clube, de modo a conferir maior poder efetivo de decisão. Iniciado em experiências de torcedores do Northampton Town (1992) e do Bournemouth AFC (1997), que reclamavam a falta de contrapartidas claras ao esforço dos torcedores em auxiliar os seus clubes, inclusive financeiramente, esse modelo se prolifera pelo país, motivando mesmo políticas públicas para o seu estímulo e apoio, como foi o projeto "*Supporters Direct*". O modelo de "*supporters trust*" é amplamente difundido pelo Reino Unido, apresentando níveis distintos de poder de participação, mas responsável pela salvação de muitos clubes em processo de falência, dentre os quais se destacam os casos do Swansea e do Portsmouth. Esses diferentes tipos de organização torcedora tendem a ser intersticiais ou, no mínimo, estabelecem diálogo direto para garantir a representação torcedora junto ao clube (Keoghan, 2014, p. 67-80).

De certa forma, as "*supporters trusts*" inglesas se apresentam como o modelo mais aproximado do que seriam os "*accionistas de base*" espanhóis, dado que buscam dotar os torcedores de participação acionária dentro dessas empresas, buscando como objetivo, quando possível, compor o próprio conselho de administração dos clubes. Também conhecidos como "*pequeños accionistas*", esses acionistas-antigos-sócios dos clubes da Espanha estabelecem associações para reunir esse capital, buscando atingir um mínimo de 5% das ações, podendo, assim, obter o direito de participação nas assembleias de acionistas — como rege a lei das sociedades anônimas espanholas. De certa forma, a ideia que rege os acionistas de base é a preservação da cultura associativa extinta a conversão dos clubes em SAD (Sampedro Contreras, 2020, p. 152-161).

Essas "*asociaciones de pequeños accionistas*" se articulam nacionalmente através da Federación de Accionistas y Socios del Fútbol Español (FASFE), que expressa o intuito de impulsionar a democratização dos clubes locais e preservar o legado dessas agremiações. A FASFE surgiu em 2012, resultante de um processo de ampliação da discussão promovida pela Supporters Direct Europe, organização que recebeu apoio da UEFA após a publicação do "*Arnaut Report*" (mencionado no capítulo anterior). Através dessa organização nacional, torcedores espanhóis buscaram emplacar uma revisão da *Ley de Deportes*, para permitir o retorno das associações civis nas duas primeiras divisões locais.

Os pequenos acionistas, via de regra, buscam o diálogo direto com outras organizações de torcedores, como agrupamentos "ultras" e as chamadas "*peñas*", modelo de coletivo que tradicionalmente reunia sócios do clube e torcedores comuns, que ainda se apresentam em grande número. As "*peñas*" de cada clube também se organizam em federações, buscando dar representatividade aos torcedores, especialmente em casos em que os pequenos acionistas já são menos numerosos (Sampedro Contreras, 2020, p. 157). Também é comum que sejam formadas verdadeiras frentes políticas que reúnem esses diversos e variados agrupamentos, em modelos que comumente são identificados como "plataformas", presentes em muitos clubes. Por óbvio, o modelo associativo remanescente em Barcelona, Real Madrid, Athletic Bilbao e Osasuna proporciona a existência de coletivos de caráter distinto, porque esses são formados por sócios.

Em geral, o que se percebe é que os movimentos de torcedores ingleses e espanhóis, dentro do modelo de clubes como empresas, guia-se pela tentativa de tomada do controle acionário do clube. Como se trata de uma tarefa muito difícil, dados os valores astronômicos que envolvem o futebol atual, essas organizações, geralmente, se dedicam a conquistar um direito mínimo de representatividade nas assembleias de acionistas, levando as demandas dos torcedores para as esferas de poder do clube.

ASSOCIAÇÕES DENTRO DA EMPRESA

Algo muito diferente será percebido na Alemanha, em Portugal e no Chile, onde as associações civis ainda existem, mesmo que em formatos e níveis diferentes de poder dentro da sociedade anônima que controla o futebol desses clubes. No caso alemão, a lei impõe que o poder de voto dentro dessas empresas esteja sob o controle das associações, através da regra de 50+1. Em Portugal, onde a lei não garante esse limite mínimo, há muitos modelos a serem observados, mas pesa o fato de o país ter uma concentração muito grande de torcedores, sendo aquelas associações dos clubes médios constituídas em quadros sociais menores, mas não necessariamente alheios aos debates políticos. No Chile, a maioria dos clubes está sob controle de acionistas privados, sendo a associação resumida a um papel minoritário, previsto em lei, que pode, no máximo, ter o direito de veto sobre alguns temas sensíveis.

Convém começar pela Alemanha porque, dada a persistência da associação, esses movimentos de torcedores acabam sendo feitos diretamente pelos "*mitglieders*" (membros), que são a figura local do que se entende por sócios nos países latinos. A pauta mais relevante e que conecta esses grupos, evidentemente, é a luta pela permanência da regra que confere à associação o controle dos rumos do futebol do clube. Afinal, também passam por lá as decisões sobre os posicionamentos públicos do clube, a mudança ou a organização dos estádios — nesse caso, principalmente o preço dos ingressos e a realização das festas —, e a cessão de maior parte do capital social para novos eventuais investidores (Viñas, 2020, p. 240-265).

Pesa de forma considerável a força da cultura associativa alemã, que se expressa em muitos diferentes espaços sociais, dando grande vitalidade aos movimentos políticos que atuam dentro dos clubes de futebol. Por serem associações com baixo custo de manutenção, muitos clubes atingem dezenas ou mesmo centenas de milhares de membros, que têm direitos políticos amplos. Desse modo, anualmente participam de assembleias de apreciação das contas, podendo aprová-las ou reprová-las, e, em intervalos de três anos, podem participar das eleições para uma nova diretoria. Uma rápida pesquisa na internet sobre as assembleias anuais de sócios dos clubes (*Mitgliederversammlung*) alemães permite entender a proporção dessa participação.[80]

---

[80]. Uma fonte em que é possível perceber a dimensão de uma assembleia do VfB Stuttgart, clube que não é um dos maiores do país, que contou com a presença de 14 mil *mitglieders*, dos mais de 55 mil registrados pelo clube (VFB.DE, 2017).

Torcedores locais estão comumente vinculados a organizações nacionais como a Unsere Kurve (Nossa Curva),[81] que busca reunir os coletivos de torcedores que atuam politicamente em seus clubes e defendem a permanência da regra 50+1, e é a representação local da Supporters Direct Europe. Uma segunda organização importante é a Pro Fans, federação cujo lema é "divididos pelas cores, unidos em princípios", com dedicação voltada para os grupos de torcedores que realizam festas nos estádios, como os "ultras", e para impulsionar pautas como o combate à repressão policial e ao aumento do preço dos ingressos. Em 2018, surgiu a iniciativa *"Unser Fussball"* ("Nosso Futebol"), que também impulsiona as pautas de democracia nos clubes, além de garantias de direitos dos torcedores nos estádios, sendo a responsável pela iniciativa *"50+1 Bleibt!"* ("50+1 Fica!"). Em seu manifesto de fundação, recebeu apoio de todos os grupos nacionais de torcedores, além da assinatura direta de mais de 2300 coletivos de torcedores de todo o país.

Em Portugal o cenário é um pouco distinto porque os três maiores clubes (SL Benfica, Sporting CP e FC Porto) reúnem ampla maioria dos torcedores locais — e seguem no controle das suas *sociedades anônimas desportivas* (SADs) (Borges, 2020, p. 98-119). A disputa política também se dá através de coletivos políticos de sócios, que participam de eleições e buscam formas de intervir nos rumos dos clubes. Em clubes de médio porte, ainda que menores, também há uma presença

---

81. Na Europa, o termo "curva" é comum para designar o setor da arquibancada mais festivo, posicionado ao fundo dos gols, que geralmente tinha um formato curvo nos estádios mais antigos. Ainda que as novas arenas tenham padronizado as tribunas retilíneas nos quatro lados, o termo "curva" persiste como simbologia dessa postura torcedora mais ativa.

importante de sócios. O Braga FC sempre esteve no controle da SAD, o Vitória SC vendeu a maior parte do capital, mas posteriormente recuperou o controle de sua SAD, e o CF Os Belenenses constitui o caso de estudo que escolhemos para análise de mobilização torcedora. Há um interessante movimento de tentativa de recuperação da SAD que muito interessa aos objetivos desta tese.

O que pesa muito no cenário português é que as associações geralmente possuem mecanismos de maior controle dos seus pleitos eleitorais, conferindo aos sócios mais antigos um maior peso no voto, sempre superior aos dos sócios mais novos. Essa situação motiva a existência de muitos agrupamentos que buscam reformar os estatutos e derrubar tais regras, uma vez que servem como forma de manutenção de determinados grupos de poder interno. Em contexto de SAD, vários foram os casos de conexão direta e conflituosa entre a direção do clube e os investidores privados da empresa que controla os ativos do futebol da agremiação.

Em 2018, foi criada a Associação Portuguesa de Defesa do Adepto (APDA), que tem como finalidade intervir em assuntos que atingem os direitos dos torcedores. A APDA teve papel importante na revogação do "cartão do adepto", um registro geral dos torcedores justificado como política de combate à violência. Essa política obrigou a criação de setores exclusivos para as "claques", como se chamam as torcidas em Portugal, causando situações incômodas e violações de direitos civis. Graças à mobilização promovida pela APDA, sofreu intenso boicote, com diversas manifestações nas arquibancadas, o que resultou em sua revogação.

No Chile, apesar de as associações ainda existirem, a restrição à sua atuação nas *sociedades anónimas deportivas profesionales* (SADPs) impõe um distanciamento crescente dos sócios dos clubes. Mesmo assim, há muitas iniciativas que buscam conquistar o controle dos clubes para uma maior intervenção dentro das SADPs, que ainda resguardam algum espaço mínimo de poder às associações originais — geralmente com o controle das chamadas *golden share*, as ações especiais que dão direito a veto sobre alguns temas. Muitos conflitos entre torcedores, diretores das associações e investidores dos clubes foram testemunhados desde que as SADPs se tornaram obrigatórias em 2005, com alguns casos de mobilização de torcedores através de movimentos que buscavam restabelecer a força associativa que os clubes tinham nos tempos passados (Ruete et al., 2020, p. 178-201).

Desde os grandes clubes da capital até os clubes do interior, movimentos de torcedores já se organizaram com o propósito de manter os clubes com finalidade social, esportiva e educativa, reclamando que esses não podem ser resumidos ao time de futebol empresarizado. Para tanto, esses movimentos atuam de modo a conquistar o controle da associação e tentar emplacar mecanismos de maior poder dentro das SADPs, para influenciar em decisões de restabelecimento, reforma ou construção de estádios e equipamentos de lazer, para questionar políticas de ingressos e restrições aos modos festivos de torcer e para criar campanhas de retomada das associações por parte dos torcedores comuns.

ASSOCIAÇÕES PURAS

Por fim, há ainda clubes sob o formato associativo em grande quantidade na Argentina e no Brasil, que precisam ser vistos em sentido comparativo para que se percebam os meios pelos quais os torcedores se organizam. O formato histórico de constituição das associações argentinas é muito mais amplo, popular e acessível se comparado ao que historicamente foram os modelos associativos dos principais clubes brasileiros: restritivos, custosos e repletos de mecanismos de controle e barreiras para participação efetiva.

A começar pelo que sempre foram os chamados "conselhos deliberativos", órgãos que funcionavam como limitação à realização das assembleias mais amplas, nas quais contas poderiam ser apreciadas e eleições poderiam ser realizadas de forma direta. A ausência desse instrumento na Argentina faz com que os sócios tenham participação efetiva, seja em assembleias anuais — ainda que isso também seja alvo de crítica dos torcedores, pelos raros espaços de posicionamento e tomada de decisão — ou na eleição direta de novas diretorias.

Essa possibilidade faz com que muitos grupos de sócios se organizem para atuar politicamente dentro dos clubes, que, diante da complexidade e da multiplicidade das posições, buscam elaborar mecanismos mais sofisticados de registro e promover diálogo entre essas organizações, bem como proporcionar a criação de comissões e subcomissões onde podem participar mais ativa e diretamente de algumas tomadas de decisão. A vitalidade do processo político dos clubes argentinos, por óbvio, também apresenta alguns problemas típicos dos processos eleitorais mais amplos — clientelismo, agressões, tentativas de fraude etc. —, mas também constitui uma cultura de profunda participação e fiscalização da gestão do clube (Daskal, 2020).

No Brasil, o fato de a lei permitir aos clubes a restrição dessas decisões aos órgãos deliberativos faz com que praticamente não ocorram assembleias e que a eleição seja realizada por um número muito restrito de associados. À parte a menor cultura associativa brasileira, se comparada com os outros países listados, é digno de observação como os clubes estão sempre elaborando novas formas de restrição à participação de torcedores comuns, limitando o direito à associação através de normas excludentes, alterando as regras eleitorais ao gosto do grupo em posição de poder, compondo o conselho deliberativo sem proporcionalidade com relação aos votos da assembleia eleitoral ou criando novos órgãos superiores que engessam e preservam o poder na mão de poucos — como os títulos de "conselheiros beneméritos" ou "conselheiros vitalícios".[82]

Apesar de algumas exceções notáveis de clubes de formato mais democrático, em geral o que esse tipo de manobra provoca é a quase ausência de torcedores comuns dentro dos quadros sociais dos clubes. A consequência disso é uma atuação política muito baixa dentro dos espaços oficiais, quando muito, contestadas por movimentos de torcedores dedicados a pautar maior democracia nos clubes. Inexistem grandes organizações nacionais capazes de articular e congregar esses agrupamentos, o que dificulta a projeção dessas pautas, ainda que esses coletivos estejam em constante contato e intercâmbio de experiências. Por outro lado, a participação dos torcedores acaba se dando por coletivos menores, que muitas vezes não são formados por sócios de fato e não têm espaços legítimos de atuação.

De todo modo, é notável como muitos desses agrupamentos políticos se valeram da cibercultura para ampliar a discussão sobre a importância da democracia dentro dos clubes, em especial a partir dos anos 2010. Há algumas conquistas pontuais importantes a serem analisadas, principalmente em reformas estatutárias que viabilizaram eleições diretas, maior acesso ao direito associativo e composição de conselhos deliberativos

---

82. Um exemplo de alteração estatutária nesse sentido ocorreu no São Paulo FC, através de apenas 254 votos no conselho deliberativo (GE, 2021).

mais amplos e questionadores, que cumprem o importante papel de fiscalização e ameaçam os poderes estabelecidos dentro dos clubes. É muito comum que esses movimentos reivindiquem direitos políticos para os chamados "sócio-torcedores", os programas que concedem descontos na compra do ingresso — que, geralmente, só tem a nomenclatura de "sócio", sem oferecer nada nesse sentido. Essa ideia busca romper com as estruturas políticas estabelecidas de privilégio aos "sócios do clube social", que são de acesso restrito e de alto custo de manutenção.

A criação de SAFs por muitos clubes deve apresentar um novo cenário nesse sentido porque, ao mesmo tempo que restringirá ainda mais qualquer possibilidade e atuação política dos torcedores enquanto sócios, poderá proporcionar canais de diálogo abertos pelos novos proprietários, coisa que os antigos dirigentes nunca estiveram dispostos a proporcionar. Um paradoxo que valerá muito a pena observar ao longo da década de 2020.

De todo modo, o esforço comparativo aqui empreendido para pensar o fator *"supporter"* como fenômeno global parte de um entendimento de como essas organizações estão se reproduzindo e se ampliando de forma significativa. Munidas das ferramentas oferecidas pelas mídias sociais, conseguem dar maior visibilidade às suas pautas, conquistar novos torcedores para suas fileiras e emplacar um discurso político que, de um modo geral, aponta pela contestação do clube enquanto algo apropriável para fins privados. Por isso vale uma reflexão sobre o que une esses movimentos tão diversos.

Refazendo "o Clube"

Para encerrar o capítulo, vale fazer uma reflexão mais ampla sobre como os torcedores percebem os seus clubes, entendem o seu papel enquanto membros dessas organizações e promovem uma espécie de direito de propriedade sobre elas. Independente do formato jurídico a ser apreciado, em geral, o que se nota é uma resistência às noções que pretendem epilogar a relação torcedor/clube a uma posição de mero cliente, quando muito, alvo de consultas sobre como oferecer melhores serviços a serem consumidos. Há um sentido amplo de contestação sobre a própria natureza da propriedade desses clubes, seja em oposição aos donos efetivos de empresas, seja contra dirigentes que têm maior poder dentro de associações.

Afinal, o fator mobilizador dos torcedores está muito longe de se resumir a uma aderência simples à "empresa produtora de espetáculos". O torcedor imagina o clube como algo muito mais amplo, porque é algo que preenche a sua vida cotidiana, que lhe confere pertencimento e identidade, proporciona sociabilidades e conexões com pessoas alheias aos seus círculos sociais convencionais, organiza a seu modo de viver ao mesmo tempo que lhe provoca urgências de questionamento e contestação da realidade, que lhe confere um sentido maior de existência do que as miudezas existenciais diárias. Em suma, para o torcedor "o Clube" vai muito além do futebol.

Ao abordar a natureza dos clubes ingleses, Gavin Mellor sugeriu observar o futebol como um "*Janus-faced*" ("com rosto de Jano"), uma analogia ao deus romano com duas faces, que apontavam para direções distintas e carregavam simbologias de dualidade, de equilíbrio entre extremos e de sentidos de transição. Para Mellor (2008, p. 313-324), o futebol é "uma atividade comunitária profundamente enraizada que expressa e reforça a identidade cultural de um grande número de pessoas", e o imenso potencial de mercantilização desse esporte enquanto indústria cultural foi incapaz de (ou deveria ser impedido de tentar) apagar as antigas tradições culturais que mobilizaram tantos indivíduos a favor das cores de um clube.

É evidente que não é possível desprender a importância dos clubes da sua história político-econômica, como sugerimos ao longo dos primeiros capítulos, ao revelar a dinâmica de massificação da torcida através da tríade relevância financeira, esportiva e social. Mas tampouco poderíamos nos resumir a observar a aderência dedicada, ativa e, às vezes, até militante de tantos indivíduos a favor de um emblema apenas pelo que ele oferece em termos de glórias esportivas.

A dinâmica de adesão a um clube passa por muitas relações sociais que atravessam o processo de formação de um indivíduo, principalmente quando observamos aqueles torcedores que puderam gozar da experiência presencial de viver "o Clube", essa entidade difusa, em estádios — indubitavelmente a forma mais intensa até os tempos atuais.

A adoção de um "estilo de vida torcedor", de um modo ou de outro, ainda é uma escolha pessoal, uma reivindicação de caráter muito íntimo que não admite contestações. Da mesma forma, é a escolha do *"supporter"* de se engajar em ações, mobilizar torcedores, despender tempo e recursos para elaborar e viabilizar organizações de representação política.

Mas como perceber isso em realidades socioculturais e político-econômicas tão distintas? Ao que as observações dessa pesquisa permitem identificar, há pouca diferença substancial no modo como torcedores se dedicam aos seus clubes, sejam eles empresas privadas, associações fechadas ou associações que viabilizam participação direta. A noção de que o torcedor é um "membro do clube" está presente nessas três dimensões de maneira muito aproximada e expressiva, como a observação do fator "*supporter*" permitiu identificar nas formas mais resistentes aos poderosos imperativos do negócio do futebol.

Em suas pesquisas de campo sobre os modos de torcer no Brasil, Arlei Damo (1998) explorou os sentidos do "pertencimento clubístico" como uma categoria capaz de identificar essas formas mais ativas e dedicadas do torcer. Ao buscar compreender a relação entre torcedores e política, espaço em que reafirma as suas percepções na criação desse conceito, o "pertencimento clubístico" aparece como chave central para designar uma "modalidade de vínculo intensa, duradoura e exclusiva" de relação entre torcedores e seus clubes e de torcedores entre si. Nesse sentido, o termo "pertencimento" ocupa o lugar da "identidade" por denotar uma relação de traços mais profundos, caracterizados por uma relação ativa do torcer, em que o "engajamento" é um elemento de distinção (Damo, 2012, p. 45-72).

Em uma linha muito próxima, Peter Millward observou como movimentos de torcedores ingleses (que chama, sem rodeios, de "movimentos sociais") — herdeiros de noções muito mais antigas de reivindicação pela recuperação de uma pretensa democracia participativa dentro dos seus clubes (2011, p. 186) — se guiam por um "*sense of ownership*" ("senso de propriedade"). Para ele, essas reivindicações se tornam mais intensas e combativas em momentos de maior agressão mercantilizadora, como o contexto desse estudo, de aquisição de clubes ingleses por grupos estrangeiros. Mas também se expressaram dessa forma em momentos anteriores da história do futebol inglês, como a agitada década de 1970.

Ainda no cenário de transformações do futebol inglês, Peter Kennedy utiliza o conceito de "*sense of moral ownership*" ("senso de propriedade moral"), no qual observa a contenda entre a necessidade de ceder e se resignar quanto às pressões comerciais do futebol-negócio e a rejeição da identificação dos torcedores como meros clientes ou consumidores. Em sua leitura, Kennedy acredita que a mercantilização agressiva do futebol das últimas décadas sobrepôs e contaminou um tradicional "senso comum", de valorização da relação de solidariedade emocional entre torcedores e o afeto coletivo ao clube, por um novo "senso comum", mais leniente e receptivo às mudanças impostas pelos imperativos financeiros, portanto mais individualistas, instrumentais e quantificáveis (2012, p. 341-358). Uma abordagem facilmente questionável, se considerarmos a proporção e a renovação dos movimentos de torcedores ao longo dos anos 2010, em que pesem os seus poucos logros políticos efetivos.

Por sua vez, Ramón Llopis-Goig (2015) aposta no conceito de "*symbolic ownership*" ("propriedade simbólica") ao investigar a relação dos torcedores espanhóis com seus clubes. Apesar de sugerir o recrudescimento desse tipo de ideia entre os torcedores — algo de que discordamos, diante das experiências estudadas —, o reforço dado a essa abordagem mais ampla sobre "a quem o clube pertence" é igualmente produtivo. A perda do caráter institucional de "*socios*" e o débil acesso ao papel de "*accionistas*" não ofuscou esse sentimento simbólico de propriedade, que acaba se expressando sobre outras modalidades de aderência ao clube, que seguiram alimentando esse tipo de pertencimento. Nesse caso, a aquisição do "*season ticket*" (pacotes de ingressos para toda a temporada, semelhante ao "sócio-torcedor" no Brasil) ainda confere aos torcedores uma posição de participação e vínculo mais intenso, e não à toa a antiga nomenclatura "*socio*" seguiu sendo utilizada para identificar esse tipo de programa entre os clubes espanhóis.

Essas questões nos obrigam a elaborar uma ideia mais geral do que é o clube de futebol no século XXI e os motivos que provocam essas noções de pertencimento e propriedade da parte dos torcedores. Porque aqui estamos falando de clubes que sempre se guiam, de modo geral, pelo aprimoramento e pela potencialização de uma "empresa produtora de espetáculo", cujas demandas financeiras tendem a dar ao pertencimento torcedor um sentido potencialmente incômodo. Fossem passivos, meramente consumistas e lidassem com esses clubes de forma absolutamente individual, as decisões tomadas pelos sujeitos em posição de comando dessas agremiações — proprietários, diretores, presidentes — não seriam sequer contestadas.

Torcedores de todos os países partem de um entendimento contrário: o clube deve servir primordialmente aos seus interesses e às formas como esses pretendem que sejam o seu clube de pertencimento. É dizer: se o futebol se transformou a ponto de conceber o processo de clientelização como um destino necessário e inevitável para essa atividade, são essas formas questionadoras do torcer que sustentam e transmitem para as novas gerações a inexorabilidade do pertencimento clubístico como forma de preservação dos sentidos comunitários que sustentam os clubes. Há uma clara contestação de que "clube" e "time" são coisas distintas, mesmo que sejam inevitavelmente complementares.

A natureza da organização que involucra essa "empresa produtora de espetáculo" também parece pouco importar nesse sentido. Se o clube é uma empresa com maior ou menor participação dos torcedores ou se é uma associação que lhes garante direitos políticos ou não, as experiências observadas de movimentos de torcedores estão sempre dedicadas pela insistência irredutível na ideia de que "o clube" é de natureza inapropriável: ele pertence aos torcedores, porque sem os torcedores eles não existiriam e não poderão existir.

É interessante observar essas resistentes formas de disputa de uma verdadeira "concepção de clube" a partir das experiências desses torcedores, que estão elaborando, constantemente, "novas associações", espaços comuns, de propriedade coletiva. Nesse sentido, entender a contradição entre "clube" e "time" é apagar certos limites impostos pelos modelos jurídicos institucionalizados — esses que, muitas vezes, dificultam a compreensão das conexões latentes entre as formas reais e atuais dos movimentos dos "supporters". Não falemos, portanto, apenas de "associações civis sem fins lucrativos" ou de "sociedades empresárias"; falemos de "associações de torcedores" em contradição e conflito com a "empresa produtora de espetáculo".

Ainda que, a priori, o modelo associativo ofereça espaços institucionais mais viáveis para a participação e a intervenção dos torcedores — não obstante, modelo idealizado por torcedores ligados a clubes sob o formato de empresa[83] —, ele não está impassível de sofrer apropriação por grupos de poder, que também são munidos de poder econômico. Do mesmo modo, não é o fato de um clube ter um "dono" que fará com que os torcedores imediatamente aceitem como incontornável ou inquestionável o caráter dessa propriedade. Essa "concepção de clube" está no cerne da existência de tantos movimentos de torcedores de verdadeiro caráter militante, como explicamos anteriormente e aprofundaremos nos próximos capítulos. Tampouco poderíamos resumir a esses tipos de torcedores

---

83. Movimentos de torcedores ingleses, espanhóis e chilenos, por exemplo, fazem recorrentes menções ao "modelo alemão", no qual os clubes seguem controlados pelas associações de sócios.

"militantes" a exclusividade dessa noção mais ampla de como "o clube" não se resume à "empresa produtora de espetáculos", porque de alguma forma ela está disseminada sobre o conjunto dos torcedores de futebol.

A fase final da pesquisa desta tese foi impactada pelo surgimento das SAFs em alguns clubes brasileiros, com experiências que serviram como casos valiosos de observação. A aderência, muitas vezes demasiadamente passional, de alguns torcedores à ideia de "libertar" o clube do controle dos velhos grupos políticos que controlavam as tradicionais associações não pode ser vista apenas como uma aceitação passiva e ideologicamente condicionada à ideia de o clube ter um "dono". É apenas uma faceta distinta desse fenômeno que — ainda que, por vezes, com menor compreensão das pesadas consequências da "privatização" do clube — mobilizou torcedores a aprovar e incentivar a definição por essa pretensa "virada de chave". No entendimento desses, tratava-se de uma mudança que faria o seu clube de coração ter um futuro melhor, principalmente diante das pesadas crises financeiras, esportivas e políticas, das experiências de má gestão e da ausência de canais de diálogo com os torcedores, problemas comuns a todos esses clubes.

Não à toa, os primeiros clubes vendidos foram aqueles que passavam pelos seus piores momentos na história, em franca decadência, como Botafogo e Cruzeiro. Era a razão central pela qual os torcedores, de forma significativa, participaram de mobilizações públicas de apoio à criação e à venda das SAFs. Mesmo que de forma um tanto impulsiva — geralmente alheia ao que ocorre nos países onde clubes já têm donos e a como esses donos também são alvo de revolta dos torcedores pelo modo com que conduzem essas "empresas da paixão" —, o sentimento mobilizador desses torcedores é do mais puro instinto de defesa da história e da relevância histórica do seu clube. A escolha entre a troca de um "dono por direito" pelos antigos "donos de fato" é basicamente uma expressão local de ação torcedora que também é motivada pelo "pertencimento clubístico" — se os torcedores escolhem, então é assim que isso deve proceder.

Nesse sentido, o que sugerimos é que esses movimentos brasileiros não sejam subestimados em suas pretensões, mesmo quando são flagrantes as manipulações das narrativas favoráveis à transformação desses clubes em empresas por parte de alguns atores ligados aos clubes, dos pretensos futuros proprietários e dos demais agentes político-econômicos inseridos nesse processo por interesses particulares. Em clubes em bom estado financeiro e esportivo, a ideia de que ele seja de "propriedade de alguém" é mais facilmente contestada pelos torcedores, porque a boa fase momentânea ainda permite uma abordagem menos impulsiva sobre os impactos dessas transformações.

Por outro lado, também não se deve subestimar a capacidade desses mesmos agrupamentos, em um momento futuro, de se tornarem os principais mobilizadores de manifestações críticas contra esses proprietários. Em alguma medida, quando as contradições começarem a se tornar mais evidentes, ou quando as expectativas dos torcedores passarem a ser frustradas pela falta de uma posição mais ambiciosa desses proprietários, não será surpreendente testemunharmos uma nova modalidade de movimento de torcedores brasileiros. Lá, será novamente importante o olhar criterioso e maduro dos estudiosos do futebol.

Até aqui, o que as experiências brasileiras permitem observar é que, para além da ideia do controle da "empresa produtora de espetáculo" sob a ideia geral de sentimento de propriedade sobre "o Clube", também são expressivas as contestações e deslegitimações do caráter absoluto do "*sport club*", a associação civil que controla o clube — algo próprio do modelo associativo fechado hegemônico nos clubes brasileiros, que pode ser entendido como particularidade especial dentro dos nossos objetivos.

No início desta tese nos valemos de reflexões de Stefan Szymanski e Jürgen Habermas para perceber como a dinâmica sociocultural do associativismo precede a própria história dos clubes esportivos. Talvez, frente a essas instigantes experiências políticas de torcedores, estejamos falando basicamente de novas formas associativas — constantemente renovadas e elaboradas para conferir maior poder de representação dos torcedores dentro daquilo que entendem por "o Clube", em oposição direta aos interesses particulares dos seus controladores e à desleal concorrência das forças capitalistas que incidem sobre esses relevantes símbolos de identidade e pertencimento contemporâneos.

Nos próximos capítulos, buscaremos compreender de forma mais detalhada quem são os "*supporters*" e como elaboram suas organizações políticas, à luz de reflexões teóricas mais profundas que colaboram com a compreensão desse fenômeno próprio do século XXI.

.IV.

O CLUBE COMUM

— ★ —

DA PRODUÇÃO TORCEDORA

Ao longo dos capítulos anteriores a tese se dedicou a abordar em sentido histórico e teórico o processo de desenvolvimento da indústria do futebol e dos clubes. A partir daqui, nos capítulos 4 e 5, abordaremos de forma mais detalhada as experiências de torcedores que exemplificam o que optamos por chamar de fator *"supporter"*, fenômeno marcado pela constituição de movimentos militantes guiados por bandeiras relacionadas aos clubes e estádios, cujas organização, agitação e divulgação das pautas se aproveitam da cibercultura para se propagar e atingir novos segmentos de torcedores. Esses movimentos buscam intervir na agenda pública, elaborando uma nova concepção de clube, questionando e relativizando o sentido da propriedade sobre essas agremiações.

Nesses dois capítulos, iniciaremos com uma contribuição teórica para a investigação dos torcedores na contemporaneidade e, posteriormente, traremos casos reais que exemplificam tudo o que foi abordado, a partir de três países diferentes em cada ocasião. Dentro de cada subcapítulo destinado aos estudos de caso serão feitas contextualizações mais amplas sobre o processo histórico de constituição do formato de clubes e dos modos de organização torcedora locais, seguidos da exploração mais aprofundada de um caso específico e finalizando com apontamentos sobre outros casos que ajudam a compreender esse fenômeno de forma mais ampla, principalmente em sentido comparativo.

Nesse Capítulo 4 discutiremos o conceito do "Comum", tema que ganhou muita força nas discussões acadêmicas e políticas a partir dos anos 2000, e que foi alvo de diferentes abordagens que podem ter utilidade na observação de como os movimentos dos torcedores se enquadram em um contexto mais amplo de lutas sociais que questionam os preceitos da chamada "hegemonia neoliberal". Os casos abordados no Capítulo 5 também se relacionam com essa temática, mas contarão com nova colaboração de sentido teórico, que servirão ao aprofundamento dessas leituras. Assim, ambos os capítulos foram divididos em quatro partes, sendo a introdução teórica acompanhada de três subcapítulos dedicados aos estudos de caso.

Inicialmente ("Princípios do Comum e o futebol-negócio"), traremos algumas das principais contribuições teóricas acerca do tema do "Comum", contrastando e coadunando leituras de Antonio Negri e Michael Hardt com as posteriores formulações produzidas por David Harvey, ao lado da obra produzida por Christian Laval e Pierre Dardot. São autores centrais para o entendimento dessa temática, que ganharam considerável repercussão no Brasil, com obras traduzidas e discutidas em suas contribuições particulares. Ainda que divirjam em alguns pontos, esses teóricos partem de princípios aproximados e de igual importância para pensar a atual quadra histórica. Aqui buscaremos usar tais chaves para entender o fator *"supporter"*.

Para abrir os estudos de caso (*"'Supporters not Costumers'* — Inglaterra"), como ocorre aos estudos de futebol em geral, iniciaremos pela Inglaterra. A histórica inexistência de estruturas associativas fez do futebol inglês um caso muito à parte dentro do contexto geral dos países aqui estudados, o que sugere a maior importância às formas organizativas autônomas, algumas vezes institucionalizadas e sempre renovadas, das associações de "*supporters*" locais. Com enfoque maior dado à organização Spirit of Shankly, de torcedores do Liverpool FC, buscaremos entender quais as percepções e formas de atuação mais relevantes dentro do contexto inglês.

Em seguida ("*Nuestra Pasión No Se Negocia*' — Espanha") seguiremos para a Espanha, país que sofreu uma transformação drástica de extinção quase total do caráter de associação civil, que tinha na cultura local grande popularidade, e viu seus clubes convertidos em um tipo muito particular de sociedade anônima. A existência dos chamados "acionistas de base", antigos sócios que mantêm participação acionária, constitui uma particularidade espanhola de grande importância para nossas investigações. Daremos maior destaque ao caso do grupo Accionistas Unidos SFC, do Sevilla FC, mas também observaremos outros casos paralelos que indicam tendências para além desse modelo.

Por fim ("*Unverhandelbar! 50+1 Bleibt!* — Alemanha"), trataremos da realidade da Alemanha, onde a persistência do modelo associativo — a luta dos torcedores pela sua manutenção, através da bandeira 50+1 — destoa consideravelmente dos dois países anteriores, ainda que a influência "vizinha" impacte na forma como o debate se estabelece por lá. Com modelos eleitorais amplos e realizações de assembleias massivas, os "*supporters*" alemães possuem espaços muito mais efetivos de participação, apesar de seguirem lidando com contradições e conflitos significativos com certos grupos de poder interno, dentre os quais estão aqueles que contestam o modelo 50+1. Falaremos de forma mais detalhada da campanha "*Kind Muss Weg*" ("Martin Kind Deve Partir"), protagonizada pelos torcedores do Hannover 96, que contou com amplas manifestações de solidariedade por agrupamentos de outros clubes.

Reforça-se que esses três primeiros casos devem ser percebidos em consonância com aqueles explorados no próximo capítulo, assim como as reflexões teóricas que abrem ambos os capítulos devem ser consideradas como parte de um mesmo processo. A escolha dessa estrutura para o texto objetiva apenas não distanciar a parte teórica da observação dos casos concretos das experiências dos torcedores, das particularidades político-econômicas do futebol em cada país, e das históricas relações socioculturais que marcam cada realidade — aqui consideradas questões decisivas para a apreensão da complexidade dessas relações, em sentido comparativo, como a tese propôs em todo o seu percurso.

Princípios do Comum e o Futebol-Negócio

Ainda que siga gerando reflexões e profícuos debates, o conceito de "comum" segue sendo um termo em aberto, ao mesmo tempo que é alvo de muitas contestações. Originado em antigas discussões, ganhou novo destaque a partir de 2009, ano em que se concedeu o Prêmio Nobel de Ciências Econômicas à cientista política norte-americana Elinor Ostrom (1933-2012) pelo seu trabalho acerca dos "comuns", que se dedicava a analisar o acesso e a manutenção dos chamados recursos comunais e seus efeitos econômicos, praticidade e possibilidade.

Em *"Governing the Commons: The Evolution of Institutions for Collective Action"* ("Governar os Comuns: A Evolução das Instituições para a Ação Coletiva"), publicado em 1990, Ostrom faz uma crítica à tradicional perspectiva econômica da inviabilidade e dos danos da existência das chamadas "terras comunais" (os comuns), pastos de uso coletivo entre camponeses ingleses. Tratava principalmente do artigo "The Tragedy of the Commons" ("A Tragédia dos Comuns"), de Garrett Hardin (p. 1.243-1.248), publicado em 1968. Ainda que partisse de um princípio ecológico — alegando a tendência ambientalmente destrutiva da incidência de muitos interesses e ações individuais desregulamentadas —, esse trabalho serviu historicamente como um argumento poderoso aos princípios neoliberais da privatização dos bens públicos, inclusive de recursos naturais.

Elinor Ostrom, através do estudo de muitas experiências coletivas de exploração comunal desses recursos naturais, apontou as falhas das perspectivas de Hardin, postulando sobre como os comuns poderiam ser instituídos a partir de acordos entre seus envolvidos, por meio da convivência e da elaboração de mecanismos de preservação. O princípio geral de Ostrom era de valorizar a autogestão, o estabelecimento de regras pautadas pelas suas necessidades e sustentabilidade, a maior autonomia produtiva a tais comunidades — pescadores, pequenos produtores rurais, catadores etc. —, e o estabelecimento de ferramentas capazes de proporcionar a maior organização democrática dessas atividades.

Nesse sentido, ao propor a ideia da "gestão comunal", Elinor Ostrom aponta para um arranjo produtivo que fugia à lógica da propriedade privada, mas ao mesmo tempo independia do sentido "público" (ou estatal) do gerenciamento e do controle dessa produção. A gestão comunal, desta forma, deveria ser objeto de estudo mais aprofundado, com a elaboração de mecanismos capazes de servir a cada realidade específica, guiando-se pelo desenvolvimento político e social, bem como pela preservação ecológica como princípio. O profundo trabalho de observação e sistematização das inúmeras experiências investigadas por Ostrom deu consistência às suas teses, tornando "os comuns" um dos temas mais instigantes do novo milênio.

Em 2011, os filósofos Michael Hardt e Antonio Negri, que já haviam produzido conjuntamente uma série de obras, publicaram o livro *"Commonwealth"*, no qual resgatam as noções do "comum" propostas por Elinor Ostrom, ampliando o entendimento sobre esse conceito.[84] Interessados em refletir sobre aquilo que chamam de "trabalho imaterial" e "pós-capitalismo" — questões próprias dos tempos de reorganização produtiva tecnológica e cibernética —, os autores acabam refundando tal debate com uma nova perspectiva. Cabia, no entender deles, pensar o "comum" para além dos recursos naturais e da produção material, para passar a concebê-lo também sobre aquilo que era produzido nas redes, no compartilhamento de informação e conteúdo, nas práticas das trocas e nas iniciativas pelo livre conhecimento. Com isso, inauguram uma nova fase de reflexões sobre o que seriam os "comuns", que buscavam se debruçar sobre os sentidos políticos que esse novo paradigma poderia representar (Hardt e Negri, 2016).

A ideia de "comum" (ou "comuns") nunca se concluiu. Trata-se de uma proposta com breve história de criação, mas, ao mesmo tempo, longa trajetória de debates, com divergências políticas e conceituais relevantes. O início da década de 2010 foi especialmente marcado por essas contendas, com realização de eventos dedicados a sua discussão, a exemplo do seminário "Du public au commun" ("Do público ao comum"), realizado entre novembro de 2010 e junho de 2011 na Universidade de Sorbonne, onde se origina a obra de Hardt e Negri. Anos depois, a conceituada *Review of Radical Political Economics* dedicou uma edição inteira para a discussão de "O Comum e

---

84. O título original é de difícil tradução, porque em sentido literal "*commonwealth*" seria o mesmo que "comunidade", na língua inglesa. Porém, considerando o tema da obra, a parte "*common*" estaria se referindo ao próprio conceito de "comum", enquanto "*wealth*" carregaria o sentido de "riqueza" — portanto, algo como "riqueza do comum", "bens do comum", "valor comum". A edição brasileira, curiosamente, optou por traduzir como "Bem-estar Comum", o que parece se desviar do sentido original proposto pelos autores e não contribui para o entendimento do que, de fato, é o "comum" (Hardt e Negri, 2012).

os Comuns", indicando a vitalidade dessa temática dentro do ambiente acadêmico e político (Bechtold, 2016, p. 5-8).

Três vertentes desse debate nos servem para a reflexão do futebol, cada qual à sua maneira e, até onde se entende, sem caírem em profunda contradição. São três obras que abrem diferentes caminhos de abordagens sobre a origem da ideia de "comum" e sobre o próprio conceito de "comum" e o seu papel político na atualidade: o livro *"Commonwealth"*, de Michael Hardt e Antonio Negri (2016); o livro *"Rebel Cities: from the right to the city to the urban revolution"* ("Cidades Rebeldes: do direito à cidade à revolução urbana"), de David Harvey (2014); e o livro *"Common: on revolution in the 21st Century"* ("Comum: ensaios sobre a revolução no século 21"), de Pierre Dardot e Christian Laval (2017).[85]

Trata-se, ao mesmo tempo, de reflexões sobre o que seria "comum" enquanto categoria da análise social e quanto à forma como o "comum" eclode nas experiências reais de mobilizações sociais (como as que aqui percebemos o futebol). Nosso interesse é repassar os pontos de divergência e conexão entre os autores para apreciar a potência desse conceito nas discussões da contemporaneidade e da relação entre os *"supporters"* e seus clubes, que, ao longo desta tese, foram entendidos como formas políticas de atuação dos torcedores no século XXI — e aqui propomos a percepção destes dentro desse contexto mais amplo.

---

85. Esses autores trazem a reflexão mais completa sobre os impactos das ideias de Garret Hardin na produção do ideário político neoliberal, observando como esse autor foi utilizado ao lado do pensamento de Thomas Malthus para cunhar frases como "não existe almoço grátis" (ver página 154). Antes de publicarem essa obra sobre o "comum", Dardot e Laval já haviam produzido o livro *"A Nova RazãoMundo"*, que disseca a renovação do pensamento liberal ao longo do século XX, que utilizamos na última parte do Capítulo 2.

Focados em refletir sobre as transformações geradas pelo avanço da internet na estruturação do capitalismo, Hardt e Negri se dedicaram a discutir sobre a produção de "comuns" artísticos e intelectuais em circulação na rede. Ainda que passível de muitas ponderações, como foi alvo ao longo desse tempo, a contribuição da dupla incitou boas questões acerca da "produção" alheia à lógica da mercadoria. A partir de uma longa e complexa reflexão filosófica, mais abstrata que as outras duas mencionadas, os autores observavam as formas coletivas de troca de conteúdo de forma colaborativa e não comerciais como indícios da produção de um "comum". Basearam-se em um conceito marxista de "trabalho vivo", oposto ao dito "trabalho morto" (o trabalho que produz o valor expropriado pelo capital), como um dos entendimentos centrais dessa ideia (2016, p. 40).

Essa noção primordial do "comum" como algo que não é de caráter privado, mas que sua dimensão coletiva também não se enquadra nos tradicionais regramentos do público/ estatal, seria o ponto de conexão do movimento intelectual seguinte sobre os "comuns". Se não pertencia ao domínio do "mercado" ou do "Estado", afinal, o que seria e para que serviria o "comum"? Esse questionamento ensejou o interesse de muitos outros pensadores sociais. Nas obras de David Harvey e da dupla Pierre Dardot e Christian Laval, o "comum" é visto como parte de uma experiência coletiva de autogestão, processo pedagógico e mobilizador de iniciativas políticas de superação da ordem capitalista. Uma "estação intermediária para a ruptura capitalista", para o primeiro, e um "princípio político de contestação do capitalismo", para os segundos.

Negri e Hardt postularam que a expropriação do comum, através daquilo que chamam de exploração biopolítica, não se resume aos bens naturais (água, ar, terra), mas também envolve "a expropriação do comum no nível da produção social e da prática social" (2016, p. 164), pelo que definem por "comum artificial". Esse tipo de comum é identificado como artificial para ressaltar uma diferença entre natureza e cultura, e envolve "as linguagens que criamos, as práticas sociais que estabelecemos, os modos de sociabilidade que definem nossas relações" (p. 163). Pensando a partir dessa perspectiva, podemos perceber a torcida — essa coletividade diversa e complexa — como produtora do clube enquanto um comum.

Ao resgatar o conceito de trabalho vivo em Marx, para pensar aquela forma de produção não alienada quando o trabalho não é objetificado, sugerem observar as práticas capazes de produzir conhecimento, informação, imagens, afetos e relações sociais. Apontam como esses produtos do trabalho vivo são "comuns" que são expropriados e explorados pelo capital para gerar mais-valia. Harvey, autor de tradição marxista heterodoxa, por sua vez, opta por utilizar o conceito de "trabalho coletivo" para se referir a esse processo que foi sublinhado (2014, p. 153), o que permite visualizar a ideia do clube como um produto de seus torcedores, superando a visão estreita do futebol apenas pela ótica do trabalho assalariado do jogador profissional e dos seus demais trabalhadores.

Nesse sentido, é de se imaginar como o clube é apropriado continuamente pelo Estado e pelo mercado. É, portanto, um comum que sofre constante expropriação, na medida em que se usurpa a produtividade do trabalho vivo do conjunto dos torcedores. Esse comum artificial/cultural, como aponta Harvey em diálogo com essa leitura, encontra-se atualmente sob o "cercamento, controle social e apropriação, tanto pelos interesses privados como pelos público-estatais" (2014, p. 143). Há uma correlação entre o que Negri e Hardt indicam por "expropriação dos comuns" e o que Harvey define como "acumulação por despossessão". Ambas as obras apontam uma lógica que incide primordialmente sobre os comuns urbanos, surgidos de forma mais agressiva no apogeu do neoliberalismo. Os autores discorrem sobre como, na atual quadra histórica, a acumulação capitalista se dá cada vez mais fora do processo produtivo, passando pela privatização de serviços e bens público-estatais, especulação financeira, desvalorização de ativos etc., formando leituras aproximadas que apelidam pelos termos citados.[86]

É compreendendo essa leitura que entramos em acordo com Harvey quando dá destaque a esses descontentamentos que surgem no ciclo da circulação do capital (mercadoria e dinheiro) e não apenas no da produção (trabalho), apontando que eles têm sua importância para a compreensão das formas como as lutas sociais se apresentam na atualidade. Para ele, os movimentos sociais urbanos sempre têm um conteúdo de classe, mesmo quando se referem apenas a direitos, cidadania e reprodução social. Para Negri e Hardt, o comum artificial/ cultural envolve tanto o produto do trabalho vivo quanto os meios da produção futura e, ainda que não estejam passíveis de se tornarem escassos como os comuns naturais, é igualmente objeto de retirada e banalização.

David Harvey experimentou algo mais profundo, pois se interessava pela aplicação prática dessas experiências, em especial naqueles modos de produção coletivos baseados em relações de solidariedade, compartilhamento e uso comum, e articulou as colaborações de Hardt e Negri para refletir acerca de um tema

---

86. A revista Artforum publicou uma troca entre David Harvey e a dupla Hardt e Negri acerca do livro *"Commonwealth"*, o que contribuiu para compreender os principais pontos de divergência e de conexão entre os autores (Hardt, Negri e Harvey, 2009, p. 210-221).

caro à sua formação como geógrafo. Para além dos empreendimentos produtivos de caráter coletivo, os ditos "comuns urbanos" poderiam ser entendidos como os territórios produzidos pelas relações sociais: comunidades, espaços de sociabilidade, regiões urbanas de alta carga simbólica e sentimental para seus usuários. Harvey buscou explorar parte do pensamento de Henri Lefebvre, como as ideias de "produção do espaço" como espinha dorsal de suas reflexões sobre o tema em questão — em diálogo que aprofundaremos no próximo capítulo.

Sem dúvida, essa é a concepção mais interessante para refletir sobre as dinâmicas próprias do futebol. Harvey (2014) elabora o conceito de "acumulação por despossessão" para designar o novo estágio da lógica neoliberal sobre a cidade, observando o processo como as chamadas "revitalizações urbanas" — eufemismo para processos de gentrificação, higienização social e mercantilização de territórios urbanos estratégicos para a reprodução do capital imobiliário e seus acessórios. Para ele, tais projetos não exploram apenas o solo, mas a história e conteúdo simbólico que comunidades deram a esses espaços, como ocorrem aos clubes de futebol em sua apropriação privada.

Ainda que não adote de forma definitiva o conceito de "trabalho vivo" como os anteriores, para Harvey cabia perceber outras categorias, como a oposição "valor de uso" e "valor de troca", explorando as formas de produção social não relacionada à produção econômica (bens), ainda que essas também sejam passíveis de expropriação. Nessa chave, dialogamos com o que elaboramos anteriormente, quando destacamos uma distinção entre o "clube" (a instituição de pertença coletiva) e o "time" (a empresa produtora de espetáculo) — entre o que é produzido por uma coletividade participativa e aquilo que se organiza enquanto uma empresa geradora de mercadorias de finalidades capitalistas.

Críticos às duas obras anteriores, mas sem negar suas importantes contribuições, Pierre Dardot e Christian Laval partem de novos pressupostos, sugerindo uma refundação desse conceito de comum. Os franceses, ao contrário dos anteriores, não entendem o comum como uma "produção espontânea", que surge das relações sociais e das práticas culturais das multidões nas cidades (Hardt e Negri, 2016, p. 178), mas algo a ser "instituído" — isto é, garantido através do direito e da elaboração de instituições do comum, como empreendimentos coletivos de funcionamento de caráter legal protegidos por lei — razão pela qual aventam a necessidade de programas políticos mais elaborados para tornar o comum uma realidade palpável.

A obra de Dardot e Laval, em meios gerais, concentra-se sobre a produção econômica mais objetiva: como pensar o comum para retomar a riqueza para a coletividade dos trabalhadores; como pensar em instituições coletivas de autogestão que sejam pedagógicas e, ao mesmo tempo, potencializadoras de experiências políticas anticapitalistas; como evitar que essas experiências sejam vitimadas pelos projetos políticos de privatização etc. Apesar da elogiável densidade de seus trabalhos — com grande esforço promovidos para a elaboração de verdadeiras teses políticas —, Dardot e Laval não dedicam parte considerável do seu trabalho para pensar nos espaços de sociabilidade, nas relações humanas e na construção de instituições comuns não relacionadas à produção econômica material. Por isso, de certo modo, não contribuem profundamente com o que Harvey chama de "comuns culturais urbanos", nos quais estão os espaços comunitários onde reside aquilo que, por sua vez, Negri e Hardt chamaram brevemente de "comuns culturais". Por isso, a contribuição dos franceses não alcança exatamente a discussão aqui proposta:

o clube de futebol como uma espacialidade produzida dialeticamente entre as ações dos usuários e os interesses capitalistas que nele incidem, como sugere Harvey.

Apesar de remeterem a Hardt e Negri certas concepções políticas que não são reivindicadas por esses, como atrelar suas ideias ao pensamento de Pierre-Joseph Proudhon sobre "força coletiva espontânea" como o fundamento daquilo que eles consideram "trabalho vivo", Dardot e Laval ainda reivindicam o "comum" como um conceito a ser explorado e inserido em agendas políticas de superação da ordem capitalista.[87] A bem da verdade, os autores de *Commonwealth* não se valem dessas concepções, apenas elaboram uma nova forma de pensar o processo produtivo, caminhos por onde Harvey encontra pontos de conexão conceitual, dada a sua histórica aderência à concepção de "produção do espaço" (lefebvriana, logo marxista), teoria que parte desses mesmos objetivos. É por onde, assim como Negri e Hardt, observa a importância da observação dos comuns culturais.

Longe de buscar esgotar o debate desses intelectuais, no percurso reflexivo aqui proposto nos dedicamos a colher essas contribuições para que elas ajudem a refletir sobre o universo específico das relações sociais no futebol. Por isso, em acordo com Dardot e Laval, entendemos que o "comum" não se trata meramente de uma invenção conceitual, mas "a fórmula de movimentos e correntes de pensamentos que pretende opor-se à tendência dominante de nossa época: a da ampliação da

---

87. Segundo Dardot e Laval, Proudhon e Marx divergiram principalmente quanto ao conceito de "força coletiva espontânea", entendida pelo primeiro como o elemento central de expropriação aos trabalhadores e matéria-prima da reprodução capitalista. Marx entende que não há produção "antes" ou "fora" da produção capitalista, pelo que concluem que, se há um "comum", ele é produto do capital, não matéria deste (Dardot e Laval, 2016, p. 223).

apropriação privada a todas as esferas da sociedade, da cultura e da vida" (2016, p. 16-17). É dizer: os movimentos sociais contemporâneos tratam do "comum" mesmo sem pronunciá-lo, e indicam que o "comum" se apresenta como um "princípio político" a ser desenvolvido e reivindicado.

Para Harvey, as lutas pelos comuns urbanos e a produção de uma nova subjetividade viraram a linha de frente nas lutas das pessoas na cidade, por isso considerava importante a contribuição de Negri e Hardt. Ao mesmo tempo que ajudava a romper com uma perspectiva teórica política marxiana sobre o "sujeito político" do operariado — que considerava equivocada por ignorar a produção da urbanização, a produção do espaço e todos os trabalhadores envoltos nessas atividades —, era uma perspectiva historicamente imprecisa, por desconsiderar uma série de movimentos revolucionários na história do capitalismo que estavam focados tanto no descontentamento com a qualidade da vida cotidiana na cidade quanto nas demandas nas fábricas.

Ainda que desempenhada por atores múltiplos e plurais, as lutas empreendidas pelos torcedores são contempladas, e de certa forma contemplam, a ideia da construção do comum, independentemente da concepção que se aborde. Ainda que desconhecedoras ou alheias às ideias do "comum", essas organizações propõem a formação, a construção e a defesa do "comum" no campo do futebol — a preservação do clube como algo inapropriável. Essas lutas acabam por se relacionar na exigência de espaços e direitos que se contrapõem à captura capitalista do futebol enquanto um comum cultural, ao passo que almejam retomar o clube como uma instituição pertencente ao corpo coletivo dos torcedores.

Mais do que um objeto de gerência "amadora/corporativa" de sujeitos oriundos das elites, o clube é um comum produzido por milhares de sujeitos que se identificam pelas cores da camisa que vestem, pelo estádio que frequentam, pelo espaço ao qual deram sentido e transformaram em lugar, pelos sentimentos e experiências que compartilharam, e pelas ações que empreenderam para dar destaque e visibilidade à sua entidade de pertença. Estamos, portanto, tratando de um tipo de comum que já tem mais de 150 anos de existência, que produz subjetividades relacionadas aos sentimentos de representação, identidade e topofilia — como ocorre ao afeto pelo estádio.

Ao trazer essas leituras para o futebol, daremos um longo passo além das percepções superficiais sobre a "propriedade simbólica" dos torcedores sobre seus clubes, apontamento recorrente nas reflexões de autores dedicados a investigar as razões e as formas como os torcedores se organizam politicamente. Estabeleceremos um novo paradigma de análise sobre os clubes como produto da ação dos seus torcedores, compreendendo sua dita "propriedade" como legítima e materializada, não apenas simbólica. Se essa relação não está escrita no papel da lei, a ação política dos torcedores tende a se guiar para que esteja: o clube como um "comum" produzido pelos seus torcedores, em detrimento da posição de exploração pela empresa produtora de espetáculo.

Não estaríamos falando mais de um "simbolismo" paralisante e contraproducente, de um "senso de propriedade" abstrato e limitador, tampouco de um legalismo burocrático e reducionista, mas de um verdadeiro princípio político e filosófico a ser defendido e conquistado, um programa efetivo de garantias jurídicas e institucionais de participação dos torcedores em seus clubes. "Não são eventos caóticos e aleatórios, erupções acidentais e passageiras, insurreições dispersas e sem objetivo. Essas lutas políticas obedecem à racionalidade política do comum, são buscas coletivas de formas democráticas novas" (Dardot e Laval, 2016, p. 19).

As experiências torcedoras abordadas a seguir ilustram como os movimentos dos "*supporters*" são parte indissociável de um contexto de lutas sociais que buscam estabelecer espaços autônomos do mercado e do Estado. São movimentos guiados por um princípio muitas vezes não verbalizado de defesa do "comum" que são os clubes de futebol, e como os torcedores são parte central para a sua produção e reprodução ao longo da história — princípio político de reivindicação do poder dos torcedores nos clubes, e, ao mesmo tempo, uma disputa de sentidos quanto ao papel que os torcedores cumprem na existência dessas entidades que mobilizam tantos corações e mentes.

Exploremos, então, essas concepções no plano prático. Nas próximas páginas serão investigados movimentos de torcedores na Inglaterra, na Espanha e na Alemanha, que têm particularidades históricas, socioculturais e político-econômicas decisivas para sua compreensão. Como explicado anteriormente, a questão do "comum" também se fará presente nos casos estudados no próximo capítulo — Portugal, Argentina e Chile —, quando apresentaremos novas formulações teóricas.

"Supporters not Costumers"

INGLATERRA

O subtítulo em questão faz menção a uma faixa estendida por torcedores do Liverpool FC em 23 de abril de 2015, no Estádio Anfield, quando protestavam contra os preços abusivos dos ingressos para visitantes em uma partida do campeonato local, contra o Hull City (BBC, 2015). Ainda naquele ano, a faixa *"Supporters not Costumers"* ("Torcedores, não clientes") seguiu sendo utilizada em ações de protestos contra os proprietários do clube, junto a outra que questionava as transformações sofridas no ambiente do estádio do clube: *"Where's our famous atmosphere?"* ("Onde está nossa famosa atmosfera?") (Eurosport, 2015) — duas demonstrações que passavam longe de serem incomuns nos estádios ingleses.

A crescente insatisfação com a exploração econômica dos torcedores, a falta de respeito dos proprietários e o afastamento dos chamados "torcedores tradicionais" se tornaram temas corriqueiros nas arquibancadas. Agrupamentos diversos, movidos pelo princípio de que clubes pertencem aos seus torcedores, ocuparam parte importante do cenário do futebol na Inglaterra ao longo das últimas décadas, em uma quadra histórica marcada por agressivas formas de mercantilização.

Os autores das faixas mencionadas, não à toa, são membros da Spirit of Shankly, organização de torcedores do Liverpool que escolhemos para observar as características mais significativas dos "*supporters*" na Inglaterra. Trata-se de um grupo que reúne as características das formas mais comuns de movimentos de torcedores da Inglaterra, como as "*supporters associations*" e as "*supporters trusts*".

Estas últimas, especificamente, têm como objetivo organizar os adeptos para a compra de ações nos seus clubes, buscando garantir participação nos espaços institucionais de modo mais objetivo. Ainda que se trate de uma tarefa difícil para os principais clubes locais, que já alcançaram o status de organizações globais do futebol, há muitos casos a serem observados como experiências concretas e significativas dentro desses princípios. Para tanto, é necessário repassar algumas questões históricas do futebol inglês.

Contexto geral

Ainda que os clubes estivessem desde os primórdios constituídos como empresas, o histórico envolvimento dos torcedores com as suas manutenções produziu uma imagem muito particular do público inglês sobre o que deve ser o futebol. Através de trabalhos voluntários na construção ou na reforma de estádios, na arrecadação de fundos para evitar sua falência ou como consequência do forte sentido comunitário que sempre foi exigido dessas empresas — como a criação de fundações de apoio social, de finalidades educativas e afins —, esses clubes sempre foram entendidos como "instituições sociais" com fortes vínculos comunitários, de modo que seus acionistas/proprietários sempre estiveram submetidos a amplo escrutínio público. A limitação à exploração econômica, que basicamente restringia a distribuição de dividendos, perdurou no futebol inglês por décadas, contendo o caráter puramente comercial que essas empresas poderiam pretensamente adotar.

Nesse sentido, predomina junto aos torcedores ingleses a ideia de que o clube é algo "comum", como é possível perceber nas próprias manifestações por direitos dos torcedores e pela maior ingerência nessas organizações. Em um primeiro momento, predominavam organizações mais simples, como os *"supporters clubs"*, que reuniam os torcedores em uma representação mais geral e que, muitas vezes, tinham como objetivo apenas mobilizá-los para essas atividades coletivas de apoio e sustento ao clube.

Muitas dessas organizações eram vinculadas à National Federation of Football Supporters, fundada ainda em 1926, o que dá um indício da longevidade e da vitalidade dessa forma mais ativa do torcer no futebol inglês. Esse formato se desenvolveu para as chamadas *"supporters associations"*, tipo de organização que, de forma mais incisiva, buscava ser um ponto de representação oficial do conjunto dos torcedores dentro da estrutura do clube, exigindo espaços de consulta e maior envolvimento nas discussões referentes à gestão esportiva e dos estádios (Keoghan, 2014, p. 48).

Ao longo da década de 1980, diante do crescimento do problema do hooliganismo e da maior intervenção do poder público na organização dos estádios, com o objetivo de combater a violência, os efeitos dessas medidas políticas acabaram por provocar a criação da Football Supporters Association (FSA). Essa organização tinha como linha principal dar voz aos torcedores no debate sobre o combate à violência e na elaboração de propostas que não culpabilizassem, estigmatizassem ou afetassem os direitos dos torcedores comuns (Keoghan, 2014,

p. 52). O futebol inglês já atravessava um momento de imposição de muitas restrições, encarecimento dos ingressos e medidas de segurança consideradas equivocadas e exageradas por parte dos torcedores. A FSA buscava ter o papel, portanto, de equilibrar esse debate a favor dos torcedores não violentos, que eram vitimados por essas restrições de igual forma. Nesse período, a cultura dos "fanzines" dava fôlego a tais iniciativas, porque conseguia atingir um público amplo nos estádios e capilarizava esse tipo de ativismo por diversas agremiações (Cleland, 2010, p. 537-552).

Como a função de comando de uma "*supporter association*" muitas vezes resultava em benefícios pessoais às principais lideranças, por conta da relação mais íntima destas com os proprietários dos clubes, a insatisfação dos torcedores com o comportamento acrítico de muitas associações fez surgir um novo paradigma de organização torcedora. A partir do final dos anos 1980, as Independent Supporters Associations (ISAs) reivindicavam uma postura mais crítica e combativa com relação aos "*owners*", rompendo com a cultura clientelista vista em muitos casos (Nash, 2000, p. 465-486). Reunidas nacionalmente através da FSA, as ISAs são responsáveis por esse novo tipo de ativismo torcedor, que ganha caráter organizativo mais elaborado, promove protestos mais combativos e busca reivindicar direitos para os torcedores, principalmente com relação ao custo dos ingressos (Keoghan, 2014, p. 61).

A série de transformações promovidas nos estádios — decorrentes do Relatório Taylor (1989), que causaram um aumento abrupto no preço dos ingressos e restringiram sobremaneira o comportamento dos torcedores nas arquibancadas — motivou o surgimento e a ação de muitas ISAs, através das quais os torcedores ingleses buscavam ganhar maior visibilidade e poder de interferência. Esse também era um momento chave de mudança na estrutura do futebol inglês, com processo mais intenso de aquisição de clubes por um único grupo econômico, muitos dos quais estrangeiros, o que passou a concentrar o controle e reduzir a presença de acionistas menores com históricos vínculos com o conjunto dos torcedores. A "cultura" de formação das "associações independentes" acabaria sendo influenciada por mais uma renovação do ativismo torcedor britânico.

A partir da experiência pioneira da primeira "*supporter trust*" do Northampton Town, em 1992, inicia-se uma nova dimensão de atuação desses torcedores mais ativos dos clubes ingleses. A "*trust*" desse modesto clube foi criada após mais uma crise financeira, na qual os torcedores se mostraram insatisfeitos ao serem novamente convocados para o apoio financeiro, reclamando garantias em troca. Ao invés de apenas arrecadar fundos, a proposta da organização foi a de reunir torcedores dispostos a adquirir ações do clube, através de uma empresa à parte. Em acordo, cerca de 600 torcedores endossaram a iniciativa e partiram para o diálogo direto com outras pessoas da comunidade local, em pubs, clubes sociais e nos locais de trabalho de muitos deles. Diferente das tão comuns iniciativas de mero apoio do passado, a Northampton Town Supporters' Trust garantia a esses doadores o controle das ações equivalente ao valor doado. Ao mesmo tempo que puderam capitalizar o clube através dessa iniciativa, também conquistaram poder maior de participação efetiva nessa empresa, com dois assentos no conselho de administração do clube (Keoghan, 2014, p. 68-74).

Apesar de ter recebido pouca atenção midiática à época, dada a posição inferior do clube na pirâmide do futebol inglês, a experiência do Northampton influenciou diretamente uma segunda "*trust*", realizada no AFC Bournemouth menos de cinco anos depois. Atravessando o mesmo tipo de crise financeira que atingia inúmeros clubes ingleses, a AFC Bournemouth Trust Fund foi responsável por salvar o clube da quebra, enquanto transformava-o no primeiro caso de clube controlado majoritariamente pelos seus torcedores. Essa iniciativa, dada a maior dimensão do clube, acabou por receber maior atenção (Keoghan, 2014, p. 74-77).

Em poucos anos, outras experiências do tipo foram planejadas, difundindo a filosofia do "*fan ownership*" ("propriedade dos torcedores"), que alça esse tipo de militância torcedora a um nível mais complexo. Não se tratava apenas de reivindicar uma representação "externa" ao clube, mas de fato torná-lo uma propriedade da torcida, para que ela fosse responsável pela sua gestão democrática. Muitas ISAs vão se engajar nesse novo conceito, também impulsionando as "*trusts*" de cada clube, em um processo de transição e evolução das formas como os torcedores se organizavam. Dentre os casos mais impactantes está o anteriormente mencionado caso dos torcedores do Manchester United contra a aquisição do clube por Rupert Murdoch, protagonizado pela Independent Manchester United Supporters Association e pela Shareholders United Against Murdoch (cf. Capítulo 2).

A preocupação constante com a entrada de novos proprietários estrangeiros, a concentração do capital dos clubes em reduzidos grupos econômicos, o acúmulo de casos de má gestão ou desrespeito à opinião dos torcedores, dentre outros problemas recorrentes, acabaram por servir de combustível para a propagação da ideia de "*fan ownership*" na Inglaterra (Dunn, 2017, p. 462-475). No nível político institucional, essa nova filosofia torcedora atingiu relevância a ponto de provocar agentes públicos a pensarem formas de responder a essa crescente insatisfação social, conter o distanciamento dos clubes dos seus torcedores e apoiar iniciativas como as "*supporters trusts*", de modo a viabilizar a participação dos adeptos nas suas agremiações.

Em 1997, o governo trabalhista de Tony Blair lança a *Football Task Force* (Força Tarefa do Futebol), com o objetivo de elaborar soluções para os conflitos crescentes do futebol inglês. Dentre diversos pontos, surge a proposta de criação da Supporters Direct, uma associação com financiamento público consolidada em janeiro de 2000, que serviria para dar apoio e assistência à criação de novas "*supporters trusts*", com o objetivo de conferir maior empoderamento aos torcedores através da participação democrática e da fiscalização dos seus clubes (Keoghan, 2014, p. 77). Essa organização impulsionou e viabilizou mais de 200 "*trusts*" pelo Reino Unido, com níveis distintos de poder. De um modo geral, as "*supporters trusts*" tiveram grandes conquistas em clubes menores, mas tiveram grande dificuldade em clubes da elite local, dado o quase inalcançável montante necessário para aquisição de partes relevantes dessas empresas, pelo alto nível de mercantilização do futebol local e pelo poder econômico dos grupos empresariais que adquiriam tais clubes. Por isso, convém entender a realidade de uma "*supporter association*" e uma "*supporter trust*" em um dos maiores clubes locais, o Liverpool FC, e a forma como esses princípios se renovaram ao longo do tempo.

Spirit of Shankly — Liverpool FC

A principal organização de torcedores do Liverpool FC surge 31 de janeiro de 2008, ainda com o nome Sons of Shankly (Filhos de Shankly), que prestava homenagem ao escocês Bill Shankly, lendário treinador que trabalhou pelo clube entre 1959 e 1974.

Mais do que um profissional com inúmeros logros esportivos pelo Liverpool, Shankly era notável pela sua capacidade de dialogar com a paixão dos torcedores, criando frases marcantes como: "Algumas pessoas acreditam que futebol é uma questão de vida ou morte. Eu posso assegurar que futebol é muito, muito mais importante que isso" — um tipo de filosofia que conduzia a ação desses torcedores pela ideia de proteger a história do Liverpool.

Sua fundação se deu em um encontro atendido por mais de 350 torcedores, dentre os quais estavam diversos representantes de fanzines e sites não oficiais do Liverpool, motivados, principalmente, pela insatisfação com os novos proprietários do clube, os norte-americanos Tom Hicks e George Gillett. A chegada desses novos donos havia acontecido no ano anterior, após longas rodadas de negociação promovida pelos então dirigentes do clube, diante da preocupação demonstrada com os acontecimentos vividos no Manchester United, clube rival recém-adquirido pelo também norte-americano Malcolm Glazer.[88] O descumprimento de algumas promessas, o baixo desempenho esportivo e a falta de diálogo com os torcedores acabaram por motivar a criação dessa nova organização capaz de representar os torcedores contra os novos proprietários, menos de um ano depois da sua chegada.[89]

Naquele mesmo período, outras duas organizações de torcedores do Liverpool foram criadas. A ShareLiverpoolFC, uma iniciativa do tipo "*supporters trusts*" que objetivava adquirir

---

88. Naquela ocasião, a compra do clube se deu através de uma aquisição hostil na bolsa, alavancada por um empréstimo que posteriormente foi registrado como uma dívida do clube — e perdura até hoje.
89. Algumas informações utilizadas estão presentes no site oficial do grupo (Spirit of Shankly, s/d).

participação para os torcedores, e o AFC Liverpool, um novo clube criado como protesto contra a venda do clube original, que jogaria as divisões inferiores do futebol inglês. A Sons of Shankly era, portanto, parte de uma onda de ativismo torcedor que tomava o clube do norte da Inglaterra.[90]

No mês seguinte à sua fundação, agora com a presença de mais de 750 torcedores, a organização mudaria seu nome para Spirit of Shankly (Espírito de Shankly), dada a presença cada vez mais ampla de mulheres (Millward, 2011, p. 120). De forma muito particular, a Spirit of Shankly se reivindica desde os primórdios como um "*supporter union*", nomenclatura pouco comum dentre organizações inglesas, que dá uma ideia mais aproximada de algo como um sindicato (do inglês "*labour union*"). De alguma forma, o uso desse termo indica uma perspectiva política mais elaborada sobre o papel que esse agrupamento busca desempenhar. A partir de então, o protagonismo do grupo e sua participação na vida do Liverpool só passou a se ampliar.

Para entender melhor o funcionamento da organização, suas percepções sobre o clube e o papel que tenta desempenhar, entrevistamos Joe Blott. A entrevista foi realizada por meio de troca de mensagens de texto pelo aplicativo WhatsApp, forma solicitada pelo entrevistado diante da ausência de maior tempo disponível (à época, o Liverpool estava disputando títulos importantes e Blott estava em seguidas viagens para jogos).

Joe Blott é o atual presidente da Spirit of Shankly e esteve à frente das principais ações analisadas ao longo desse estudo de

---

90. "Share", no inglês, serve para designar as ações de uma empresa, mas também tem o sentido de "compartilhamento". O nome AFC Liverpool é, oficialmente, Affordable Football Club Liverpool, algo como Clube de Futebol Acessível Liverpool (Millward, 2011, p. 127).

caso, algumas delas ocorridas poucas semanas antes da entrevista, como seguidas reuniões com a diretoria do Liverpool. A escolha de adiar a entrevista até a conclusão de alguns desses fatos acabou se mostrando acertada, como veremos.

> Eu sou o presidente do *"supporters union"*. Nós temos 16 membros na nossa diretoria, representando cerca de 3500 membros/associados. Também temos várias organizações afiliadas que ampliam nosso alcance para muitos torcedores do Liverpool (LFC) em todo o mundo. Minhas responsabilidades incluem liderar o *"union"*, apoiar nossos membros, facilitando e engajando pelo LFC, trabalhar com outros grupos de torcedores na Inglaterra e na Europa e lidar com os meios de comunicação.[91]

O reforço na identificação do agrupamento como um *"supporters union"* está presente ao longo de toda a entrevista, bem como no site e nas redes oficiais da Spirit of Shankly (SOS). Joe Blott indica que não estava entre os membros fundadores, mas que os princípios do agrupamento seguem sendo os mesmos desde então, dentro dos quais a filosofia de *"fan ownership"* também foi assimilada, sendo a SOS considerada a *"supporters trust"* oficial do Liverpool pela Supporters Direct.[92] Ao longo dos primeiros anos de existência, a SOS liderou uma série de protestos contra Hicks e Gillett, dentro e fora do estádio, o que resultou em ações de combate à organização, que passava a ser atacada como "filhos da greve" e "militantes", de forma pejorativa.

---

91. Entrevista realizada com Joe Blott em 20 de maio de 2022.
92. Originalmente, a representação da *"trust"* do Liverpool era do grupo ShareLiverpoolFC. Com a mudança da propriedade do clube, em 2010, esse grupo se encerra.

Por outro lado, o prestígio junto à torcida crescia na medida em que o agrupamento agregava a sua postura combativa a uma perspectiva solidária, como nos protestos realizados pela liberdade do jovem torcedor Michael Shields, preso injustamente em um jogo em Istambul. Em outras ocasiões, promoveram protestos pela redução dos preços dos ingressos em todo o futebol inglês, inclusive em parceria com os rivais do Everton; criaram uma organização de assistência social aos mais vulneráveis; passaram a organizar caravanas de torcedores para jogos em outras cidades, sem fins lucrativos; reivindicaram que o pedido de empréstimo feito pelos proprietários para sanear problemas financeiros do clube fosse revertido em apoio para a aquisição de ações por parte dos torcedores (já no espírito das "*supporters trusts*").

> Somos parte da Football Supporters Association e existe muita coisa que fazemos campanhas conjuntas pelo país. Preço de ingressos, "safe standing",[93] questões de acesso, questões de igualdade, questões de propriedade, mudança no horário dos jogos etc. Exemplos de temas que afetam todos os torcedores, então nós trabalhamos juntos nesse tipo de coisa. Apesar do preço dos ingressos para visitantes ser limitado em 30 libras na Premier League, eles não são assim nas ligas inferiores, nem nos jogos dentro de casa, então essas questões ainda persistem, principalmente para times que jogam em competições europeias.[94]

---

93. Após o Relatório Taylor, todos os estádios ingleses foram obrigados a ter suas tribunas com cadeiras. Torcedores locais sempre reivindicaram a existência de setores onde pudessem ficar em pé, demanda pela qual o modelo de "*safe standings*" serviu de parâmetro mais próximo — um tipo de assento que se recolhe e dá maior espaço para os torcedores.
94. Entrevista realizada com Joe Blott em 20 de maio de 2022.

Sobre o papel assimilado como *"supporter trust"*, uma ação impactante organizada pela SOS foi o "Spirit of Shankly 4th July Independence Day Rally", um comício realizado em um espaço público da cidade que marcava o lançamento de uma nova plataforma política do grupo pela compra do clube pelos seus torcedores. Na ocasião, o Liverpool já apresentava uma dívida de 350 milhões de libras, desempenhava maus resultados esportivos em sequência e aguardava uma decisão mais clara dos proprietários pela sua venda imediata (BBC, 2010). Dessa ação se estabeleceu uma parceria entre a SOS e o grupo ShareLiverpoolFC.

A pressão promovida pelos torcedores liderados pela SOS resultou na desistência de Hicks e Gillett, que ainda em outubro de 2010 decidiram pela venda de sua participação para o grupo norte-americano New England Sports Venue, de propriedade de John Henry — posteriormente identificado como Fenway Sports Group (FSG). O valor da venda foi considerado muito abaixo do planejado por Hicks e Gillett, que esperavam lucrar nesse processo. Entretanto, um fato ocorrido no início daquele ano já havia apressado essa saída, quando Tom Hicks Jr., diretor e filho de um dos donos do clube, teve um e-mail vazado em que atacava e ofendia um membro da SOS.

A saída dos antigos donos, com a chegada de novos donos norte-americanos, sob novas promessas, foi timidamente comemorada pelos torcedores, dadas as consistentes dúvidas sobre o futuro do clube. Uma das primeiras ações de John Henry, desse modo, foi buscar um contato imediato com a SOS, explicar a importância da pressão deles na aquisição, mas também ouvir as pretensões dos torcedores para o clube (Spirit of Shankly, 2010). Questionado sobre a diferença entre esses dois momentos, Joe Blott explica que, em geral, o clube está mais bem gerido e que a concepção do FSG sobre o negócio é consideravelmente distinta daquela de Hicks e Gillett.

Hicks and Gillet apenas queriam alavancar financeiramente o clube, usá-lo como uma garantia e ganhar dinheiro para si. FSG, os atuais donos, ainda que sejam capitalistas de risco, enxergam o LFC como um plano de longo prazo, e só gastam aquilo que podem arrecadar. Eles não tomam dividendos para si. O sucesso dentro do campo dá um maior valor e retorno em vendas para eles. Esse modelo tem tido uma reação controversa entre os torcedores, porque alguns o consideram insuficiente para competir, enquanto outros o veem como um modelo de negócio sólido (Spirit of Shankly, 2010).

Entretanto, as boas-vindas do primeiro momento foram apenas uma política de boa relação da SOS. Já nos primeiros anos, o grupo realizou inúmeros protestos contra o abrupto aumento do preço dos ingressos, acusando o FSG de explorar a fidelidade dos torcedores, elitizar as arquibancadas e não se comprometer com a retomada da atmosfera tradicional de Anfield, famosa pela festa dos torcedores.

Uma nota de 2015, publicada no site oficial da SOS, assim assinalava:

> Então, em cinco anos temos [...] mais de 402 milhões de libras gastas em jogadores, quase 280 milhões de libras recuperadas em vendas; e uma solitária classificação entre os quatro melhores. O clube está em uma melhor condição comercial, mas torcedores estão pagando mais caro do que nunca, e aqueles vindos dos bairros operários de Liverpool estão pagando os ingressos mais caros do mundo em comparação com a renda familiar (Spirit of Shankly, 2015).

Outra queixa era quanto à recusa da proposta de aquisição de ações por parte dos torcedores, em uma ocasião de ampliação de capital do clube. A SOS acusou o FSG de usar essa medida apenas para beneficiar seus outros negócios, não para gerar novos investimentos para o Liverpool FC. De todo modo, é um fato que o Liverpool voltou a ser um clube competitivo e mesmo vencedor após a gestão do FSG. O trabalho feito ao longo da primeira década tem dado frutos (títulos nacionais e internacionais a partir de 2019) que pareciam impossíveis sob a gestão anterior, o que não arrefeceu o trabalho de torcedores na defesa de suas principais bandeiras.

Perguntado sobre o que mudou na organização da SOS ao longo desses quase quinze anos de existência, Joe Blott respondeu:

> Acho que a principal mudança foi na abordagem de engajamento do LFC e com a criação iminente do *"supporters board"* estamos muito perto de alcançar nossos objetivos iniciais. Ter um poder de veto para impedir que o LFC entre em uma superliga, mude de Anfield ou use o estádio para outras finalidades são ferramentas poderosas para os torcedores.[95]

Blott se referia a uma mudança ocorrida no clube em 2021, como consequência dos intensos protestos realizados por torcedores dos principais clubes ingleses contra a criação da European Super League (The Super League), uma nova competição independente, disputada apenas pelos maiores clubes globais. O questionamento dos torcedores, dentre eles a SOS, foi intenso a ponto de provocar o recuo dos proprietários. No Liverpool, a resposta do FSG foi a sugestão de uma *"supporter board"*, isto é, uma diretoria de torcedores — um órgão que constaria na estrutura organizativa do clube e teria representação oficial nas decisões.

---

[95]. Entrevista realizada com Joe Blott em 20 de maio de 2022.

Essa estrutura foi batizada de Liverpool FC Supporters' Committee (comitê), é formada por 12 membros selecionados dentre os principais grupos de torcedores, sendo a Spirit of Shankly, agora reconhecida como "*supporters association*" oficial do Liverpool, a organização responsável por dar seu encaminhamento. Diversos grupos foram convidados a compor esse comitê, dentre eles a organização de torcedores com deficiência, dois agrupamentos similares às torcidas organizadas, os tradicionais "*supporters clubs*", as organizações de torcedoras e as organizações antirracismo e homofobia.

Quando perguntado sobre essas conquistas, os seus limites dentro da lógica do "*fan engagement*" e a contradição com a filosofia do "*fan ownership*", Joe Blott assim respondeu:

> A propriedade de torcedores nas ligas de elite é incrivelmente difícil, razão pela qual negociamos a criação do conselho de torcedores com poderes de consulta, engajamento e consentimento (veto). Nós acreditamos que esse é o caminho a ser seguido pelos clubes da Premier League. Pode haver outras opções em outras divisões para permitir que torcedores sejam donos de seus clubes, e isso é positivo. Qualquer coisa que mantenha vivo o nosso "jogo da classe trabalhadora" e impeça que proprietários destruam clubes de futebol e suas comunidades é algo pelo qual lutamos bravamente.

Ao que consta, o trabalho pioneiro do comitê de torcedores do Liverpool será longo e difícil. Uma estrutura inédita, com inúmeros potenciais e riscos, que pode ao mesmo tempo servir como linha de atuação estratégica dos torcedores e enfraquecer o histórico caráter combativo e mobilizador dessas organizações, algo que precisará ser observado ao longo do tempo.

De todo modo, a luta da Spirit of Shankly ao longo de sua história foi guiada por um sentido de propriedade sobre o Liverpool, uma reivindicação de que o clube era um "comum", não uma mera propriedade de investidores capazes de adquirir suas ações. Ainda que constitua um caso especial de conquistas em um clube de projeção global, a experiência aqui estudada não deixa de estar alinhada com o espírito de reivindicação mais amplo que movimenta torcedores dos clubes de futebol da Inglaterra.

Outros apontamentos

O fato de serem empresas privadas nunca permitiu aos clubes ingleses dispensar a opinião dos torcedores. Pelo contrário, a resistência protagonizada por grupos organizados sempre foi parte importante da história do futebol local, principalmente no século XXI. Para além dessa experiência do Liverpool, convém fazer alguns apontamentos sobre outras experiências que ilustram o cenário geral dos ativismos torcedores no país fundador do futebol moderno — e epicentro da indústria do futebol global na contemporaneidade (Turner, 2017).

Anteriormente mencionamos o caso do AFC Liverpool, clube fundado em 2008 por cerca de mil torcedores do Liverpool FC revoltados com a venda do clube para os norte-americanos Tom Hicks e George Gillett. Não se trata nem do primeiro nem do caso mais representativo nesse sentido. Em 2005, por motivações parecidas, torcedores do Manchester United fundaram o Football Club United of Manchester (FCUM), que ganhou grande notoriedade e um afluxo ainda maior de afiliados. Em ambos os casos, tratava-se de clubes-protesto, principalmente contra o alto grau de mercantilização do futebol inglês. Ao mesmo tempo que abandonavam a antiga agremiação de sua pertença, o que esses torcedores buscavam era desfrutar de um futebol mais simples, mais comunitário, disputado em divisões semiprofissionais (Porter, 2015, p. 452-465).

Trata-se de um movimento mais amplo surgido na Inglaterra, que protagoniza a migração de torcedores para os chamados "Non-League Clubs" — os clubes dos níveis inferiores (quinta divisão em diante) que não estão sob o controle da English Football Association. O princípio é de contestação direta ao que se tornou o futebol inglês nas últimas décadas e procura de uma relação mais local, solidária e menos mercantilizada. Esse movimento existe para muito além desses "novos clubes", quando uma nova geração de torcedores passou a buscar vínculos mais intensos com agremiações do seu bairro ou, quando era o caso, das cidades menores.

Um tipo de mobilização que não deve ser confundida com o caso do AFC Wimbledon, clube criado em 2002, quando do rompimento dos torcedores com o antigo Wimbledon FC. Nesse caso, a transferência do clube, após aquisição por um consórcio que havia construído um novo estádio na cidade de Milton Keynes, distante 40 km de Londres, fez com que o modesto clube simplesmente deixasse para trás seu local de origem e seus torcedores. A fundação do AFC Wimbledon é mais do que um protesto pelo abandono do clube, uma vez que o próprio Wimbledon FC teve seu nome alterado para Milton Keynes Dons (MK Dons) — tomando para si o apelido de "*dons*" dos seus torcedores originais —, mas a refundação da própria comunidade do clube residente na localidade de Wimbledon. Em poucos anos, os dois clubes passaram a frequentar a League One (terceira divisão inglesa), na qual disputam jogos recorrentes e conservam uma intensa rivalidade (Keoghan, 2014, p. 68).

A mudança de cidade é um caso mais drástico, mas a tentativa de alteração da localidade de origem do clube, geralmente sob a promessa de construção de um moderno estádio, não é tão incomum no futebol inglês. Motivo pelo qual esse tema é recorrente entre os movimentos de torcedores, que rejeitam essas mudanças e realizam intensos protestos pela preservação do sentimento local. Dois dos mais tradicionais clubes ingleses viveram situações nesse sentido. O londrino West Ham, através da campanha "*We Shall Not Be Moved*" ("Não seremos transferidos"), protagonizada pela Hammers Independent Supporters Association (HISA), teve uma proposta de mudança de estádio combatida pela torcida ainda no início do anos 1990, em um dos primeiros casos mais relevantes das crescentes ISAs (Keoghan, 2014, p. 62). Outro caso foi do Everton FC, em 2008, que levou aos acionistas e donos de *season tickets*[96] a proposta de criação de um novo estádio e contou com uma margem apertada de votos a favor. O novo estádio seria construído em Kirkby, cidade da região metropolitana de Liverpool, em uma localidade a cerca de 10km de distância do Goodison Park, tradicional estádio do clube. O projeto só foi declinado após a campanha "*Keep Everton in Our City*" ("Mantenha o Everton na nossa cidade"), organizada por torcedores e endossada por muitos ex-jogadores e políticos locais, que conseguiu barrar a construção da nova praça e manter o clube no seu estádio de origem (Fitzpatrick, 2013, p. 201-214). Essa campanha se desenvolveu em um agrupamento maior chamado "*Blue Union*" ("União Azul").

---

96. Programas de venda antecipada de todos os ingressos da temporada.

Por outro lado, o grave processo de elitização dos estádios ingleses sempre foi uma pauta recorrente entre torcedores. Uma estrutura mais ampla, como a Football Supporters Association, serviu historicamente como representação política de contestação às políticas promovidas pelos proprietários dos clubes, articulando agrupamentos de muitos clubes diferentes. O mesmo ocorre com o tema dos "*safe standings*", que segue sendo um tabu no país, pela percepção de que o modelo de estádio adotado foi decisivo para o combate à violência — mesmo que a vizinha Irlanda já tivesse aprovado e experimentado com sucesso a liberação de torcedores em pé, e que esse não seja um problema em nenhuma outra grande liga europeia. A insistência dos torcedores a nível internacional, entretanto, levou à revisão da lei que obrigava os estádios a terem assentos em todos os setores, e no início do ano de 2022 as "*safe standings*" se tornaram uma realidade (Buckingham, 2022).

Por fim, cabe reforçar os protestos contra a European Super League, nos quais muitos torcedores aproveitaram a oportunidade para reclamar maiores poderes em seus clubes. Ainda que o caso da criação do "*supporter board*" do Liverpool tenha sido o mais avançado, o que se percebe é uma tendência de ampliação da criação dessas estruturas oficiais de participação dos torcedores. Esta tese se encerra exatamente no contexto de surgimento de um provável novo paradigma de ativismo torcedor inglês.

"*Nuestra Pasión no se Negocia*"

ESPANHA

A frase que compõe o subtítulo faz referência a uma faixa estendida pelo grupo Biris Norte, principal coletivo ultra do Sevilla FC, em 11 de dezembro de 2018, em um protesto na parte externa do local de realização da assembleia de acionistas da *sociedad anónima deportiva* (SAD) que controla o clube. Dois dias depois, a faixa *"Nuestra Pasión no se Negocia"* ("Nossa paixão não se negocia") foi levada ao Estádio do Nervión (Ramón Sanchez Pizjuán), em protestos contra a possibilidade da venda do clube para um grupo estrangeiro (El Desmarque, 2018).

    Antes do início da partida, uma grande quantidade de torcedores do Sevilla se uniu em um protesto massivo nos arredores do estádio, com canções que diziam *"El Sevilla no se Vende"* ("O Sevilla não se vende") e *"Fuera del Sevilla, ya no te quiero, eres un calvo cabrón"* ("Fora do Sevilla, já não te quero, você é um calvo imbecil"), que se dirigiam diretamente a um dos chamados "grandes acionistas" da SAD. Apesar de ser, possivelmente, o caso mais representativo e combativo do tipo de *"supporter"* identificado na Espanha, os torcedores do Sevilla não formam o único caso na história recente do futebol espanhol. Muitos são os exemplos de organizações que protagonizaram eventos de igual caráter, mobilizando um grande número de torcedores para contestar os maiores acionistas das SADs.

A particularidade espanhola, entretanto, obriga-nos a perceber esses "acionistas" de forma mais atenciosa. Nos protestos em Sevilha, assim como em muitos outros casos, identifica-se a presença de "associações de pequenos acionistas", agrupamentos que reúnem os antigos sócios do clube que ainda mantêm a posse das suas participações acionárias, decorrentes do processo particular de conversão das antigas associações civis em SADs.

Os "*pequeños accionistas*", ou "acionistas de base", como se intitulam, são tipos muito próprios da realidade dos clubes de futebol na Espanha, porque são formas associativas remanescentes, que não se guiam por interesses econômicos com relação ao clube e que buscam servir como foco de representatividade dos torcedores dentro dessas empresas. Apesar de serem semelhantes ao modelo de "*supporter trust*" visto no futebol inglês, essas associações de pequenos acionistas são compostas por pessoas que, de fato, tiveram direitos políticos no passado, ou, na menor das hipóteses, são pessoas que herdaram "ações" que simbolizam uma longa tradição de participação de associados.

Por isso, o foco aqui será a Accionistas Unidos del Sevilla Fútbol Club (Accionistas Unidos SFC), organização que liderou os protestos mencionados. Esse agrupamento se insere em um conjunto mais amplo de iniciativas do mesmo caráter, presentes em diversos clubes importantes locais. Antes, cabe contextualizar melhor a realidade espanhola.

Contexto geral

A empresarização dos clubes espanhóis nunca foi suficiente para provocar o declínio absoluto da ideia associativa que compunha a cultura futebolística local. Mesmo passadas três décadas de preponderância da lógica da propriedade, em clubes compostos exclusivamente por acionistas, ainda resiste junto aos torcedores um intenso sentido de pertencimento, que motiva a existência de movimentos de torcedores em contestação aos proprietários. A atuação política em muitas esferas, principalmente quando percebida a provocação aos poderes institucionais, mostra como torcedores espanhóis não se resignaram ao afastamento da participação, mesmo quando sequer são acionistas.

Mas, de forma ainda mais significativa, em muitos clubes a figura dos "acionistas de base" cumpre um papel decisivo no discurso político de defesa dos clubes como algo "comum", principalmente nos casos em que os indivíduos que têm esse tipo de status são dedicados a se comunicar publicamente, mobilizar para ações e representar politicamente o conjunto dos torcedores dentro dos espaços institucionais da SAD.

É importante observar essa forma de ativismo torcedor espanhol como resquício da cultura associativa que se estabeleceu no país na década de 1970. O ocaso do regime franquista, no contexto da redemocratização, alterou os modelos estabelecidos de associações civis, conferindo aos sócios comuns direitos políticos mais efetivos. A partir de 1975, muitos clubes implantam modelos mais democráticos para eleger seus diretores e são obrigados a ter suas contas escrutinadas em assembleias de sócios (cf. Capítulo 1). Ainda que pareça pouco tempo até a implantação da lei que obrigou os clubes a se constituírem enquanto SADs (1990), extinguindo por completo as associações civis, o sentido de participação sempre teve força junto aos torcedores dos clubes espanhóis.

O fato de a lei prever um processo transitório que dava aos sócios a prioridade na aquisição de participação acionária nessas novas SADs fez com que muitos clubes tivessem números expressivos de antigos associados dentre o seu quadro de acionistas, ultrapassando algumas vezes uma dezena de milhar. Mesmo empresas, esses clubes seguiam alvo de participação e fiscalização direta desses acionistas-torcedores, que muitas vezes reivindicavam uma relação sem interesses financeiros com os seus clubes — como se a sua posição como proprietários de uma pequena parte dessa empresa não lhes distinguisse dos demais torcedores, principalmente no sentido de uma atuação política em defesa do que acreditavam ser melhor para o clube, e contra a exploração mercantilizada dessa paixão (cf. capítulos 2 e 3).

Antes da existência dessa figura de "pequeno acionista" — os antigos associados detentores de ações —, os torcedores e sócios dos clubes espanhóis já se organizavam através das chamadas "peñas", coletivos que constavam com registro oficial. Portanto, historicamente a existência da figura da "federação de peñas" sempre foi comum aos clubes locais, como uma estrutura de representação reconhecida institucionalmente, e que muitas vezes constituía espaços de discussão e posicionamento político mais elaborado para o conjunto dos "aficionados".

Por outro lado, o crescimento da cultura "ultra" no país, essas modalidades de torcidas organizadas tipicamente europeias, constituiu espaços de organização política, protesto e contestação às decisões tomadas pelos dirigentes, principalmente para torcedores mais jovens. A cultura "ultra" espanhola sempre foi muito influenciada pela politização que marcou e dividiu esses agrupamentos na Itália, valendo-se da tradicional existência das peñas como modelo organizativo. O contexto de redemocratização fez com que muitos clubes estimulassem o surgimento de peñas mais jovens, de modo a retomar o público dos estádios, que se mostrava em declínio, através de benefícios financeiros na aquisição de ingressos. Na década seguinte, principalmente através do "intercâmbio cultural" realizado na Copa do Mundo de 1982, disputada na Espanha, essas novas peñas seriam atraídas pela cultura ultra, mas também pelo hooliganismo inglês, em grupos que romperiam com as antigas organizações (ou seriam expulsos dessas), redesenhando a cultura torcedora local.[97] Com o advento das SADs, coube aos pequenos acionistas (ou "*accionistas de base*", como esses antigos sócios passaram a se reivindicar) o papel político de representação oficial dentro da estrutura da empresa, ao passo que buscavam sempre manter o diálogo constante com as "*peñas*" e, quando era possível, com os coletivos "ultras". Essa tríade forma o cenário mais amplo dos ativismos de torcedores na Espanha, mas nem sempre se expressa de forma equivalente, dados os diferentes formatos que os clubes adotaram ao longo do tempo, com maior ou menor participação dos acionistas de base no seu quadro. Em cada clube será preciso observar como essa estrutura está disposta, como esses diferentes tipos de organização se estabelecem e como são capazes de dar organicidade e conquistar essa legitimidade dentro do contexto mais amplo da torcida.

É importante observar também que a motivação de um associado em se tornar acionista poderia se dar por interesses puramente financeiros. A posse de um pacote de ações em uma empresa que, em tese, valorizaria ao longo do tempo, fez desses ativos um objeto de cobiça de muitos daqueles primeiros compradores. É natural imaginar, portanto, que, com o passar do tempo, esses acionistas venderiam suas ações para aproveitar um eventual benefício financeiro. Quando falamos de acionistas de base, entretanto, falamos de uma percepção diferente quanto à manutenção desse ativo, enxergando-o como forma de resistência: não se valer dessa finalidade lucrativa, preservar e valorizar o caráter "desinteressado" desse status

---

97. O cenário político "ultra" espanhol era ainda mais complexo que o italiano, por causa da rivalidade entre a extrema-direita centralista (espanhola) e os grupos vinculados aos nacionalismos regionais (catalão, basco e galego, principalmente), além dos próprios grupos de esquerda (Viñas, 2005).

e usá-lo apenas como forma de garantir uma representação mínima da torcida dentro do clube.

Evidente que esse nunca foi um trabalho fácil por parte dos acionistas de base, pelo conjunto de contradições que esse tipo de relação impôs. Na Real Sociedad, por exemplo, a própria constituição da SAD foi objeto de atuação incisiva dos torcedores, que exigiu que nenhum novo acionista pudesse adquirir uma participação maior do que 2% do capital da empresa, constituindo um caso muito particular. No Sevilla FC, que trataremos de forma mais profunda adiante, ainda em 1997 os acionistas de base forçaram a aprovação de uma ampliação de capital da SAD, em que apenas os antigos sócios poderiam adquirir novas ações, reforçando a participação dos torcedores comuns dentro da empresa — em um tipo de estratégia adotada por torcedores de outros clubes ao longo do tempo. Em alguns casos, como ocorreu ao Valencia CF, ao Levante UD e outros, a dificuldade financeira de uma SAD demandou a criação de uma fundação à parte, que seria a figura jurídica responsável por viabilizar empréstimos para sanear o clube e assumir o controle da empresa. Isso abriu um novo espaço de participação para torcedores, mas tornou ainda mais complexo o cenário geral do ativismo torcedor no contexto espanhol.

O passo mais importante desse novo ativismo surgido após as SADs se deu em 2008, quando da criação da Federación de Accionistas y Socios del Fútbol Español (FASFE), organização que teria como objetivo articular e fortalecer os grupos de acionistas de base dos clubes espanhóis. A FASFE nasceu com contribuição direta da Supporters Direct Europe — evolução do modelo da Supporters Direct britânico, surgida em 2007 após sugestão do chamado "*Arnaut Report*" (2006), documento elaborado pela União Europeia para traçar soluções para o futebol europeu, dentre as quais estava o incentivo à participação democrática dos torcedores nos clubes (cf. Capítulo 2).

A FASFE foi originada da reunião entre a Asociación de Pequeños Accionistas del Sevilla FC, a Asociación Señales de Humo (Atlético de Madrid), a Asociación Por Nuestro Betis (Real Betis), a Asociación de Pequeños Accionistas del Real Zaragoza e o grupo Bandera Blanca (Albacete). A partir de então, a FASFE passou a agregar mais de trinta agrupamentos de pequenos acionistas por todo o país, fortalecendo a luta pela reforma do futebol espanhol e pela maior participação dos torcedores nos rumos dos clubes. À época da sua fundação, a FASFE calculava a existência de cerca de 200 mil pequenos acionistas nas SADs locais, público que almejava organizar e formar politicamente, um dado que ajuda a ilustrar de forma interessante essa particularidade espanhola (Merino, 2008).

Para entender melhor a realidade dos ativismos torcedores espanhóis, selecionamos o caso do Sevilla FC, clube que não consta entre os maiores vencedores do país, mas que tem mantido excelentes resultados esportivos e financeiros nas últimas décadas, os melhores de sua história. Lá está uma das experiências torcedoras mais combativas, organizadas e vitoriosas do futebol da Espanha, que esteve à frente da criação da FASFE e do crescimento dessa forma de ativismo torcedor no país, e se destacou pela luta contra a venda do clube para investidores estrangeiros e pela preservação do seu estádio.

Accionistas Unidos SFC — Sevilla FC

Entre 2016 e 2017, os principais acionistas da SAD do Sevilla FC começaram uma corrida para aquisição das ações junto aos antigos sócios, aqui chamados de pequenos acionistas. Propostas valiosas, de até mil euros por ação (que originalmente custaram 60 euros), tinham como objetivo ampliar a participação desses grupos dentro da sociedade, em um processo que chamou a atenção dos acionistas de base mais combativos do clube. Não se tratava apenas de uma tentativa de ampliação de poder, mas da preparação do terreno para uma venda maior da empresa, afinal, acabara de se somar à SAD um misterioso grupo chamado Sevillistas Unidos 2020, uma sociedade limitada representada unicamente pelo empresário Andres Blazquez.

O contexto já era de muita preocupação dos acionistas de base, uma vez que os grandes logros esportivos do clube valorizaram consideravelmente o seu valor de mercado. O clube venceu três edições seguidas da Liga Europa da UEFA, o segundo escalão das competições continentais, além de ter se firmado como contumaz participante da UEFA Champions League, sempre alcançando boas colocações no campeonato nacional. Essa visibilidade passou a atrair interessados na aquisição do clube, bem como provocou um interesse financeiro até então inédito da parte dos maiores detentores de capital do clube.

Cerca de 60% do capital do Sevilla está concentrado, desde os primórdios da SAD, na mão de 14 pessoas, componentes de famílias históricas do clube. Além das famílias Del Nido e Castro (junto a outros nomes), agrupadas na empresa Sevillistas de Nervion S.A., também tinha grande peso a família Carrión. Esse fator sempre desequilibrou a capacidade de participação dos torcedores nas assembleias, principalmente pelo fato de estarem dispersos, o que os forçava a reunir ações em um processo de *"sindicación de acciones"*. Em um sentido muito próximo do que representam as *"trusts"* inglesas, tratava-se da assinatura de um acordo de aglutinação e procuração sobre o capital e o voto desses pequenos acionistas, através de uma associação (Sampedro Contreras, 2020, p. 152-161).

A pesquisa entrevistou Moisés Sampedro Contreras por teleconferência em duas ocasiões, quando ainda era presidente da associação Accionistas Unidos SFC, pela ocorrência de fatos que impactaram ou motivaram novas ações desse grupo de torcedores ao longo dos anos em que se seguiu a pesquisa. Moisés Sampedro Contreras é um jovem advogado com histórico familiar de longa tradição associativa ao Sevilla FC.[98]

> Nós viemos de duas associações de pequenos acionistas: a Pequeños Accionistas del Sevilla FC e a Voz del Sevillismo. O que ambas as associações fazem é juntar acionistas que têm muito pouco capital no clube, e defender os interesses dos pequenos acionistas. Nós começamos a ver em 2017 que os grandes acionistas estavam preparando a SAD para uma venda. Isso fez as duas associações pensarem que deveriam se unir para ter mais força, para poder combater os grandes acionistas. Percebemos que o SFC tinha algo como 35% ou 40% das ações com acionistas minoritários. Então decidimos nos unir para ter mais força em 2017. Graças a essa união, e à união de outros grupos, como a Federação de Peñas ou como outras associações de acionistas minoritários, conseguimos ter mais de 5%, o que conforme a lei mercantil espanhola, nos permite fazer frente aos majoritários, de forma que temos maior presença na empresa.[99]

Um traço claro da contradição do processo de constituição das SADs espanholas, uma vez que, em termos de quantidade de pessoas, o grupo é muito mais numeroso do que os demais, mas, como em uma sociedade anônima o poder de voto é equivalente ao capital possuído, os pequenos acionistas tinham um trabalho hercúleo a fazer: conquistar a confiança dos outros

---

98. O entrevistado foi posteriormente convidado para colaborar com um artigo para o livro "Clube Empresa" (Sampedro Contreras, 2020).
99. Entrevista realizada com Moisés Sampedro Contreras em 30 de abril de 2019.

pequenos acionistas, convencê-los a não explorar esses ativos para fins financeiros (ainda mais diante de ofertas tão poderosas), fazê-los ceder o direito de representação para uma liderança eleita dentro da associação e engajá-los politicamente contra a venda do clube para um grupo estrangeiro. Um tipo de prática que, entretanto, não era tão nova:

> O caso do Sevilla é muito particular, porque nessa primeira rodada de subscrição de ações não se subscreveu uma grande quantidade de ações, mas muitos sócios se converteram em pequenos acionistas do Sevilla. Então se fez algo que até então não havia sido feito no futebol espanhol. Em 1997 foi feita uma ampliação de capital, outra oferta de subscrição de ações para criar mais acionistas minoritários, sem permitir que aqueles que já tinham ações participassem.[100]

Essa acabou por se tornar uma prática mais recorrente no futebol local, ainda que, com o tempo, a finalidade econômica da posse de ações fosse implacável — o que provocava o enfraquecimento da participação dos acionistas de base.

> Ao final, o que fazem é evitar que exista um acionista majoritário que só busque o dinheiro, só se guie pelo negócio. Ao repartir essas ações, se busca voltar, de alguma forma, ao modelo de clube que só visa o esportivo e o melhor para o clube. Na Espanha há clubes em que esses pequenos acionistas foram desaparecendo, mas há outros bons exemplos, como o Eibar ou Levante, e nesse caso o Sevilla. Mostra como há SADs que buscam focar no esportivo, no sentimento, não pelo dinheiro.[101]

---

100. Entrevista realizada com Moisés Sampedro Contreras em 7 de julho de 2020.
101. Entrevista realizada com Moisés Sampedro Contreras em 7 de julho de 2020.

Ao conquistar o direito de acesso à assembleia de acionistas da SAD, a associação Accionistas Unidos SFC teve maior poder de participação e fiscalização das ações do clube, posição a partir da qual pôde saber que o obscuro grupo Sevillistas Unidos 2020 sequer era uma empresa instalada na Espanha, mas oriunda do paraíso fiscal norte-americano de Delaware, onde a lei não obriga a revelação do nome dos proprietários. Fora a figura de Andres Blazquez, nada mais se sabia sobre a origem do dinheiro, as pretensões dos novos sócios alheios ao "sevillismo" e o que seria, afinal, o futuro do clube.

O termo "sevillismo" é utilizado constantemente pelos acionistas de base, principalmente em diálogo com os demais segmentos da torcida, e inclusive constava no nome do grupo Voz del Sevillismo — o que indica o objetivo principal do grupo. Serve como um símbolo que une os torcedores, de modo a expressar que o interesse desses acionistas de base jamais será puramente financeiro, mas na defesa daquilo que deve ser o clube. Quando ocorre, já que não é tão comum, esses acionistas de base garantem que os dividendos decorrentes da SAD sejam utilizados, igualmente, a favor do sevillismo:

> Sempre dizemos que o Sevilla é um clube "feito de si mesmo". O Sevilla não era uma empresa, mas era certo que os sócios e os torcedores que iam ao estádio sempre aportavam dinheiro para o clube sem esperar nada em troca. No ano de 1975, foi um ano que se terminava a construção do nosso estádio, faltava dinheiro para concluir a obra. Então os sócios do clube, a fundo perdido, ou seja, sem esperar nada em troca, fizeram uma coisa que se chamou "Fila Zero". Entregavam dinheiro para o clube, para que o clube pudesse terminar a obra do estádio.[102]

---

102. Entrevista realizada com Moisés Sampedro Contreras em 30 de abril de 2019.

Aqui entra a importância do estádio do Nervión (Ramón Sanchez Pizjuán), onde o Sevilla disputa seus jogos. Ao longo das últimas décadas, muitos foram os casos de clubes que trocaram seus estádios originais por arenas desportivas afastadas. Sob a promessa de construção de um novo estádio, mais moderno, a entrega de um patrimônio histórico se tornava difícil de ser combatida internamente na SAD. Conter o aumento do controle da empresa na mão de poucos acionistas era uma forma que os acionistas de base encontravam para evitar esse tipo de situação.

O interesse por trás dessas mudanças era, na verdade, muito mais financeiro do que esportivo, já que muitos estádios de clubes espanhóis estavam localizados em regiões valorizadas das suas respectivas cidades, inclusive sendo o caso do Nervión. O valor desses terrenos se tornou alvo de interesse dos novos compradores, já que o valor original das SADs nunca levou em consideração esse tipo de patrimônio, apenas o valor global das dívidas (cf. Capítulo 2). O que preocupava os acionistas de base sevillistas era exatamente o risco de vivenciarem o que ocorreu a clubes como Atlético de Madrid, Espanyol e Valencia, dentre outros, que viram a transformação de seus antigos estádios em conjuntos residenciais.

Ainda no final de 2018, essa movimentação foi revelada quando a Accionistas Unidos SFC levou à assembleia de acionistas uma proposta que limitava a venda do estádio à aprovação mínima de 75% do capital votante. Apesar do voto maciço dos pequenos acionistas, absolutamente nenhum dos grandes acionistas votou a favor da medida. Nesse mesmo dia, aprovava-se a entrada de Andres Blazquez, representante da desconhecida Sevillistas Unidos 2020, no conselho de administração da SAD, grupo que já contava com 6% do capital (montante semelhante ao que tinham os acionistas de base unidos).

Um tipo de manobra que expôs como o interesse dos compradores norte-americanos incluía esse tipo de especulação imobiliária. Esse fato político se tornou uma das principais pautas para a mobilização dos outros segmentos da torcida na realização dos protestos mencionados no início do subcapítulo. O envolvimento da federação de *peñas* e dos ultras da Biris Norte, um dos principais coletivos "ultras" de esquerda do país, foi de grande importância no ganho de visibilidade da luta das Accionistas Unidos SFC, a ponto de conquistarem pontos cruciais na blindagem do estádio do Nervión.

Uma vez que seria impossível barrar a venda dessas ações, já que eram de propriedade de pessoas interessadas no negócio, os torcedores sevillistas recorreram ao poder público. Mobilizando partidos de todos os matizes, conseguiram um acordo para que não se permitisse a mudança da finalidade do uso do terreno — tanto na Câmara de Sevilla quanto no Parlamento da Andaluzia —, e praticamente inviabilizaram a sua exploração imobiliária, o que frustraria consideravelmente as pretensões dos grandes acionistas e dos compradores norte-americanos. Em 2022, ano de conclusão desta tese, revelou-se que Andres Blazquez estava vinculado ao grupo 777 Partners, o mesmo que faria a proposta de aquisição do Clube de Regatas Vasco da Gama, e pouco antes havia comprado o Genoa (Itália), o Standard Liège (Bélgica) e o Red Star (França). A resistência dos torcedores do Sevilla, ao que consta, fez o grupo praticamente desistir da aquisição, sendo derrotado em sua última tentativa de assumir a diretoria em 26 de outubro de 2021, com 77% dos votos contrários dos acionistas (Mello, 2022).

Os membros da Accionistas Unidos SFC são expressamente contrários às SADs. No site oficial e em suas redes sociais, a associação questiona as exigências da lei, a forma como ela expôs clubes espanhóis a interesses alheios à sua comunidade, provocou a quebra e o fechamento de inúmeros clubes e não criou mecanismos seguros de participação dos torcedores.

Não existe a possibilidade de que as empresas voltem a ser clubes. Como se sabe a lei obriga a todas as equipes que joguem a segunda e primeira divisão a se converter em empresas. Mas a lei não permite voltar a converter-se em associações. É certo que existem muitos clubes que se converteram em empresas, que fracassaram, que quebraram e desapareceram, e agora há torcedores que estão criando clubes que levam nome parecido ao da empresa.[103]

Moisés se referia a dois casos. Um deles é o do Xerez Deportivo FC, clube criado em 2013, quando do rompimento dos torcedores com a SAD do Xerez Club Deportivo, fundado em 1947. Naquela ocasião, cerca de 700 torcedores decidiram pela criação de uma nova agremiação por rechaçarem a venda da SAD para um empresário local (Sánchez, 2013). O outro caso foi o Unionistas de Salamanca CF, clube criado também em 2013, quando da extinção do Unión Deportiva Salamanca, após uma decisão judicial que decretou sua falência. As falências só não são mais comuns porque algumas medidas legislativas viabilizaram soluções outras, como medidas de recuperação judicial ou a criação de fundações para a tomada de empréstimos com instituições financeiras públicas — como mencionamos anteriormente nos casos de Valencia, Levante e Huesca.

Atualmente, a Accionistas Unidos SFC segue como um dos grupos mais organizados e representativos desse tipo de ativismo torcedor na Espanha. Através da FASFE, a associação ajudou a impulsionar uma ampla discussão pela revisão da *Ley de Deportes*, apresentando pontos para o anteprojeto de lei que interessam ao conjunto dos movimentos de torcedores:

---

103. Entrevista realizada com Moisés Sampedro Contreras em 7 de julho de 2020.

Nós, como associação de torcedores que somos, estamos integrados na FASFE, que é uma associação maior que tenta ser uma associação a nível espanhol. Estamos trabalhando em uma nova Ley de Deportes, fizemos propostas para que se incluam no anteprojeto de lei. Uma das propostas mais importantes é a possibilidade da "volta atrás". Queremos que nessa nova lei, as SADs que queiram voltar a ser clubes sejam permitidas a fazer. É o caso do Eibar e do Levante, que já estão próximos de fazer isso, o que seria muito importante. Outro ponto é que se dê maior peso aos torcedores nos órgãos que decidem sobre o futebol espanhol [...]. Outro ponto é que, como aconteceu ao Sevilla, que os estádios sejam blindados, proteger o patrimônio das SADs, de tal forma que os donos dessas empresas saibam que há coisas que não se podem tocar. Não se pode mudar uma equipe de uma cidade para outra, por ser economicamente mais interessante. Também acreditamos que essa Ley de Deportes devia se encaminhar a criar um sistema mais parecido ao do futebol alemão (50+1).[104]

A perspectiva de retomada do modelo associativo sem fins lucrativos, bem como a atuação constante a favor do que chamam de "sevillismo", são alguns dos pontos que nos permitem perceber como a ideia do "comum" está presente na concepção desses torcedores sobre os seus clubes. Apesar de muito injusta, pela própria natureza das sociedades anônimas e da sua assimetria de poder a favor dos acionistas mais ricos, os movimentos de torcedores espanhóis representam uma manifestação poderosa do que aqui escolhemos chamar de fator *"supporter"*.

---

104. Entrevista realizada com Moisés Sampedro Contreras em 7 de julho de 2020.

Outros apontamentos

Há outros casos importantes a serem apreciados, porque indicam realidades em que a correlação de forças não permite ações como as do Sevilla. Também não é possível considerar que toda associação de pequenos acionistas está totalmente dedicada ao tipo de concepção de proteção do clube, ao passo que são muitos os fatores que podem provocar uma maior aceitação da venda do clube para um grupo estrangeiro, a entrega de um estádio tradicional ou a resignação com a relação puramente comercial que a posse de ações impõe. Já no final da década de 2010 eram poucos os clubes das principais divisões espanholas que ainda contavam com participação expressiva dos pequenos acionistas e que não tinham seu capital concentrado em um único grupo econômico.

Para além das associações civis remanescentes, que são Real Madrid, Barcelona, Athletic Bilbao e Osasuna, os torcedores só têm alguma participação mais efetiva no Levante UD e no Huesca, controlados por uma fundação. Como pequenos acionistas — além dos mencionado Sevilla FC, Real Sociedad (que limita a propriedade de 2% do capital e tem 14 mil acionistas), Eibar (que limitou o acesso ao capital a 5%, e ainda hoje segue sendo uma SAD de capital disperso) —, também estão com maior força no Real Betis.

No Betis, após uma recuperação judicial em 2017, o acionista majoritário detentor de 51,34% foi obrigado a vender a sua participação, em um processo em que os acionistas de base impuseram regras para que antigos sócios tivessem prioridade na compra dessas ações. Dentre eles estava o grupo Asociación Por Nuestro Betis, um dos fundadores da FASFE. Com a nova composição da sociedade, apenas quatro grupos possuem entre 6 e 10% do capital, sendo o resto muito pulverizado.

O modelo atual do Betis, de alguma forma, está em um meio termo entre os modelos do Sevilla e da Real Sociedad, e, de certa forma, tem resultado em uma retomada do poder esportivo do clube, campeão da Copa del Rey em 2022, após 17 anos (Masiá, s/d). Como a nova estrutura permite maior participação direta dos pequenos acionistas em assembleias, a Asociación Por Nuestro Betis, assim como outros grupos do tipo, decidiu pela dissolução, uma vez desnecessária a ferramenta de "*sindicación de acciones*". As eleições do Betis passaram a ocorrer como em associações comuns, a exemplo da Real Sociedad.

Em 2014, o Valencia, um dos mais tradicionais clubes do país, teve 86% do seu capital vendido para o empresário singapuriano Peter Lim, dono da empresa Meriton, após uma grave crise financeira decorrente da construção de um novo estádio. O clube tentou superar essa crise com a transferência do controle da SAD para uma fundação, que fracassou na tentativa de resolver os graves problemas financeiros.

Lim é criticado por sua pouca ambição esportiva; por inúmeros casos de desrespeito aos torcedores; pelo não cumprimento da promessa de conclusão do novo estádio; pela exploração financeira com atletas formados pelo clube; e pela nomeação de Anil Murphy como presidente da SAD, um amigo sem experiência na gestão esportiva, mas com estreitas relações políticas em seu país de origem.

Entrevistamos Sergi Ajillés, presidente da Penya Colla Blanc-i-negra, coletivo muito ativo na Agrupació Penyes Valencianistes, a federação de *peñas* do clube:

> O Valencia estava saneado economicamente naquele momento, inclusive mais do que o Real Madrid. Aqui na Espanha estamos muito dominados pela dualidade de Barcelona e Real Madrid, a nível político, a nível econômico

e, claro, a nível esportivo. O Valencia foi deixado de lado por todos os políticos valencianos, e se obrigou a converter em SAD. Foi quando entrou uma figura chamada Paco Roig, dono de uma das maiores redes de supermercados do país, e foi uma tragédia. Peter Lim está batendo recorde, mas Roig foi uma tragédia. A SAD foi o princípio de todos os problemas que viveu o Valencia.[105]

Sobre a experiência frustrada da fundação, diferente do que ocorreu em outros casos, disse:

> A fundação era uma ótima proposta, para democratizar o Valencia, fazê-lo algo parecido às associações. Acontece que a dívida era muito grande e não houve tantos sócios para comprar ações o suficiente, o que forçou a venda.[106]

No último jogo da temporada, em 21 de maio de 2022, mais de 10 mil torcedores do Valencia realizaram um impactante protesto, boicotando a partida e lotando as ruas anexas ao estádio (Álvarez, 2022). Um dos muitos protestos massivos que exigiram a saída do proprietário, há oito anos à frente do clube, com faixas e cartazes: *"Lim Go Home"*, *"Lim Out"* e *"Meriton Out"*. Um dos casos mais tensos na relação entre torcedores do clube e Peter Lim foi quando a sua filha, Kim Lim, irritada com as críticas e os ataques de alguns torcedores, publicou em uma rede social uma imagem com a frase "Não entendem? O clube é nosso e podemos fazer o que quisermos".

> É a demonstração da soberba, de não querer compreender a filosofia e a forma de pensar da torcida. Eles podem ser donos das ações, mas o Valencia não é de

---

105. Entrevista realizada com Sergi Aljillés em 3 de março de 2021.
106. Idem.

ninguém, o Valencia é da torcida, é de todos. O principal erro foi que não quiseram entender, ou não tentaram entender, como é a forma de pensar da torcida [...]. O negócio de Peter Lim é comprar jogadores a preço econômico e vender por mais, em colaboração com seu grande amigo, agente de jogadores, [Jorge] Mendes, que fez com o Valencia negócios multimilionários.[107]

A federação de *peñas*, apesar de muito combativa, tem grande dificuldade de diálogo com outros setores da torcida. Evita ao máximo o contato com a Yomus, principal coletivo "ultra" do clube, que é declaradamente fascista e tem feito ataques xenófobos e racistas contra Lim. Por outro lado, não contam com grande apoio da então principal associação de pequenos acionistas, a Asociación del Pequeño Accionista del Valencia C.F, que tem uma postura muito menos combativa do que a vista em outros clubes. Não à toa, em julho de 2020 foi criado o grupo Libertad VCF, que busca obter 5% do capital da SAD para conquistar o direito de participação na assembleia de acionistas do clube e já contava com 1500 aderentes.

Outro caso que mostra a complexidade dos ativismos torcedores na Espanha é o do Rayo Vallecano, clube de Madrid que tem mais de 98% do seu capital controlado pela família Presa. Com a quase inviabilidade de participação mais efetiva, os pequenos acionistas, aglutinados na Asociación Accionistas ADRV, fundada em 2017, buscam fazer uma oposição externa, ao lado de outros agrupamentos, através da Plataforma ADRV, criada em 2002.

O uso da sigla ADRV é uma referência ao nome original do clube (Asociación Deportiva Rayo Vallecano), alterada pelos seus novos proprietários para Rayo Vallecano de Madrid, logo

---

107. Idem.

quando da conversão em SAD. A Plataforma ADRV, além dos pequenos acionistas, consegue agregar uma grande quantidade de *peñas* e, principalmente, o coletivo "ultra" Bukaneros. Esse é um dos grupos mais relevantes da parte à esquerda da cultura "ultra" espanhola, e se engaja diretamente na luta pela tomada do clube e em contestação aos proprietários. Pesa no Rayo Vallecano a sua histórica identidade operária e sua conexão com o bairro de Vallecas, um arrabalde da capital famoso por ter sido um foco de resistência antifascista ao regime de Francisco Franco — elementos identitários que não interessam e não são respeitados pela família Presa, como mostrou o convite feito a políticos ligados ao Vox, partido de extrema-direita local, desatando muitos protestos por parte da torcida (El Mundo, 2021).

Como conclusão, o que as experiências espanholas apresentam de particular, principalmente se comparadas às inglesas, é a persistência da ideia de associação, mesmo quando os clubes já são SADs há mais de três décadas. O possível caráter comercial decorrente da propriedade de ativos referentes ao clube não impediu torcedores de proclamarem o clube como um "comum", contestando o caráter absoluto dos seus donos e reivindicando a abertura democrática dessas empresas, ou, em um sentido mais amplo, reivindicando a retomada das associações como espaços viáveis de participação direta, como eram no passado.

A possibilidade de retomada das associações é remota, portanto é muito provável que as próximas décadas sejam marcadas por novos embates entre os acionistas de base, apoiados pelas *peñas* e/ou pelos ultras, no combate aos acionistas majoritários. Algo bem diferente do que corre na Alemanha, tema do próximo subcapítulo.

"*Unverhandelbar! 50+1 Bleibt!*"

ALEMANHA

O subtítulo toma emprestada a frase estampada em uma faixa utilizada em um protesto de rua da torcida do VfB Stuttgart, no dia 1º de setembro de 2018, e, posteriormente, presente nas arquibancadas do estádio Neckarstadion (Mercedes-Benz Arena). Ao manifestar *"Unverhandelbar! 50+1 Bleibt!"* ("Inegociável! 50+1 permanece!"), os torcedores se posicionavam contra mais uma agressão à regra que confere às associações civis o controle das empresas que possuem os ativos do departamento de futebol dos clubes locais (Stuttgarter Zeitung, 2018).

Trata-se de apenas uma das inúmeras manifestações de torcedores sobre esse assunto. Afinal, esse é o tema mais recorrente dentre os torcedores alemães, ainda que estes também tenham grande atuação em outras pautas relacionadas aos direitos dos torcedores. São muitas as organizações existentes no país, com capacidade de articulação nacional, que dão à Alemanha uma característica especial quanto à proporção, à multiplicidade e ao caráter de solidariedade entre os grupos de diferentes clubes.

A ameaça de derrubada da regra que dá soberania à associação, entretanto, é cada vez mais recorrente, promovida por segmentos ligados à indústria do futebol, por alguns setores da imprensa e mesmo por alguns dirigentes de clubes, dentre os quais estão alguns "patronos" que buscam assumir o controle *de facto* dessas agremiações. O caso escolhido para estudo é o do Hannover 96, clube que por muitos anos foi presidido por Martin Kind, bilionário local que também foi patrocinador e buscou, por esse motivo, ser tratado como exceção à regra 50+1, reivindicando a cessão do controle definitivo do clube.

Mesmo sendo identificado como figura central no crescimento esportivo do Hannover 96 nas últimas décadas, Kind foi alvo de intensos protestos dos torcedores e membros do clube, motivo pelo qual se afastou em 2019, após derrota eleitoral na associação. Em uma das muitas faixas exibidas nas arquibancadas contra Martin Kind, torcedores escreveram: "*50+1: Ohne wenn und aber*" ("50+1: Sem 'se' ou 'mas'").

Para entender melhor a particularidade alemã, as vias que geraram algumas exceções ao modelo 50+1 e as formas organizativas dos torcedores contra o fim dessa regra, convém traçar um contexto geral do futebol local.

Contexto geral

Diferentemente do que ocorre na Inglaterra e na Espanha, os torcedores alemães não estão limitados a uma participação "externa" ao clube, ou a uma participação limitada a um poder minoritário como pequenos acionistas. A persistência da figura da associação civil ainda permite a participação direta e efetiva em eleições e assembleias, razão pela qual a defesa da regra 50+1, que obriga os clubes a manter a maioria do poder de voto das empresas para a associação, é a principal bandeira dos torcedores locais (cf. Capítulo 2).

Afinal, trata-se de um espaço onde o poder do torcedor comum, como sócio, é equivalente ao de qualquer outro, não havendo espaço para as apropriações "privadas" se imporem politicamente. Defender o modelo 50+1 é, portanto, a forma que os torcedores ainda têm de garantir o caráter "comum" dos seus clubes, que, inevitavelmente, estão obrigados a colher suas opiniões, passar mudanças pelo escrutínio das assembleias de sócios e manter ou alterar o seu comando de acordo com o interesse da sua base social.

Trata-se, portanto, de uma conjuntura muito diferente dos casos anteriormente estudados. Não há, para os alemães, a necessidade de criação de uma *trust* para a compra de ações e para o fortalecimento da voz dos torcedores dentro da sociedade. Pelo contrário, ainda que muitos clubes estejam organizados como uma empresa, esta, invariavelmente, está sob o controle da sua associação original, pela qual a atuação política torcedora se dá de forma direta, sem barreiras. Isso, em tese, faria com que a luta dos ativismos torcedores na Alemanha se resumisse aos temas relacionados aos estádios — política de precificação de ingressos, liberdade para realização de festas, combate à violência policial e à mudança do local do estádio, ou preservação dos espaços onde é permitido ficar em pé. Temas os quais, de fato, também são de especialidade do "*supporter*" alemão, que consegue manter viva a qualidade de possuir os estádios mais populares e festivos dentre as grandes ligas (Merkel, 2012, p. 359-376).

Mas aqui nos interessa ver a capacidade organizativa na oposição à perda da soberania da associação nas empresas que controlam o futebol dos clubes, porque se trata de uma constante ameaça. Como descrevemos nos capítulos 2 e 3, o "modelo alemão" (como é conhecido em todo o mundo) é um paradigma para torcedores de diversos países. Parte disso se dá pela histórica cultura associativa local, que registra quase 300 mil sócios no Bayern München e mais de 150 mil sócios no Borussia Dortmund e no seu rival Schalke 04 (Viñas, 2020, p. 240-265). Parte considerável da percepção popular sobre a propriedade dos clubes está baseada nesse sentido histórico de associação, independente das sedutoras narrativas de que o futebol alemão precisa aceitar a venda dos clubes para investidores estrangeiros caso queira atingir melhores resultados esportivos a nível continental.

A questão é que há um costume local persistente de participação massiva nas assembleias anuais, que, além de eleger novas diretorias, discutem as contas do clube e promovem longos debates sobre temas caros aos torcedores. Ainda que seja natural que grandes empresários locais tenham maior capacidade de ocupar os cargos diretivos, é praticamente impossível que eles consigam escapar da fiscalização dos sócios — que, na língua local, são identificados como "*mitgliedes*".

Nas últimas décadas, a Alemanha seguiu sendo um dos poucos países a não registrar numerosas crises financeiras nos seus clubes, graças a um rígido sistema de licenciamento e controle financeiro promovido pela federação local. Os clubes são obrigados de forma recorrente a fornecer uma série de documentos que comprovem o bom estado de suas finanças, apresentar um plano anual de negócios a ser apreciado pela própria federação, e se adequar a diretrizes que regulam aspectos sobre governança corporativa transparente. Apesar da previsão de um fundo de suporte a clubes em má situação financeira e de punições duras aos que descumprissem as regras, o programa de licenciamento nunca foi violado por nenhum clube, desde 1960. Isso, de alguma forma, dá respaldo à persistência do modelo associativo como opção viável de funcionamento dos clubes alemães (Viñas, 2020, p. 245).

Bayer Leverkusen e Wolfsburg foram dois clubes que puderam escapar à regra do 50+1, por uma questão de relação histórica com a empresa farmacêutica Bayer e com a montadora de automóveis Volkswagen, respectivamente. Essa exceção foi concedida a partir de 1999, ano em que a liga federação local autorizou que clubes constituídos como empresa (isto é, que não fossem associações civis) pudessem disputar as competições locais. Esses dois clubes foram criados já em ligação direta com essas duas companhias, que sempre foram suas patrocinadoras e, portanto, foram entendidas como caso à parte, dada a diferença do sentido associativo com relação aos demais. Uma regra, então, regulou esse tipo de concessão a empresas que comprovassem mais de vinte anos consecutivos de apoio e financiamento sustentado aos clubes. Entretanto, outras exceções foram concedidas com o tempo, o que causou intensa revolta dos "*supporters*" locais.

O primeiro caso foi o do TSGH 1899 Hoffenheim, clube menor que foi "adotado" pelo bilionário Dietmar Hopp a partir do ano 2000. Detentor de 96% do capital da equipe, Hopp financiou um novo estádio, bancou contratações e alçou o clube à primeira divisão local. Em 2011, bem antes dos vinte anos previstos na regra, o Hoffenheim foi inserido pela federação local no rol de clubes "exceções". A decisão provocou a ira dos movimentos de torcedores alemães, pois se tratava de uma clara violação às normas estabelecidas e poderia consistir como precedente para que outros clubes fossem alvo do mesmo tipo de manobra — como ocorreu seguidas vezes, ainda que sem sucesso, com o Hannover 96, clube que escolhemos analisar.

Os protestos contra Hopp e a Federação Alemã de Futebol (DFB) sempre foram ferozes, mas mudaram de foco quando um novo caso surgiu. Criado em 2009, o RasenBallsport Leipzig (RB Leipzig) se tornou o novo clube mais odiado do país quando foi autorizado a disputar as competições locais com o financiamento direto da multinacional de bebidas energéticas Red Bull, proprietária de inúmeros clubes pelo mundo, inclusive no Brasil. O nome foi uma manobra adotada pela empresa após "adquirir" a licença do pequeno clube SSV Markranstädt.

Como era impedida pelas regras locais de usar o nome da própria empresa no registro do clube, inventou o termo "*RasenBallsport*" (algo como "esporte com bola na grama", em alemão). Como fazia em outros clubes e franquias esportivas que controlava pelo mundo, a empresa buscava utilizar seus times de futebol como plataforma publicitária para seu produto principal, a bebida energética Red Bull. De forma oficial, o RB Leipzig é registrado como uma associação civil (e.V), mas seu quadro de sócios é restrito a 17 funcionários e membros da diretoria da companhia. A participação da Red Bull é direta no capital da empresa que controla o RB, uma sociedade limitada (GmbG) da qual possui 99% do capital.

Coordenado por organizações supraclubísticas como a ProFans e a Unsere Kurve, o ativismo torcedor alemão sempre foi insistente na crítica a essas duas experiências e aos demais dirigentes locais, considerados coniventes ou mesmo promotores dessas violações da regra. Em seus protestos nas arquibancadas e nas ruas — foram muitos os casos de marchas conjuntas com grupos de diferentes clubes —, os "*supporters*" alemães mantêm a temática sempre em voga, pressionando os diretores das suas agremiações a se posicionarem pela manutenção da regra 50+1 publicamente e nas assembleias da DFB. Razão pela qual a tentativa de derrubada da regra já foi rejeitada em algumas ocasiões (Bauers et al., 2020, p. 274-288).

A pesquisa optou por buscar entender essa realidade através da experiência dos "*supporters*" do Hannover 96 e das muitas organizações responsáveis pela campanha "*Kind Muss Weg*" ("Kind deve partir"). Esse grupo contou com ampla solidariedade de agrupamentos vinculados a outros clubes quando da ameaça da tomada do controle da associação sobre a empresa que controlava o futebol profissional do Hannover.

Campanha "Kind Muss Weg" — Hannover 96

O futebol profissional do Hannover 96 é controlado por uma sociedade limitada que, apesar de constar com quatro investidores diferentes, segue controlada por sua associação original. O caso que escolhemos estudar, a campanha "*Kind muss Weg*" ("Kind deve partir"), trata exatamente de uma tentativa de derrubada da regra 50+1 no Hannover 96, proposta pelo empresário Martin Kind, que presidiu o clube de 1997 a 2019.

Para entender o caso, entrevistamos Fred Elesbão, brasileiro que reside em Hannover 96, é sócio do clube desde 2010 e participou ativamente das campanhas e das assembleias que marcaram a saída de Martin Kind. Buscamos algumas vezes entrar em contato com a nova diretoria do clube, mas não obtivemos resposta. Esse novo grupo foi eleito em 2019, exatamente pela discordância dos sócios com a pretensão de Kind de se tornar proprietário definitivo da empresa que controla o futebol profissional do Hannover 96.[108]

Por outro lado, a participação ativa de Fred Elesbão nesses movimentos e o fato de ele também ser um pesquisador do futebol, interessado principalmente na cultura "ultra" europeia (Elesbão, 2013), acabou por render ótimas reflexões sobre o ativismo torcedor alemão e a sua luta pela manutenção do modelo 50+1.

> É um meio termo entre a total privatização dos clubes e o total controle democrático dos clubes pelos seus sócios. Isso é muito mais antigo que o próprio futebol. Existe um ditado alemão que diz "se você juntar três alemães, você automaticamente vai fundar um clube".

---

108. Apesar da perda da presidência da associação, Martin Kind seguiu como CEO do clube, por causa da influência exercida no conselho administrativo da empresa (Ford, 2019).

> Para se ter uma ideia, 44% da sociedade alemã é membro de um clube, seja um clube de boliche, seja um clube de colecionador de selo, de canto erudito... O que você tiver de, vamos dizer, de hobby, pessoas vão se organizar institucionalmente através dos clubes. Então com o clube de futebol não seria diferente. E esses clubes devem respeitar seus membros. Por isso que é "alienígena" para um torcedor ou sócio alemão um clube ter um dono, mesmo que alguém coloque muito dinheiro em um clube, e forme grandes times de futebol, você ainda pertence a um clube. E o torcedor tem essa ligação orgânica com seu clube. Não é simplesmente um torcedor.[109]

Elesbão defende que não é possível entender a forma como torcedores alemães resistem à "privatização" dos seus clubes sem entender o próprio sentido histórico que forjou a relação desses com essas agremiações:

> O código civil alemão, ainda vigente, é de 1900. Ele rege inclusive os clubes e a forma como os clubes são organizados. Então, se precisa de um estatuto, de um presidente, de um tesoureiro, de regras minimamente democráticas, para que o código civil aprove o status de 'e.V' [associação civil]. O futebol alemão não é alheio a isso.[110]

Quando questionado sobre a figura controversa de Martin Kind, por um lado muito adorado pelos torcedores pelo papel que cumpriu no resgate do clube, mas por outro lado muito contestado por suas pretensões de passar por cima da soberania da associação no controle do clube, Fred Elesbão contextualiza a sua trajetória à frente do Hannover 96.

---

109. Entrevista realizada com Fred Elesbão em 25 de maio de 2018.
110. Idem.

Quando Martin Kind assumiu, em 1997, o Hannover estava em seu pior momento da história, se encontrava na terceira divisão alemã, quase insolvente em dívidas e mais dívidas, e aí quase que como por um milagre, Kind é eleito para ser o presidente do Hannover — eleito pelos seus sócios. Ele é um grande magnata da cidade, tem uma fortuna de quase 600 milhões de euros, está na lista das 200 pessoas mais ricas do país. Então, em termos de incisão de capital e de "*management*" (gestão), ele resgatou o clube e o estabilizou na primeira divisão, inclusive colocando-o na Europa League durante duas temporadas seguidas. Então, durante esses vinte anos, ele teve quase que um monopólio da base dos sócios do Hannover. Mas houve um custo para isso, um custo alto. Durante esses vinte anos houve ataques sucessivos à cultura torcedora do Hannover, como a proibição de utensílios para apoio, como bandeiras, instrumentos musicais, megafones e pirotecnia. Existia uma estrutura do clube extremamente antidemocrática, dele simplesmente não escutar, como essa regra 50+1 permite, como a própria assembleia de sócios... E agora ele quer acabar com a regra [em 2018].

Como se observa, a insatisfação dos torcedores não se resumia ao desrespeito explícito de Martin Kind à regra 50+1. Enquanto gestor, o empresário também atacou temas caros à cultura torcedora local que, como explicamos anteriormente, compõem a série de pautas que mobilizam os "*supporters*" alemães com relação à forma como os estádios são organizados. Mas, sem dúvida, foi quando passou a reivindicar um "direito" exclusivo à DFB que a reputação do dirigente começou a declinar de forma mais acelerada.

A regra permite que, se você patrocinar um clube por mais de vinte anos, pode entrar em uma regra de exceção. Martin Kind aqui em Hannover quer entrar nessa cláusula de exceção alegando que ele foi o patrocinador do Hannover ao longo desses vinte anos. O que não é verdade, a gente já provou no tribunal estadual da Baixa Saxônia que ele não foi o principal patrocinador. Ele foi um grande "*manager*", realmente, de conseguir patrocínios, de ter contatos, de ter esse networking de grandes empresários, de patrocinadores e investidores. Mas ele mesmo, como pessoa física, com 600 milhões de euros de patrimônio, não investiu, não foi em nenhum momento nesses vinte anos o principal patrocinador do clube. Por isso que ele não pode quebrar essa regra. E ele já tentou duas vezes, teve agora recentemente o pleno da DFB, para que ele quebrasse a regra, e majoritariamente os membros definiram, pressionados pelos seus torcedores, com esse grande movimento de solidariedade nacional e internacional, para que a regra não fosse quebrada.[111]

O entrevistado se refere a alguns momentos-chave na história do Hannover 96. O primeiro foi uma batalha jurídica travada para que não se reconhecesse o dirigente como principal financiador do clube, o que lhe daria o direito de ser considerado como exceção à regra 50+1. Esse tipo de ação também se estendeu à DFB, em uma ação promovida pelo grupo ProVerein1896 (algo como "pró-associação", em que o 1896 se refere ao ano de fundação do Hannover 96, que consta em seu nome oficial). Apesar de presidente da associação, Kind era de fato o maior acionista da empresa, mas o clube contou com diversos outros

---

111. Entrevista realizada com Fred Elesbão em 25 de maio de 2018.

patrocinadores ao longo de sua história e registrou a entrada de novos acionistas em diferentes momentos, como a do empresário do ramo farmacêutico Dirk Rossman, que injetou 11 milhões de euros no Hannover 96, em 2012 (Emmet, 2012).

O outro ponto foi a rejeição quase unânime, na assembleia dos clubes filiados à DFB, de seu pedido de reconhecimento como "exceção". Em um desses casos, uma pauta inserida pelo FC St. Pauli, clube de larga tradição democrática, com forte cultura de ativismo por parte dos seus torcedores, bloqueou os objetivos de Martin Kind de forma praticamente decisiva.

> Aí chegou a assembleia anual dos sócios [de 2018], um milagre acontece. Durante vinte anos ele sempre monopolizou como grande salvador do Hannover, devido a esse resgate que ocorreu em 1997. Pela primeira vez na assembleia dos sócios ele perdeu. A maioria dos sócios (548) disse "não" à performance da diretoria, contra 543 que votaram a favor na aprovação da diretoria. Por isso que novas eleições já estão marcadas para o próximo ano [2019]. É como se ele perdesse o voto de confiança do "parlamento".[112]

Nesse caso, trata-se de uma das assembleias anuais ordinárias que avalia a gestão do clube. Como ocorre a todos os clubes alemães, esse momento obrigatório de apresentação das contas também permite que torcedores associados possam manifestar contrariedade à gestão. Apesar da votação estreita, foi um indício do que aconteceria no ano seguinte, na eleição de 25 de março de 2019. Dessa vez com a presença de 2.100 "*mitgliedes*", os cinco candidatos de oposição foram eleitos para

---

112. Entrevista realizada com Fred Elesbão em 25 de maio de 2018.

o conselho fiscal, que, por sua vez, seria responsável pela indicação do sucessor de Kind na presidência da associação. Foi dessa forma que Sebastian Kramer, ligado a grupos de torcedores comuns, ocupou a cadeira logo em seguida.

De modo a consagrar definitivamente a regra 50+1, a assembleia de sócios do Hannover 96 aprovou, em 8 de outubro de 2021, uma resolução que impedia que a associação perdesse o controle da empresa, mesmo que as regras nacionais fossem alteradas no futuro (NDR, 2021). Um tipo de movimento que pode influenciar outros clubes, dada a conexão direta que esses têm através das organizações nacionais que coordenam os movimentos de torcedores.

> A cultura torcedora alemã é complexa e heterogênea. Existem várias organizações que envolvem vários clubes — inclusive a Unsere Kurve, fundada em 2005, que é membro da SD Europe (Supporters Direct Europe), a maior organização de torcedores na Europa —, para coordenar esse tipo de protesto, esse tipo de solidariedade, não só do ponto de vista nacional, mas do ponto de vista internacional. A Unsere Kurve foi fundada como uma coordenação dos FanProjekt dos clubes, que é basicamente o sindicato dos torcedores, que oferece diálogo com o clube, assistência social, trabalho socio-pedagógico... Então, essa Unsere Kurve, que quer dizer "Nossa Curva", coordenaria todos os torcedores, toda heterogeneidade das curvas alemãs.[113]

Os *"fanprojekt"* surgiram como organizações de assistência social aos torcedores, dedicadas, principalmente, a buscar soluções para o problema da violência no futebol alemão, crescente nos anos 1990. Curiosamente, assumiram

---

113. Idem.

uma importância mais ampla dentro do contexto de ativismo torcedor local, a ponto de constituírem um dos focos mais importantes de ação e organização dos torcedores. A Unsere Kurve seria, portanto, uma versão alemã da Supporters Direct na Inglaterra ou da FASFE na Espanha, especialmente por ser a principal linha de atuação pela defesa da regra 50+1. A sua aderência à SD Europe, organização continental de torcedores, teve grande contribuição na difusão do paradigma do "modelo alemão" em outros países, uma vez que o modelo associativo passou a ser entendido como a estrutura mais viável e democrática para a participação dos torcedores nos seus clubes.

> Em 2001, paralelo a isso, já estava sendo organizado o que era chamado de Pro 1530, que era uma organização de "ultras" para fazer vários protestos nos estádios para garantir que todos os jogos fossem no sábado às 15h30. Essa organização evoluiu, para o ProFans, porque a demanda virou mais do que os horários dos jogos. Ela evoluiu para a realização de congressos, e a discussão foi essa: a única forma de você combater todos esses desmandos do futebol comercial é com a organização nacional e internacional dos torcedores. Porque se ficar só um reclamando no seu próprio clube não vai sequer oferecer resistência para quem é muito mais poderoso.[114]

Diferente do que ocorre na Itália e na Espanha, a cultura "ultra" alemã não testemunha a presença de grupos de extrema-direita. Conta-se que as poucas tentativas foram reprimidas com violência física pelos próprios torcedores, mas há políticas públicas nesse sentido e outras empenhadas pelos clubes, inclusive através dos *fanprojekts* (Tamsut, 2019) — questões que

---

114. Entrevista realizada com Fred Elesbão em 25 de maio de 2018.

formam uma conjuntura favorável à maior articulação entre esses grupos, principalmente nas manifestações que visam assegurar políticas de preços de ingressos mais acessíveis.

Apesar de a Alemanha ser reconhecida como o país com os ingressos mais baratos dentre as grandes ligas europeias, o que Fred Elesbão conta é que essa é uma questão que precisa ser relativizada:

> Apesar de a gente ter o preço dos ingressos bastante barato com relação às outras ligas, ele é camuflado, porque esses ingressos baratos são só para os "*stehplatz*", as bancadas em pé, onde a maioria das vezes você não pode comprar porque já está reservada para quem tem os tickets de temporada, ou para os sócios do clube. O Hannover tem um estádio para 49 mil pessoas, mas o ingresso barato mesmo é só para 10 mil, que é a curva norte. E essa curva norte está 100% dedicada para os sócios e para quem tem o ingresso da temporada.[115]

Ou seja, apenas 20% do público dos estádios teria, em tese, acesso aos ingressos mais baratos, sendo que os preços praticados em outros setores são considerados acima do ideal pelos torcedores. Como são associações com dezenas de milhares de sócios, mesmo os setores considerados "menos confortáveis" — que são as "*stehplatz*", as tribunas onde não há cadeiras e as torcidas têm maior liberdade de atuação — são alvo de grande procura antecipada, portanto raramente estão disponíveis.

De todo modo, esse também constitui um ponto de "admiração" dos torcedores dos demais países europeus com relação ao futebol alemão. A existência de um setor destinado exclusivamente para as festas — sem maiores controles sobre os

---

115. Entrevista realizada com Frederico Elesbão em 25 de maio de 2018.

adereços, os instrumentos de percussão, as coreografias ou o consumo de cerveja — constitui uma referência de viabilidade na conciliação de medidas de segurança, atmosfera festiva das torcidas e ingressos acessíveis.

O intercâmbio cada vez maior entre esses movimentos de torcedores europeus proporcionou a realização constante de manifestações de solidariedade pela defesa desse "modelo alemão", tanto de clube quanto de estádio.

> Essa solidariedade não é só nacional, é uma solidariedade internacional. Porque os olhos do torcedor hoje não são estão mais sobre seu próprio umbigo. Então a gente recebe mensagem de solidariedade não só nacionalmente, mas a gente recebeu da França, da Escandinávia, em Portugal — no último derby [clássico] de Lisboa, estava lá uma faixa enorme, em alemão, para que nós aqui pudéssemos entender. Porque se essa regra cai, se esse modelo alemão cai, vai ser o último bastião da resistência torcedora no Velho Continente. Porque se você olhar para todos os lados, para a liga inglesa, para a liga italiana, para a liga francesa, todos essas ligas já foram "privatizadas". Então o caso do Hannover é simbólico, porque se a "vaca vai pro brejo", a regra cai. Não dá pra fazer uma regra onde a exceção cai para um e não cai para outros, onde passa um boi, passa uma boiada.[116]

Exatamente por essa razão optamos por iniciar esse subcapítulo com a imagem de uma manifestação de torcedores do VfB Stuttgart. Apesar de não se tratar do caso escolhido para estudo, a faixa em questão ilustra como as organizações torcedoras da Alemanha são convictas da importância de se posicionar sobre as

---

116. Idem.

questões que ocorrem em outros clubes, por um entendimento mais sistêmico dessa luta. De forma inteligente, transportaram a rivalidade para um novo tipo de disputa: a realização do protesto mais criativo e impactante, o que explica a proporção única que o ativismo torcedor alemão atingiu no século XXI.

Outros apontamentos

Em 29 de fevereiro de 2021, torcedores do Bayern de Munique ergueram faixas de protesto em um jogo em que eram visitantes contra o Hoffenheim, no estádio Rhein-Neckar-Arena. Direcionadas a Dietmar Hopp, proprietário do clube local e primeiro burlador da regra 50+1, as faixas traziam ofensas duras ao influente empresário alemão, como *"Du Huresohn"* ("Seu filho de uma prostituta").

Não se tratava de nada exatamente novo no futebol local, mas provocou a interrupção da partida pelo árbitro, com consequente retirada dos jogadores do campo. Algum tempo depois, os mesmos jogadores voltaram a campo e, de forma coordenada, decidiram apenas passar a bola para gastar os últimos quinze minutos restantes do jogo, que já contava 6 a 0 para os visitantes. Ao término do tempo regulamentar, Dietmar Hopp adentrou o campo saudado com palmas pelos jogadores, que demonstravam solidariedade ao dirigente. Também se colocava em campo Karl Heinz Rummenigge, presidente do Bayern, que depois classificaria os atos dos torcedores como "idiotas e anarquistas" (Brassel, 2010). O perfil das redes sociais de Thomas Müller, um dos principais jogadores do Bayern, publicaria uma nota em apoio a Hopp e em repúdio à ação dos torcedores.

Esse era apenas um dos primeiros dos muitos protestos realizados por torcedores nos estádios alemães nos dias seguintes. O ataque coordenado a Hopp e à DFB não era motivado necessariamente por alguma nova agressão à regra 50+1, mas pelo fato de que torcedores do Borussia Dortmund (comuns ou organizados) haviam sido punidos com a proibição de estarem como visitantes em Hoffenheim, como represália da DFB a uma manifestação anterior desse mesmo tipo.

A reação pública coordenada de jogadores e autoridades do futebol local não foi suficiente para fazer os torcedores recuarem. Nos jogos seguintes daquela semana, outros protestos, ainda mais agressivos e visualmente impactantes, foram observados em diversos estádios alemães. Um dos pontos de revolta, para além da punição desmedida a todos os torcedores do Dortmund, residia no fato de que alguns casos recentes de racismo não haviam recebido atenção igual dos jogadores e dirigentes — poucos dias antes, o jogador Jordan Torunarigha, do Hertha Berlin, foi expulso de campo por reagir de forma efusiva a ofensas racistas de alguns torcedores do Schalke 04.

O dito "modelo alemão" não é resultado de uma concessão amigável. Ao longo de muito tempo, as formas mais combativas do torcer cumpriram um papel central na construção e na defesa desse paradigma. A compreensão clara e generalizada de que torcedores devem estar organizados para o combate das medidas mercantilizadoras do futebol tem na Alemanha, provavelmente, o seu exemplo mais significativo de todo o mundo.

A defesa constante do clube como um "comum", a luta por estádios livres de restrições e por entradas acessíveis são pautas de que os torcedores alemães não abrem mão, disputam a nível político interno e externo aos clubes, em experiências desenvolvidas através de uma dinâmica de solidariedade e coordenação digna de nota. Sem dúvida, a grandeza qualitativa e quantitativa do ativismo torcedor é um dos pontos indispensáveis para se pensar o "modelo alemão".

.V.

O CLUBE NA CIDADE

— ★ —

DOS USOS E APROPRIAÇÕES

Seguindo o proposto no capítulo anterior, o Capítulo 5 será composto de um subcapítulo teórico introdutório e de três subcapítulos dedicados ao estudo de caso em três países distintos. Essas novas contribuições devem ser percebidas como de utilidade tanto para os casos anteriores quanto para os casos explorados nessa nova etapa. Da mesma forma, as questões sobre o "Comum", elaboradas no capítulo anterior, também devem ser levadas em consideração para a investigação desses novos casos.

Neste Capítulo 5 discutiremos o clube de futebol como uma espacialidade, partindo de contribuições teóricas mais antigas, relacionadas à noção de "produção social do espaço", cunhada por Henri Lefebvre. Trata-se de uma tradição filosófica que propõe a análise do espaço como algo em constante produção, resultante da relação dialética entre as formas como ele é "concebido", "percebido", e "vivido" — a tríade que compõe esse escopo conceitual.

Assim, abriremos o capítulo ("Produção Social do Espaço e o Futebol") tecendo reflexões sobre como essas noções se aplicam às formas como os torcedores se apresentam através das suas ações, dos usos e apropriações dos clubes e estádios, entendendo essas duas dimensões, portanto, como resultantes do complexo e plural processo de produção social do espaço. Partiremos de contribuições importantes de Gilmar Mascarenhas, que iniciou o diálogo entre essas concepções teóricas e os estudos do futebol, ao investigar a dinâmica dos estádios como um microcosmo da experiência urbana.

Abrindo a sequência de estudos de caso ("'É nosso e há de ser' — Portugal"), começaremos pelas experiências observadas no contexto do futebol de Portugal, onde as exigências legais tornaram os clubes sociedades anônimas, atraindo interessados na aquisição dessas empresas e convencendo as agremiações a cederem o controle dos seus ativos de futebol para esses ditos "investidores". Com foco na experiência dos sócios do Clube de Futebol Os Belenenses, que travaram, através da associação, uma dura batalha com o proprietário da sua SAD, observaremos a intensa atuação das organizações de torcedores pela autonomia e pela preservação do seu clube, em episódios muito particulares e de importante observação para a realidade brasileira.

Em seguida ("'*Yo A Vos No Te Vendo*' — Argentina"), vamos tratar dos casos mais significativos dentro da realidade do futebol da Argentina, onde os clubes seguem como associações. As demonstrações de resistência dos torcedores contra a transformação em *sociedades anónimas deportivas* (SADs) e pela tentativa de restabelecimento do sentido associativo oferecem experiências concretas sobre as formas como os torcedores produzem os seus clubes. Com maior atenção ao caso do Racing Club de Avellaneda, onde o movimento "Racing Es De Su Gente" ("Racing é do seu povo") articulou diversos coletivos de torcedores pela defesa do clube e de seu patrimônio.

Por fim ("'*Que se vayan esos buitres*' — Chile"), nos dedicaremos a investigar as formas organizativas dos torcedores dos clubes de futebol do Chile, onde os clubes foram obrigados a ceder o controle dos seus departamentos de futebol para uma empresa privada. A mobilização de torcedores pela manutenção do caráter associativo, que se enfraquece por causa da baixa participação no futebol, guia-se pela ideia de "restabelecer o clube". Essa forma de conceber e produzir o clube será observada com maior atenção na experiência da Asociación de Hinchas Azules, ligada ao CF Universidad de Chile, que desde 2005 está sob a concessão da empresa Azul Azul S.A., que conta com a participação de muitas figuras destacadas do cenário político chileno — o que ocorre também aos seus rivais locais.

Produção Social do Espaço e o Futebol

No capítulo anterior elaboramos uma discussão sobre as diferentes formas de se entender o "comum", conceito que marcou o pensamento social crítico a partir dos anos 2000. Aqui, desejamos coadunar essas questões com outras reflexões mais antigas, especialmente com relação aos sentidos de "produção social do espaço" cunhados pelo filósofo francês Henri Lefebvre, cuja contribuição ainda hoje encontra grande eco nos estudos sociais, principalmente no campo da Geografia.

Lefebvre era dedicado a reelaborar conceitos centrais ao pensamento marxista, utilizando-os de forma heterodoxa para a análise do cotidiano nos grandes centros urbanos, que considerava o ambiente onde as contradições capitalistas se expressavam de forma mais contundente e onde as lutas sociais eclodiam e tinham sentido de rompimento com a ordem estabelecida. Trata-se de uma concepção teórica que exerce grande influência no pensamento de David Harvey, autor que utilizamos de forma efetiva ao longo da discussão promovida acerca do "comum".

Para além disso, o pensamento de Henri Lefebvre era marcado por uma defesa política dos princípios da autogestão, noção que está na raiz das contribuições sobre "comum" na atualidade. Para Lefebvre (1968, p.121), "o conceito e prática da autogestão trazem uma resposta original ao problema levantado por Marx a propósito da socialização dos meios de produção" e "mostra o caminho para uma transformação da vida quotidiana" (p. 125). É o que nos permite identificar a conexão direta entre a produção de Henri Lefebvre e os preceitos que formam as concepções mais elaboradas que aventam pela importância de se refletir sobre o "princípio político do comum" — mesmo que esse conceito só tenha ganhado maior relevância após sua morte. É a partir de David Harvey que podemos denotar como o "comum" se faz presente nas práticas sociais estabelecidas no ambiente urbano, dentro do qual o autor também explora as concepções de produção social do espaço.

O pensamento lefebvriano, dessa forma, é facilmente coadunado com leituras contemporâneas que ora bebem da sua influência, ora dialogam frontalmente com seus principais pressupostos teóricos em determinados sentidos. A oposição valor de uso/valor de troca, utilizada de forma central na constituição do arcabouço conceitual elaborado para a análise do espaço, está presente tanto na leitura de "comum" de David Harvey quanto na obra de Pierre Dardot e Christian Laval, ainda que apenas o primeiro faça menções diretas à obra de Henri Lefebvre.

Por isso, propomos perceber o clube como uma "espacialidade". Não as instalações físicas que essas instituições possuem, mas a forma como elas se materializam no ambiente urbano através das práticas coletivas dos torcedores. O clube de futebol é, acima de tudo, uma entidade que permeia o cotidiano das suas cidades, manifestando-se sempre que seus torcedores estão mobilizados para tal. Isto é, clube é resultado da ação dos usuários na vida cotidiana, que é ao mesmo tempo um produto e uma produtora do espaço.

O clube de futebol se expressa no estádio, mas não apenas nele. O estádio, lugar "ativado" durante o evento jogo de futebol, deve ser entendido de forma expandida, como algo que vai muito além da soma de um lugar de prática (campo) e um lugar de assistência (arquibancada). O estádio, aqui propomos, é todo aquele lugar onde as coletividades torcedoras se reúnem e atuam — arquibancadas, transportes públicos, bares, ruas, redes etc. É aqui que o pensamento de Lefebvre se aproxima da ideia de "comum": são os "usuários", aqueles produtores do valor de uso do espaço, os seus produtores.

Em sua longa trajetória intelectual, Lefebvre concebeu variados e sempre conectados conceitos, que se articularam compondo um extenso quadro analítico da contemporaneidade. Se a vida cotidiana (diferente da cotidianidade) é o lugar da produção da vida através da prática social, então a sua análise deve partir da compreensão da dialética da "produção do espaço" (Lefevbre, 1991).

Para Lefebvre o espaço se constitui através de uma tríade dialética. Sempre em contradição e nunca dissociados, o "espaço concebido", o "espaço vivido" e o "espaço percebido" são as três dimensões entremeadas na produção social do espaço. O espaço concebido é dimensão da produção do espaço como valor de troca, representação do espaço, abstrata, hierarquizada e imóvel. O espaço percebido se refere a como ele é mentalmente apreendido pelas práticas espaciais dos seus usuários, suas significações e representações imagéticas. O espaço vivido é o do uso, da apropriação por parte dos seus usuários ao nível do corpo, a dimensão que atua no sentido oposto ao do espaço enquanto mercadoria, o espaço de representação afetivo e falado.

Essas três dimensões estão a todo tempo incidindo no espaço, alterando a sua configuração em constante contradição. Ao sugerir essa perspectiva metodológica, a noção de "produção social do espaço" permite conceber as constituições das "espacialidades" de forma mais ampla e complexa, porque não resumida aos elementos puramente econômicos que se sobressaem na sua observação. Sugere que a observação ativa das formas como espaço é alvo de "apropriação" pelos seus usuários, os cidadãos comuns que, através de suas práticas sociais, são responsáveis pela sua transformação constante. Essas práticas estão, via de regra, em contradição com os interesses político-econômicos que elaboram projetos de "dominação" do espaço. É essa oposição entre as "táticas de apropriação" e as "estratégias de dominação", portanto, a chave pela qual se deve buscar examinar a produção do espaço em um sentido filosófico mais profundo.

É dessa forma que o autor vai reivindicar a ideia de "direito à cidade", não como um direito ao acesso ao solo, para moradias, uso público ou de controle da voracidade do mercado imobiliário. O que Lefebvre entende por "direito à cidade" é a possibilidade de produção da cidade através da experiência social coletiva, do seu valor de uso e do que ele vai chamar de "obra": o rompimento da ordem da cotidianidade, ainda que por dentro dela. Desse modo, podemos conceber o "comum" como "valor de uso", em oposição direta ao "valor de troca" no espaço — a sua forma mercadoria, sob o domínio dos interesses financeiros capitalistas e/ou interesses políticos do Estado e de grupos ideológicos. O espaço, dessa forma, é o resultado sempre incompleto das tensões e contradições entre as práticas de apropriação dos usuários e os projetos de dominação das estratégias de privatização.

Como pensar o clube de futebol dentro desse escopo conceitual? São falas como a de Sergi Aljillés, fonte utilizada no capítulo anterior, que ilustram a consistência dessas questões no futebol, ainda que por vias não teóricas. "Eles podem ser donos das ações, mas o Valencia não é de ninguém, o Valencia é da torcida, é de todos", afirmou, referindo-se à postura da família que controla a maior parte do capital da SAD do Valencia CF. A oposição entre "time" e "clube" é diretamente exposta pelo torcedor, que considera que seu clube está muito além daquela empresa da qual a família Lim possui o controle. O Valencia é produto dos seus torcedores — o princípio oculto do comum.

A ideia de "produção social do espaço" estimulou muitas reflexões sobre experiências coletivas humanas, em especial no urbano, mas poucos foram os pensadores dedicados a explorá-las quando o assunto era futebol. Gilmar Mascarenhas, intelectual do campo da geografia, conseguiu traduzir de forma brilhante a sua contribuição para o ambiente dos estádios. Para Gilmar o estádio era um objeto pulsante da análise da produção do espaço, onde as formas festivas e plurais do torcer davam nova representação frente aos imperativos da mercantilização do futebol.[117]

Tomando como base a leitura de Henri Lefebvre, Mascarenhas atualizou a ideia de direito à cidade, reposicionando-a para entender o estádio. Uma vez que o espaço social urbano é um produto sempre inacabado do embate entre a lógica da propriedade e as táticas populares de apropriação, o estádio pode ser entendido como um microcosmo da reprodução social da cidade, onde esses conflito e negociação, típicos da cidade capitalista, instalam-se quando da definição das suas condições de normas de acesso e de uso (2014, p. 24-38). O que propomos, com base nessa perspectiva de Mascarenhas sobre os estádios, é que também é possível conceber o "Clube" dentro dessa dinâmica: as táticas de apropriação dos torcedores estão

---

117. Antes da sua morte, Gilmar Mascarenhas revelou ao autor desta tese o interesse em discutir e aprofundar as concepções sobre a produção do espaço e do "comum" na análise dos clubes de futebol. Como foi membro da banca avaliadora da dissertação que resultou no supracitado livro "Clientes versus Rebeldes", pôde apreciar uma tentativa inicial de elaboração teórica nesse sentido, à qual se mostrou interessado em partilhar seu conhecimento. Muito infelizmente, por uma fatalidade, não pudemos colocar em prática. Esta tese é escrita em homenagem a esse saudoso "intelectual das arquibancadas", talentoso pesquisador e, principalmente, grande ser humano.

constantemente em contradição com as estratégias de dominação de proprietários ou grupos políticos, qualquer que seja o formato jurídico em análise, de acordo com o que pudemos observar através do estudo dos movimentos de torcedores em um sentido comparativo.

A "produção do espaço" dialoga frontalmente com a própria ideia de "comum", seja ao sugerir a dinâmica da produção simbólica e cultural dos usuários sobre o espaço, seja ao buscar superar certas ortodoxias conceituais quanto à ideia da "produção" não econômica — mesmo que ainda passível de expropriação capitalista. As experiências de torcedores aqui estudadas se apresentam, em teor e discurso políticos, como expressões vivas nesse sentido. É esse tipo de torcedor que, independentemente da realidade em que se encontre, é capaz de resistir ao discurso de mercantilização e clientelização enquanto um caminho inevitável para o clube, uma vez que esse processo atinge diretamente os seus interesses e os de seus iguais enquanto torcedores, sentindo-se lesado e, por assim dizer, expropriado daquilo que foi produzido pelo "comum" junto com as gerações anteriores. Esse é o ponto de articulação que estamos fazendo desde o começo.

Bernardo de Hollanda, nas suas investigações sobre as formas mais críticas das torcidas organizadas brasileiras, invoca a leitura de E.P Thompson para observar que boa parte das lutas da história se orientava por uma noção de direitos e de legitimidade que estavam sendo extraídos (Hollanda, 2008). O autor resgata o sociólogo Sergio Micelli, que, observando a torcida Gaviões da Fiel no período das primeiras demonstrações de combate de torcedores, ainda na década de 1970, segue o mesmo raciocínio quando aponta que o futebol estaria fazendo as vezes da arena onde as questões sociais no embate político encontram momentos para vir à tona: "Não custa lembrar que nem sempre o conflito irrompe onde a história europeia nos ensina a situá-lo". São argumentos que consolidam o exercício, aqui proposto, de relacionar os movimentos de resistência de torcedores ao contexto mais amplo das lutas anticapitalistas pelo "direito à cidade" — ou em defesa do "comum".

Em sua proposta original, essa pesquisa pretendia avaliar essas experiências torcedoras em seus dois principais sentidos, de forma separada. Por um lado, eram identificadas as lutas pelo "direito ao estádio": por ingressos mais acessíveis, por espaços mais permissíveis para as formas festivas do torcer, pela liberdade de expressão, contra a repressão policial, e contra a mudança da localidade original de afeto dos torcedores. Por outro lado, tínhamos as lutas pelo "direito ao clube": por espaços de participação, pelo controle da empresa ou pela democratização da associação, pela tomada do poder de decisão efetivo sobre seus rumos, e pelo protagonismo histórico da "comunidade" na sua existência.

Ocorre que, na medida em que esses movimentos de torcedores eram observados em suas ações, seus discursos e suas formas de dialogar com os demais torcedores, nos pareceu analiticamente inadequado conceber essas experiências de forma apartada. Ao fim e ao cabo, esses movimentos se guiam efetivamente pelos mesmos sentidos de reivindicação de poder dos torcedores sobre os seus clubes, que consideram um "comum" produzido pelas suas práticas no espaço vivido.

Entende-se que são, portanto, manifestações que expressam de forma oculta esses preceitos, porque não dependem do conhecimento ou da compreensão dessas elaborações teóricas para se conectarem idealmente ao que essas se propõem. Ainda que sejam carentes de uma perspectiva programática e estratégica de rompimento com a ordem estabelecida, movimentos de torcedores são, no fim das contas, uma faceta significativa das insatisfações sociais da contemporaneidade, decorrentes da incessante expropriação capitalista de todos os aspectos da vida humana.

Nesse caso, a expropriação do clube de futebol, que carrega tantas histórias passadas de entrega e dedicação protagonizadas por diversas gerações: os incontáveis torcedores que estiveram reunidos e mobilizados para produzir um clube, apenas pelos sentimentos de pertencimento, identidade e afeto que compartilharam e transmitiram aos seus próximos.

Nos casos a seguir, a noção do fator "*supporter*" encontra situações ainda mais complexas, capazes de ilustrar outras vias úteis para a compreensão dos elementos que conectam o "princípio político do comum" e o "direito à cidade", principalmente quando falamos sobre clubes de futebol.

"É nosso e há de ser"

PORTUGAL

O subtítulo traz uma frase entoada por torcedores do Sport Lisboa e Benfica em todas as assembleias do clube e em dias de jogo, com o intuito de reforçar o direito participativo dos sócios nas decisões da associação: "Benfica é nosso / Benfica é nosso e há de ser / Benfica é nosso até morrer". Também é uma frase presente em cânticos dos torcedores do Clube de Futebol Os Belenenses nos estádios, em manifestações contra a empresa que detém a maior parte do capital da sociedade anônima desportiva (SAD) do clube: "É nosso e há de ser / O Belém é dos sócios / Lutaremos até morrer" (Lourenço, 2018).

O CF Os Belenenses foi o caso escolhido para estudo mais aprofundado nesse subcapítulo em que investigaremos as características do *"supporter"* em Portugal, por ser um dos clubes mais tradicionais a estar dentre aqueles que vivenciaram as situações mais controversas de conflito entre associação e SAD.

O clube teve a maior parte da sua SAD vendida para um grupo externo, que ao longo de anos conservou uma relação de conflito com os seus sócios e demais torcedores. Trata-se apenas de um dos muitos casos ocorridos em Portugal desde que os clubes foram obrigados a constituir suas SADs, mas que ganhou relevância principalmente pela forma como importantes grupos políticos locais influenciaram no litígio jurídico que resultou em um rompimento definitivo entre associação e "investidor", a empresa Codecity, de propriedade do empresário Rui Pedro Soares.

Apreciaremos os elementos que compuseram essa história particular do CF Os Belenenses mais adiante, mas antes será preciso entender o que ocorreu no futebol de Portugal na última década, em especial aos menores clubes do país. O fato de a população local ser diminuta[118] e o público torcedor estar majoritariamente concentrado em três clubes (Benfica, Sporting e Porto) faz com que seja preciso entender mais a fundo as diferentes proporções de como o processo de empresarização impactou os clubes de diferentes dimensões.

Por ser tradicional, ainda que esportivamente enfraquecido ao longo do tempo, o Belenenses ainda tinha um quadro social relevante, que sustentou uma batalha política de interessante observação. Algo que não se deu de forma igual em alguns clubes menores, que encerraram suas atividades após abandono dos investidores. Por esse diverso e complexo cenário, convém fazer um apanhado geral da realidade do futebol português após as SADs.

Contexto geral

Apesar da criação obrigatória das SADs, os principais clubes portugueses seguem sob o controle das suas associações originárias. Não há uma grande ameaça nesse sentido, porque

---

118. De acordo com o Censo 2021, a população de Portugal é de aproximadamente 10,3 milhões de habitantes —número menor do que a população da Região Metropolitana do Rio de Janeiro (13,2 milhões).

não há tentativas internas de alteração desse quadro, nem ingerência mais incisiva dos outros acionistas nesse intuito, tampouco propostas mais agressivas promovidas por grupos econômicos ou políticos externos. O que direciona a atuação dos torcedores para a disputa dentro dessas maiores associações é a oposição aos grupos que se perpetuam no poder e em muitas ocasiões operaram negócios e conexões ilícitas.

O uso dessas posições de relevância para interesses particulares, dada a influência que esses principais clubes têm no contexto político local, é um tema que causa grande incômodo aos torcedores portugueses. São muitos os casos de envolvimento de grupos de poder com os três grandes, principalmente através da compra ou da venda de parte do capital da SAD. À época da produção da tese, um dos casos mais recentes e polêmicos aconteceu no Benfica, resultando na detenção de Luís Filipe Vieira, presidente da associação e do conselho de administração da SAD. Um complexo esquema de favorecimentos entre Vieira e o empresário José António dos Santos, conhecido localmente como "Rei dos Frangos", envolveu a venda de parte do capital da SAD como contrapartida para negócios entre os dois empresários (Jornal de Negócios, 2021). José António dos Santos, nesse processo, já era o principal acionista da SAD, com 12,7% do capital.

Diante do escândalo desatado pelas denúncias, que envolviam fraude fiscal e lavagem de dinheiro, Luís Filipe Vieira foi alvo de um processo de destituição da presidência da associação e o "Rei dos Frangos" se viu forçado a vender a sua participação na SAD. Esperava-se, de acordo com o que constava no estatuto da sociedade, que a associação civil Benfica exercesse o seu direito de prioridade na aquisição dessas ações, o que não estava sendo encaminhado. Por outro lado, foi revelado que José António dos Santos encaminhava uma negociação com o empresário norte-americano John Textor, coincidentemente o mesmo que adquiriria 90% da SAF do clube brasileiro Botafogo.[119] Sócios do Benfica denunciaram o iminente descumprimento da cláusula que favorecia a associação, lançando mão de estratégias políticas para evitar que o negócio ocorresse. A reação negativa de sócios e torcedores comuns fez com que John Textor anunciasse publicamente a sua desistência da entrada na SAD do Benfica (Jornal de Negócios, 2022).

Por outro lado, algumas agremiações menores cederam o controle de suas SADs a investidores externos, com o intuito de aumentar sua competitividade esportiva ou de sanear rapidamente problemas financeiros. Em muitos casos, o conflito entre os anseios da associação e os objetivos desses investidores foi evidente. Há uma longa lista de clubes que foram à falência, resultando em uma impressão generalizada de que o futebol português precisa rever as leis que regulam o segmento, impondo mais limites aos investidores e maiores mecanismos de proteção às agremiações.

Além do caso do CF Os Belenenses, de que trataremos adiante, também se registram: a falência do Atlético CP, após gestão desastrosa do grupo Anping, de Hong Kong; a falência do SC Beira-Mar, provocada pelo empresário iraniano Majid Pishyar, que abandonou a SAD sem dar explicações; a punição com rebaixamento por não saneamento de dívidas do União de Leiria, cuja SAD havia sido comprada pelo empresário russo Alexander Tolstikov, posteriormente acusado de lavagem de dinheiro; o conflito intenso entre a associação do Leixões SC

---

119. Vale recordar que, no caso do Sevilla FC, os movimentos de torcedores faziam oposição ao grupo 777 Partners, igualmente norte-americano e que também buscava adquirir a SAF do Vasco da Gama.

e o empresário Paulo Lopo, acionista majoritário da SAD, que nesse ínterim, contraditoriamente, candidataria-se a diretor nas eleições do Sporting CP (um dos grandes); a contração de dívidas da SAD para com a associação no clube Cova da Piedade, comprada anteriormente pelo empresário Ji Yi, de Macau (Delgado, 2018); e o rebaixamento esportivo do Deportivos das Aves — cuja SAD havia sido comprada pelo grupo Galaxy Believers, da China (Stein, 2020) — após abandono de um jogo por parte dos jogadores em protesto contra salários atrasados.

Ainda que em alguns desses casos a presença de sócios seja diminuta, apresentando conflitos promovidos por diretores das associações em desacordo com a gestão das SADs, o que esses clubes expõem é o grave problema enfrentado pelo futebol de Portugal. A lei é considerada frágil, os mecanismos de fiscalização são escassos, há poucas ferramentas à disposição das associações para que possam retomar o controle de suas SADs — o que motiva, por outro lado, um arriscado e custoso processo de rompimento.

Como os clubes portugueses estão obrigados a se constituir enquanto SAD ou SDUQ (sociedade desportiva unipessoal por quotas)[120] para jogar nas duas principais divisões (cf. Capítulo 2), o processo de rompimento tende a provocar longas batalhas judiciais. Afinal, é essa estrutura que detém o registro oficial de um clube nas competições. No caso específico das SADs, a lei determina de forma pouco precisa que a associação deve manter um máximo de 40% e um mínimo de 10% do capital dessa empresa. Isto é, deve transferir a maior

---

120. Como o formato de SAD não estava tendo retorno para clubes menores, a lei portuguesa permitiu a criação da SDUQ, sociedade empresarial que permitia que o clube fosse o único acionista, desonerando aquelas agremiações que não encontravam investidores interessados.

parte do capital da empresa para investidores privados,[121] ao mesmo tempo que "poderia" ou "deveria" — aqui reside a confusão — reter uma parte menor desse capital, no qual estaria estabelecido o direito de veto sobre temas sensíveis.

É exatamente a imprecisão do texto da lei que fez com que associações reivindicassem que poderiam se desvincular por completo de uma SAD (abrir mão dos 10%), mas os acionistas das SADs entendiam que esse era um vínculo incontornável (ter a obrigação de seguir com 10%). Por esse motivo, muitos casos foram levados à justiça, ainda que as associações já tivessem colocado em prática a formação de um novo time "amador" para disputar as divisões inferiores, com o objetivo de impulsionar e dar maior visibilidade à intenção de rompimento. Exatamente o que ocorreu ao CF Os Belenenses (Delgado, 2018).

Por outro lado, é importante observar o caráter "eclético" dos clubes esportivos portugueses. Essas agremiações são historicamente dedicadas ao desenvolvimento de inúmeras modalidades esportivas, que contam com grande prestígio junto aos sócios e torcedores. Para muitos torcedores portugueses, o dia de jogo de futebol também era uma oportunidade de atender aos eventos esportivos de basquete, voleibol ou futsal, por exemplo. Essa relação histórica sofreu um grande impacto quando da criação das SADs e da entrada de investidores externos, dado o crescente afastamento da gestão do futebol profissional com relação a essa dinâmica cultural mais antiga. O que, de certa forma, ajuda a compreender como a "associação" segue tendo uma imagem de importância central

---

121. A solução encontrada pelos maiores clubes foi criar uma segunda empresa, sob seu controle, que controlaria a parte necessária do capital social para constituir a maioria e o controle da SAD. Tanto no Benfica quanto no Porto e no Sporting esse foi o mecanismo encontrado para contornar o determinado pela lei.

no contexto português, apesar da empresarização. Por outro lado, esse afastamento provocou o esvaziamento de algumas associações, por conta do enfraquecimento do seu caráter de clube desportivo eclético.

Mas vejamos o caso específico do CF Os Belenenses e a longa luta pelo rompimento da associação com a SAD. É um clube especial para observação porque não se encontra no seleto grupo de clubes "nacionais", tendo uma base muito localizada em alguns logradouros específicos de Lisboa, mas também não se enquadra no rol dos clubes pequenos com associações diminutas ou pouco participativas.

Assembleia de Sócios do CF Os Belenenses

Apesar da existência de alguns coletivos e "claques" (torcidas) mais definidos, a experiência dos torcedores do CF Os Belenenses não pode ser resumida em uma única organização. Por isso recorremos ao sentido genérico de "Assembleia de Sócios", por nos permitir contemplar de melhor forma a diferença entre os anseios da maioria dos associados em contraste com os interesses do acionista majoritário, a empresa Codecity, de propriedade do empresário Rui Pedro Soares.

Para analisar esse caso, entrevistamos Rui Vasco Silva e Edgar Macedo, dois sócios do Belenenses que estiveram à frente de diversos protestos contra a SAD. Também participaram diretamente das assembleias e eleições que decidiram pela separação e contribuíram com impressões fundamentais para entendermos melhor a realidade do futebol português para além dos principais clubes.[122] Ambos foram entrevistados

---

122. Os dois entrevistados foram posteriormente convidados a colaborar com um artigo para o livro "Clube Empresa" (Macedo e Silva, 2020, p. 162-177).

na mesma ocasião, por teleconferência, em um período anterior a alguns fatos que serão mencionados ao longo do texto, com as devidas observações.

Rui Vasco Silva explica o princípio por trás da lei que criou as SADs e como elas impactaram o futebol local:

> Na Assembleia da República de Portugal, houve argumentos a favor desta medida de perda de maioria [a cota máxima de 40% para as associações] como a necessidade de abrir o futebol à sociedade em geral, como se um comum cidadão português pudesse investir de forma relevante em sociedades anônimas criadas para gerir milhões no futebol profissional. Esse argumento é completamente falacioso. O que estava em causa era permitir a entrada do setor financeiro, dos fundos que foram constituídos para esse fim, e de grandes grupos econômicos e de investidores a eles ligados, no negócio de milhões com transferências de jogadores, com direitos televisivos, com contratos publicitários enormes etc.[123]

No primeiro momento, muitos clubes buscaram alternativas para assegurar o controle de suas SADs, exatamente pela percepção dos riscos que essa mudança geraria para as agremiações locais. Foi o caso do Belenenses em um primeiro momento, mas as coisas se alteraram em seguida, como explica o mesmo Rui Silva:

> No caso do Belenenses isso aconteceu até o final de 2012. O Belenenses tinha uma porcentagem de 40% e depois existia uma outra sociedade, a Belém Invest,

---

123. Entrevista realizada com Rui Vasco Silva em 17 de julho de 2020.

que tinha uma porcentagem que permitia ao clube ter a maioria. Em 2012, o clube perde o controle da maioria do capital da SAD, ao vender uma fatia de 51% à Codecity, que foi constituída poucas semanas antes de comprar essa participação, com um capital de apenas 5 mil euros. [...]. A partir daí o clube entrou numa espiral de conflito com essa empresa. Em 2014, o presidente do clube à data, Antônio Soares, deixa de ser presidente da SAD e pouco depois se quebra um dos documentos assinados no momento da venda da maioria do capital social, que é o chamado "Acordo Parassocial". Este acordo previa que o clube, em janelas determinadas, poderia recomprar a porcentagem que havia alienado. Portanto, a SAD quebra unilateralmente esse direito do clube e mais tarde um Tribunal Arbitral vem dar razão à SAD. Isso foi o grande momento, a grande ruptura, entre os sócios do Belenenses e a SAD que haviam criado em 1999.[124]

Como é possível perceber, o próprio processo de constituição das SADs em Portugal provocou a cisão dentro da associação. Alguns grupos políticos estabeleceram posições mais favoráveis ao "investidor" do que ao clube, como ocorreu no processo de descumprimento de pontos importantes presentes no contrato de venda, que asseguravam à associação a possibilidade de retomar o controle da SAD. A decisão do Tribunal Arbitral mencionada pelo entrevistado se dá em 2017, quando esse órgão da justiça dá razão à Codecity na disputa. À época, a associação já era presidida por Patrick Morais de Carvalho, eleito com a proposta de levar adiante o desejo da maior parte dos sócios pela recompra da maioria do capital (Lusa, 2017).

---

124. Entrevista realizada com Rui Vasco Silva em 17 de julho de 2020.

A influência política de Rui Pedro Soares, presidente da Codecity, foi decisiva para a derrota da associação, uma vez que o empresário preservava relações íntimas com importantes grupos empresariais e políticos locais. Isso foi capaz de influenciar a decisão da corte, mesmo com o argumento de que havia um descumprimento a algo presente no próprio contrato estabelecido entre as partes. Em suma, a associação estava disposta a negociar a recompra, exercer o seu direito, mas teve negado o seu pleito pelo acionista majoritário e pela justiça portuguesa.

> A partir daí se desencadeia todo um processo de crescente conflitualidade, crescente tensão, até a ruptura final, quando o clube, através da denúncia de outro documento que estava associado à venda, o Protocolo de Direitos e Deveres entre as Partes... Ao fazer a quebra desse protocolo, [o clube] desencadeia um processo em que a SAD sai do estádio do Restelo e leva sua equipe para o estádio do Jamor, que não fica na cidade de Lisboa. A partir desse momento, perde adeptos, perde mais tarde o emblema do Belenenses.[125]

Tratou-se de uma estratégia da associação para gerar um efeito político e midiático de grande impacto contra as pretensões da Codecity. O estádio do Restelo é uma das praças desportivas mais tradicionais do país e está intimamente ligado à história do clube de Belém. Além de pertencer à associação — não foi transferido como ativo para a SAD —, tem uma carga simbólica incontornável para os torcedores. Se o time não jogava no Restelo, como ele poderia representar o

---

125. Idem.

Belenenses? Algo que terá um peso decisivo em uma decisão posterior, ainda mais representativa. Mas, antes, cabe entender melhor as razões de tanta insatisfação com a Codecity. Edgar Macedo explica essas questões:

> A ideia de "investimento", em toda a questão da Codecity no Belenenses, na verdade não se pode aplicar. E, em geral, aos "investidores" das SADs em Portugal. Maior parte deles propõe-se a saldar as dívidas imediatas, que em determinado momento impossibilitam o clube de se inscrever em determinada competição. São valores irrisórios que asseguram, de alguma forma, a sua entrada no clube sem investimento, mas que após isso não há qualquer tipo de investimento, nem mesmo vontade. Ou os jogadores vêm frutos de "parcerias", ou vêm emprestados. Em princípio existe uma relação de direitos e deveres, mas na verdade não há qualquer tipo de punição para o investidor que não cumpre coisas tão simples (e o Belenenses parte disso) como uma justa contrapartida pela utilização do estádio, pelo valor da água, da luz... Se o investidor não pagar, nada lhe acontece. Chegamos até o ponto absurdo em que uma instituição de utilidade pública, como o Belenenses, está a suportar a atividade de uma empresa privada. Portanto, é uma lei mal feita, mas além de ser mal feita, não existiu como ponto de partida, nem parece existir grande vontade, de alguma forma, garantir que exista um organismo, alguém que fiscalize a atividade destas empresas, de forma a compensar os clubes fundadores quando eles são usados.[126]

---

126. Entrevista realizada com Edgar Macedo em 17 de julho de 2020.

Um dos pontos trazidos por Edgar é referente à falta de pagamento, por parte da SAD, para o uso do estádio do Restelo. Esse repasse era fundamental para alimentar o fundo que o clube buscava ter à disposição para exercer seu direito de recompra, como previsto no contrato original. Segundo os entrevistados, ao longo de todo o tempo em que o clube esteve vinculado à SAD, nenhum pagamento foi feito pelo uso do estádio.

Mas as questões não se resumiam ao baixo investimento na parte esportiva do clube e à falta de contrapartidas pela exploração do futebol profissional e do estádio. A relação entre Rui Pedro Soares e os torcedores estava se desgastando de forma acelerada, através de recorrentes demonstrações de desrespeito. Rui Vasco Silva elenca algumas situações:

> Confrontou a claque Fúria Azul por várias vezes; esteve envolvido em discussões com os sócios; considerou as decisões tomadas pelos sócios na assembleia geral do clube como absurdas; foi protagonista de casos muito mal explicados no futebol português, como a não utilização de jogadores que eram do Belenenses (não eram emprestados) em jogos contra o Benfica. E os sócios perguntavam-se por que... Porque eram os jogadores mais determinantes da equipe, mas contra o Benfica nunca eram utilizados. Isso tornou-se quase que uma anedota no futebol português. Sempre que o Belenenses jogava com o Benfica, sabíamos que aqueles jogadores já estavam lesionados, já estavam doentes e nunca participavam das partidas. Portanto, houve um conjunto de insultos que os sócios do Belenenses sentiram como graves à cultura do clube, à identidade do clube.[127]

---

127. Entrevista realizada com Rui Vasco Silva em 17 de julho de 2020.

A retirada de atletas importantes em jogos contra um dos grandes clubes representava uma ofensa grave aos torcedores, como não poderia deixar de ser em qualquer ocasião. Apesar de ser um clube menor, o Belenenses ainda se referia aos demais clubes de Lisboa como rivais históricos. Esse tipo de desconexão do gestor da SAD com as questões que formavam os traços mais importantes da identidade dos torcedores era considerado um dos principais motores de afastamento e de anseio de separação. Ao longo de muito tempo, torcedores fizeram uma espécie de boicote silencioso ao time controlado pela SAD. A expectativa pela busca de uma nova solução, aliada à falta de identificação com a "empresa produtora de espetáculos" controlada por Rui Pedro Soares, forçou a busca de novas formas de manter a unidade coletiva. De alguma forma, era preciso seguir apoiando o Belenenses, mas sem legitimar o que estava sendo promovido pela SAD.

> Os sócios, independentemente dos problemas da lei, tomaram as suas próprias iniciativas. Eu acho que é um dos principais pontos da singularidade do processo do Belenenses e um dos principais exemplos que o Belenenses tem para dar aos demais clubes que estão em conflito. E são muitos. [...] Houve muitos sócios, como era o meu caso, que chegavam a estar no pavilhão que fica ao lado do nosso estádio, estávamos a ver um jogo do voleibol feminino enquanto a equipe do futebol principal jogava no estádio. Como não nos sentíamos representados pela equipe de futebol, a nossa forma de manter a relação com o clube foi através dessas modalidades, que foram extremamente importantes nesse período.[128]

---

128. Entrevista realizada com Rui Vasco Silva em 17 de julho de 2020.

Com a persistência da indefinição, coube ao Belenenses tomar uma decisão drástica e até arriscada: criar um novo time com jogadores formados nas divisões de base — que não pertenciam à SAD —, inscrevê-lo na última divisão nacional de forma não profissional, e buscar a retomada da posição original do clube. O que ocorreu, a partir de 2018, foi a coexistência de dois times distintos: enquanto o time da SAD jogava na primeira divisão, sob o comando da Codecity, a associação possuía um time representado nas "ligas distritais" utilizando seus símbolos originais.

Essa medida foi possível porque a SAD só tinha controle sobre o futebol profissional, sendo a formação de jogadores de responsabilidade da associação. A proposta inicial era de que, ao promover esses jogadores, a SAD compensasse financeiramente a associação, também contribuindo para o fundo que viabilizaria, caso fosse necessário, a recompra das ações. Ao longo de todo esse período, indicam nossos entrevistados, os atletas formados na base do clube foram negligenciados, preteridos para a contratação de jogadores a custo zero (sem contrato) ou de jogadores emprestados por outros clubes.

Apesar de inicialmente conflituosa, a decisão de criar um novo time acabou por receber o apoio da ampla maioria dos torcedores. Enquanto os jogos da SAD no Jamor estavam vazios, os jogos do Belenenses no Restelo recebiam públicos bem mais representativos, dentro dos parâmetros históricos do clube. Em uma tentativa extrema de transmitir a ideia de que a ruptura não encontrava eco com os demais torcedores, a Codecity foi acusada de "contratar" pessoas para ir ao estádio, pagando-lhes transporte e alimentação.

O Belenenses foi, no contexto de Portugal, e não sei se até no contexto da Europa, o primeiro clube a prescindir de forma voluntária, consciente e suportada em decisões associativas, da participação no campeonato da primeira divisão através da SAD que havia constituído. Portanto, o clube rompe com a SAD, vendeu até a participação que ainda tinha de 10% nessa sociedade. Neste momento não existe nenhuma relação formal ou informal do Belenenses com essa sociedade — com a sua ex-SAD, aquela que formou em 1999. É uma empresa totalmente separada da realidade do Belenenses.[129]

Em 30 de outubro de 2021, o CF Os Belenenses conquistou uma importante vitória ao garantir, na justiça, que a SAD não pudesse utilizar os seus símbolos e marcas (Os Belenenses, 2021). Apesar de a maioria dos meios de comunicação não deixar de usar o nome "Belenenses SAD" para identificar a SAD em seus materiais e nas transmissões, além da própria Liga Portuguesa continuar dando razão à Codecity, em geral havia um sentimento de solidariedade dos torcedores de outros clubes.

Do mesmo modo, alguns jornalistas insistiam em se referir ao clube como "B SAD", nome alternativo criado após o imbróglio, indicando que apenas o time que jogava as divisões inferiores poderia ser identificado como "Belenenses". Para os torcedores do Belenenses, a preservação da propriedade dos símbolos, hino e cores foi um passo importante para consolidar a ideia de que a ruptura estava sacramentada e que, como usavam repetidamente em suas redes sociais, "Belenenses só há um".

O problema das SADs em Portugal é muito afunilado para a questão jurídica. Porque realmente há um problema jurídico. Porque a lei das SADs é má [ruim], porque cria mais problemas do que resulta

---

129. Entrevista realizada com Rui Vasco Silva em 17 de julho de 2020.

em soluções, porque há uma série de situações que não são resolvidas por ela... Pois também há uma questão associativa. Porque independente da lei ser má, os sócios têm ao seu dispor mecanismos para defenderem a sua posição e a posição do seu clube. E foi isso que o Belenenses fez. Isso aconteceu porque o suposto investidor, que apareceu em 2012, nunca compreendeu o Beleneneses, nunca fez esforço para compreender os sócios do Belenenses, e acumulou ao longo de sua permanência no Restelo uma série de erros que nunca procurou emendar, que levaram os sócios a um sentimento de que apenas a ruptura era um cenário possível.[130]

Alguns meses após a entrevista com os dois torcedores do Belenenses, em outubro de 2020, um total de 1.460 sócios compareceu à eleição que reelegeu Patrick Morais de Carvalho, com larga margem de diferença de votos (63,53%). O pleito era o marco decisivo de legitimação da posição do clube, uma vez que uma das chapas, a menos votada, tinha como plataforma a retomada do diálogo com a Codecity, prometendo recuperar a vaga do clube na primeira divisão nacional. Com essa votação expressiva, o Belenenses reafirmava que a sua representação era única e exclusivamente feita pelo time que jogava nas divisões inferiores. De todo modo, em junho de 2022, ou seja, na temporada seguinte, o time da B SAD foi rebaixado para a segunda divisão, enquanto o time pertencente ao clube Belenenses conquistava uma vaga na terceira divisão — o terceiro acesso em três anos.

---

130. Entrevista realizada com Rui Vasco Silva em 17 de julho de 2020.

Sou meio pessimista de que alguma coisa vai mudar [na lei das SADs]. Mas quero sublinhar que parte tudo da bancada, parte tudo dos adeptos. Mesmo sendo pessimista, quero dizer que os adeptos só têm a si próprios, e quando as coisas correrem mal, porque vão correr, devem saber que se estiverem todos juntos vão conseguir que o clube recomece e consiga chegar aonde já chegou, como nós do Belenenses fizemos.[131]

Ainda no tom das críticas ao que a lei das SADs provocou no futebol português, Rui Vasco Silva é incisivo.

O objetivo de uma SAD que não seja do topo é, basicamente, uma lógica em que o negócio está no centro e o futebol está à volta. Ou seja, o futebol é utilizado para servir ao objetivo do negócio, e o objetivo do negócio passa pela transferência de jogadores. A maior parte das SADs de Portugal quer ir comprar barato ao mercado brasileiro, para depois vender com mais--valia na Europa a outros clubes mais importantes. [...] Há uma geração de adeptos que conheceu o futebol antes das SADs, mas daqui para a frente vai ter uma geração que praticamente terá vivido toda a sua vida adulta apenas no contexto de SAD. Eles nunca terão tido a oportunidade de experienciar o futebol associativo, que eu e Edgar vivemos, no contexto da primeira divisão, no topo do futebol nacional, sem uma sociedade comercial agarrada. À medida que o tempo passa, vai ser mais difícil reverter esse cenário totalmente capitalista em torno do futebol. Por isso acho urgente acelerar esse debate em Portugal.[132]

---

131. Entrevista realizada com Edgar Macedo em 17 de julho de 2020.
132. Entrevista realizada com Rui Vasco Silva em 17 de julho de 2020.

A experiência dos sócios do Belenenses tem um significado especial para esta tese. A separação proposta entre a "empresa produtora de espetáculos" e o que é "o Clube" encontra nesse caso a expressão mais concreta possível. Afinal, por mais que tenhamos demonstrado outros casos de refundação ou criação de novos clubes (como na Inglaterra e na Espanha), o caso do Belenenses ocorre de forma diferenciada porque se trata da própria associação refazendo a sua história em contraposição ao que seria, em tese, a natureza inquestionável da propriedade sobre uma empresa.

O processo de ruptura foi protagonizado pela própria associação. Nesse caso, não foi o "Clube" que restou sem um time, mas um time que restou sem um "Clube". A SAD foi esvaziada de sua substância social pela ação política insistente dos torcedores, que, mesmo partindo de uma posição política quase insustentável dentro da lógica do futebol atual, foram capazes de convencer o conjunto da torcida a restabelecer a sua "comunidade" através da representação de um novo time. Mesmo que para isso fosse necessário reiniciar esse processo nos escalões mais desprivilegiados do futebol nacional.

Outros apontamentos

Como explicado anteriormente, caso optássemos por escolher a experiência de algum grupo de sócios pelo aprofundamento da democracia em um dos grandes clubes portugueses, provavelmente perderíamos a capacidade de entender as questões mais representativas da empresarização e dos ativismos torcedores em Portugal. A aparente inexistência de ameaça à perda de controle da associação, até onde foi possível observar, levaria-nos a resumir essa discussão ao modelo político dos clubes e às formas como seus principais grupos políticos interferem para inviabilizar ou dificultar a participação direta dos sócios — questão que não nos ajudaria a entender o que ocorre aos clubes de menor escalão. De todo modo, essa também é uma questão pertinente no Benfica e no Sporting, mas não compartilhada pelo Porto. Há na cultura associativa portuguesa um tipo de regra eleitoral que define diferentes pesos nos votos dos sócios, de acordo com o seu tempo de associação. Nas eleições, esses sócios são divididos em urnas distintas, que contabilizam votos de forma assimétrica, favorecendo consideravelmente aqueles grupos que contam com apoio dos mais antigos.

No Benfica, por exemplo, enquanto os sócios com mais de 25 anos representam 50 votos cada, os sócios com até 10 anos só contabilizam 5 votos. Entre esses dois estratos estão aqueles com 10 a 25 anos de associação, que só representam 20 votos — ou seja, menos da metade do grupo mais antigo. Essa discrepância está na raiz da dificuldade de alterar o quadro diretivo dessas agremiações e da perpetuação dos mesmos grupos no poder, como apontou Sergio Engracia, membro do grupo "Benfica Independente", consultado pela pesquisa.[133] Uma dinâmica que também está presente, em diferentes graus, no Sporting, no Braga, no Vitória SC e no próprio Os Belenenses.

Essa é uma questão que tem tomado importância no debate entre torcedores e sócios dos clubes portugueses, principalmente diante de casos de corrupção com e através dos clubes, como mostramos anteriormente na relação entre Luis Filipe Vieira e o "Rei dos Frangos". Mas também se aprofunda pela grande dificuldade dos torcedores portugueses em garantir direitos mais estabelecidos nas arquibancadas. O futebol local

---

133. Entrevista realizada com Sergio Engracia em 10 de setembro de 2021.

é marcado por grande restrição às torcidas e muitas tentativas de imposição de medidas de segurança que impactam na cultura torcedora local e provocam a elitização dos estádios.

Durante a pesquisa, um caso de grande relevância foi o chamado "Cartão do Adepto", medida que propunha um registro de torcedores com o argumento de que esse controle seria um instrumento útil no combate à violência. Como a pandemia fechou os estádios, esse projeto só pode ser colocado em prática em 2021, na retomada do público — mas encontrou no conjunto dos torcedores uma já antecipada articulação de resistência à medida.

Organizados principalmente através da Associação Portuguesa de Defesa do Adepto (APDA), torcedores locais promoveram um amplo boicote ao Cartão do Adepto, contando com a aderência da maioria das claques dos principais clubes. Em muitas ocasiões, torcedores cantavam uma música com a frase "Ninguém faz o Cartão" para reforçar a posição contrária à medida, que consideravam, dentre outras coisas, "uma aposta na segregação entre adeptos, na estigmatização dos grupos organizados, confinados num espaço tipo gueto" (Record, 2021).

O fato de o projeto propor um setor específico para esses agrupamentos, dentre os quais estavam os "ultras", provocou seguidos problemas nos estádios. Quando eram visitantes, muitos torcedores mais jovens ficavam impedidos de acessar a arquibancada por causa das restrições de idade aos "registrados". Em alguns casos, clubes menores não apresentavam a estrutura adequada para a criação de um setor específico em seu estádio, de modo a atender a essa finalidade, o que inviabilizou por completo o acesso dos visitantes. Quando eram mandantes, muitas vezes o setor dedicado aos "registrados" era estabelecido em um local distinto daquele tradicionalmente ocupado pelas torcidas, o que provocou grande insatisfação e recorrentes conflitos entre os torcedores e as diretorias dos seus clubes.

A forte pressão exercida pelos torcedores provocou até mesmo o posicionamento de alguns clubes contra a medida, derrubando-a após poucos meses de aplicação (DN, 2021). Tratou-se de uma importante conquista, celebrada pela APDA, que representou um marco significativo na capacidade organizativa e combativa dos "*supporters*" portugueses. Em uma consulta feita pela pesquisa, João Lobo, vice-presidente da associação e torcedor do Vitória SC, ressaltou que a referência da associação para combater o "cartão" foi a experiência dos "ultras" italianos contra a versão local do mesmo mecanismo, chamada de "*Tessera del Tifoso*", implantada em 2010 e ainda em vigor. Na mesma ocasião, João Lobo reforçou que a APDA está desenvolvendo discussões para promover e incentivar a maior participação política dos torcedores comuns em suas associações.[134]

Como é possível constatar, o movimento dos torcedores portugueses está iniciando uma nova etapa de organização e elaboração de pautas em um sentido supraclubístico, em consonância ao que ocorre nos países vizinhos estudados — algo que merece ser observado nos próximos anos.

---

134. Entrevista realizada com João Lobo em 10 de setembro de 2021.

"Yo a vos no te vendo"

ARGENTINA

A frase que compõe o subtítulo foi retirada de uma música cantada pela torcida do San Lorenzo: "*Late 100 años que late eso sentimiento / Quisieron privatizarte pero yo a vos no vendo / Nos siguen diciendo que estamos de la cabeza / Nos bancamos a lo descenso / Hicimos una cancha nueva*".[135]

O cântico relata algumas histórias antigas em que torcedores do clube azul-grená foram parte ativa para a sustentação do clube: a contribuição financeira para superar a crise decorrente de um rebaixamento, a construção de um novo estádio, a luta pelo retorno ao bairro de Boedo (cf. Introdução), e, por fim, a resistência à cessão dos ativos do futebol profissional do tradicional clube de Buenos Aires para uma empresa externa.

Essa questão aconteceu quando o clube apreciava a proposta de "*gerenciamiento*" da empresa International Sport and Leisure (ISL), defendida pelo presidente Fernando Miele. No dia 30 de novembro de 2000, torcedores do San Lorenzo protestaram no estádio com os dizeres "*No al gerenciamiento de*

---

135. "Faz 100 anos que bate esse sentimento / Quiseram te privatizar, mas eu não te vendo / Seguem nos dizendo que estamos malucos / Bancamos o rebaixamento / Fizemos um estádio novo" (Musicuervo, 2013).

San Lorenzo", "San Lorenzo no se vende", "No a ISL" e "Siempre C.A.S.L.A, nunca S.A". Através da ação dos sócios e torcedores, o projeto foi frustrado, impedindo que o clube perdesse o controle do seu futebol. Em maio de 2001 a ISL decretou falência e posteriormente foi exposta em escândalos de corrupção envolvendo o alto comando da FIFA (cf. Introdução).

O San Lorenzo não foi "privatizado", mas encarou essa discussão tendo como referência a situação vivida por um dos seus rivais, o Racing Club de Avellaneda. A imagem utilizada é de uma faixa estendida com frequência por torcedores do Racing no estádio El Cilindro (Presidente Perón), pertencente ao clube, com a frase *"Racing Es de Su Gente"* ("Racing é do seu povo"), o nome de um movimento que agregou amplos setores da torcida e do quadro de sócios do clube. É o caso que escolhemos observar, porque carrega muito do sentido de ativismo torcedor característico da realidade Argentina.

O pano de fundo dos *"supporters"* na Argentina é complexo, porque o próprio processo de tentativa de empresarização dos clubes tem elementos muito particulares. Diferentemente dos outros casos, não estamos tratando de uma luta contra os proprietários ou pela garantia/retomada do controle da empresa que detém os ativos do futebol profissional, mas da resistência à possibilidade de existência de mecanismos que aventem essa transformação estrutural. Por isso, convém repassar o contexto geral do futebol argentino.

Contexto geral

A forte cultura associativa dos clubes argentinos confere a essas agremiações grandes quadros associativos que participam de eleições massivas. As variadas tentativas de criação de leis pela empresarização dos clubes encontram resistência entre alguns segmentos mais ativos dos torcedores, obrigando os principais quadros políticos dos clubes a serem cautelosos em suas manifestações públicas. Ainda que essa ideia de empresarização encontre eco em alguns setores do futebol local, algumas experiências geraram um olhar mais crítico à ideia do fim das associações, que têm serventia aos seus sócios para além do futebol.

De todo modo, a cultura de participação política ativa dos sócios dos clubes argentinos constitui um cenário raro no futebol atual, e deve ser percebida como uma das razões pelas quais os clubes são tão cobiçados por grupos políticos locais, da mesma forma que são um elemento importante para a sustentabilidade financeira a essas agremiações.

A descrição da profundidade do caráter associativo nos clubes de futebol da Argentina é mais bem elaborada por Veronica Moreira e Rodrigo Daskal. A correlação entre essas formas de relacionamento com o clube e os sentidos que isso implica na própria noção de participação política constante na cultura local é delineada de forma precisa por esses autores, razão pela qual abrimos uma breve exceção para o uso de uma longa citação:

> Por que continuamos a debater sobre os clubes de futebol na Argentina? Porque clubes com futebol profissional mantiveram, há mais de um século, um modelo que penetrou fortemente na experiência e no imaginário dos torcedores e sócios (as) de instituições esportivas. Porque milhares de pessoas aprenderam e colocaram em prática, década após década, as ferramentas do sistema político, que é regulamentado no estatuto jurídico particular das entidades do futebol. Porque os sócios e os torcedores encontram um espaço para expressar seu carinho incondicional de várias maneiras: não apenas nos estádios, mas também em lugares alternativos, organizando celebrações, reuniões, atividades em nome

de seu clube. Porque, para alguns setores sociais, existe a possibilidade de, nos clubes, praticar atividade física e esportiva a um custo mais conveniente do que o preço das cadeias de academias comerciais. Clubes de futebol na Argentina são associações civis sem fins lucrativos e isso tem um significado que queremos descrever neste trabalho. Eles não são apenas clubes de futebol, mas instituições com uma ampla base de associados, muitos dos quais colaboram e participam da organização de esportes amadores e de atividades diversas. [...] Desde suas origens, essas instituições funcionavam como locais de reunião onde os sócios discutiam em conjunto problemas práticos relacionados ao nome do clube, cor da camisa, campo de jogo, cobrança de taxa social ou formação de equipes. Esse caráter coletivo do funcionamento dos clubes foi adicionado à tendência associativa das primeiras décadas do século XX, que também incluía sociedades de desenvolvimento local, bibliotecas populares, sindicatos de trabalhadores e sociedades de ajuda mútua para imigrantes. Depois de várias décadas, o associativismo é um modelo que continua sendo valorizado hoje [...] por seu potencial para a troca de ideias diferentes ou similares, a coexistência de cidadãos de diferentes origens ou opiniões, o desenvolvimento de virtudes cívicas, treinamento em vida social e democrática e implantação de regras que devem ser respeitadas pelos participantes na forma de um sistema político (Moreira e Daskal, 2020, p. 202-227; p. 133).

Diferente do que ocorre no Brasil, as eleições dos clubes argentinos são massivas, representando a profundidade da participação dos torcedores na discussão política sobre os rumos dos seus clubes. Dentre os últimos pleitos ocorridos antes do encerramento desta tese, cabe destacar a eleição do

River Plate, com 19.833 votantes, em 2021; do Boca Juniors, com 37.936 votantes, em 2019; do San Lorenzo, com 15.059 votantes, em 2019; e do CA Independiente, com 11.685 votantes, em 2017. Dentre os clubes menores também se registram eleições que ultrapassam a marca de 7 mil votantes.

Em suma, é uma cultura associativa que está enraizada na torcida, o que, de alguma forma, explica a baixa adesão a propostas de empresarização. Não foram poucas as tentativas de criação das *sociedades anónimas deportivas* (SADs) no futebol argentino, sempre duramente criticadas, mesmo pelos dirigentes dos clubes. É possível perceber que, muitas vezes, esses dirigentes evitam se posicionar de forma favorável sobre o assunto pelo custo eleitoral que isso pode acarretar, dada a ampla rejeição existente na base dos sócios. No ambiente interno do futebol, seguiu intocada a regra da Asociación del Fútbol Argentino (AFA) que limita o direito de participação nas suas competições oficiais a clubes constituídos enquanto associações civis (cf. Capítulo 2).

Na assembleia de 7 de março de 2000, o Comitê Executivo da AFA aprovou o "Plano de Recuperação Através de Investimentos Privados no Futebol Profissional", que passou a regulamentar os acordos de "*gerenciamiento*", isto é, a concessão da gestão do futebol profissional de um clube para uma empresa externa. A medida buscava dar uma resposta aos clubes locais que atravessavam dificuldades financeiras, diante da impossibilidade de adotarem o modelo de sociedade empresarial, criando um novo mecanismo que permitisse, ainda que de forma controlada, a entrada de capital novo por investidores externos (Moreira e Daskal, 2020, p. 135).

Portanto, apesar de a figura das SADs seguirem inexistentes, o "*gerenciamiento*" serviu como uma alternativa aos projetos de controle econômico do futebol profissional dos clubes. Diferentemente do caráter de propriedade de ações, esse modelo dava mais garantias à associação, que podia retomar o controle ao fim de um período estabelecido, ainda assim representou alguns problemas graves no contexto local. Essas experiências fortaleceram a resistência dos torcedores locais à possibilidade de alienação de um setor tão importante do clube para um grupo alheio ao seu quadro associativo.

A título de ilustração, cabe recordar alguns casos de *"gerenciamiento"*. A primeira experiência ocorreu com o Club Atlético Quilmes — clube mais modesto da região mais importante do país, mas famoso por ser um dos pioneiros da prática do futebol —, que concedeu por um período de dez anos a sua administração para o Exxel Group, banco de investimentos dominante no cenário latino-americano, através da empresa Desarrollo Futbolístico Argentina S.A. que chegou ao clube com o aporte de recursos para sanear as dívidas e com a promessa de devolvê-lo à elite do futebol nacional, questões pelas quais a assembleia de sócios aprovou sem grandes problemas a celebração do acordo (La Nacion, 2001). De propriedade do empresário Juan Navarro, um uruguaio radicado na Argentina, o Exxel também viria, anos depois, a comprar a maior parte do Vitória S.A., empresa criada pelo brasileiro Esporte Clube Vitória.[136]

A experiência foi negativa em ambas as ocasiões, com a ocorrência de muitos problemas administrativos e com grave declínio esportivo dos clubes após a empresa ser afetada pela crise cambial que atingiu a Argentina no início dos anos 2000. Ainda em 2001, o CA Quilmes encerraria o projeto de *"gerenciamiento"*

---

136. Segundo artigo de Gustavo Veiga, produzido quando da nomeação de Gerardo León como diretor da AFA, em 2017, o Exxel Group também estava envolvido em uma espécie de *"gerenciamiento"* no Deportivo Maldonado, pequeno clube uruguaio famoso por ser utilizado por agentes de jogadores para driblar o pagamento de impostos em suas negociações. "Um paraíso fiscal feito sob medida para os intermediários" (Veiga, 2017).

e, logo após, em 2005, o EC Vitória retomaria o controle da S.A., após o rebaixamento inédito para a terceira divisão local.

No livro "*El Cazador: la historia secreta de los negocios de Juan Navarro y el Grupo Exxel*", uma biografia do empresário que controlava o banco de investimentos, os jornalistas Silvia Naishtat e Pablo Maas dedicam uma breve passagem ao momento em que o Exxel Group passou a mirar sua atuação no futebol.[137] Era um contexto de entrada de diversos outros grupos de investimento no futebol sul-americano, principalmente no Brasil (cf. Capítulo 6), razão pela qual entenderam ser essa uma via de expansão dos seus negócios, principalmente pela possibilidade de exploração mais sofisticada do potencial de comercialização dos direitos econômicos de jogadores profissionais, tão valorizados nesses dois países.

Por trás da empreitada, estava o executivo Gerardo León, com MBA na Universidade de Chicago e passagens por Citibank e Lehman Brothers, que assumiu a diretoria da Dessarrollo Futbolístico. León teria convencido Navarro a entrar no ramo do futebol por entender que "os clubes de futebol latino-americanos carecem dos recursos necessários para reter seus melhores jogadores até o momento em que sua cotização no mercado chega ao ponto mais alto" (Naishtat e Maas, 2000, p. 255). Em suma, visavam à exploração do comércio de atletas e não foram bem-sucedidos nessas experiências. No Quilmes, a contrapartida para o aporte dos recursos dedicados a sanear a dívida do clube era exatamente a participação de 75% nos valores adquiridos na transação de atletas.

---

137. O livro era uma longa reportagem sobre os envolvimentos de Juan Navarro em diversos escândalos de corrupção ocorridos em um período de instabilidade política e promoção de política de privatização na Argentina. Como foi publicado ainda em outubro de 2000, não é capaz de trazer maiores reflexões sobre a experiência de "*gerenciamiento*" no Quilmes e da compra da maior parte do Vitória S.A. (Naishtat e Maas, 2000).

Outro caso de "*gerenciamiento*" repleto de problemas foi o do clube AA Argentinos Juniors, que cedeu seu controle à empresa Torneos y Competencias, que transferiu sua sede para a cidade de Mendoza, a quase mil quilômetros da sede original do clube, em uma experiência que durou apenas um ano. Em um período posterior, os dois principais clubes de Córdoba, Talleres e Belgrano, também experimentaram o modelo de "*gerenciamiento*", com alguns bons resultados para o primeiro, mas com resultados negativos para o segundo. Outros clubes menores acabariam recorrendo ao modelo pela promessa de resolução rápida de dívidas e possível crescimento esportivo, mas não apresentaram expressivas mudanças de patamar. Dentre os grandes, tentativas de aprovação do modelo de "*gerenciamiento*" foram rejeitadas pelos sócios do River Plate e do San Lorenzo — em um dos processos que constam na música utilizada anteriormente (Moreira e Daskal, 2020, p. 140).

O caso mais representativo, entretanto, foi o do Racing Club de Avellaneda, razão pela qual optamos por estudá-lo de forma mais profunda, uma vez que impactou consideravelmente a percepção geral sobre os impactos do "*gerenciamiento*" no futebol local. Ainda persiste uma certa confusão entre a cessão da exploração econômica através do "*gerenciamiento*" e a criação de uma sociedade anônima para venda da maior parte do capital para um investidor externo, mas, em geral, o que se pode dizer é que a ideia de perda do controle do futebol profissional não é bem-aceita entre os sócios dos clubes argentinos.

Movimento "*Racing Es de Su Gente*" — Racing Club de Avellaneda

Nesse caso do Racing Club, optamos por não buscar fontes para entrevistas. Por se tratar de um caso muito mais antigo do que as demais experiências estudadas, pareceu-nos mais adequado explorar abordagens mais atuais. Seriam observações mais maduras sobre os significados do que foi feito por esses movimentos de torcedores, porque seriam capazes de transmitir impressões mais profundas sobre a forma como estas impactaram na noção mais geral do "*supporter*" argentino sobre a ideia de empresarização. Para tanto, baseamo-nos no trabalho da socióloga Lucía María Ravecca (2020, p. 202-227), sócia e torcedora do Racing, que se dedicou a estudar esse período conturbado do clube, que compreende os anos de 1998 a 2008.

Assim como ocorre nos casos estudados na Alemanha e em Portugal, a existência de uma estrutura associativa torna desnecessária a delimitação da análise a partir da ação de um único coletivo, uma vez que é o próprio conjunto dos sócios (ou de grupos políticos mais ativos) que elabora as experiências mais representativas do que entendemos por fator "*supporter*".

O caso do Racing Club começa ainda nos anos 1990, quando o clube atravessava seguidos anos de crise financeira, suspeitas de fraude e maus resultados esportivos, com quase três décadas sem conquistar novos títulos e atravessando um rebaixamento para a segunda divisão, em 1983. Ao final do ano de 1997 chega à presidência do clube o empresário Daniel Lalín, que em apenas seis meses de gestão encaminha um pedido de recuperação judicial do clube, dada a grave situação financeira em que se encontrava. Com a intervenção judicial decorrente desse processo, o clube passou seu controle para uma síndica de falências, figura jurídica responsável por apreciar a capacidade do clube de honrar com suas dívidas. Em março de 1999, em uma decisão que tomou os torcedores de surpresa, a Câmara de Apelações de La Plata determinou a liquidação de todos os bens do Racing Club, em um evento que ficou marcado pela famosa frase "O Racing deixou de existir", proferida pela administradora Liliana Ripoll. Ou seja, era decretada a falência do Racing Club.

Antes de seguirmos com a descrição do caso, vale trazer uma música cantada pela torcida do Racing Club em todos os jogos, que menciona esse e outros fatos, e nos ajudará a "roteirizar" essa história.

> *De pendejo te sigo*
> *Junto a Racing siempre a todos lados*
> *Nos bancamos una quiebra*
> *El descenso y fuimos alquilados*
> *No me olvido ese día*
> *Que una vieja chiflada decía*
> *Que Racing no existía, que tenía que ser liquidado*
> *Si llenamos nuestra cancha y no jugamos*
> *Defendimos del remate nuestra sede*
> *Si la nuestra es una hinchada diferente*[138]

A música criada pela torcida La Guardia Imperial, *barra* do clube, é repleta de elementos que contam a história desse período e é basicamente um hino não oficial dos sócios. Em um primeiro momento, comenta como os torcedores foram resilientes ao encarar a decretação da falência do clube, o rebaixamento de 1983, e o "aluguel" — voltaremos a essa última questão.

O pedido de falência, que rendeu a Liliana Ripoll o apelido de "velha maluca", foi o fato político necessário para que se defendesse a inviabilidade do modelo associativo na Argentina. Foi desse processo que se deram as principais iniciativas legislativas a favor das SADs, anteriormente mencionadas, que

---

[138]. "Desde pequeno te sigo / Com o Racing vou a todo lugar / Encaramos uma quebra / Um rebaixamento e fomos 'alugados' / Não me esqueço esse dia / Que uma velha maluca dizia / Que Racing não existia, que tinha que ser liquidado / Se enchemos nosso estádio e não jogamos / Defendemos nossa sede de ser leiloada / Sim, nossa torcida é diferente".

não tiveram sucesso. Por outro lado, a possibilidade de ver seu clube encerrado, com a liquidação de todos os seus ativos para o pagamento das dívidas que chegavam a 62 milhões de dólares, com quase 200 processos e penhoras (Ravecca, 2020, p. 205), levou milhares de torcedores do Racing Club à ação.

> Muitos torcedores ressentiram não terem reagido antes, no entanto, em 7 de março de 1999, lotaram o estádio Presidente Perón, apesar de não terem permitido o clube começar aquele campeonato. Esse dia, o Racing deveria enfrentar o Talleres de Córdoba, pela primeira rodada do Torneo Clausura 1999. O fato perturbador se traduziu em uma mobilização massiva de torcedores que, defendendo as relações subculturais e solidariedades acumuladas de sua participação ativa naquele marco para o clube, se autoconvocaram no estádio apesar de tudo aquilo. Muitos ex-jogadores e apaixonados pelos clubes pediam ajuda para salvar a entidade porque "o amor não quebra" [não vai à falência] (Ravecca, 2020, p. 205).

Por causa da situação em curso, o clube não foi autorizado a estrear no campeonato de 1999, em partida programada para três dias depois da decisão pela falência. A frase "se enchemos nosso estádio e não jogamos", presente na música mencionada, refere-se a essa ação. Torcedores entenderam que era necessário se fazerem presentes no jogo que não ocorreria, para demonstrar apoio e unidade pela elaboração de alguma ação que pudesse impedir o encerramento do Racing. Desde então, todo dia 7 de março é celebrado como "Dia do Torcedor do Racing", em menção ao episódio.

Apesar de autorizado a voltar a jogar em 1999, nos meses seguintes torcedores seguiram suas mobilizações. Promoveram manifestações em frente ao Congresso Nacional, na sede da

AFA e em outros pontos históricos da cidade, exigindo que alguma solução fosse criada a favor do clube. Essa pressão popular resultou na sanção, em setembro de 2000, da Lei n. 25.284, que criava o "Regime Especial de Administração de Entidades Esportivas com dificuldades econômicas".

A lei oferecia mecanismos para que os clubes organizassem suas dívidas, criando procedimentos de mediação com os credores e evitando, assim, que seguissem o rumo imaginado na decisão de 1999. O Racing não precisaria fechar, mas seria obrigado a atender a uma série de obrigações, para as quais a opção do *"gerenciamiento"* se fez inevitável. Em 29 de dezembro de 2000, em um processo controverso, o clube cedeu o controle à empresa Blanquiceleste S.A. por dez anos.

Com a injeção imediata de capital, o fim das penhoras que sufocavam as contas do clube e o novo desenho dado para a solução de dívidas, a gestão da Blanquiceleste se inicia de forma arrebatadora. Já na primeira competição, o Torneo Clausura 2001, disputado entre fevereiro e junho daquele ano, o Racing seria o quinto colocado geral. Na competição seguinte, o Torneo Apertura 2001, entre agosto e dezembro daquele ano, o Racing se consagraria campeão após 35 anos de espera.[139]

Como é de se imaginar, o sucesso esportivo imediato do Racing provocou grande impacto nesse debate. O modelo de *"gerenciamiento"* não seria apenas uma alternativa para sanear clubes em dívidas, mas o paradigma que os clubes argentinos deveriam adotar para se modernizarem e profissionalizarem — mesmo que o San Lorenzo, clube que rejeitou o modelo de

---

139. À época, a Primera División Argentina era formada por duas competições diferentes, cada qual em um semestre do ano. O "Apertura" (abertura) ocorria no segundo semestre de um ano, enquanto o "Clausura" (encerramento) era disputado no primeiro semestre do ano seguinte — em uma aproximação ao modelo de calendário europeu. O Racing foi o campeão do Apertura 2001.

"*gerenciamiento*" um mês antes do caso da Blanquiceleste, tivesse sido o campeão do torneio anterior.

Mas não foi exatamente o que aconteceu nos anos seguintes. A crise voltou a ser uma realidade constante no Racing Club, agora sob o controle de uma empresa privada. Até 2008, o Racing disputou outros catorze torneios e só esteve entre os três melhores em uma única ocasião (Clausura 2005). Na maioria dos casos, ocupou posições abaixo da metade da tabela, e em uma dessas oportunidades foi apenas o 18º entre vinte competidores. Em 2008, no ápice da crise, o clube foi o último colocado do Torneo Clausura. Em um espaço muito curto de tempo, o modelo de gestão privada se mostrou fracassado.

Do ponto de vista financeiro e administrativo, a situação era ainda mais problemática:

> Em seus oito anos de existência, a Blanquiceleste S.A. teve: dez pedidos de falência, outros tantos julgamentos sumários, ordinários ou executivos e a comprovação de que a sociedade anônima presidida por Fernando De Tomaso (último presidente, o anterior havia sido Fernando Marín) emitiu oitenta cheques sem fundos entre maio de 2007 e maio de 2008, por valores que, em vários casos, ultrapassaram 300 mil pesos. A última etapa foi dramática. Nem mesmo a ideia de continuidade harmoniosa permaneceu entre os parceiros que a criaram. Marín iniciou um processo judicial executivo contra De Tomaso em 22 de fevereiro de 2008. Enquanto isso, o Racing ainda era controlado por uma empresa insolvente com um projeto que há anos era falho e que não tinha mais credibilidade (Ravecca, 2020, p. 218).

Voltando à música da torcida, é curioso notar como os torcedores se referem ao "*gerenciamiento*" como um processo de "aluguel", diferente de um processo de "venda". Muito provavelmente, isso se deu em resposta às piadas feitas por rivais sobre o processo de controle privado que apenas esse clube, dentre os grandes, atravessou. Ao longo de muitos anos o Racing foi chamado de "Blanquiceleste S.A.", em referência à empresa que assumiu o clube durante esse período, o que, nessa lógica, teria feito o Racing deixar de ser um "clube" — um indício do peso dessa temática na cultura torcedora local.[140]

O fato é que o "aluguel" começou a ser combatido pelos torcedores ainda entre 2005 e 2006, já diante dos sinais de incapacidade gerencial da Blanquiceleste S.A. Os sócios do clube começaram a se organizar para provocar o fim do contrato de *"gerenciamiento"*.

Três grupos tiveram maior importância nesse processo: o Racing Stones, o Movimiento Democrático Racinguista (Modera) e a Socios Autoconvocados de Racing Club Asociación Civil (SARCAC). Foram parte central no movimento *"Racing Es de Su Gente"*, que buscava retomar a associação e o controle do clube.

O primeiro, especialmente, foi o mentor da construção de uma sede social autônoma, a Tita Mattiusi, quando da ausência de um espaço de reunião de torcedores após a chegada da Blanquiceleste, algo que tem grande importância para a cultura associativa local. Segundo consta, esse já era um problema enfrentado pelo Racing, porque as atividades sociais, para além do futebol profissional, estavam prejudicadas pela cessão das instalações para uma empresa privada. A sede serviu por anos como ponto de organização e exercício comunitário, uma espécie de quartel general dos movimentos de torcedores do Racing (Ravecca, 2020, p. 218).

---

140. Na introdução da tese trouxemos a música cantada pela torcida do San Lorenzo em jogos contra o Racing: "Vocês venderam o sentimento / Vocês venderam a paixão / Essa torcida merece a segunda divisão". Há outra, da mesma torcida, ainda mais agressiva: "Já não é sócio / É um empregado / É uma empresa / E não clube de bairro / Blanquiceleste / Ganhou um campeonato / E a academia / Segue esperando".

Já a SARCAC foi a organização mais representativa no plano político, ao reunir um grande número de sócios, dando maior visibilidade à insatisfação geral dentro do racinguismo. Denunciavam a falta de apoio do poder jurídico e do poder político às denúncias feitas pelos sócios quanto às irregularidades na gestão da Blanquiceleste S.A. Esse e outros grupos passaram a reivindicar o restabelecimento da cultura associativa democrática no Racing, retomando o sentido de "clube" que estava perdido desde a entrada da gestão privada (Perfil, 2006).

No início de 2008, apesar do contrato de *"gerenciamiento"* prever a renovação da outorga por dez anos, a Blanquiceleste S.A. foi afastada das suas funções de forma antecipada, por decisão judicial. Em junho daquele mesmo ano, uma nova decisão decretaria o encerramento definitivo da outorga e uma intervenção judicial que se responsabilizaria por prover novamente o controle pela associação (Clarín, 2008). O Racing voltaria a ser dos sócios, exceto se uma chapa favorável a um novo *"gerenciamiento"* saísse vencedora das eleições que seriam realizadas ao fim do ano.

Caberia, agora, aos movimentos de torcedores restabelecerem a associação e o exercício democrático dentro do clube, impulsionando uma plataforma capaz de evitar a continuidade desses problemas. Como ocorreu de fato, tanto do ponto de vista político e efetivo — a eleição de uma nova diretoria que incluía pessoas envolvidas na criação da sede Tita Mattiusi e no movimento *"Racing Es de Su Gente"* — quanto no sentido simbólico de recriação da cultura associativa do Racing.

Na primeira eleição após onze anos, em dezembro de 2008, cerca de 5.800 sócios se fizeram presentes (Infobae, 2008). Na eleição seguinte, em 2011, um total de 6.328 sócios exerceu o direito a voto (Ámbito, 2011). Em 2014, o número saltou para 9.849 votos (Racing Club, 2014). O Racing voltava a ter uma vida social e política participativa, como é de costume no futebol argentino.[141]

Em 2009, a nova diretoria eleita encomendou uma investigação sobre a administração do clube durante o período da Blanquiceleste S.A. Nesse processo, uma ação judicial imputou os antigos gestores por administração fraudulenta pela apropriação de valores referentes à venda de jogadores. O Tribunal de Apelações considerou que Fernando De Tomaso, presidente da Blanquiceleste, era autor da fraude cometida em prejuízo do Racing. Em seguida, a Câmara de Cassação Criminal estabeleceu a responsabilidade criminal de De Tomaso e da Blanquiceleste S.A. e impôs ressarcimento financeiro ao clube (Ravecca, 2020, p. 221).

Ao longo dos anos 2010, em diferentes momentos, a questão das SADs foi retomada na Argentina, provocando novo ciclo de debates sobre a solução do modelo empresarial e contra a existência do modelo associativo. Por conta disso, sócios do Racing forçaram um posicionamento público mais efetivo de Víctor Blanco, presidente eleito em 2011. Assim, publicou-se no site oficial do Racing Club, em agosto de 2016, uma nota com os seguintes dizeres:

> Em um contexto em que se discute a possibilidade de que as Sociedades Anônimas (S.A.) ingressem no futebol argentino como forma jurídica de administrar os clubes, a Comissão Diretiva, encabeçada por Víctor Blanco, manifesta publicamente sua convicção absoluta de que o Racing, para além das circunstâncias que possa atravessar a instituição no futuro, deve ser sempre conduzido

---

141. Nas duas últimas eleições, em 2017 e 2021, o Racing registrou cerca de sete mil votos, um número menor em virtude das previsíveis vitórias de Víctor Blanco, presidente que conquistou o título nacional em 2014, 2018 e 2021 (em novo formato). Antes, o Racing havia vencido uma Copa Argentina (2011-2012), já sob o controle da associação.

pelos seus sócios. Parte de uma tradição que defende que os clubes sejam *asociaciones civiles sin fines de lucro*, o Racing, que sabe bem o que significa para uma empresa assumir a gestão de uma instituição desportiva, expressa seu desejo de continuar construindo seu destino a partir da vontade de sua gente (Racing Club, 2016).

Dessa forma, o Racing se juntava a outros clubes locais na defesa explícita da preservação do modelo associativo, indicando o próprio passado, quando fracassou sob o controle de uma gestão privada. A questão é que aquele era mais um ano eleitoral, e muito provavelmente o então mandatário se viu forçado a se posicionar para assegurar o apoio dos sócios, dentre os quais estavam aqueles setores mais ativos que lutaram pela abreviação do período do *"gerenciamiento"*. Lucía Ravecca tem uma leitura mais precisa sobre essa questão:

> Víctor Blanco, presidente do Racing Club desde 2011, é bastante ambíguo em sua opinião e sua posição não é muito tranquilizadora para os torcedores que ainda se lembram dos tempos do gerenciamento. Blanco, assim como vários presidentes de clubes da primeira divisão e do acesso [divisões inferiores], argumenta que não quer a inserção de empresas privadas no clube que administra, mas que acolhe a possibilidade de outras instituições optarem por isso se quiserem ou se necessitarem. Essa posição mostra a inquietação diante de uma questão tão controversa e de tal magnitude, uma vez que nunca se levanta o que eles fariam se a instituição que representam estivesse em crise e a conversão para uma corporação esportiva fosse apresentada como opção.

Seja por pragmatismo eleitoral ou por convencimento de fato sobre o tema, Víctor Blanco voltou a sustentar a posição oficial do clube em 2018, às vésperas da assembleia da AFA que discutiria a permissão para times disputarem competições oficiais sob o formato jurídico de sociedades anônimas. Em uma assembleia do clube, instado sobre o tema, Blanco respondeu: "Vimos a inquietação de muitos de vocês. Todos os torcedores podem ficar tranquilos, porque vamos votar pelo não" (Clarín, 2018). Nesse momento, o Racing se juntava a Independiente, San Lorenzo, Lanús e Gimnasia La Plata como os clubes com posição contrária à mudança do estatuto da AFA.

Outros apontamentos

Muito provavelmente, o tema das sociedades anônimas será retomado na Argentina, principalmente por conta da imagem que torcedores locais têm da diferença econômica e esportiva que os clubes brasileiros, principais rivais continentais, estão alcançando nos últimos anos. Há, inclusive, uma curiosa e equivocada impressão disseminada entre os torcedores argentinos de que os clubes brasileiros mais fortes dos últimos anos — como Flamengo, Palmeiras e Atlético-MG — já estavam constituídos enquanto SAF, quando na realidade ainda são associações civis (e duas delas sequer cogitam a adoção desse modelo).

Não será surpreendente, entretanto, se no futuro alguns agrupamentos de torcedores começarem a defender politicamente a constituição das SADs, mesmo que isso pareça, de acordo com o que vimos anteriormente, pouco provável dentro dos elementos que marcam a cultura associativa argentina, em especial em sua oposição à empresarização dos clubes. Ainda assim, apesar do *"gerenciamiento"* do Racing servir como uma referência negativa concreta e recente das falhas desse modelo, não se deve subestimar a força dos discursos que compõem o escopo ideológico do "clube como empresa", que, como vimos no Capítulo 2, são profundamente alinhados com os poderosos discursos presentes na política institucional. Como apontamentos finais, convém mencionar a experiência da Coordinadora de Hinchas (Coordenação dos Torcedores), agrupamento criado para intervir no debate sobre as SADs quando da sua retomada no período entre os anos 2015 e 2019. O governo de Mauricio Macri, do partido Proposta Republicana, atuou intensamente pela promoção das sociedades anônimas, seguindo o que o político fez ao longo de muito tempo. Antes de ingressar na política institucional, Macri foi presidente do Boca Juniors, clube mais popular do país, onde teve derrotadas algumas tentativas de empresarização. Foi Macri o principal promotor da proposta de reforma do estatuto da AFA em 1999, derrotada por unanimidade na assembleia dos clubes, em pleito que contou com interferência direta de Julio Grondona, ex-presidente da associação.

A Coordinadora de Hinchas não era exatamente uma frente de grupos de sócios de clubes, mas um coletivo de indivíduos, tanto sócios como torcedores comuns ligados a diversas agremiações, que impulsionou o debate mais crítico sobre essa questão. Tratava-se de uma nova geração de torcedores sem muitas lembranças da história do "*gerenciamiento*" ou da relação com as outras investidas pela empresarização, e o fato de agora estarem lidando com um ex-dirigente esportivo com boa reputação em seus logros esportivos à frente de um clube popular tornava a disputa de ideias mais acirrada. É possível dizer que a Coordinadora de Hinchas cumpriu importante papel na fase em que sócios de determinados clubes se engajaram para pressionar o posicionamento explícito dos presidentes de suas agremiações contra a nova ameaça das SADs no futebol argentino.

Por outro lado, vale mencionar a experiência do coletivo Boca es Pueblo (Boca é Povo), composto por torcedores comuns e sócios do Boca Juniors, que esteve na liderança dos protestos contra a criação de um novo estádio, com possível demolição ou abandono do tradicional Estádio Alberto José Armando, conhecido como "La Bombonera". O Boca es Pueblo impulsionou a campanha #*DeLaBomboneraNoNosVamos* (Da Bombonera Não Saimos) através de ações nas redes sociais e de atividades na sua sede social, localizada nos arredores do estádio, no bairro de La Boca (Hijós, 2016).

Esse mesmo grupo esteve na coalizão que garantiu a primeira derrota, após décadas de domínio no Boca Juniors, do grupo político de Mauricio Macri, à época representado na presidência por Daniel Angelici. Em 2019, o grupo apoiou a chapa liderada por Jorge Amor Ameal, que tinha entre seus vice-presidentes o ex-jogador e ídolo Juan Román Riquelme. A eleição, que contou com mais de 38 mil votantes, deu a vitória à oposição com 52,84% dos votos, com a expectativa de que o novo grupo fosse responsável por uma reforma estatutária que ampliasse a democracia dentro do clube de Buenos Aires. Desde a década de 1990, o clube passava por transformações que restringiam a chance de grupos dissidentes formalizarem chapas de oposição, razão pela qual Macri conseguiu dominar de forma soberana o clube ao longo desse tempo e utilizar a popularidade do Boca Juniors para fins eleitorais — como se deu nas suas eleições para a prefeitura de Buenos Aires, em 2011, e para a presidência da Argentina, em 2015 (Reynoso, 2019).

Representando um caso muito particular no contexto do futebol global, a cultura associativa argentina é responsável pela existência de muitas experiências de ativismo torcedor que se enquadram no que apontamos como fator *"supporter"*. Em um sentido ainda mais profundo, são muito representativas por ilustrarem, ao nível da prática política, muito do que foi elaborado teoricamente acerca da atualidade das ideias do "princípio político do comum" e da "produção social do espaço".

"*Que se vayan esos buitres*"

CHILE

O subtítulo toma emprestada uma das frases da música cantada pelos torcedores do Club Universidad de Chile no Estádio Nacional em dias de jogo: "*Que se vaya Carlos Heller / Que se vaya Azul Azul / Que se vayan esos buitres / Que no aman a La 'U'*".[142] A música é um protesto dos torcedores contra a empresa designada para assumir a gestão do clube após a decretação da sua falência em 2004. O pano de fundo é a história da conversão dos clubes de futebol chilenos em empresas, através de uma lei que implantou o modelo obrigatório de *sociedades anónimas deportivas profesionales* (SADPs).

A canção pede a saída de três sujeitos distintos, que compõem o mesmo personagem na história do clube. Carlos Heller era um dos principais acionistas e então presidente da Azul Azul S.A., empresa de capital aberto que assumiu a gestão do Club Universidad de Chile em 2007. Chamada pelos torcedores de forma pejorativa de "A$ul A$ul", a empresa é acusada de especular financeiramente sobre a paixão e os investimentos material e afetivo feitos pelos torcedores a favor

---

142. "Que se vá embora Carlos Heller / Que se vá embora a Azul Azul / Que se vão embora esses abutres / Que não amam a La U" (*Barra* Oficial los de Abajo, 2018).

do clube. Como mostra a faixa na Figura 21 — com a frase "A$ul A$ul não é La U" — "La 'U'" é a forma como torcedores se referem ao clube universitário.

Muito provavelmente, a escolha pelo uso do termo "*buitres*" ("abutres") na letra da música não é despropositial, mas uma forma de relacionar a Azul Azul S.A. e as demais concessionárias ou proprietárias das SADPs aos "*fondos buitres*" ("fundos abutres"), figuras famosas no cenário latino-americano ao longo da década de 1990. Esses grupos se caracterizam por operarem investimentos de risco, como títulos de dívida pública ou empresas à beira da falência, adquirindo esses ativos a preços baixos para, posteriormente, forçar o pagamento desses valores com retornos extraordinários, ou mesmo para proceder com a tomada de controle dessas companhias. Apostamos nessa correlação porque, de fato, a impressão que os torcedores chilenos tem sobre a forma como as SADPs foram implantadas no futebol local é de ordem semelhante, um "sequestro" aos seus clubes.

As SADPs são frequentemente contestadas pelos torcedores locais, em especial pelo notório fracasso em que resultaram, mesmo após 17 anos de sancionada a lei. Alto endividamento, recorrente má gestão, baixo investimento efetivo na formação de jogadores, casos de corrupção, ingerência de interesses políticos e, principalmente, um profundo descontentamento dos torcedores do país com os rumos do futebol local. Longe de testemunhar resultados esportivos e financeiros minimamente razoáveis após a empresarização, o futebol chileno atravessa um dos seus piores momentos históricos em competições internacionais (Campos Muñoz, 2020, p. 120-131).

Repassemos o processo histórico da empresarização no futebol chileno e os seus impactos gerais, para que possamos entender esse profundo descontentamento da cultura torcedora local com a atual realidade.

Contexto geral

O futebol do Chile é o menos prestigioso dentre os países abordados nesta tese. A escolha de utilizá-lo como caso de estudo parte do interesse em observar o primeiro caso mais consistente e generalizado de criação de uma lei pela empresarização obrigatória em um país sul-americano.

Há muitas questões a serem destacadas: os dois maiores clubes foram alvo de concessões, não de transformação em SADP; os demais clubes foram obrigados a se converter em SADP; houve a incidência de muitos interesses de grupos políticos no contexto histórico de criação da lei de empresarização; o Club Universidad de Chile, escolhido para análise mais aprofundada, tem um funcionamento extremamente particular, pois, antes de ser passado para o controle de uma empresa privada, atravessou outros momentos de intervenção política, diferente do que ocorria no seu rival Colo-Colo, uma associação civil.

O praticamente total alijamento das "associações civis" do controle das SADPs chilenas é um dos pontos que mais mobiliza os agrupamentos de torcedores locais. Com o objetivo de retomar o comando das empresas para os associados, torcedores atuam de forma crítica à lei, buscando meios para reformá-la, e fazem intenso combate aos acionistas dessas SADPs, principalmente através de denúncias dos movimentos de bastidores que esses atores praticam com a imagem do clube, seja para fins políticos, seja para fins financeiros. Em geral, o princípio que norteia as organizações de torcedores chilenos é "recuperar o clube", isto é, reviver o caráter associativo e participativo para promover a democratização dos clubes.

Mas é preciso destacar que as associações civis originárias desses clubes foram separadas de outra estrutura, as "corporações sem fins lucrativos", impostas pela Ditadura

Cívico-Militar de Augusto Pinochet (1973-1990). Em 1978, em um dos muitos exemplos de "intervenção estatal pró-mercado" que caracterizou esse regime ditatorial, as associações civis foram obrigadas a transferir suas atividades profissionais (futebol) para a figura jurídica de "corporação", sob o argumento de que o novo modelo seria mais adequado para o seu controle. Para alguns clubes, a consequência disso foi o afastamento dos sócios de qualquer poder de decisão sobre o futebol (Ruete et al., 2020, p. 178-201).

Entretanto, a intervenção mais agressiva de Pinochet se deu ainda antes, em 1976, sobre o CSD Colo-Colo, clube mais popular do país. Na ocasião, o regime impôs a remoção forçada de uma diretoria democraticamente eleita pelos sócios e transferiu a gestão do clube (sob intervenção) para uma empresa ligada ao Banco Hipotecario de Chile (BHC), uma das maiores corporações privadas do país. O grupo era conhecido por ser um grande promotor financeiro, político e intelectual da ditadura, sendo o principal promotor da consolidação das ideias "neoliberais" e da formação de novos quadros políticos ligados aos preceitos da Universidade de Chicago. O período já era marcado por intensa propaganda pela adoção do modelo empresarial no futebol chileno, mas talvez o drástico fracasso esportivo e financeiro dos "Los Pirañas", a versão local da marca internacional conhecida como "Chicago Boys" (jovens economistas, políticos e administradores formados na Universidade de Chicago), tenha prejudicado a consolidação dessas ideias.[143]

Já nos anos 2000, o processo político de elaboração das SADPs seria realizado em um novo ambiente, restabelecida a democracia, mas ainda muito contaminado por históricos grupos de

---

143. Essas e outras questões estão explicadas em maiores detalhes no Capítulo 2 da tese.

poder locais, principalmente as ricas famílias da elite chilena, proprietárias dos principais conglomerados econômicos e midiáticos do país. Por trás das SADPs, apontam diversos pesquisadores, jornalistas e torcedores, estava o interesse de se apoderar dessas agremiações de interesse de milhões de cidadãos comuns para fins político-eleitorais (Campos Muñoz, 2020, p. 122; Ruete et al., 2020, p. 181; Matamala, 2015).

A acusação não é ocasional. Ainda na votação do projeto de lei, no Senado, onde se encontrava Sebastián Piñera, figura mais midiática em defesa das SADPs, uma proposta de criação de um "Conselho Desportivo" foi derrotada, sendo excluída do texto final da lei. Esse órgão foi sugerido para evitar o alijamento completo da parte social do clube da discussão sobre os rumos do futebol, porque serviria para "assessorar a diretoria no desenvolvimento institucional" e deveria envolver representantes dos "diversos estamentos da sociedade tais como atletas, torcedores, treinadores, trabalhadores, ex-dirigentes e sócios".[144] Ou seja, uma estrutura regulatória com o objetivo de dar maior estabilidade aos clubes foi eliminada por interesses políticos.

O próprio Sebastián Piñera viria a ser diretor da Blanco y Negro S.A., empresa designada para gerir o Colo-Colo após decretada a sua falência, em 2002. À frente do clube mais popular do país, Piñera se elegeu presidente do Chile pela primeira vez (cf. Capítulo 2). Mas esse é o ponto mais importante de destaque: Colo-Colo e Universidad de Chile, ainda que tivessem sido alvo de falência, não foram clubes inseridos no rol das SADPs, mas foram obrigados a ceder o controle de sua gestão para concessionárias, as empresas Blanco y Negro S.A. e Azul Azul S.A., respectivamente. Ou seja, os dois principais

---

144. Campos Muñoz, 2020, 123.

clubes do país, ao longo desse período, estiveram sob um regime diferente dos demais — em um formato muito mais parecido com o *"gerenciamiento"* de que tratamos no caso da Argentina. São elementos que explicam o alto nível de interferência de grupos de poder nos clubes chilenos, sempre alvo de tentativas de apropriação para finalidades políticas e, por vezes, financeiras. O modus operandi é de fato muito parecido ao dos fundos abutres, porque operam de forma coordenada em níveis político e midiático, ao promover medidas que competem aos seus interesses particulares como se fossem de interesse geral. Convém observar que a própria circunstância que gerou o alto endividamento de Colo-Colo e La "U", foi decorrente de uma ação política coordenada, que não pode ser negligenciada como parte desse projeto. Assim explica o contexto a Asociación de Hinchas Azules, organização de torcedores do Club Universidad de Chile:

> A falência fraudulenta sofrida pelo Club Universidad de Chile faz parte de um processo global de instalação do modelo de futebol de mercado que permeia o futebol chileno por meio da privatização dos clubes. [...] Após a reinterpretação da DFL 1 de 1970, o Estado determina que sejam cobrados impostos pelos prêmios pagos aos jogadores pelas realizações obtidas, que até então não haviam sido pagas. Assim, em 26 de maio de 2006, a Quarta Câmara do Tribunal de Apelações de Santiago decretou a falência do clube por dívidas no valor de 5,7 bilhões de pesos com o Tesouro Geral da República (TGR). Com isso, uma decisão anterior, pronunciada em primeira instância em 2004 pela juíza Jenny Book, foi revertida. Finalmente, a reunião de credores decide entregar a administração do Club Universidad de Chile a uma concessionária que se encarregará de pagar suas dívidas assim que as regras de licitação dos ativos da

instituição forem aprovadas. A defesa da CORFUCh apresentou dois recursos que foram rejeitados pela Câmara Civil da Suprema Corte e, em 18 de dezembro de 2006, foi ratificada a falência final de La "U". A entrada da Azul Azul S.A. ocorre em 25 de maio de 2007, quando o empresário Carlos Heller Solari — com o apoio da empresa de serviços financeiros LarraínVial, EuroAmerica e o mexicano Octavio Colmenares — recebeu a concessão da Corporación de Fútbol Profesional de la Universidad de Chile em um tribunal [...]. Em 8 de junho de 2007, o contrato tripartido foi assinado entre o TGR, Azul Azul S.A. e CORFUCh, que termina selando a concessão do clube por trinta anos — prorrogáveis automaticamente por mais quinze em caso de pagamento da dívida.

[...] O fato de sua falência ter sido articulada, além da maneira como procedeu, levou a CORFUCh a entrar em um estado de total inatividade, ou seja, seria incapaz de exercer qualquer tipo de ação. Nos demais processos de privatização, os clubes permaneceram ativos, inseridos de maneira minoritária no novo modelo de administração. Para La "U", a falência deles significava ter perdido o clube, deixando-os sem alternativa concreta para enfrentar a Azul-Azul S.A. no modelo de administração que estava começando a ser implementado (Ruete et al., 2020, p. 182).

Fora os dois grandes clubes obrigados a ceder a gestão para uma empresa privada, o modelo de SADP foi decisivo para o afastamento definitivo da associação civil do futebol profissional. A parte associativa possui uma parte minoritária das ações — com, no máximo, direito a veto sobre alguns temas sensíveis —, que estão quase em sua totalidade controladas por um ou poucos grupos econômicos, comumente ligados às elites de sua localidade de origem, o que, por consequência, quer dizer que muitas vezes também eram os grupos políticos mais relevantes dentro dessas agremiações.

De todo modo, para o sócio e torcedor comum, o modelo de concessão e o modelo de sociedade anônima representam o mesmo problema. Para além da impossibilidade quase absoluta de intervenção nas tomadas de decisão sobre temas relacionados ao futebol (como políticas de ingressos, organização dos estádios, apreciação de contas e fiscalização dos atos da gestão), a tomada do futebol por grupos privados tem representado um enfraquecimento no histórico caráter social desses clubes, porque suas atividades sociais, esportes amadores, equipamentos de uso dos sócios para o lazer, a convivência e a prática esportiva também estão sendo atingidos.

Essa é razão pela qual uma das principais chaves da atuação política dos torcedores consiste em resgatar a cultura associativa e a função social do esporte. Essa característica foi eliminada da lei que instituiu as SADPs, praticamente desobrigando-as de responsabilidades com relação a esse tipo de atividade de cunho educativo e esportivo, geralmente gratuito (Campos Muñoz, 2020, p. 122). Atualmente, o único vínculo real que os torcedores têm com os seus clubes é o de "*abonados*", quando pagam periodicamente uma cota que lhes garante livre entrada às partidas. Algo similar a algumas categorias de "sócio-torcedor" no Brasil e à figura do comprador de "*season-ticket*" na Europa. O ingresso dos jogos é o único vínculo com o clube dos *abonados*, que diferem das categorias de "sócio", os antigos integrantes do corpo social dos clubes sem fins lucrativos. Estes sócios hoje têm descontos para os ingressos das partidas, mas, com o advento das SADPs, perderam o poder de voto e de participação política.

Apreciemos com maior detalhamento a realidade do Club Universidad de Chile e a ação da Asociación de Hinchas Azules, uma das principais organizações torcedoras no combate à empresa Azul Azul S.A. e pelo resgate da associação.

Asociación de Hinchas Azules — Club Universidad de Chile

O Club Universidad de Chile possui uma estrutura muito particular, porque foi criado dentro da própria instituição de ensino, através de várias associações esportivas. Em 1927, ainda sob o nome de Club Universitario de Deportes, nasceu como resultado da fusão entre o Club Atlético Universitario, o Club Náutico Universitario e o Internado FC. Logo em seguida, surgiu o Club de Fútbol Profesional de la Universidad de Chile, uma ramificação esportiva que esteve sob administração da universidade até a criação da Corporación de Fútbol Profesional de la Universidad de Chile (CORFUCh), na ditadura de Augustin Pinochet. A CORFUCh chegou a registrar mais de 30 mil sócios, apesar de muitos desses não terem direitos políticos. Suas assembleias registravam no máximo algumas centenas de sócios, com baixa participação efetiva dos torcedores comuns, senão através da *barra* Los de Abajo.

Para entender essas e outras questões, a pesquisa entrevistou Gabriel Ruete, em 21 de julho de 2020, por teleconferência. Ruete é antropólogo e uma das lideranças da Asociación de Hinchas Azules, organização mais representativa nos protestos contra a Azul Azul S.A., pelo fim da concessão privada do clube, pela reforma da lei das SADPs e pelo resgate da associação civil de La "U".[145]

O complexo funcionamento do clube, quando da separação da ramificação do futebol profissional da associação, a sua conexão com a comunidade universitária e a mudança quando da empresarização é assim explicada por Ruete:

---

145. Gabriel Ruete foi um dos autores do artigo sobre o tema no livro "Clube Empresa", escrito em coautoria com outros membros da *Asociación de Hinchas Azules* (AHA): Daniela Tapia (vice-presidente da AHA), Sebástian Díaz (secretário da AHA), Santiago Rosselot (tesoureiro da AHA) e Daniel Albornoz (presidente da AHA) (Ruete et al., 2020, p. 178-201).

Já não era a mesma relação de antes, mas ainda se mantinha alguma coisa de benefícios, como a ida ao estádio, para os funcionários; os estudantes tinham algum tipo de associação dentro da CORFUCh; havia preços diferenciados, se mantinha alguma relação. Entretanto, com a chegada das SADP isso se corta profundamente.[146]

Para a Asociación de Hinchas Azules, o processo de privatização do clube é totalmente político, dados os fatos que envolvem esse contexto, entre 2004 e 2006. Há um processo político, outro jurídico, e, principalmente, uma questão interna à corporação que controlava o futebol profissional do clube.

O caso é abertamente político, porque se dá desde a reinterpretação do Decreto de Força de Lei. E o caso de La "U" é mais explícito ainda, porque a primeira decisão que se dá em 2004, pela juíza Jenny Book, dizia que a dívida que tinha La "U" com a Tesoreria General de La República [Fazenda] não era válida. No entanto, em 2005 se promulga a lei das SADP e já em 2006 se reverte essa primeira decisão da Corte, e se decreta finalmente dívida. Nesse sentido, não cabe muitas dúvidas de que foi uma manipulação política. Porque quando a CORFUCh, que vinha de uma sequência de más administrações, isso não se pode negar, realiza a sua última eleição já com o processo de quebra em curso, as mesmas pessoas que depois ficam com o clube são as que participam da gestão com Heller. E tratou-se de uma candidatura falsa, porque eles falsificaram assinaturas para se candidatar nessa última eleição. Quando ocorre o processo de falência, aqueles que se apropriam dos direitos federativos do clube [Azul Azul S.A.] são os

---

146. Entrevista realizada com Gabriel Ruete em 21 de julho de 2020.

mesmos que estavam, desde antes, empurrando por dentro, por assim dizer, pela decretação da falência.[147]

Ou seja, quando falamos de Carlos Heller, personagem da canção utilizada no início do subcapítulo, não se trata apenas de um empresário com participação na empresa que controla o clube. Heller era um sócio da própria CORFUCh que foi eleito presidente, em um pleito com lisura contestada pelos torcedores, para impulsionar a falência e a posterior concessão do futebol profissional de La "U" à empresa Azul Azul, da qual se tornou um dos principais acionistas. Gabriel Ruete destaca, inclusive, a forma como a concessão foi feita pelo preço mínimo, como indício de que o processo foi planejado pelas pessoas que estavam preparadas para assumir sua gestão. Por isso, define o processo de falência como uma fraude promovida por uma articulação política.

Quando questionado se houve algum tipo de ação dos torcedores diante desses flagrantes conflitos de interesses e de manipulação do discurso sobre a falência dos clubes, Gabriel Ruete contextualiza a dificuldade dos setores mais críticos em dialogar com a coletividade dos torcedores:

> No caso de La "U" não se pode dizer que houve uma grande resistência ao longo dos anos 2004, 2005 ou 2006. Até houve algum tipo de manifestação, porém dentro do estádio, através da *barra*, nesse tempo utilizando algumas grandes faixas passando mensagens... Alguns integrantes da CORFUCh tentaram barrar esse processo, se realizou também o ato em um teatro que é emblemático no centro de Santiago, onde as pessoas tentaram que através dessas manifestações se pudesse frear esse processo. Mas, realmente, isso foi mínimo em comparação ao tamanho da jogada política que estavam

---

147. Idem.

preparando, tendo em conta que vinham desde os tribunais, desde a lei das SADP... Nesse sentido acredito que o grosso das pessoas não dimensionava a armadilha na qual estavam caindo os clubes. As pessoas que estiveram mais atentas às jogadas não foram bem-sucedidas em convencer a massa para poder fazer frente a isso.[148]

As colocações de Ruete são interessantes para apreciar como os discursos pela empresarização se estabelecem por muitas vias distintas e comumente conquistam os torcedores pela idealização feita sobre os benefícios da proposta. Mas as contradições não tardaram a ocorrer:

> O despertar veio posteriormente, quando já não se podia ser sócio da corporação, quando de 30 mil sócios, passamos a 5 mil acionistas, quando já não se podia entrar nos treinamentos, quando as entradas não pararam de ficar mais caras... Detalhes do cotidiano do torcedor que foram determinando sua postura de oposição a esse modelo, mas no momento da quebra não estavam claros. Há também de se entender que o contexto em que se realiza esse processo é dentro da promessa da estabilização, da viabilidade econômica, da maior fiscalização interna... Tudo isso eram promessas do setor privado para com o futebol, que finalmente não se cumpriram, mas que estavam sobre a mesa. A CORFUCh também vinha de más administrações, de números vermelhos, de comentários frequentes de que a água não estava sendo paga, que não havia dinheiro para pagar os jogadores... Então muita gente comprou esse discurso, se criou uma articulação midiática para isso.[149]

---

148. Entrevista realizada com Gabriel Ruete em 21 de julho de 2020.
149. Entrevista realizada com Gabriel Ruete em 21 de julho de 2020.

Iniciada em 2007, a gestão da Azul Azul S.A. não começou tão bem-sucedida como a da Blanco y Negro S.A. no rival Colo-Colo. Impulsionado por investimentos de aliados de Sebastián Piñera, o Colo-Colo conquistou seis dos oito campeonatos realizados entre 2006 e 2009, sendo esse último ano exatamente aquele em que se realizaria a eleição presidencial vencida por Piñera.[150] Coincidentemente, o primeiro título da gestão Azul Azul só ocorreu em 2009, quando La "U" conquistou o Torneo Apertura 2009, mesmo que nas ocasiões anteriores não tivesse sequer disputado o título até o final. A situação só melhorou quando o clube conseguiu montar um plantel competitivo sob o comando do técnico argentino Jorge Sampaoli, saindo vencedor dos dois torneios de 2011.

Esse período também marcou os dois últimos grandes feitos internacionais do futebol chileno e da própria La "U": a conquista da Copa Sul-Americana de 2011, competição continental secundária da América do Sul; e uma classificação para as semifinais da Copa Libertadores da América, principal competição continental, em 2012.

Desde então, nem a Universidad de Chile tem mantido uma boa frequência na disputa dos títulos locais, inclusive tendo lutado contra o rebaixamento em mais de uma ocasião, nem os clubes chilenos conseguiram atingir bons resultados a nível continental, expondo a fragilidade esportiva dessas agremiações em comparação com o que se desenvolvia em outros países. A título de ilustração: na Libertadores da América, as melhores campanhas de clubes chilenos foram uma classificação às oitavas do Unión Española (2014), uma classificação

---

150. À época, o campeonato chileno era formado por dois torneios diferentes. No primeiro semestre se disputava o Torneo Apertura e no segundo semestre o Torneo Clausura. O Colo-Colo venceu os dois torneios de 2006 e 2007 em sequência, além do Clausura de 2007 e 2008.

do Colo-Colo às quartas-de-final (2018), e uma classificação da Universidad Católica para as oitavas-de-final (2021).

Essas e outras impressões começaram a colocar em xeque a consistência das mudanças prometidas pela gestão empresarial. Os clubes não conseguiam ter protagonismo internacional e, no âmbito interno, várias questões explicavam a baixa qualidade do futebol, depois de passados os anos de euforia dos gerenciamentos privados:

> A ideia do fracasso das sociedades anônimas é geral. É um fracasso pelos números que publicam. Azul Azul só registra três anos com números azuis nesses anos que tem administrado (ou sequestrado) nosso clube. Não funcionou. Eles já tentaram comandar seus clubes como comandam suas empresas dentro de holdings, e essa fórmula não funcionou em nenhum dos casos. Os únicos anos que Azul Azul teve números azuis, dentro desse "oásis", como chamamos, foi quando La "U" ganha a Copa Sul-Americana em 2011. São os anos de bonança econômica da Azul Azul, porque venderam jogadores por montantes próximos dos 25 milhões de dólares [em 2011, 2012 e 2013]. Então, esse período de três anos foi um período de bonança econômica. E também houve lucro por parte das pessoas que tinham participação, porque lucraram ao vender seu pacote acionário quando estava em alta. Eles saem, e logo vem Heller. Eles, sim, sacam uma grande porcentagem de lucro por serem donos dos clubes. Mas o pior ainda, como dizemos nós, torcedores, é que não houve qualquer capacidade de fiscalização interna para que esses 25 milhões de dólares não desaparecessem.[151]

---

151. Entrevista realizada com Gabriel Ruete em 21 de julho de 2020.

É na sequência desses anos positivos, seguidos de uma decadência esportiva e financeira abrupta, que um grupo de torcedores organiza um evento chamado Asamblea de Hinchas Azules, para discutir o que estava sendo feito com o clube. Eles questionavam os movimentos que eram feitos no comando da organização, principalmente com relação à venda valorizada da participação acionária de um dos grupos de acionistas:

> La "U" se consagra com esse título e é muito útil para o que assumem as SADP, porque o que fazem é tentar se apropriar dele como grande triunfo do modelo, coisa que rapidamente se desmorona. Porque quem comandava esses times sequer era formado por essas equipes, e com o tempo nos dávamos conta de que um dos grandes déficits dessas equipes era a formação de jogadores, é o pouco dinheiro que investem na formação de jogadores. É certo que tiveram um bom olhar para montar esse time, mas mesmo com esse sucesso não tiveram capacidade de elaborar um projeto esportivo de longo prazo, que só durou três anos. E claramente aí, com essa transferência de parte das ações, se percebe que houve lucro para um grupo específico, mas logo o dinheiro que pertencia a La "U" desapareceu.[152]

Gabriel Ruete se referia ao episódio em que os empresários Carlos Alberto Délano e Frederico Valdés deixaram a diretoria da Azul Azul S.A., executando grande retorno financeiro com a venda de suas participações na sociedade. O benefício financeiro dos dois foi favorável ao crescimento de participação na Azul Azul de Carlos Heller, que passou a ter 39% do seu capital, tornando-se em seguida o presidente da concessionária (La Tercera, 2013).

---

152. Idem.

Carlos Heller, que já era marcado por seu histórico de "duplo agente" — ao promover a falência do clube por dentro, enquanto presidente eleito, ao invés de defender os interesses da agremiação —, foi protagonista de inúmeros casos de conflito com torcedores. Além de não conseguir manter o nível esportivo do clube, não promoveu mudanças concretas com relação à formação de atletas e tentou se proteger com a promessa de que construiria um estádio, promessa que sequer saiu do papel.

Esse mesmo período foi marcado pela comunicação, por parte de José Manuel Edwards, o administrador responsável pela falência do clube, de que a CORFUCh já não contava com qualquer ativo que pudesse ser usado para cobrir a dívida pendente com os credores. Ou seja, o processo de falência, após oito anos, estava saneado, razão pela qual a concessão poderia ser revista. Nesse momento, a experiência da Asamblea de Hinchas Azules se desenvolveu para a Asociación de Hinchas Azules, que atuaria pela tentativa de restabelecimento do controle do clube pela associação original (Ruete, 2020, p. 195).

Em 18 de outubro de 2016, a Superintendencia de Insolvencia y Reemprendimiento, órgão responsável pelo processo, apresentou uma solicitação formal para suspensão do processo judicial de falência da CORFUCh. A atuação incisiva de torcedores e sócios, dentre eles a Asociación de Hinchas Azules, evitou que esse fato caísse em esquecimento ou fosse protelado pelos órgãos da justiça. Foram dois anos mobilizando a torcida em inúmeros protestos contra a Azul Azul S.A. e forçando uma definição para a questão. Em 14 de setembro de 2018, a justiça decretou a suspensão da falência, que seguiu contestada pela Tesorería General de la República. A suspensão definitiva foi reafirmada por meio de um certificado emitido em 23 de agosto de 2019.

Esse acontecimento representou um fato político importante para os anseios de recuperação do clube, e abriu a possibilidade de que os torcedores aventassem a criação de uma nova CORFUCh. Essa é a razão pela qual a Asociación de Hinchas Azules vem, há anos, buscando mobilizar os torcedores com a ideia de "restabelecer a associação" — recriar uma figura jurídica nova, capaz de assumir o controle, agora em indefinição, dos rumos da ramificação do futebol profissional do Club Universidad de Chile.

> Se compararmos a dívida que têm as sociedades anônimas com aquelas que provocaram a quebra das corporações, vê-se que a balança está inclinada para um lado. Não tem sentido que finalmente as dívidas sejam muito maiores nesses 14 anos de SADP do que as dívidas que tinham as corporações sem fins lucrativos. Os números deles mesmos dizem. Há uma série de elementos que não só não se considera pela má fiscalização, mas também a articulação que se tem com os grupos políticos.[153]

Em 2019, após seguidos protestos pela saída de Carlos Heller, dentre os quais estão a faixa e a canção aqui utilizadas, o ex-presidente da CORFUCh e então presidente da Azul Azul S.A. renunciou ao cargo. A sua saída não representou algo de definitivo para os anseios dos torcedores, mas deu certos indícios de que a gestão privada poderia ser revista, retirada do controle do futebol profissional, e que a associação poderia ser devolvida ao seu lugar de origem — algo a ser observado nos próximos anos.

---

153. Entrevista realizada com Gabriel Ruete em 21 de julho de 2020.

Outros apontamentos

Para finalizar esses estudos de casos, cabem alguns apontamentos sobre outras formas de ativismos torcedores no Chile, país que foi pioneiro na empresarização dos clubes na América do Sul, mas que conta com grande rejeição desse modelo após anos de fracasso esportivo e administrativo.

O primeiro destaque a ser feito, e compartilhado pelos autores utilizados como fontes, é que a opção das concessionárias e demais SADPs por não investirem na formação de atletas é um problema grave que o futebol chileno enfrentará nas próximas décadas. Quando a seleção nacional do Chile venceu as edições de 2015 e 2016 da Copa América, seus dois primeiros títulos da história, os promotores das SADPs utilizaram esses logros para exaltar os resultados gerados pela gestão privada dos clubes. Entretanto, o que se observa é que toda aquela geração de jogadores havia sido formada na divisão de base dos clubes quando ainda eram associações — já eram jogadores do time principal ou estavam registrados como atletas profissionais em 2006.[154]

Nos contatos com esses pesquisadores e torcedores, todos apontavam que esses resultados não teriam longevidade, porque a formação de atletas estava profundamente prejudicada dentro da nova lógica gerencial. O Chile já havia fracassado em se classificar para a Copa do Mundo de 2018 e, quando da finalização desta tese, ficou apenas na sétima colocação das Eliminatórias para a Copa do Mundo de 2022, disputando a vaga com vários jogadores mais velhos que estavam nas campanhas de 2015 e 2016.

---

154. A única exceção, dentre os jogadores que disputaram a final de 2015 contra a Argentina, era o atacante reserva Angelo Henríquez, que ingressou na divisão de base da Universidad de Chile em 2007, ano de chegada da Azul Azul.

Outro destaque importante é a existência de um grupo semelhante à Asamblea de Hinchas Azules no clube rival, o Colo-Colo. O movimento Colo-Colo de Todos protagoniza uma disputa em sentido semelhante, com o diferencial de que o clube ainda dispõe de uma associação ativa. Em 2014, o grupo saiu vitorioso na eleição do Club Social y Deportivo Colo-Colo e pôde ter uma participação mais ativa na fiscalização e no enfrentamento à Blanco y Negro S.A.

A dificuldade encontrada por esse agrupamento, de acordo com depoimento de Fernando Monsalve — membro do grupo eleito como presidente do CSD Colo-Colo —, em entrevista realizada por áudio em 4 de setembro de 2019, residia nas partes jurídica e política. O processo de falência não é fácil de ser contornado, porque envolve uma série de decisões jurídicas de complexa reversão e o fato de que essas empresas são comandadas por grupos políticos muito influentes no cenário local.

Monsalve também destacou que, assim como vimos no processo de La "U", o Colo-Colo foi prejudicado de forma interna por membros interessados na "falência" — inclusive o então presidente, que anos depois seria acionista e presidente da Blanco y Negro S.A. Diferentemente do caso da Azul Azul, o clube original ainda podia participar do composição da sociedade anônima, processo pelo qual puderam inclusive participar da escolha do presidente da Blanco y Negro em determinadas ocasiões, conquistando alguns pontos importantes para a restituição da associação, independentemente do futebol profissional seguir sobre o controle da empresa privada.

.VI.

O CLUBE BRASILEIRO NA DÉCADA DE 2020

Encerraremos esta tese com o deslocamento de todas as reflexões feitas até aqui para a realidade brasileira. O desenvolvimento histórico da indústria do futebol no Brasil, principalmente no que tange à empresarização dos clubes, deu-se por vias destoantes dos demais países, por uma série de motivos de ordem política, em especial partindo de ações dos dirigentes dos clubes, mas também por motivações de ordem financeira, levando em consideração a grave crise econômica que abateu o país na virada do milênio — exato período em que a Lei Pelé (Lei n. 9.615/1998) foi discutida e aprovada (Sirangelo, 2020, p. 228-239).

Há muitas particularidades a serem contempladas entre as diferentes investidas pela transformação dos clubes brasileiros ao longo da década de 1990 e aquela observada na virada da década de 2020, quando já estaremos falando da Lei da SAF (PL n. 5.516/2019, posteriormente Lei n. 14.193/2021). Mas, apesar de se darem em um intervalo de tempo relativamente longo, levando em conta o que representam duas décadas dentro da dinâmica do futebol, há muitas questões que se assemelham entre esses dois momentos políticos, principalmente quando observados os discursos que produziam a imagem de crise no futebol brasileiro e promoviam a urgência de uma mudança radical na forma como os clubes eram geridos.

Vamos tratar dessas questões ao longo desse capítulo, porque são processos indispensáveis para entender o complexo movimento político que resultou na aprovação da Lei da SAF 23 anos após a promulgação da Lei Pelé. O fato de os clubes brasileiros serem historicamente marcados pela sua baixa adesão associativa e pela baixa tradição política dos torcedores — decorrentes de muitas medidas de restrição à participação, ao acesso à associação e aos direitos políticos dos sócios — conta uma história um pouco diferente de rejeição a tais mudanças.

O fator "*supporter*" brasileiro precisará ser entendido dentro de outras chaves, porque não compartilha dos mesmos aspectos socioculturais apreciados nos países anteriormente estudados. De todo modo, são expressões de interessante observação, porque oferecem novos elementos válidos para aprimorar a leitura sobre as formas como torcedores atuam politicamente com relação aos seus clubes, problema que guiou esta tese até aqui — e talvez auxilie o entendimento de manifestações críticas no futuro.

Assim, vamos dividir o capítulo final em dois momentos. Primeiro ("Clube-empresa no Brasil"), resgataremos os sentidos históricos que resultaram na promulgação da Lei Pelé, para depois apreciar o que há de comum e de distinto no contexto que resultou na Lei da SAF, aprovada nos meses de finalização da pesquisa que resulta nesse trabalho. Em seguida ("As SAFs e os torcedores"), vamos explorar alguns acontecimentos que envolvem a mobilização de torcedores no apoio à criação e à venda das novas SAFs em alguns clubes brasileiros — em grande medida, entusiastas do novo modelo e críticos ao tradicional modelo de associação civil fechada que sempre predominou no país.

Clube-empresa no Brasil

A empresarização dos clubes brasileiros, portanto, foi atrasada com relação aos demais países de grande tradição futebolística, mesmo que as iniciativas legislativas locais sempre estivessem atualizadas e conectadas com as mudanças em curso na Europa. Um indício de como o país já possuía um amplo corpo de profissionais e formuladores de políticas voltadas para o futebol, que promoviam as ideias de "modernização" e "profissionalização" da gestão dos clubes locais, principalmente a partir da mudança do formato jurídico. Essa "resistência conservadora", por assim dizer, dos dirigentes que controlavam os principais clubes do país não é exatamente uma particularidade brasileira, como vimos nos países estudados, mas acabou se mostrando mais atuante e incisiva nas esferas institucionais pelo fato de muitos desses "cartolas" também serem parlamentares eleitos na nova e imatura democracia brasileira após o Regime Civil-Militar instaurado em 1964.

A chamada "Bancada da Bola", frente parlamentar que atuava a favor dos interesses dos grupos políticos que controlavam os principais clubes brasileiros, sempre esteve atuante nesses debates, porque reunia interesses de um segmento que historicamente se aproveitou eleitoralmente da imensa visibilidade conferida pelos clubes de futebol. Pesava, ainda, o fato de que os valores da indústria do futebol atravessavam um crescimento inédito, graças à sofisticação das modalidades de transmissão ao vivo dos jogos, como a televisão por assinatura e o chamado *pay-per-view*, que atraíam anunciantes que inflavam as receitas dos clubes de futebol.

A boa reputação brasileira na formação de jogadores de alto nível constituía outro fator de grande impacto, com registro de um aumento acelerado da venda desses atletas para o exterior e, em outro sentido, aumentando o interesse da entrada de grupos estrangeiros no mercado brasileiro — fosse para potencializar e compartilhar os possíveis ganhos com a exportação de atletas, fosse para explorar o ainda incipiente mercado publicitário relacionado ao futebol.

A década de 1990 foi marcada por muitas relações de "parceria" e "cogestão" entre empresas e clubes associativos. Por mais que não se constituíssem em aquisições de fato, eram relações comerciais que incidiam sobre muitos temas dentro do clube, com contrapartidas financeiras que alavancaram as receitas das agremiações e apontavam certos "modelos ideais" que, em tese, poderiam definir clubes vencedores. O caso mais representativo vem da empresa alimentícia de origem italiana Parmalat, que firmou uma parceria com o Palmeiras em 1992. A proposta era, inicialmente, uma estratégia de difusão internacional da marca, que já patrocinava clubes de outros países e era proprietária do clube italiano Parma. Com injeção de recursos volumosos no Palmeiras, a Parmalat auxiliou a montagem de elencos de alto nível, que fizeram do clube paulista o maior vencedor de títulos da década. Por seu lado, a empresa se favoreceu dessa visibilidade e rapidamente conquistou a liderança do seu segmento no mercado sul-americano, também garantindo retorno financeiro com a venda de atletas mais destacados para o mercado europeu (Sirangelo, 2020, p. 230).

O sucesso esportivo/publicitário da parceria Palmeiras/ Parmalat motivou outros clubes e empresas a buscarem firmar contratos de caráter semelhante. O Banco Excel-Econômico, que à época promovia uma política de expansão e aquisição de bancos menores, patrocinou e compôs um sistema de "cogestão" com Corinthians, Botafogo, Vitória e América-MG de forma simultânea em 1997. Esses acordos também previam a cessão das propriedades comerciais dos clubes, em um contexto de sofisticação das "ciências do marketing" que representava um espaço de atuação potencialmente lucrativo para esses investidores — mesmo que posteriormente se mostrasse uma aposta muito arriscada e de baixo retorno (Sirangelo, 2020, p. 232).

Mas as principais transformações vão se dar de forma mais significativa em momento posterior, quando projetos políticos mais amplos vão confrontar os "cartolas" brasileiros.

A "modernização" na virada do milênio

Mudanças importantes provocadas pela Lei Bosman, que alteraram de forma considerável a indústria, levaram também ao debate sobre a atualização na legislação brasileira que regia a relação trabalhista desses jogadores com os clubes. O que se convencionou chamar de "Lei Pelé", na realidade, não tratava apenas da empresarização dos clubes. Sua origem se deu no PL n. 1.159/1995, do deputado Arlindo Chinaglia (PT/SP), que propunha a adoção dos mesmos princípios vigentes na Europa após o caso Bosman, dando maior liberdade aos atletas ao romper com a antiga lógica do "passe", e foi batizado de "Lei do Passe Livre" (Câmara dos Deputados, 1995). A tramitação desse projeto contou com a apensação de outros projetos posteriores que versavam sobre temáticas correlatas, dentre os quais estava o PL n. 3.633/97, do Poder Executivo, na figura do seu ministro de Estado Extraordinário dos Esportes, o senhor Edson Arantes do Nascimento, popularmente conhecido como Pelé. Por isso, recebe o nome de "Lei Pelé", sendo o projeto que, de fato, trouxe o tema da transformação dos clubes em empresa:

> Art. 27. As atividades relacionadas a competições de atletas profissionais são privativas de entidades de prática desportiva constituídas sob a forma de sociedade comercial admitida na *legislação em vigor*.
> Parágrafo único. O disposto neste artigo não se aplica às entidades que constituírem sociedade comercial responsável pela administração de todas as suas atividades relacionadas com a prática desportiva profissional.

O parágrafo único em questão é importante porque previa que clubes pudessem seguir como associações civis desde que transferissem os ativos das atividades profissionais (nesse caso, especialmente o futebol) para uma "sociedade comercial". Não havia limitação ao tipo a ser escolhido, tampouco a proposição de um modelo novo. Buscava-se unicamente alterar o formato jurídico dos clubes, ou garantir que essa atividade empresarial do futebol estivesse sob o formato empresarial, passível de maior regulação e fiscalização.[155] Em seu texto final, após discutida e aprovada, a Lei Pelé assim determinou:

---

155. Note-se que, diferentemente da Lei da SAF, a Lei Pelé não elaborava um tipo específico de figura jurídica para os clubes de futebol, algo que foi central nas iniciativas legislativas de França, Espanha, Portugal e Chile.

Art. 27. As atividades relacionadas a competições de atletas profissionais são privativas de:
I — sociedades civis de fins econômicos;
II — sociedades comerciais admitidas na legislação em vigor;
III — entidades de prática desportiva que constituírem sociedade comercial para administração das atividades de que trata este artigo (Brasil, 1998).

Ou seja, estavam terminantemente proibidos de participar de competições profissionais aqueles clubes constituídos apenas enquanto associações civis sem fins lucrativos. Caberiam a esses clubes escolher uma dessas três opções, que, em outras palavras, ofereciam: a transformação total do clube em empresa ou a transformação do "departamento de futebol" do clube em empresa — nesse último caso, algo parecido com o que ocorria em alguns países europeus.

Apesar de ter dado um passo importante para promover a ideia do "clube-empresa", nomenclatura particularmente brasileira, a Lei Pelé foi apenas um segundo passo nesse sentido. O primeiro, de fato, foi a Lei Zico (n. 8.672/1993), acompanhada em suas repercussões no livro "Passes e Impasses", de Ronaldo Helal (1997). O processo posterior, da produção da Lei Pelé, tem suas repercussões analisadas nas investigações que resultaram no livro "A Metamorfose do Futebol", de Marcelo Weishaupt Proni (1998). Por uma questão temporal, tal obra não consegue analisar as consequências reais da Lei Pelé, por ter sido publicada ainda nos primeiros meses de sua promulgação.

O fato é que essa expectativa da adoção do modelo empresarial pelos clubes brasileiros nunca resultou em mudanças concretas. A Lei Pelé previu a conversão obrigatória dos clubes (ou dos seus departamentos de futebol) em empresas, seguindo o que ocorria na Europa, mas teve o seu caráter alterado no

Congresso Nacional ainda em 2000, depois de um pedido de extensão de prazo, quando foi derrubada a obrigatoriedade (Motta, 2020, p. 209-211).[156] Nesse ínterim, poucos clubes experimentaram a conversão do caráter de associação civil sem fins lucrativos para o sugerido modelo de "sociedade empresária". Isso ocorreu diante da aprovação da Lei Maguito Vilela (Lei n. 9.981/2000), cuja discussão original se deu graças a uma medida provisória que versava sobre outros pontos, e alterou esse artigo, assim apresentando-o:

> Art. 27. É facultado à entidade de prática desportiva participante de competições profissionais:
> I — transformar-se em sociedade civil de fins econômicos;
> II — transformar-se em sociedade comercial;
> III — constituir ou contratar sociedade comercial para administrar suas atividades profissionais (Brasil, 2000).

Ao garantir a facultatividade, a lei autorizou que associações civis sem fins lucrativos pudessem novamente participar de competições profissionais de futebol. Por outro lado, sugeriu que clubes poderiam celebrar contratos com empresas para a administração do departamento de futebol profissional, algo que ocorreu em alguns casos, como falaremos adiante.

Em geral, a lei apenas estimulou o surgimento de clubes menores, sem grande quadros associativos, inflados financeiramente por seus proprietários ou "gestores". Vale listar os

---

156. Essa obra em questão oferece uma contribuição inestimável ao tema, trazendo uma abordagem especializada a partir do direito, ao mesmo tempo que analisa criticamente os discursos que envolvem o assunto. Também convém destacar aqui o histórico legislativo sobre a transformação de clubes em empresas, cuja primeira iniciativa, devidamente derrotada, é de um longínquo 1972.

clubes que surgiram e sumiram do cenário do futebol nacional no século XXI em uma questão de poucos anos. O quadro a seguir apresenta os anos em que esses clubes estiveram na Série B ou na Série A do Campeonato Brasileiro até o ano de 2022 (publicação desta tese):

Tabela 1. Pequenos "clubes-empresa" nas séries A e B do Campeonato Brasileiro no século XXI

	CLUBE	ANOS NA SÉRIE B	ANOS NA SÉRIE A
1	Bragantino/RedBull-SP[157]	2001-2002, 2008-2016, 2019	2020-2022
2	Brasiliense-DF	2003-2004, 2006-2010	2005
3	Cuiabá-MT	2019-2020	2021-2022
4	Duque de Caxias-RJ	2009-2011	
5	Etti Jundiaí/Paulista-SP	2002-2007	
6	Grêmio Barueri/Prudente-SP[158]	2007-2008, 2011-2012	2009-2010
7	Guaratinguetá/Americana-SP[159]	2009-2013	
8	Ipatinga-MG	2007, 2009, 2010, 2012	2008

---

157. Pouco antes da Série B de 2019, o clube inicia o processo de venda para a Red Bull, fato que se consuma no ano seguinte, já na Série A.
158. Em 2010 o Grêmio Barureri muda da cidade de Barueri-SP para a cidade de Presidente Prudente-SP, alterando seu nome para Grêmio Prudente. Em 2012 retorna a Barueri e retoma o nome original.
159. Em 2011 o Guaratinguetá se muda da cidade de Guaratinguetá para a cidade de Americana, alterando seu nome para Americana. Em 2012, retorna a Guaratinguetá e retoma o nome original.

Tabela 1. Pequenos "clubes-empresa" nas séries A e B do Campeonato Brasileiro no século XXI (CONT.)

	CLUBE	ANOS NA SÉRIE B	ANOS NA SÉRIE A
9	Ituano-SP	2004-2007, 2022	
10	Ituiutaba/Boa Esporte-MG[160]	2011-2015, 2017, 2018	
11	Luverdense-MT	2014-2017	
12	Marília-SP	2003-2007	
13	Mogi Mirim-SP	2002-2004, 2015	
14	Oeste Barueri-SP[161]	2013-2020	
15	São Caetano-SP	2007-2013	2001-2006
16	União Barbarense-SP	2005	
17	União São João-SP	2001-2003	

FONTE: Elaboração do autor

Boa parte desses clubes foi criada exatamente como consequência do fim do "passe", já que serviriam como mecanismos de inscrição e movimentação de jogadores, porque eram, em muitos casos, controlados pelos mesmos empresários que

---

160. Assim que conquistou a vaga na Série B, o Ituiutaba acertou sua mudança para a cidade de Varginha. Com isso, alterou seu nome para Boa Esporte, mantendo-o até hoje.
161. Em 2015 o Oeste fecha uma parceria com o grupo que controlava o clube-empresa Audax, e com isso muda o registro para Osasco, na grande São Paulo, mandando lá os seus jogos da temporada. No ano seguinte volta a jogar em Itápolis, mas logo em seguida altera seu mando de campo para a cidade de Barueri. O clube alegava que o estádio de Itápolis não é adequado para a Série B e o Campeonato Paulista. Hoje o clube se chama Oeste Barueri Futebol Clube.

gerenciavam a carreira desses atletas.[162] Muitas das agremiações surgidas nos anos 1990 e 2000 já não existem mais ou voltaram a disputar divisões desprestigiadas do futebol brasileiro após poucos anos na elite, apesar de que ainda hoje possuem exemplares espalhados pelo país, disputando principalmente a Série B do Campeonato Brasileiro.[163]

Como é possível perceber, a maioria absoluta desses clubes-empresa é oriunda do interior de São Paulo, centro financeiro do país. Há grande diversidade entre os grupos por trás desses clubes, sendo boa parte deles financiada por agentes de atletas, que utilizam essas agremiações como "vitrine" para esses jogadores, a fim de negociá-los posteriormente ou inscrevê-los em outros clubes como acordo de empréstimo. Mas há, ainda, o investimento de grupos empresariais das regiões de origem desses clubes, como forma de utilização da visibilidade do futebol — compensando, por isso, a subida de alguns deles à Série A. Muitos desses clubes paulistas também contaram, nos seus ápices, com grupos políticos instalados em prefeituras, oferecendo suporte financeiro e estrutural, agregando esses clubes aos seus projetos eleitorais (Ferreira e Motta, 2021).

---

162. Até 2015, quando a FIFA veta a possibilidade, era comum a participação de "terceiros" nos direitos econômicos de atletas. Por isso, é importante observar esses pequenos novos clubes-empresa como parte desses mecanismos de concentração ou compartilhamento desse valioso ativo por atores externos aos clubes.
163. Há muitos exemplos nesse item, como Grêmio Barueri/Prudente, Guaratinguetá e Cuiabá, três empresas limitadas (até 2022). Mas é importante perceber que também existem muitos outros clubes que podem servir de exemplo, ainda que estejam registrados como associações civis. Sem possuir quadro associativo real, funcionavam sob a gestão de um grupo privado, que explorava a atividade econômica do futebol como se fosse proprietário efetivo da agremiação. São exemplos de clubes que nunca foram sociedades empresárias, mas que também nunca funcionaram como associações civis tradicionais: Boa Esporte, Bragantino (antes de ser vendido para a multinacional Red Bull), São Caetano (antes da conversão em S.A. em 2004), Oeste FC, Luverdense, Marília e muitos outros.

Como é importante salientar, algumas dessas agremiações tinham longa tradição no futebol paulista, às vezes com mais de 80 anos de fundação, mas já se encontravam no ostracismo antes de serem resgatadas para as finalidades acima descritas. A maioria delas, entretanto, é criada do zero, empreitadas comerciais em si. Como é facilmente notável pelas datas de apogeu e ocaso: o tempo de vida dessas empresas é curto o suficiente para não gerar prejuízos maiores aos seus envolvidos, que geralmente abandonam o projeto quando não é mais de seu interesse. Como essas agremiações não se constituem de um quadro social orgânico e historicamente forjado, o encerramento delas é tão efêmero quanto foi o nascimento.

Portanto, a história do "clube-empresa" no Brasil é pouco conhecida ou mal contada. Dos clubes ditos "de massas", apenas EC Bahia e EC Vitória experimentaram o modelo de sociedades anônimas, venderam ações e encerram essa empreitada com resultados extremamente negativos — um rebaixamento conjunto e inédito à Série C do Campeonato Brasileiro em 2005. Hoje os dois rivais baianos retomaram o controle dos clubes para as suas respectivas associações civis e ambos têm dívidas remanescentes do processo de "privatização".

O Bahia criou a "BASA" ainda em 1998, no bojo da Lei Pelé, e negociou parte das ações com o grupo Opportunity, propriedade do empresário baiano e torcedor do clube Daniel Dantas. O processo serviu, no fim das contas, para a consolidação do poder de um dos principais grupos oligárquicos do clube no controle da instituição. O Bahia seguiu como S.A. até meados de 2010, quando esse dito grupo iniciou um destrato para sanear pendências com o investidor privado, processo que ainda hoje compromete as finanças do clube.

Já o Vitória criou a Vitória S.A. em 1998 e concluiu o processo de venda das ações do clube em 2000, quando o Exxel Group, um grupo financeiro estabelecido na Argentina, adquiriu 50,1% da sociedade anônima no ano seguinte. Já em 2002, o Exxel Group se encontrava em grande dificuldade, devido ao impacto sofrido pela crise cambial na Argentina, e com isso suspendeu unilateralmente uma linha de crédito que havia sido acordada com o clube no contrato da S.A. Sem o dinheiro prometido, o Vitória busca a recompra das ações em 2004, e é rebaixado seguidamente para as séries B e C.

Há apenas outros poucos casos significativos que arriscaram alguma modalidade de empresarização e seriam dignos de nota nesse sentido, em se tratando de clubes tradicionais, de quadro social e torcida relevantes.

O Botafogo Futebol Clube (SP) adotou o modelo de sociedade anônima em 2018, repassando 40% das suas ações para um grupo privado e retendo 60% do controle com a associação. O clube precisou se desfazer da sua antiga sede social, importante espaço da cidade de Ribeirão Preto, para alinhar o acordo. A estrutura social acabou sendo adquirida por uma associação de torcedores. Em outubro de 2020, em entrevista para a tese, Daniel Marques, sócio e conselheiro do Botafogo, discorreu sobre os problemas enfrentados entre a associação e o grupo Trexx, de propriedade do empresário Adalberto Baptista.[164] Os conflitos se deram, principalmente, por descumprimentos de acordos e procedimentos administrativos que desrespeitavam as hierarquias estabelecidas na S.A., além da crescente dívida que a sociedade estava gerando. Torcidas organizadas e coletivos de torcedores se pronunciaram contra a S.A., organizando diversos protestos (GE, 2020). Em campo, o futebol do clube também não apresentava resultados positivos.

---

164. Entrevista realizada em 30 de outubro de 2020.

Outros casos pouco conhecidos do público em geral são os clubes catarinenses, como Criciúma, Joinville e Figueirense, que experimentaram algumas vezes a entrega da gestão do futebol profissional do clube. A relação, em geral, previa a exploração da atividade econômica dos ativos relacionados ao futebol por uma empresa privada, com prazo estabelecido. Na Série B de 2019, Criciúma e Figueirense passaram por problemas sérios sob esse formato jurídico. O primeiro foi rebaixado e o segundo escapou nas últimas rodadas, depois de meses de intenso confronto entre a associação e a empresa Elephant, que detinha o controle do futebol profissional do clube (GE, 2019).

Vale também observar a celebração de muitos acordos entre clubes e empresas nos moldes do anteriormente mencionado Palmeiras/Parmalat. Corinthians e Cruzeiro celebraram, em 1999, acordos com o fundo de pensões norte-americano Hicks Muse Tate & Furst, criando empresas para o gerenciamento dos ativos relacionados ao futebol profissional. Apesar dos logros esportivos decorrentes da injeção de recursos volumosos, ambos os casos se encerraram por causa de conflitos entre a associação e os investidores, gerando endividamento para esses clubes. Algo semelhante foi realizado por Flamengo e Grêmio com a empresa International Sports Leisure (ISL), uma agência de marketing esportivo suíça com grande relevância internacional e vínculo com a FIFA. Nesse caso, a falência da empresa em 2001 causou frustração no repasse dos valores prometidos, igualmente provocando graves problemas financeiros e esportivos em ambos os casos (Sirangelo, 2020, p. 232).

Para além da falta de *cases* de sucesso que dessem maior legitimidade ao processo, o fracasso da tentativa de conversão dos clubes brasileiros em empresas é atribuído à alta carga tributária que incidia sobre as sociedades empresárias, principalmente se comparadas às associações civis sem fins lucrativos, parcialmente isentas em algumas dessas tributações. Esse ponto foi atacado na produção do texto final da Lei da SAF, como mostraremos adiante. Essa seria uma justificativa plausível de ser considerada o "motivo central", se realmente existisse interesse dentro dos clubes em promover essa mudança, quando praticamente não houve de fato. Os sócios dos clubes, salvo raríssimas exceções, não desejavam perder os direitos legítimos que possuíam.

O que explica outra chave discursiva muito comum nesse debate: o caráter arcaico dos "cartolas" brasileiros. Essa também não é uma verdade absoluta: se tomarmos como exemplo os clubes espanhóis e italianos, veremos que as associações civis só se constituíram enquanto empresas porque foram obrigadas a tal. Na Espanha, mais precisamente, foi necessário à lei estabelecer um processo gradual da venda das ações das sociedades anônimas, que, na realidade, tratou-se de um mecanismo minuciosamente projetado para garantir que os mesmos grupos de poder dentro das associações pudessem ter prioridade nesse processo. Em Portugal, os maiores clubes do país criaram sociedades anônimas por obrigatoriedade, mas preservaram seu controle para as suas associações. Na Alemanha, sócios de clubes foram às esferas institucionais para garantir a criação de uma lei que proibisse que um investidor privado tivesse maior poder do que a associação civil.

Muito se questiona, de forma justa, a falta de mecanismos de punição para os maus gestores das associações civis sem fins lucrativos. Como a justiça, com base na Constituição, já garantiu o direito de autonomia das associações civis — tanto na desobrigação à empresarização no episódio da Lei Pelé quanto em processos posteriores —, não existem leis que regulem e controlem estas associações. E se, por outro lado, a ampla maioria delas tem um caráter oligárquico e restritivo, é muito pouco provável que um clube testemunhe processos reais de fiscalização e punição operados pelos seus próprios órgãos internos. Com um universo tão pequeno de sócios com direitos políticos, os conchavos e acordos se impõem aos interesses da instituição, conservando o estado das coisas através da troca de favores.

O Programa de Modernização da Gestão e Responsabilidade Fiscal do Futebol Brasileiro (Profut) (Brasil, 2015), de 2015, conseguiu estabelecer algumas alterações estatutárias como contrapartidas à aderência ao refinanciamento das dívidas desses clubes com a União. Dessa forma, por mais que não tenha obrigado os clubes a se reformarem, ao menos provocou isso pela necessidade. É dessa maneira que associações civis mais democráticas, como Internacional, Grêmio e Bahia, têm protagonizado práticas de transparência, fiscalização e controle orçamentário muito mais desenvolvidas que os demais clubes nacionais. O Internacional, por exemplo, levou ao Ministério Público do Rio Grande do Sul o resultado de uma auditoria interna que apontou irregularidades, como desvios de recursos e superfaturamentos de compras, de dirigentes à frente do clube em 2017. Em 2019, o Ministério Público classificou a gestão de Vitório Piffero como "organização criminosa" (GE, 2018).

Mas o principal ponto do discurso pró-empresa no Brasil atual, quando se trata da inexistência de exemplos de conversão de clubes de massa em empresas, mesmo após 20 anos de promulgada a Lei Pelé, reside na crítica à situação de decadência do futebol nacional. Aqui parece existir um dos problemas centrais dessa discussão: a crença real, portanto inocente — ou dissimulada —, de que a indústria do futebol no Brasil dará saltos competitivos caso seus principais clubes se transformem em empresas.

É possível perceber, a partir do que descreve Ronaldo Helal em "Passes e Impasses" (1997), que a percepção de "crise" no futebol brasileiro, principalmente entre especialistas em negócios e a imprensa esportiva, está quase sempre relacionada a um mal-estar com a ampliação consecutiva da distância financeira com relação às ligas europeias. É recorrente a insatisfação com a ideia de que "o país do futebol" estava em crise por conta do amadorismo dos dirigentes brasileiros. Percepção essa que era compartilhada por segmentos bem distintos da imprensa desde a década de 1970, arrastando de jornalistas de esquerda, como João Saldanha, à imprensa mais liberal.

Como a obra observa através do resgate de diversos impressos, a narrativa mais densa e articulada apontava sempre um estado de decadência decorrente do amadorismo dos dirigentes, que deveriam ser substituídos tanto por novas técnicas gerenciais modernas como por proprietários — afinal, já se aventava a ideia de se espelhar nos modelos empresariais incipientes na Europa e tradicionais nos Estados Unidos. Vale reproduzir a extensa lista de manchetes que o autor elenca para ilustrar esse contexto:

> Ainda em 1978, o jornal O Globo publicou uma série de artigos e debates com jornalistas, dirigentes e técnicos de futebol sobre "A Decadência do Futebol Brasileiro" (O Globo, 17/09/78 até 22/09/78). Os títulos destes artigos são reveladores. Eis aqui alguns: a) "Os Torcedores, Desencantados, Abandonam o Estádio"; b) "Jogos Ruins, Vaias, Esta é a Rotina"; c) "Em Busca do Lucro, Como Uma Empresa"; d) "Uma Reforma Estrutural: A Única Solução"; e) "Politicagem: Aqui Está o Principal Problema do Futebol Segundo Especialistas". A tensão entre duas éticas, uma "tradicional", baseada em troca de favores, relações interpessoais e amadorismo na administração,

e uma outra "moderna", reivindicando profissionalização dos dirigentes, leis impessoais e uma visão empresarial, ficou evidente na minha análise desses artigos. Alguns anos antes, a imprensa já refletia esta tensão no universo da organização do futebol brasileiro com títulos expressivos, como por exemplo: "Futebol S.A.: A Falência de uma Empresa" (Jornal do Brasil, 10/07/74), "Por Todo o País, Um Futebol Em Falência" (Estado de São Paulo, 28/07/74), "Um Futebol que já foi Tricampeão, é Hoje um Futebol em Crise" (Estado de São Paulo, 25/08/74), "A Crise do Futebol" (O Globo, 16/02/75), "Fora do Campo, um Futebol que é Rei só na Incompetência" (Visão, 04/08/75), "São Paulo: Da Associação com a Coca-Cola Pode Surgir Até um Super-Time" (Estado de São Paulo, 24/06/76), "A Estrutura de um Futebol em Decadência" (Estado de São Paulo, 30/08/76), "Havelange Prevê o Fim do Futebol Sem o Apoio da Publicidade" (Jornal do Brasil, 10/11/76), e "Futebol do Brasil S.A." (Veja, 10/09/78) (Helal, 1997, p. 39).[165]

As transformações profundas que o futebol sofria a nível global na década de 1970, com consecutivos novos processos de mercantilização decorrentes da consolidação da transmissão televisiva do espetáculo, instituíram a publicidade e promoveram a ideia de clubes como "empresas". Mas o Brasil era visto como polo atrasado dentro desse movimento e, por ter seus clubes dirigidos por amadores e instituídos como associações civis, desperdiçava a sua proeminência na formação dos maiores jogadores do planeta. Afinal, acabávamos de

---

165. No Capítulo 2 abordamos como essas narrativas se deram no Chile, então governado pela ditadura militar de Augusto Pinochet e laboratório dos chamados "Chicago Boys", principalmente na intervenção promovida no Colo-Colo pelo regime.

conquistar a terceira Copa do Mundo (1970, no México) com um time que até hoje é cultuado como um dos melhores da história.

Não que esses não fossem fatores importantes, mas pouco se percebia como, muito longe de ser um possível beneficiário das mudanças do futebol-negócio àquela altura, o Brasil era, na realidade, vitimado por esse processo a todo instante. A primeira constatação óbvia seria de ordem macroeconômica: o Brasil sempre foi e continua sendo um país periférico no sistema-mundo. No que tange ao futebol, essas transformações impactavam os clubes locais não apenas ao sacar seus principais jogadores para os mercados mais ricos — como começa a ocorrer com maior frequência na década de 1980[166][167] —, mas por não existirem formas mínimas viáveis de integração com o mercado do domínio da UEFA. O dito "futebol europeu" é um campo inatingível por uma razão óbvia da estrutura organizativa do futebol global.

É esse "campo" que alça o futebol europeu como uma unidade que se rentabiliza de forma conjunta. E mesmo lá dentro, é preciso destacar, os mesmos imperativos macroeconômicos que vitimaram o Brasil também são os que vitimaram países como Portugal e Países Baixos. São dois dos casos mais evidentes de como escolas competitivas e tradicionais de futebol sucumbem ao poder financeiro decorrente

---

166. Saídas relevantes para a Itália: Falcão (1980), Andrade (1988) e T. Cerezo (1983) para a Roma; Edinho (1982) e Zico (1983) para a Udinese; Júnior (1984), Renato Gaúcho (1988) e Müller (1988) para o Torino; Sócrates (1984) para a Fiorentina; Branco (1986) para o Brescia; Careca (1987) para a Napoli; Casagrande (1987) para o Ascoli; Dunga (1987) para o Pisa; Evair (1988) para o Atalanta; Geovani (1989) para o Bologna.
167. Saídas relevantes para a Espanha: Dirceu (1979) para o Atlético de Madrid; Roberto Dinamite (1979) para o Barcelona; Gil (1980) para o Murcia; Carlos Alberto Pintinho (1981), César (1981) e Josimar (1987) para o Sevilla; Baltazar (1985) para o Celta.

da concentração da mercadoria audiência a nível global em uma restrita elite de clubes, invariavelmente localizados em cinco países: Inglaterra, Espanha, Alemanha, Itália e França, as famosas *Big Five Leagues*.

Todos os clubes dentro dessas cinco ligas, ainda que fora da dita elite local, são capazes de gerar receitas maiores que quaisquer outros grandes clubes fora dessas ligas. Os clubes de Portugal e Países Baixos, atualmente, são entrepostos de jogadores sul-americanos e africanos, acostumados e resignados quanto a esse papel na engrenagem do futebol da Europa. Não é uma questão de tradição do futebol, tampouco do tamanho da torcida, apenas. São os "domínios" onde os espetáculos da elite do futebol são comercializados, afetando o fluxo das receitas publicitárias para os clubes menores. O inglês Watford FC não é um clube "maior" que o português Benfica ou que o holandês Ajax — respectivamente, bicampeão e tetracampeão da Champions League —, mas o clube inglês arrecada quase o triplo em direitos de transmissão do seu campeonato interno por causa da projeção internacional de clubes como Manchester United, Liverpool, e, mais recentemente, o Manchester City de Pep Guardiola, montado com investimentos do Fundo Soberano de Abu Dhabi.

O que acontece aos países fora das *Big Five Leagues* é o mesmo que ocorre ao Brasil no contexto global e também o que ocorre no plano interno de qualquer país que se coloque em análise, onde clubes tradicionais de regiões periféricas se "apequenam" por não conseguirem manter um padrão mínimo de competitividade esportiva pela incapacidade de sustentação da competitividade financeira.

Destaco aqui uma passagem significativa do livro supracitado "Passes e Impasses" na qual o autor cita a opinião de Sergio Noronha, conceituado cronista desportivo, em sua coluna no Jornal do Brasil (08/03/1997). Noronha afirma que "o contrato milionário Nike-CBF", firmado em 1996, era uma "constatação de que o mercado esportivo brasileiro é o terceiro do mundo". Em se tratando de uma opinião de 1997, é totalmente compreensível que Noronha tivesse tal percepção. Mas é preciso pouco para perceber como essa informação é frágil.

Nos anos finais daquela década, a TV a cabo se consolida e espalha o tal "mercado esportivo" dos clubes europeus a toda a extensão do planeta Terra. Inclusive no Brasil, onde craques como Ronaldo, Rivaldo e Ronaldinho Gaúcho (campeões mundiais em 2002) ajudaram a formar gerações inteiras de "torcedores de clubes europeus", como Real Madrid, Barcelona, Internazionale e Milan, à época as grandes marcas globais. A Nike não mirava "o mercado brasileiro". A Nike mirava o mercado global, através das estrelas que vestiam a camisa amarela da CBF. A Nike pagava alto para patrocinar a CBF porque a Seleção Brasileira já era um produto global, tão consumida e adorada como os clubes onde esses craques jogavam — craques que, praticamente, não atuavam pelo futebol brasileiro.

Os clubes brasileiros nunca foram e provavelmente nunca serão marcas globais. Mesmo para alguns grandes clubes-empresa europeus esse mercado já está fechado há tempos. Esse é um caminho para entender os proprietários dos principais clubes e como seus procedimentos gerenciais não se preocupam com o retorno financeiro efetivo. A tônica do futebol global nos tempos atuais é a do poder, e o Brasil — logo, os clubes brasileiros — não se apresenta como o espaço mais privilegiado para explorar esse mecanismo. Não nessa escala global. Mas, talvez, em uma escala menor, local e de finalidade eleitoral. Nunca é demais suspeitar.

De todo modo, esses discursos nunca se arrefeceram e persistiram ao longo de décadas, constituindo o conjunto de justificativas que viria a retomar a urgência da transformação dos clubes brasileiros em empresas. Discursos que se valiam do gravíssimo estado financeiro de clubes tradicionais, cujas dívidas ultrapassavam largamente o poder de arrecadação dessas agremiações e se acumulavam ao longo dos anos, provocando penhoras, bloqueios de contas e outras situações constrangedoras que davam cada vez maior visibilidade ao problema da má gestão, prejudicando a organização desses clubes e resultando em decadências esportivas inéditas, como rebaixamento de divisão e derrotas humilhantes.

Uma nova lei pela empresarização

O primeiro momento significativo para explicar a retomada do tema do "clube-empresa" se deu ainda em 2015, no bojo das discussões do Programa de Modernização da Gestão e de Responsabilidade Fiscal do Futebol Brasileiro (Profut), criado através da Lei n. 13.155/2015. O Profut surge com a ideia de criar um sistema de refinanciamento das dívidas dos clubes brasileiros com a União, estabelecendo uma série de contrapartidas para sua adesão — principalmente ao obrigar que clubes adotassem alguns mecanismos de controle e responsabilização de dirigentes nos seus estatutos sociais.

Naquela oportunidade, o próprio relator da matéria, o então deputado federal Otávio Leite (PSDB-RJ), apresentou uma emenda que instituía a "Sociedade Anônima do Futebol", uma nova figura jurídica com regras especiais dentro da lei das sociedades anônimas no Brasil, que deveria estar contemplada entre as contrapartidas. A emenda acabou sendo vetada no texto final da lei, mas impulsionou a retomada do debate, ainda que timidamente (Agência Câmara Notícias, 2015).

No ano seguinte, o mesmo Otávio Leite se encarrega de apresentar um projeto de lei resgatando os princípios da emenda derrotada. O PL n. 5082/2016 (Câmara dos Deputados, 2016) foi apresentado com a justificativa de criar a figura da Sociedade Anônima do Futebol (SAF), que igualmente não engrena, permanecendo fora dos holofotes até o final de 2018, quando um fato lhe dá notabilidade: uma carta enviada pelo documentarista e produtor de cinema João Moreira Salles ao blog do jornalista Juca Kfouri.

Na oportunidade, Moreira Salles, que é herdeiro do Itaú Unibanco S.A., um dos maiores conglomerados financeiros do mundo, respondia a uma indagação feita pelo dono do blog, dias antes, sobre a possível entrada de sua família no controle do Botafogo de Futebol e Regatas. A negativa sobre o interesse em adquirir a propriedade de um dos clubes mais tradicionais do país — que é, sabidamente, o clube de coração de boa parte do clã Moreira Salles — foi também a oportunidade de revelar que, em contrapartida, ele e seu irmão, Walter Moreira Salles, teriam financiado um estudo sobre a situação financeira do Botafogo, com a perspectiva de criação de uma solução para os problemas financeiros do clube. O papel dos irmãos Moreira Salles, portanto, consistia em viabilizar possíveis mudanças: "O Botafogo conhecerá maneiras alternativas de organizar a sua existência legal, seja se tornando uma empresa, seja virando uma fundação sem fins lucrativos" (Kfouri, 2018).

A consultoria da Ernst & Young, uma das principais empresas multinacionais do ramo, como era de se esperar, resultou na proposição de um plano de conversão do clube de associação civil sem fins lucrativos para uma sociedade empresária, que seria estabelecida através da aquisição de ações por notáveis botafoguenses. O plano se moldou a partir de uma proposta de "sociedade de propósito específico", que, em termos práticos, cederia o controle dos ativos do futebol profissional do clube para esses investidores. Os recursos aportados na compra das ações seriam utilizados para sanear as dívidas do clube, que, segundo a consultoria, extrapolavam a marca de 700 milhões de reais — incluindo passivos trabalhistas e outros passivos tributários já inscritos no refinanciamento criado no supracitado Profut. Com esse plano, o Botafogo, em tese, resolveria suas dívidas de curto prazo, desafogaria suas contas, voltaria a ter poder de investimento em contratação e pagamento de salário de bons atletas e conseguiria voltar a ter competitividade no futebol nacional.

O então presidente da Câmara dos Deputados, Rodrigo Maia (DEM-RJ), comprou a ideia. Conhecido por ser botafoguense, Maia foi acusado de estar legislando a favor do seu clube de coração, mas designou outro colega de partido para a missão. O deputado federal Pedro Paulo (DEM-RJ) assume o tema, passa a articular os principais atores políticos do debate, e dá novo impulso à discussão na imprensa esportiva brasileira. A Ordem dos Advogados do Brasil, numerosos escritórios de advocacia, empresas de consultoria em marketing e gestão esportiva, imprensa especializada em negócios, imprensa esportiva, dirigentes de clubes, executivos de futebol e até ex-jogadores começaram a se engajar na pauta, em tons quase que exclusivamente positivos sobre "a única saída para o futebol brasileiro" (Trengrouse e Afonso, 2020).[168]

---

168. Da matéria de O Globo, "No mundo pós-pandemia, clube-empresa será a única saída para times", destaco o trecho "Na Inglaterra, mesmo na crise, investidores estão comprando o Newcastle por £ 300 milhões", passagem que é sintomática de como essa discussão é promovida sobre pressupostos comumente falsos. O Newcastle United foi alvo de desejo do Fundo Soberano da Arábia Saudita — em outras palavras, a família real saudita —, na figura do príncipe herdeiro Mohammad Bin Salman. O negócio se consumou por questões de ordem geopolítica, mesma esfera de poder que quase fez com que ele não acontecesse. Não há nada de "negócio" nesse episódio (Leite Junior e Rodrigues, 2020, p. 298-331).

De forma oportuna, Pedro Paulo se vale da existência do PL n. 5.082/2016, de Otávio Leite, que não foi reeleito em 2018, e dá prosseguimento ao tema. Para a surpresa de muitos envolvidos na discussão, o desengavetamento do projeto das "SAF" é de mera questão protocolar: Pedro Paulo apresenta um substitutivo que altera quase que por inteiro o teor do texto do PL em questão, removendo a proposta inicial da criação de um tipo de sociedade anônima específico para clubes de futebol. O substitutivo estabelece elementos mais elaborados com relação à criação de um mecanismo de recuperação judicial aos clubes; a alteração de regras tributárias, equiparadas às das associações civis — com a criação do "Simples-FUT", o modelo tributário simplificado para clubes —; a possibilidade de uma nova rodada de refinanciamento de dívidas; e a alteração de algumas normas das relações trabalhistas de jogadores. Evidente que esse movimento causou uma cisão entre os grupos pró-clube-empresa que advogavam pela SAF.

O projeto, que ficou conhecido publicamente como "PL do Clube-empresa", era consideravelmente diferente do texto original, mas gozava de maior apoio e poder de articulação dentro da Câmara, por contar com a participação do próprio presidente da casa, Rodrigo Maia. Em 27 de novembro de 2019 o projeto já era aprovado no Congresso, após ganhar caráter de "urgência urgentíssima" e entrar na ordem do dia em processo acelerado (Agência Câmara Notícias, 2019). A expectativa era de que a matéria fosse discutida no Senado já no início do ano seguinte, após o recesso das atividades parlamentares. O que não ocorreu por conta de dois fatores principais: o congelamento das discussões em virtude da pandemia da Covid-19, que demandou atenção maior para projetos que visassem à mitigação dos prejuízos econômicos e sociais provocados pelas medidas de contenção da contaminação; e a tomada de protagonismo da Medida Provisória 984/2020,[169] que levou as atenções do tema futebol para a discussão sobre direitos de transmissão.

No Senado, o "PL do Clube-empresa" ainda teria que lidar com outro problema antes de ser votado. O senador Rodrigo Pacheco (DEM-MG), até então desconhecido dentro do campo de discussões da temática, já havia apresentado o Projeto de Lei n. 5.516/2019 no dia 15 de outubro de 2019, cuja ementa "cria a figura da Sociedade Anônima do Futebol, (...), define seu financiamento, administração, governança e controle; e estabelece regime especial de apuração de tributos federais" (Senado Federal, 2019).[170]

Em suma, o texto original excluído do projeto que o deputado Pedro Paulo havia se apropriado para aprovar o "PL do Clube-empresa" retornou à vida em um novo PL, agora no

---

169. A MP n. 984 foi assinada pelo presidente Jair Bolsonaro (sem partido) em 18 de junho de 2020, após uma série de encontros com dirigentes do Clube de Regatas do Flamengo. A ideia era autorizar o clube a comercializar seus jogos do Campeonato Carioca como mandante, uma vez que o Flamengo não havia fechado contrato com a Rede Globo, detentora dos direitos de transmissão dos outros 11 clubes. A medida teria impactos muito maiores, pois causava o fim da regra que exigia que uma partida só pudesse ser televisionada caso contasse com a anuência dos dois clubes em campo. O argumento de que a MP precisava se transformar em lei, para corrigir distorções que favoreciam o dito "monopólio" da Rede Globo sobre o futebol brasileiro (inclusive na Série A), acabou por fazer dirigentes de mais de 40 clubes se mobilizarem através do "Movimento Futebol Mais Livre". Sem articulação na Câmara, a MP "caducou", isto é, perdeu o prazo de votação no Congresso Nacional. No decorrer da semana seguinte, outros quatro projetos de lei com conteúdo semelhante foram apresentados, novamente adiando a retomada do tema do "clube-empresa". Em junho de 2021, o Poder Executivo voltou a apresentar a matéria, agora como projeto de lei (n. 2.336/2021), que foi aprovado e sancionado já em setembro do mesmo ano (Santos, 2021).
170. Cria o Sistema do Futebol Brasileiro, mediante tipificação da Sociedade Anônima do Futebol, estabelecimento de normas de governança, controle e transparência, instituição de meios de financiamento da atividade futebolística e previsão de um sistema tributário transitório.

Senado, onde eles passariam a rivalizar. O assunto das SAFs voltava à baila e forçava uma negociação mais ampla por um consenso no texto final. Por outro lado, a grave situação financeira do Cruzeiro Esporte Clube — recém-rebaixado após uma série de denúncias sobre gestões temerárias que resultaram em uma bola de neve de processos, punições na FIFA por atraso do pagamento de compra de atletas etc. — mantinha o assunto na ordem do dia.

No meio da legislatura, Rodrigo Maia deixa de ser presidente da Câmara, sendo substituído por Arthur Lira (PP-AL), e o Senado passa a ser presidido por Rodrigo Pacheco, que substituiria David Alcolumbre (DEM-AP). As posições se invertem por completo, passando agora à Lei da SAF protagonismo e maior poder dentro das casas legislativas.

O projeto ganharia, ainda, um novo aliado, o senador Carlos Portinho (PL-RJ), até então suplente do senador Arolde de Oliveira (PSC-RJ), membro da base aliada do governo e vitimado pela Covid-19. Ao assumir, Portinho é designado por Rodrigo Pacheco, presidente do Senado, para ser o relator da Lei da SAF. A vantagem, nesse caso, era a experiência do novo senador na matéria, por atuar no ramo do direito desportivo e ter sido vice-presidente jurídico do Flamengo, o que contribuiu sobremaneira para a articulação e a conexão dos setores que poderiam colaborar e somar na aprovação do projeto. De todo modo, o tema já contava com ampla visibilidade, devido às situações de Botafogo e Cruzeiro, ao alto endividamento de vários outros clubes, ao impulso ideológico do assunto e à baixa ou quase inexistente discussão crítica sobre a transformação de clubes em empresas.

Recapitulando: o projeto da Lei da SAF (PL n. 5.516/2019) foi aprovado no Senado em 10 de junho de 2021 e no Congresso em 16 de julho de 2021, mas só foi transformado em lei ordinária no mês seguinte — Lei n. 14.193, de 6 de agosto de 2021 (Brasil, 2021).[171] Por conta dos vetos do governo (comentados adiante), o projeto sofreu atrasos, só sendo sancionado de fato em 20 de outubro de 2021. Para além do apoio amplo ao conteúdo principal, a transformação dos clubes em empresas, o projeto contou com alguns trunfos que valem a contextualização.

Ativos do futebol: a SAF não obriga a liquidação da associação, pelo contrário, limita quais ativos podem ser transferidos para a nova figura jurídica empresarial. O patrimônio dos clubes sociais segue resguardado, inclusive os estádios. Para a SAF, ocorre a transferência dos contratos de jogadores profissionais e das divisões de base, do direito do uso de marca, dos contratos de direitos de transmissão e das demais propriedades comerciais. O futebol feminino foi colocado como obrigatório, mas os demais esportes olímpicos ou amadores não contaram com o mesmo tratamento.

Proteção aos símbolos: já preparados pelos casos ocorridos em outros países, a lei previu a preservação de 10% do capital da SAF sob o controle da associação, com poder de veto sob temas sensíveis, dentre eles: alterações no escudo, nas cores dos clubes e na cidade de sede. Questões que atingem os torcedores, portanto, foram tratadas com clareza no texto da lei e colocadas como ponto forte de discussão e proteção aos clubes. De certa forma, um aprendizado brasileiro sobre situações que haviam se tornado comuns no futebol europeu.

---

171. Institui a Sociedade Anônima do Futebol e dispõe sobre normas de constituição, governança, controle e transparência, meios de financiamento da atividade futebolística, tratamento dos passivos das entidades de práticas desportivas e regime tributário específico; e altera as leis n. 9.615, de 24 de março de 1998, e 10.406, de 10 de janeiro de 2002 (Código Civil).

Tributação favorecida: criou-se o Regime de Tributação Específica do Futebol (TEF) para a SAF, reunindo os mais variados tributos[172] em uma única alíquota de 5% durante os cinco primeiros anos, sem incidir sobre a receita de venda de atletas — a partir do sexto ano a alíquota cairá para 4% e valerá para essa atividade. Essa medida ataca diretamente uma discrepância entre clubes-empresa e associações civis, entendida como uma das principais razões pelas quais os clubes não teriam se empresarizado após a Lei Pelé. Por outro lado, foi alvo de veto do governo, que alegou que o artigo significava renúncia fiscal. O veto foi posteriormente derrubado pelo Congresso.

Regime de Centralização de Execuções (RCE): apesar da lei não se limitar a esse mecanismo, ele tem sido priorizado, então será tratado como destaque. Basicamente, trata-se de um instrumento de centralização de todas as dívidas trabalhistas e cíveis do clube, com mediação da justiça, que serão organizadas e negociadas para obtenção de eventuais descontos. A SAF ficará responsável pela destinação de 20% da sua receita mensal para o pagamento do RCE,[173] independente de quanto isso signifique, e ao longo dos primeiros dez anos a dívida seguirá sob responsabilidade da associação. Só em caso de não pagamento do valor negociado no RCE após esse prazo de dez anos, a SAF passará a ser responsável pela dívida.[174]

---

172. Contribuição ao Instituto Nacional do Seguro Social (INSS), Imposto de Renda de Pessoa Jurídica (IRPJ), contribuição ao Programa Integração Social (PIS/PASEP), Contribuição Social sobre o Lucro Líquido (CSLL), e Contribuição para o Financiamento da Seguridade Social (Cofins).
173. A lei também considera a possibilidade desse valor ser baseado em 50% dos dividendos. Como é muito remota a probabilidade de isso se realizar, consideremos apenas em nota.
174. Como já se imagina, esse foi um ponto de muita discordância entre juristas, inclusive porque associações civis conseguiram autorizações judiciais para a realização dos RCEs sem a necessidade de criação de uma SAF. O texto da lei foi aprovado de forma vaga.

Transparência derrubada: assim como vetou a TEF, o governo federal também vetou artigos da lei que versavam sobre transparência. Diferente do que ocorreu ao outro ponto, os instrumentos colocados como chave para dar maior controle social sobre os clubes foram excluídos sem muita preocupação dos "setores especializados" envolvidos no debate. As SAFs estariam desobrigadas a publicar em seu site oficial a lista dos acionistas, e não teriam a necessidade de expor ao público a lista dos eventuais cotistas dos fundos de investimentos que comprassem as SAFs.[175] O governo alegou que essas exigências afastariam investidores. Esse veto não foi sequer discutido quando retornou à casa legislativa, sendo que estava no espírito do que outros países elaboraram ou desenvolveram em momento posterior, como Chile, Espanha e Portugal.

A priori, a Lei da SAF seria uma breve menção dentro da introdução à tese, não fosse pelo fato incontornável de estar na reta final de conclusão da tese quando tudo começou a virar. A lei foi aprovada em outubro de 2021 e em janeiro de 2022 dois grandes clubes brasileiros já haviam vendido 90% de suas SAFs a grupos registrados em países estrangeiros. O Cruzeiro Esporte Clube, primeiro a anunciar o processo, negociou sua SAF com o grupo Tara Sports, de propriedade de Ronaldo Nazário, ex-jogador de futebol. Já o Botafogo de Futebol e Regatas transferiu a sua SAF para o grupo Eagles Holding, de propriedade do norte-americano John Textor. Ao final de março de 2022, o CR Vasco da Gama anunciava a

---

175. A aquisição da SAF do Cruzeiro por Ronaldo Nazário se deu através da Tara Sports, uma sociedade limitada instalada em Madri, Espanha. Já a SAF do Botafogo foi comprada pela Eagles Holding, tipo de sociedade que controla diversas outras empresas. Caso algum outro empresário entre nessas sociedades, nem os seus então acionistas nem as SAFs estão obrigados a tornar pública essa informação.

proposta do grupo norte-americano 777 Partners pela compra da SAF do clube e outros muitos clubes já indicavam que constituiriam suas sociedades anônimas do futebol: Athletico-PR, Coritiba, América-MG, Chapecoense, Figueirense, Gama, Bahia etc. Os fatos se desenrolaram de forma tão acelerada que, possivelmente, o texto desta tese será fechado sem relatar algum novo acontecimento relevante — motivo pelo qual o Capítulo 6 foi pensado

A força midiática e o amplo apoio recebido pela Lei da SAF por diversos setores sociais acabaram por ofuscar um importante processo em curso em diversos clubes, que não havia recebido igual atenção. A tentativa de promover reforma estatutária ampla era presenciada em muitas agremiações, através de mobilizações protagonizadas por organizações de sócios e torcedores guiadas pela ideia de maior democratização, maior transparência e fortalecimento de mecanismos de fiscalização dos seus clubes. Alguns clubes já haviam passado por essas reformas, viabilizando a eleição direta das diretorias, alterando a composição dos seus conselhos deliberativos de modo proporcional aos votos colhidos em assembleias eleitorais, criando mecanismos de composição independente dos conselhos fiscais, e adotando práticas mais qualificadas de gestão e controle financeiro.

Em maior ou menor medida, essa ideia de clube democrático já era presente em clubes como Internacional, Grêmio, Santos, Bahia, Vitória, Náutico, Athletico-PR, Coritiba, dentre outros, e começava a ganhar força em várias outras agremiações. Apresentava-se até ali como uma alternativa interessante de mudança de paradigma do futebol brasileiro, buscando romper com as velhas estruturas de poder das associações restritas, em estruturas que favoreciam a má gestão, o descontrole financeiro e a perpetuação de poder de determinados grupos políticos.

Curiosamente, parte dessa história se explica em um período semelhante ao da derrubada do caráter obrigatório da empresarização previsto quando da promulgação da Lei Pelé. Vale trazer essa discussão e sobre como novas movimentações legislativas foram responsáveis pela derrota de uma revisão da lei que, de certa forma, poderia ter democratizado os clubes brasileiros e ampliado a participação dos torcedores nas suas agremiações.

A "quase democratização incidental"

Ao longo dessa pesquisa chamaram atenção as particularidades presentes nos estatutos do Sport Club Internacional e do Grêmio Foot-Ball Porto Alegrense, por preverem eleição direta dos sócios em assembleias gerais, não mais pelos órgãos deliberativos, como ocorriam nos demais clubes.[176] A busca por explicações acabou levando a pesquisa a encontrar mudanças legislativas referentes ao Código Civil de 2002, no qual estão algumas explicações plausíveis. Não se tratou exatamente de uma ação política que visava mudar o modelo associativo dos clubes brasileiros — como a recente Lei Pelé, que tinha intenções claras —, mas um impacto indireto do texto final da Lei n. 10.406, de 10 de janeiro de 2002, que instituiu o novo Código Civil (Brasil, 2002).

A pista para buscar essas evidências foi encontrada em uma matéria da Folha de S. Paulo (30/11/2004) intitulada "Clube

---

176. Em ambos os clubes existe uma "pré-eleição" dentro do conselho deliberativo que filtra os possíveis candidatos a serem levados à Assembleia Geral Eleitoral. Esse filtro ainda estava em vigor no ano de 2022, quando da conclusão desta tese, apesar das reivindicações de sócios pela derrubada dessa restrição à candidatura.

vai ter diretas, mas não há candidatos", que tratava do novo estatuto do Grêmio: "Na semana passada, os conselheiros aprovaram as modificações, que têm como principal novidade eleições diretas (com a participação dos sócios) já neste ano". Segundo a matéria, Paulo Odone, ex-presidente do clube, liderou a comissão que elaborou a reforma do estatuto do Grêmio, aprovada em 23 de novembro de 2004. O indício de que o clube gaúcho havia se organizado para alterar o seu modelo político remetia ao que o novo Código Civil produzira como efeito, especialmente no art. 59.

> Art. 59. Compete privativamente à assembléia geral:
> I — eleger os administradores;
> II — destituir os administradores;
> III — aprovar as contas;
> IV — alterar o estatuto.
> Parágrafo único. Para as deliberações a que se referem os incisos II e IV é exigido o voto concorde de dois terços dos presentes à assembléia especialmente convocada para esse fim, não podendo ela deliberar, em primeira convocação, sem a maioria absoluta dos associados, ou com menos de um terço nas convocações seguintes.

Em suma, o novo Código Civil obrigava os clubes de futebol a realizar eleições diretas junto aos sócios, através de assembleias gerais eleitorais. Do mesmo modo, passava ao conjunto dos sócios a autoridade da apreciação das contas da gestão do ano corrente, podendo aprová-las ou reprová-las, gerando consequências aos seus diretores. O problema maior residia no quórum, pois para muitos desses clubes o limite de dois terços poderia ser de cumprimento impossível. De todo modo, o que a Lei n. 10.406/2002 gerava como efeito era, basicamente, o enquadramento dos clubes brasileiros nos modos de funcionamento das associações alemãs e argentinas, anteriormente mencionadas como exemplos de participação direta dos sócios.

Aprovado em 10 de janeiro de 2002, o novo Código Civil só entraria em vigor em 11 de janeiro de 2003, prazo dado para a adequação estatutária das entidades civis, dentre elas os clubes de futebol. O Código Civil de 2002 era resultado de um projeto de lei que tinha a sua votação protelada desde 1975. O PL n. 634/1975, de autoria do Poder Executivo (à época na figura do presidente Ernesto Geisel), visava atualizar o Código Civil de 1916. Em seu texto original, o PL de 1975 já previa o artigo 59 do mesmo modo como viria a ser aprovado em 2002, mesmo passando por inúmeras emendas na Câmara de Deputados (1975 e 1998), no Senado Federal (1984) e quando da sua promulgação, como indica a memória legislativa de autoria de Edilenice Passos e João Alberto de Oliveira Lima (2012, p. 20-21).

O artigo 59 era um ponto decisivo que, aparentemente, não provocou a devida preocupação dos clubes de futebol, em sua grande maioria associações civis sem fins lucrativos, portanto, regulados por essa nova lei. As alterações promovidas pelo novo Código Civil de 2002, após sua aprovação, passaram, então, a ser alvo de intensa contestação por alguns dirigentes, como aponta outra matéria da Folha de S. Paulo, de 17 de fevereiro de 2003:

> "Não dá para cada hora vir uma MP e dizer uma coisa diferente", reclama Eduardo Viana, presidente da Federação de Futebol do Rio. "Espero que o novo Congresso chegue a um consenso, porque o que se viu de absurdos nos últimos anos [em termos de leis do esporte] eu nunca tinha visto".
>
> Uma das últimas mudanças, embora não específica da legislação esportiva, foi feita pelo novo Código Civil. Publicado em 2002, e em vigência desde janeiro

passado, diz respeito à estrutura das associações esportivas e pode significar o fim de colégios eleitorais que mantêm no cargo, por anos a fio, dirigentes como Alberto Dualib, presidente do Corinthians, e Mustafá Contursi, do Palmeiras.

Pelo novo código, a partir das próximas eleições fica em poder da assembléia geral dos sócios — e não de um conselho fechado, como acontece atualmente — a escolha dos novos dirigentes.

Mas clubes e federações dizem que não irão alterar o sistema, sob o argumento de a Constituição Federal de 1988 assegurar autonomia organizacional a eles.

O São Paulo Futebol Clube havia reformado seu estatuto em 2003, mas uma ação movida por um conselheiro barrou a sua efetivação. Questão que só seria saneada em 2016, quando os sócios do clube decidiram por uma "nova reforma" que, na verdade, ratificava a decisão de 2004 (Lance!, 2016). Naquele período, um importante quadro político do clube cumpriu papel destacado na contestação jurídica da validade das mudanças estatutárias impostas pelo novo Código Civil. Tratava-se de Carlos Miguel Aidar, que viria a ser presidente do clube entre 2014 e 2015. Em artigo sobre o assunto, assim se posicionou:

> No meu entender, os três artigos do Código Civil não se aplicam às entidades de prática desportiva, que gozam de autonomia peculiar conferida pela Constituição Federal, para definir suas organizações e funcionamento. Vejamos o que afirma o artigo 217, inciso I da Constituição: "É dever do Estado fomentar práticas desportivas formais e não formais, como direito de cada um, observados: I — a autonomia das entidades desportivas dirigentes e associações, quanto à sua organização e funcionamento."

"Organização" e "funcionamento", sabem todos que participaram, como nós, da inserção constitucional do esporte, são expressões que somente podem ser entendidas como organização e funcionamento internos e especiais, exigindo norma peculiar, e jamais sua nivelação à organização e funcionamento de todas as demais entidades não esportivas. [...]
É, portanto, absolutamente inquestionável que a autonomia de organização e funcionamento das associações desportivas diz respeito a algo diferente daquela autonomia própria das associações em geral. Não é por outra razão que as entidades esportivas têm, em seus estatutos, a previsão de que seus associados elegem seus conselhos e, estes, elegem seus dirigentes, reformam os estatutos e aprovam as contas. [...]
Esse é o nosso entendimento, que vem sendo agasalhado pelo Poder Judiciário e pelos doutrinadores, como os eminentes professores Miguel Reale e Ives Gandra da Silva Martins (Aidar, 2004).

Importante dar destaque à frase final, já que há menções diretas a decisões judiciais que deram validade a eleições de alguns clubes (no caso, o Santos Futebol Clube), mesmo diante de protestos quanto ao descumprimento do disposto no novo Código Civil. De igual modo, salta aos olhos a menção direta às teses do "eminente professor" Ives Gandra da Silva Martins, conselheiro do São Paulo Futebol Clube desde 1989, como consta no site do seu escritório.

A discussão sobre a autonomia dos clubes já era mais antiga, ainda quando da contestação da Lei Pelé, o que sustentou a derrubada da obrigação da conversão dos clubes em empresas. Um artigo de autoria do jurista Álvaro Melo Filho, utilizado em depoimento prestado à Comissão Especial de Desporto da

Câmara Federal, na audiência pública de 28 de outubro de 1997, trazia a tese de inconstitucionalidade da obrigatoriedade:

> b) Autonomia desportiva (art. 217, I da Constituição Federal)
> "Art. 217 — [...]
> I — autonomia das entidades desportivas dirigentes e associações, quanto a sua organização e funcionamento;"
> É a carta de alforria desportiva concedida pelos constituintes de 1988, que teve no Deputado Aécio de Borba o expoente maior em matéria desportiva.
> Não se pode dar uma *interpretação deformante* a este princípio que é *inibidor do dirigismo estatal* e por força do qual se afasta qualquer atuação cartorial e policialesca que seja obstáculo à autonomia dos entes e segmentos desportivos. [...]
> Convém assinalar que o limite da autonomia desportiva é estabelecido pela própria Constituição, pois, se é a Constituição que confere autonomia, só ela pode definir o seu alcance. O que não pode ocorrer é a lei ordinária impor limites à autonomia desportiva outorgada pela Constituição, circunstância que importaria em total subversão da hierarquia das normas jurídicas (Melo Filho, 1998).

Esta tese foi útil, de acordo com artigo de Fernando Abrão (2007) na página do Instituto Brasileiro de Direito Desportivo, à Ação Direta de Inconstitucionalidade n. 3.045, de 15 de dezembro de 2003, de autoria do Partido Democrático Trabalhista (PDT), "assistido pelos clubes — representados pelo Sindicato das Associações de Futebol Profissional e Administração do Desporto e Ligas (Sindafebol)", "acerca da aplicabilidade (ou não) do art. 59 do Código Civil aos clubes de futebol, que atribui à assembléia geral dos clubes a eleição e destituição de administradores a aprovação de contas e as alterações de estatuto". O artigo traz, em retrospectiva, as muitas posições sobre o tema, mas defende que os clubes de futebol devem se submeter aos dispositivos do Código Civil.

De todo modo, o próprio Código Civil seria alvo de outras investidas legislativas que protelassem ou finalmente dessem nulidade ao artigo 59. O PL n. 1273/2003, de autoria do deputado Pastor Francisco Olímpio (PSB/PE), "aumenta para 02 (dois) anos o prazo para que as associações, sociedades, fundações e empresas se adaptem ao Código Civil". Versava unicamente pela alteração do artigo 2.031, que estabelecia o prazo de alteração estatutária das associações civis. Não é possível saber ao certo se a proposição foi motivada apenas por clubes de futebol, mas é justificada pelo fato de que "inúmeras associações encontram em sua relação de membros milhares e até milhões de pessoas" (Câmara dos Deputados, 2003). Aprovado o projeto, a extensão do prazo transforma-se na Lei n. 10.838/2004.

Antes desse prazo novamente se exaurir, o Poder Executivo apresentou a Medida Provisória 234/2005,[177] em 11 de janeiro de 2005, revogando a lei anterior e novamente alterando o artigo 2031: "Deverão se adaptar às disposições deste Código até 11 de janeiro de 2006". Meses depois, essa medida provisória é alvo de um Projeto de Lei de Conversão no Congresso Nacional, transformando-se no PLV 12/2005, do deputado

---

177. Durante o governo de Luiz Inácio "Lula" da Silva (PT), o futebol foi alvo de políticas diversas reunidas no chamado "Estatuto do Torcedor", que, dentre os seus efeitos, deu aos torcedores o status jurídico de consumidores, portanto, estariam protegidos pelo Código do Consumidor. Porém, ao que consta, a intenção da MP era de atender aos pleitos de micro e pequenos empresários, não dos clubes de futebol.

Arnaldo Faria de Sá (PTB/SP), em 25 de maio de 2005 (Câmara dos Deputados, 2005).[178]

O novo projeto de lei não apenas estendeu o prazo de adaptação das associações civis ao novo Código Civil para 11 de janeiro de 2007, como atacou diretamente todos os artigos que eram alvo de questionamento dos dirigentes de clubes, para além do destacado artigo 59. O PLV foi aprovado pouco mais de um mês após sua apresentação, e resultou na Lei n. 11.127, de 28 de junho de 2005 (Brasil, 2005). Nesse episódio já não há mais dúvidas quanto às motivações: Arnaldo Faria de Sá havia sido presidente da Associação Portuguesa de Desportos entre 1990 e 1993.

Ao que constata o estudo de Thiago Hinojosa Belmar, esse parlamentar teve atuação intensa quando da Lei Zico e da Lei Pelé, buscando, inclusive, restabelecer a norma do "passe" no contrato dos atletas. Legislou ao lado de figuras como o então presidente do CR Vasco da Gama Eurico Miranda (PL/PPB-RJ); o então ex-presidente e futuro presidente do CR Flamengo Marcio Braga (PMDB-RJ); o então vice-presidente do conselho deliberativo do Atlético-GO Jovair Arantes (PSDB/PTB-GO); o ex-presidente do EC Vitória José Alves Rocha (PFL-BA); e o futuro presidente do EC Bahia Marcelo Guimarães Filho (PFL-BA), dentre muitos outros parlamentares ligados a clubes de futebol. Juntos, compunham a chamada "Bancada da Bola", cuja atuação também se deu em outras ocasiões importantes — como as aprovações da Timemania (nova loteria esportiva), do Estatuto do Desporto, e da Lei n. 5186/2005 (que alterou a Lei Pelé) —, e foram agraciados, pela Confederação Brasileira de Futebol, com mais de um milhão de reais em doações para suas campanhas, em 2002 (Belmar, 2016).

---

178. Projeto de Lei de Conversão n. 12, de 2005. Altera os arts. 54, 57, 59, 60 e 2.031 da Lei n. 10.406, de 10 de janeiro de 2002, que institui o Código Civil, e o art. 192 da Lei n. 11.101, de 9 de fevereiro de 2005, e dá outras providências.

O quadro a seguir (com comentários explicativos em negrito) expõe as alterações decorrentes da aprovação da Lei n. 11.127/2005, que alterava por inteiro os pontos que, indiretamente, quase promoveram a democratização dos clubes brasileiros (artigos 54, 59 e 60):

Tabela 2. Alterações no Código Civil de 2002

LEI N. 10.406, DE 10 DE JANEIRO DE 2002	LEI N. 11.127, DE 28 DE JUNHO DE 2005
Art. 54. Sob pena de nulidade, o estatuto das associações conterá:	**Art. 54.** Sob pena de nulidade, o estatuto das associações conterá:
I — a denominação, os fins e a sede da associação; II — os requisitos para a admissão, demissão e exclusão dos associados; III — os direitos e deveres dos associados; IV — as fontes de recursos para sua manutenção; V — o modo de constituição e funcionamento dos órgãos deliberativos e administrativos; VI — as condições para a alteração das disposições estatutárias e para a dissolução.	... ... V — o modo de constituição e de funcionamento dos órgãos deliberativos; **(alterado)** ... VII - a forma de gestão administrativa e de aprovação das respectivas contas. **(inserido)**

Tabela 2. Alterações no Código Civil de 2002 (CONT.)

LEI N. 10.406, DE 10 DE JANEIRO DE 2002	LEI N. 11.127, DE 28 DE JUNHO DE 2005
Art. 59. Compete privativamente à assembléia geral: I — eleger os administradores; II — destituir os administradores; III — aprovar as contas; IV — alterar o estatuto. Parágrafo único. Para as deliberações a que se referem os incisos II e IV é exigido o voto concorde de dois terços dos presentes à assembléia especialmente convocada para esse fim, não podendo ela deliberar, em primeira convocação, sem a maioria absoluta dos associados, ou com menos de um terço nas convocações seguintes.	**Art. 59.** Compete privativamente à assembléia geral: I — (*excluído*) I — destituir os administradores; II — (*excluído*) II — alterar o estatuto. Parágrafo único. Para as deliberações a que se referem os incisos I e II deste artigo é exigido deliberação da assembléia especialmente convocada para esse fim, cujo quórum será o estabelecido no estatuto, bem como os critérios de eleição dos administradores. **(alterado)**
Art. 60. A convocação da assembléia geral far-se-á na forma do estatuto, garantido a um quinto dos associados o direito de promovê-la.	**Art. 60.** A convocação dos órgãos deliberativos far-se-á na forma do estatuto, garantido a 1/5 (um quinto) dos associados o direito de promovê-la. **(alterado)**

FONTE: Elaboração do autor

Como se pode perceber, ao serem alterados esses três artigos reduzia-se significativamente o poder das assembleias gerais e reforçava-se sobremaneira o poder dos "órgãos deliberativos" dentro dos clubes de futebol.

No artigo 54, que determinava os elementos constitutivos obrigatórios aos estatutos sociais das associações civis, foi alterado o inciso V. Onde era obrigatória a discriminação dos "modos de constituição e funcionamento dos órgãos deliberativos e administrativos", passou-se a exigir apenas "o modo de constituição de funcionamento dos órgãos deliberativos" — sem mais necessidade de descrição dos cargos da diretoria do clube (administrativos). Na nova lei, também foi adicionado o inciso VII, "exigindo" a descrição da "forma de gestão administrativa e de aprovação das respectivas contas", o que, na verdade, servia para permitir que as contas fossem apreciadas apenas na esfera do conselho deliberativo, excluindo-se a assembleia geral dessa tarefa.

No artigo 59, que estabelecia o papel da assembleia geral, excluiu-se a soberania da assembleia de sócios na eleição dos administradores, prevista no inciso I, e só foi mantida a incumbência de destituição dos administradores, anteriormente prevista no inciso II. Ou seja, a destituição de uma diretoria teria que passar pela assembleia geral (processo mais longo e complexo), mas a eleição de uma diretoria passaria exclusivamente pelo crivo do conselho deliberativo. O mesmo tipo de limitação ocorreria com a aprovação de contas, com a exclusão do inciso III, retirando dos sócios o direito de apreciação, já limitado pelo inciso VII do artigo 54, anteriormente explicado. Do menor dos males, a alteração de estatuto via assembleia seguiu prevista em lei.

Por fim, no artigo 60, que definia os critérios para a convocação da assembleia geral, o texto foi alterado para "órgãos deliberativos", que poderiam ser convocados por um quinto dos sócios. Nesse sentido, cabe lembrar que os critérios de composição do conselho deliberativo, em muitos casos, seguiram restritivos e sem proporcionalidade aos votos em assembleia, o que dava poderes amplos à chapa vencedora e/ou aos chamados "conselheiros vitalícios", nomeados pelo clube em números muitas vezes superiores aos conselheiros eleitos em assembleia.

O documento produzido pela Comissão Mista destinada à apreciação da MP 234/2005, que contém as justificativas do texto proposto na PLV 12/2005, expõe as intenções da intervenção nesses pontos. No artigo 54, as alterações visavam garantir que apenas o estatuto social da associação "preveja o modo de constituição e funcionamento dos órgãos administrativos, de sorte que dele conste, somente, a forma de gestão administrativa e de aprovação das respectivas contas" (Brasil, 2005).[179] Já quanto ao artigo 59, estava originalmente previsto o pedido de sua revogação completa, sob o argumento de que "sua interpretação pode comprometer a estabilidade e preservação das finalidades de inúmeras associações", uma vez que o funcionamento dessas poderia ficar "absolutamente inviabilizado se as atribuições de eleição e destituição de administradores, aprovação de contas e alteração de estatutos forem da competência privativa da Assembléia Geral". Em plenário, entretanto, a sugestão de revogação completa do artigo 59 foi retirada, mantendo os dois únicos incisos que seguiram para o Senado e, posteriormente, para sanção presidencial: "C1 ompete privativamente à assembleia geral destituir os administradores e alterar o estatuto".

Vale observar — com base nas transcrições das falas feitas na sessão ordinária de 31 de maio de 2005 da Câmara dos Deputados, que decidiu pela aprovação do texto (p. 22.016-22.033) — a atuação do deputado Silvio Torres (PSDB/SP) pela manutenção da redação do artigo 59, devolvendo a competência da eleição dos administradores à assembleia geral (p. 22.017). Silvio Torres foi o relator da CPI da CBF/Nike anos antes, fazia oposição à chamada "Bancada da Bola" e defendeu, em 2007,

---

179. Altera os arts. 54, 57, 59, 60 e 2.031 da Lei n. 10.406, de 10 de janeiro de 2002, que institui o Código Civil, e o art. 192 da Lei n. 11.101, de 9 de fevereiro de 2005, e dá outras providências.

um novo projeto de lei para incentivar a transformação dos clubes em sociedades anônimas (Painel FC, 2007), além de ser um declarado torcedor do Corinthians (G1, 2007).

Nesses mesmos registros, o deputado Mendes Ribeiro Filho (PMDB/RS), conselheiro do Grêmio (JP, 2015), pronunciou-se em defesa do PLV. Sua fala aponta que, ao longo de dois anos, um projeto de revisão do artigo 59 teria sido apresentado à Comissão de Constituição e Justiça, sem receber a devida atenção. Questionando que a resolução do problema se desse apenas por uma MP (na verdade, na PLV), ressaltou que "todos os clubes de futebol e associações no País se reuniram para mostrar à Comissão de Justiça da Casa que tínhamos, no Código Civil, um artigo totalmente inconstitucional" (Câmara dos Deputados, 2005, p. 22.019). Novamente, vale lembrar que não foram feitas quaisquer emendas sobre esses pontos antes da aprovação do PL n. 634/1975, durante a discussão que se estendeu desde 1997, sendo que o próprio deputado já se encontrava no cargo.

Ao defender a posição do governo na apresentação da MP 234/2005, que visava tão somente estender o prazo de adaptação ao Código Civil, o deputado governista Luiz Sérgio (PT/RJ) revela que o objetivo principal era atender às demandas de pequenas e microempresas, posição que é reforçada pela fala correligionário Zé Geraldo (PT-PA). Como não há qualquer menção direta aos clubes de futebol, infere-se que a medida provisória original não tinha a expectativa de atender às pautas dos clubes (Câmara dos Deputados, 2005, p. 22.021), questão que só apareceu após o PLV 12/2005 receber novo texto pelo relator Arnaldo Faria de Sá.[180] Assim como na Câmara, o projeto também foi aprovado no Senado sem maiores problemas.

---

180. Há outras questões aleatórias inseridas no PLV n. 12/2005 que são alvo de questionamentos e pedidos de retirada pelos deputados presentes na sessão.

A conclusão, portanto, é que as interferências promovidas pela Lei n. 11.127/2005 no Código Civil de 2002, naqueles artigos que afetavam os clubes de futebol, foram totalmente guiadas pelo interesse de parlamentares ligados a clubes em impedir a obrigatoriedade da maior abertura dos clubes, da alternância de poder e da participação direta dos sócios nas eleições e na apreciação de contas.

Convém observar que, naquele mesmo período, o supracitado Silvio Torres fora o autor do Estatuto do Desporto (PL n. 4.874, de 19 de junho de 2001), que já abordava diversos pontos que atingiam os clubes e, consequentemente, os interesses dos dirigentes. Em sua justificativa, o PL assim dizia (grifo nosso):

> Trata-se de temas como o papel do Estado no fomento do desporto, **os limites da autonomia das entidades desportivas**, as responsabilidades dos dirigentes de entidade desportiva, o direito de imagem, os contratos de patrocínio, o desporto educacional, os contratos de aprendizagem, a formação dos atletas, o clube formador de atleta, a segurança nos estádios, entre outros (Câmara dos Deputados, 2001).

Apesar de não ter sido levado adiante, o PL seria a base para novas reformas no futebol brasileiro, principalmente quanto aos mecanismos de transparência, prestação de contas e punição à má gestão, pauta de interesse do governo Lula (PT). De certa forma, serviu também de parâmetro para o futuro projeto do Profut, aprovado em 2015, já no governo Dilma Rousseff (PT). Ainda que avançassem sobre temas importantes, essas iniciativas dos anos 2000 não impuseram diretamente reformas estatutárias aos clubes, no que tange à democratização ou a dar maior poder à assembleia de sócios, focando nas contrapartidas do refinanciamento de dívidas com prioridade nos temas da responsabilização e da transparência.

Internamente, os poderosos grupos políticos dos clubes seguiram: 1) criando mecanismos de restrição ao direito de associação, como a exigência de vínculo familiar ou declaração expressa de outro sócio, bem como através da majoração dos valores para manutenção do título; 2) elaborando regras de composição restrita aos conselhos deliberativos nos chamados "chapões", as extensas listas eleitorais que praticamente inviabilizavam oposições e que compunham por inteiro os "órgãos deliberativos" tão importantes à lei, que seriam responsáveis por escolher a nova diretoria; 3) elaborando e concedendo de forma indiscriminada os títulos especiais de "conselheiros natos" ou "conselheiros vitalícios", cedidos a ex-presidentes ou outros "abnegados" do clube, que, muitas vezes, tinham poderes especiais em comparação aos demais conselheiros; 4) impedindo a aprovação de mecanismos de maior transparência e de independência do conselho fiscal, como a inviabilização da composição desse órgão ser dada por membros de chapas de oposição.

Portanto, o que cabe aqui é perceber que não foi apenas o processo de empresarização dos clubes que foi alvo de resistência e de impedimento pela ação política institucional dos tradicionais grupos de poder de diversas associações. A própria "quase democratização incidental" decorrente do Código Civil de 2002 também foi objeto de intensa contestação e combate por parte desses grupos oligárquicos, que seguem até os tempos atuais, em muitos casos, comandando as agremiações que mobilizam o sentimento de pertencimento de milhões de torcedores. Mais uma amostra de como o maniqueísmo "associação x empresa" é reducionista e incapaz de dar cabo da complexidade das relações políticas que envolvem os clubes de futebol.

Ainda que um novo Congresso ou um novo governo adote a pauta da reforma democratizadora dos clubes de futebol, o fato é que não há mais espaço para mudanças de ordem legal.

No dia 10 de agosto de 2005, apenas treze dias após a apresentação do PL que derrubava a soberania da assembleia de sócios nos clubes, a ADI 3045 foi finalmente votada pelo STF, que declarou por unanimidade o "prejuízo da ação", ou seja, sua procedência. A tese de "hiper-autonomia" defendida por juristas e políticos ligados aos clubes de futebol foi consagrada na mais alta corte do país.

Com isso, restou aos movimentos de sócios e torcedores dos clubes buscar a alteração desses estatutos pelas vias internas, tentando conquistar mecanismos por maior democracia, transparência, controle e fiscalização, quando as estruturas estabelecidas tornavam essa tarefa quase impossível. Também pesa decisivamente o poder político dos membros dos grupos que controlam os clubes, capazes de interferir mesmo em decisões judiciais que protelam, anulam ou inviabilizam alterações estatutárias promovidas por esses movimentos.

De todo modo, deixamos registrada aqui a existência desses movimentos de torcedores: Clube do Povo (ABC FC), Renova Galo (C Atlético-MG), Nosso Avaí (Avaí FC), Bahia de Todos e de Todas (EC Bahia), Democracia Celeste (Cruzeiro EC), Só Corinthians (SC Corinthians), Democracia SantaCruzense (Santa Cruz FC), Flamengo da Gente (CR Flamengo), Frente Vitória Popular (EC Vitória), Reposta Histórica (CR Vasco da Gama), Ocupa Palestra (SE Palmeiras), O Povo do Clube (SI Internacional), e muitos outros que porventura não tenham sido identificados por essa pesquisa.

Também fica a menção ao colega Fernando Monfardini, que ao longo de anos buscou elaborar formas de viabilização da gestão democrática das associações civis esportivas e defender a importância da participação dos torcedores nos clubes de futebol brasileiros. Em seu livro "Compliance no futebol — a tática da democratização, transparência e controles internos",

Monfardini ofereceu alternativas importantes e fundamentadas, que apontam para um caminho mais adequado do que a tão propalada solução extrema da venda para um grupo privado alheio à história da agremiação. Do mesmo modo, deixamos uma saudação a Luciano Motta, João Ricardo Pisani e Daniel Ferreira, autores citados ao longo desta tese, que também defendem essas prerrogativas, de forma qualificada, acadêmica e torcedora.

As SAFs e os torcedores

A finalidade deste subcapítulo de encerramento da tese é, basicamente, fazer algumas reflexões sobre os primeiros casos de SAF no Brasil, ocorridos logo na sequência da promulgação da lei. As reações dos torcedores, ou a forma como estes se organizaram para fortalecer as propostas mais avançadas de criação e venda das SAFs nos seus clubes, são muito significativas dentro de tudo o que foi discutido nesta tese. Resumiremos a ilustração do que foram os primeiros meses após a Lei da SAF a partir das manifestações dos torcedores do Cruzeiro, do Botafogo e do Vasco.

Ainda em janeiro de 2022, a torcida do Botafogo FR protagonizou uma impactante manifestação dentro da sede do clube na rua General Severiano, na Zona Sul da cidade do Rio de Janeiro. Comemoravam com entusiasmo a votação favorável do conselho deliberativo do clube a favor da venda de 90% da SAF para o empresário norte-americano John Textor, por 167 a favor e apenas três votos contra (Medeiros, 2022). Nos dias que precederam a votação, torcedores se mobilizaram através das redes sociais e em contato direto com conselheiros do clube, com o objetivo de influenciar a votação, fazendo-os se posicionar favoráveis à mudança. A presença maciça dos torcedores nos arredores do edifício antes da reunião decisiva buscava expressar a proporção do apoio da torcida, principalmente daqueles mais engajados, pela pretensa mudança de paradigma do clube. Após muitos anos, entendiam os torcedores, o Botafogo poderia se profissionalizar, receber investimentos capazes de aumentar a competitividade do time e deixar para trás o amadorismo dos históricos dirigentes que prejudicavam o clube.

Em março de 2022, a torcida do Vasco da Gama se fez presente em grande número em uma sessão de treinamento do time, após uma ampla convocação da sua diretoria e de diversos grupos e sites de torcedores (Schmidt, 2022). Na ocasião, estavam presentes empresários ligados ao 777 Partners, grupo de investimentos norte-americano que havia sinalizado interesse pela aquisição de 70% da SAF do Vasco, caso essa fosse aprovada por uma já programada reunião do conselho deliberativo. Em dado momento, torcedores cantaram "Olê, olê, olê, olê, SAF! SAF!", de modo a expressar apoio à medida que prometia mudar a realidade do Vasco, que à época disputava a segunda divisão nacional pela quinta vez e convivia com recorrentes crises políticas em sua restrita associação.

Em abril de 2022, a torcida do Cruzeiro ocupou a rua à frente da sede do Barro Preto para se manifestar a favor da venda da já estabelecida SAF do clube para o ex-jogador Ronaldo Nazário (Duarte, 2022). A reunião foi conturbada, por conta da insatisfação de alguns conselheiros com os termos do contrato elaborado no atropelado processo de venda, questão a qual os torcedores mais engajados entenderam como uma tentativa de impedir a negociação. Torcedores fizeram um corredor humano para receber individualmente cada conselheiro, de modo a pressioná-los pela consumação do acordo. Nas semanas anteriores, Ronaldo Nazário, havia feito algumas demandas que dependiam da aprovação do conselho deliberativo, para que pudesse consumar a aquisição de 90% da SAF. Com a aprovação da pauta, torcedores celebraram na parte externa do edifício, com cânticos e fogos de artifício, com a expectativa de que o novo momento pudesse representar a volta do clube à primeira divisão e aos títulos, tão comuns no passado.

São expressões que contrastam consideravelmente com os casos estudados nos capítulos anteriores, nos quais observamos diferentes formas de reação contrária à ideia do clube como empresa.

Na Inglaterra, onde os clubes sempre tiveram acionistas ou donos, os torcedores buscaram formas de se fazer presentes no debate público, forçando a abertura de mecanismos de participação, para que esses proprietários atendessem às suas demandas. Em um momento posterior, elaboraram organizações para comprar ações dessas empresas, com o intuito de conquistar um espaço legítimo de participação no conselho de administração. Ainda que essa fosse uma tarefa extremamente difícil nos clubes de elite, a ideia de "propriedade de torcedores" de alguma forma moldou uma nova perspectiva dos torcedores ingleses sobre seus clubes, forçando os proprietários, mesmo os estrangeiros, a cederem alguns canais de diálogo direto com as organizações mais representativas.

Na Espanha, onde os clubes eram associações com participação direta dos sócios e foram obrigados a se converterem em sociedades anônimas, o próprio mecanismo elaborado pra essa conversão fez com que essas novas empresas fossem formadas por um conjunto amplo de "acionistas de base". Esses antigos sócios e pequenos acionistas seguem, mesmo três décadas depois, elaborando organizações capazes de representar o conjunto da torcida dentro dessas empresas. Em alguns casos, a presença mais incisiva e combativa desses foi responsável por conquistas de pautas de interesse dos torcedores, através da representação direta na assembleia de acionistas, com uma filosofia clara de proteção do clube contra interesses de investidores externos.

Na Alemanha, de forma menos complexa, os torcedores se organizavam para garantir a permanência de uma regra que assegurava à associação original o controle total da empresa criada para gerir os ativos do futebol profissional do clube. Mesmo com a existência de investidores externos, essas empresas não podiam prescindir da participação direta dos membros dos clubes nas assembleias, responsáveis por fiscalizar as gestões, apreciar contas e votar diretamente pela mudança ou pela permanência da diretoria. A luta contra a perda da soberania da assembleia de sócios sobre o controle do clube tinha como referência negativa a dificuldade encontrada por torcedores dos outros países em impor as suas posições, exercitar a democracia interna e ter em cada sócio um tomador de decisões incontornável.

Em Portugal, onde os maiores clubes não aceitaram perder o controle das sociedades anônimas criadas para a gestão do futebol, a luta dos sócios sempre foi pela ampliação da democracia interna nas associações. O combate exercido contra os grupos políticos hegemônicos, a contestação às medidas tomadas e a denúncia constante das práticas de má gestão ou má fé realizadas com os recursos do clube compunham o conjunto de pautas que mobilizavam esses torcedores pela defesa do clube. Em alguns casos, nos quais a associação perdeu esse controle da SAD, foram os sócios comuns que impulsionaram as duras batalhas contra os novos proprietários, novamente reivindicando o direito da associação — logo, dos seus sócios — de retomada do controle dessas empresas.

No Chile, onde a lei obrigou os clubes a cederem o controle do seu futebol profissional para uma sociedade anônima sob o controle de grupos privados, a luta era no mesmo sentido:

retomar a associação, reivindicar o direito de controle dessas empresas, e afastar os grupos empresariais que especulavam financeiramente sobre o patrimônio pertencente à torcida. A luta contra as SADPs e a tentativa de estabelecimento de uma nova democracia nos clubes de futebol foram fortalecidas pela denúncia dos recorrentes casos de má gestão protagonizados pelos proprietários dessas empresas, de modo a derrubar as possíveis expectativas criadas sobre os benefícios prometidos quando da adoção desse modelo empresarial.

Por fim, na Argentina, percebemos como a potente cultura associativa foi responsável por frear algumas tentativas de transformação dos clubes em empresas, e suas consecutivas vendas para grupos externos. A constante defesa dos mecanismos democráticos de decisão em assembleias, que marcam o futebol argentino, torna mais difícil a reprodução de ideias que aventem contra o controle dos sócios sobre seus clubes. Com isso, a própria possibilidade de transformação dos clubes (ou do futebol profissional dos clubes) em empresas sofre grande resistência pelos seus membros, diante do risco da perda de controle sobre os rumos de suas agremiações de pertença.

O que poderíamos dizer da realidade brasileira? Como notamos anteriormente, os clubes associativos locais sempre se caracterizaram por um formato muito mais fechado e antidemocrático, se comparados aos casos estudados. É dizer: basicamente não existiu no Brasil um processo de abertura nessas associações, de modo que ao torcedor comum sequer pareceu possível contemplar uma cultura participativa democrática em algum momento anterior. Mesmo que, ao longo dos anos 2010, muitos movimentos de torcedores surgiram com o intuito de colocar em evidência a importância e a viabilidade da democratização e da profissionalização dos clubes, o fato é que essa pauta nunca alcançou grande projeção social, destaque midiático ou apoio político mais efetivo.

Apesar de algumas exceções, para a ampla maioria dos torcedores brasileiros os clubes de futebol sempre foram instituições inalcançáveis e inacessíveis. Torcedores comuns nunca foram estimulados à associação com direitos políticos, nunca foram convidados à participação direta em assembleias e eleições, nunca foram convocados a contribuir e pensar politicamente essas organizações. A cultura torcedora brasileira é historicamente impedida de conceber a ideia de que é possível exercer a democracia dentro de suas agremiações de pertença, contribuir com o seu crescimento através da participação direta, e colaborar técnica e intelectualmente com o seu aprimoramento gerencial. Ao longo de toda sua existência, a grande maioria dos clubes se esforçou para evitar o contato e o diálogo com os torcedores comuns, limitou-se a valorizar o papel que cumpriam nas arquibancadas, nas suas demonstrações de afeto e nas suas contribuições financeiras, enquanto manteve o seu quadro social restrito e controlado por um número muito reduzido de famílias da elite do seu local de origem.

Por que, então, deixaríamos de considerar todos esses elementos ao refletir sobre como os torcedores se posicionaram frente à possibilidade de transformação dos seus clubes em SAF? Qual seria, efetivamente, a diferença entre torcer por um clube fechado e inacessível ou torcer por um clube empresarizado com um proprietário, mesmo que esse fosse totalmente alheio à história do clube?

Ao longo das observações feitas na fase final desta tese, mesmo que muitas dessas manifestações de torcedores parecessem mais impulsivas do que planejadas, a impressão era que elas ajudavam a ilustrar uma forma de ativismo torcedor absolutamente característica da realidade brasileira. De um modo ou de outro, eram manifestações compreensíveis, mesmo quando pareciam contraditórias, se levássemos em conta a configuração sociocultural que marcou toda a história dos clubes de futebol do Brasil. Afinal, seria muito difícil identificar alguma diferença substancial, na percepção do torcedor comum, entre o antes e o depois em um clube que deixaria de ser controlado por poucos sócios, cujo poder sempre residiu na capacidade de controlar o sistema eleitoral interno, e um clube controlado por um novo investidor externo que, ao menos, mostrava-se capaz de transmitir alguma expectativa de mudança, prometer investimentos financeiros planejados ou indicar uma mudança drástica na forma de gestão daquela "empresa produtora de espetáculo" que o clube possuía.

São razões pelas quais essa pesquisa opta por não subestimar o potencial dessas experiências "pró-SAF". Em um futuro próximo, muito provavelmente, serão esses mesmos torcedores — ou os novos torcedores influenciados por essa cultura participativa "externa" que marcou a constituição das SAFs — que estarão à frente das experiências de contestação a esses novos proprietários, os mesmos que em um primeiro momento foram celebrados. Expectativas frustradas, erros nas tomadas de decisão, negociações suspeitas, exploração econômica dos torcedores através do preço dos ingressos, promessas descumpridas ou declarações desrespeitosas vão fatalmente acontecer em algum momento futuro. Será lá que poderemos avaliar qual será, de fato, a substância do *"supporter"* brasileiro, especialmente quando ocorrer a inevitável necessidade de contestação da soberania da propriedade do clube e da reivindicação do clube como um "comum".

O que deixamos de sugestão aos futuros pesquisadores do futebol, principalmente aqueles que porventura tenham se interessado pelo que foi elaborado por esta tese, é que se esforcem para sempre levar em consideração a complexidade e as inúmeras contradições que marcam as formas ativas do torcer. Ainda que o torcedor seja influenciado, primordialmente, pelo desempenho da "empresa produtora de espetáculo" do seu clube de futebol, a sua relação com "o Clube" nunca se resume a isso. Não há um lado de "fora" de uma relação de um torcedor com um clube, porque a escolha de ser um torcedor ativo, um "ator-cedor", advém de relações sociais muito mais profundas do que a mera apreciação de um espetáculo futebolístico.

Há um número expressivo de torcedores que se guia por uma imagem de "Clube" que vai muito além da sua estrutura jurídica ou do resultado esportivo do seu time. São herdeiros de relações forjadas em sociabilidades imprevisíveis, de modos de representação e identidade dificilmente mapeáveis, de relações de afeto de difícil sistematização e avaliação para cientistas sociais. Na medida em que o tempo avança — e, ao que consta, as práticas ciberculturais também ajudaram —, o modo como torcedores percebem e se relacionam com "o Clube" se torna cada vez mais profundo, porque dotado de um sentido histórico de preservação de algo que foi produzido como um "comum" pelos seus iguais, os demais torcedores, os torcedores do passado.

Clubes entram em decadência, passam por processo de recuperação, tornam-se objeto de interesses políticos de várias ordens, podem ser apropriados de forma "privada" como empresas, são controlados de maneira autoritária por sócios com maior poder aquisitivo, são alvo de políticas públicas alheias à ideia do "torcer", mas a substância de um clube, no fim das contas, ainda será a capacidade de uma comunidade, a torcida, sustentá-lo. Esta tese se encerra em um momento em que o futebol brasileiro está apenas iniciando, de modo muito entusiasmado, o caminho da empresarização.

Algumas posições mais reticentes e cautelosas já se apresentavam — como mostrou a recusa do CA Juventus, modesto clube de São Paulo, à criação da SAF, pela falta de confiança no pretenso investidor (Cesarini, 2022) —, e ao passo que alguns fracassos esportivos e financeiros começarem a ocorrer, inevitavelmente a ideia de empresarização no futebol brasileiro se aproximará daquela alimentada pelos movimentos de torcedores nos clubes dos países aqui estudados. A noção de que um clube de futebol precisa estar dotado de espaços efetivos para a participação dos seus torcedores se tornará uma pauta a ser mobilizada pelos "*supporters*" brasileiros. É algo no qual apostamos.

Considerações finais

Esse trabalho se dedicou a investigar o desenvolvimento dos clubes de futebol e as formas como os seus torcedores se relacionam com essas instituições que provocam pertencimento, identidade e afeto.

Ao longo dos dois primeiros capítulos, o clube de futebol foi investigado em seu sentido histórico, a partir da observação dos acontecimentos que moldaram a sua estrutura, alteraram a forma como se relacionava com o público-alvo do seu "espetáculo esportivo" ou modificaram a configuração do seu funcionamento político. Observando as principais características socioculturais e político-econômicas que permitem conceber de maneira mais precisa a formatação dos clubes de alguns países, pudemos identificar as razões pelas quais essas agremiações adotaram formatos jurídicos, estruturas societárias e modelos jurídicos tão distintos — tanto quando observados os diferentes países de modo comparativo quanto na análise interna de cada realidade nacional.

A partir dessa compreensão, buscamos investigar as formas como os torcedores se expressam com relação aos seus clubes. A conclusão geral foi que, independentemente do fato de o clube ser uma empresa com proprietários ou uma associação com maior ou menor participação dos seus torcedores, há sempre um perfil mais engajado e ativo de torcedor que tende a defender e atuar politicamente por uma ideia de clube como um "comum". Optamos por identificar esses sujeitos a partir da noção de fator "*supporter*". Sem a pretensão de definir uma "tipologia" sobre as formas de torcer, cunhamos esse conceito de modo a sublinhar esse fenômeno cultural tão representativo do futebol no século XXI. Uma forma contestadora e crítica do torcer, caracterizada, principalmente, pela defesa de pautas que entendem serem seus "direitos", e que, muitas vezes, guia-se pela ideia de contestação dos sentidos mais tradicionais de propriedade sobre um clube de futebol. Adotando uma postura de combate e resistência, através da elaboração de manifestações públicas nas arquibancadas, nas ruas e nas redes, os "*supporters*" protagonizam uma autêntica disputa política no contexto do futebol, questão que motiva e justifica a tese.

Ainda que elaboradas em ambientes muito diversos e, por isso, dotadas de modelos e formatos muito distintos, as experiências de ativismo dos torcedores tendem a se guiar por princípios muito próximos sobre o que é "o Clube" de futebol. Nos sentidos aqui propostos, essa "ideia de Clube" independe das suas estruturas burocráticas, da existência de proprietários ou do potencial econômico da sua "empresa produtora de espetáculos" — o lugar que um clube ocupa na hierarquia do futebol global e local. Razão pela qual ao longo de toda a tese reforçamos a ideia de que, no entendimento desses "*supporters*", um clube de futebol é feito da tensão constante entre as demandas comerciais de uma "empresa produtora de espetáculo" (o time) e os anseios de participação e intervenção constantes dos seus torcedores na instituição que provoca pertencimento (o clube). Uma contradição que, ao mesmo tempo que nos permite compreender melhor a existência desses movimentos, também nos fornece um instrumento analítico útil para a investigação da atualidade do futebol a nível global.

Um dos objetivos principais era oferecer uma nova leitura sobre o tema dos "ativismos torcedores", desempenhando um esforço comparativo e promovendo um constante movimento de avanço e recuo na observação da especificidade estrutural de cada país e na observação de como essas organizações se constituíram. Ainda que dotadas de discursos semelhantes, as experiências dos ativismos torcedores estão sempre dependentes das condições materiais e objetivas à disposição desses "*supporters*". Notamos como o aprofundamento das relações ciberculturais significou uma nova fronteira de exploração comercial do futebol, mas também um conjunto de ferramentas favoráveis para o crescimento dos ativismos torcedores.

Afinal, ao descentralizarem e enredarem o processo comunicativo, as novas tecnologias e formas de interação através do ciberespaço serviram aos movimentos de torcedores como instrumentos ágeis de mobilização e de organização; forneceram plataformas eficientes para a propagação de suas concepções políticas; e funcionaram como instrumento midiático capaz de dar maior visibilidade para as suas demandas, favorecendo a influência desses torcedores sobre os debates públicos acerca dos rumos do futebol em um contexto de agressiva mercantilização.

Apesar de a própria cibercultura estar por trás do processo de internacionalização dessas pautas e proporcionar um intercâmbio cada vez mais constante entre esses agrupamentos de torcedores, a nível nacional e internacional, chama a atenção como seus discursos e os modos como expressam suas concepções estão muito conectados, principalmente por razões históricas. Esses "resquícios" de culturas torcedoras do passado estão sempre presentes na maneira como os "*supporters*" moldam seus discursos para reivindicar a importância vital da torcida na existência de um clube, pelo papel que essa cumpriu diretamente no seu sustento financeiro, mas também pelo modo como foi responsável por carregar seus símbolos e cores, formar novas gerações de aficionados, reproduzir um conjunto (por vezes contraditório) de "valores" daquilo que acredita representar o seu clube e a sua "comunidade". Em suma, como torcedores eram responsáveis por "produzir o clube" para além do momento de exibição do espetáculo esportivo.

A década de 2020 se iniciou com acontecimentos muito importantes para os objetivos dessa pesquisa, mesmo que não tivéssemos a compreensão exata do que aconteceria ao longo dos anos de sua realização, entre 2018 e 2022. Ainda que compreendêssemos a importância daquela retomada de relevância dos discursos de empresarização dos clubes brasileiros — principalmente diante da crise política, financeira e esportiva enfrentada por vários dos seus tradicionais emblemas —, a forma como esse processo se daria ainda era difícil de prever. Nesses anos de pesquisa, foi fundamental manter a observação constante sobre as movimentações políticas a nível legislativo, ao mesmo tempo que foi necessário acompanhar as formas como os agentes políticos e econômicos mais relevantes dentro da indústria do futebol estavam se movimentando para impulsionar tal pauta.

Mesmo que não fosse surpreendente, o papel da imprensa esportiva brasileira foi consideravelmente engajado na construção de uma imagem positiva dessas transformações, com raras manifestações críticas ou, ao menos, cautelosas sobre os impactos que a empresarização poderia provocar em muitos sentidos. O nível do debate, em geral, era raso e simplificador, com um notável entusiasmo sobre as promessas de grandes investimentos, de mudança para um paradigma gerencial mais profissionalizado, de responsabilização financeira dos maus gestores, e, em alguns casos, até da defesa dessa proposta como uma opção indispensável para o "resgate da grandeza do futebol brasileiro".

Após a empresarização, segundo sustentavam os promotores desses discursos, os clubes brasileiros passariam a competir com as grandes potências do futebol global. Porque seriam capazes de reter a saída dos melhores jogadores para o exterior; poderiam pagar melhores salários a atletas mais qualificados que atuavam em outros países; deixariam de sofrer as recorrentes crises financeiras e políticas típicas do modelo associativo, que já estava extinto na Europa; seriam geridos de forma mais eficiente e controlada, uma vez que o interesse particular do seu proprietário inevitavelmente se guiaria por essa necessidade; e ofereceriam melhores serviços e canais de consulta aos seus clientes...

Foi esse tipo de postura quase que hegemonicamente favorável que motivou a publicação da obra "Clube Empresa: abordagens críticas globais às sociedades anônimas no futebol" ainda durante o processo de realização da pesquisa — a bem da verdade, como um produto direto da sua realização. Artigos de pesquisadores tidos como referências às discussões aqui propostas foram unidos a textos produzidos pelas lideranças de movimentos de torcedores que, mesmo instaladas em realidades tão distintas, compartilhavam de uma percepção mais negativa do cenário geral dos clubes transformados em empresas. Através de suas contribuições, pudemos perceber que muitas das promessas propagadas no Brasil já estavam, há um bom tempo, desfeitas em diversos países europeus ou sul-americanos. A realidade dos clubes de futebol seguia muito parecida: alto endividamento, desarranjo financeiro, tomadas de decisão equivocadas, pouca ou qualquer alteração no cenário competitivo internacional, má relação entre torcedores e proprietários e até casos de corrupção com e através dos clubes.

Um exame mais responsável da realidade dos clubes de futebol em países que já haviam experimentado a empresarização, transformação que o Brasil tanto desejava ao final da década de 2010, na realidade, mostraria que a situação era muito parecida com aquela observada nos tempos passados, quando esses mesmos clubes eram associações civis. Com o agravante de que agora os clubes estavam sob uma lógica de propriedade que tornava qualquer mudança de perspectiva uma realidade quase impraticável, ou, no mínimo, extremamente difícil. O problema dos clubes, de um modo geral, não advinha apenas do seu formato jurídico e da sua dinâmica política, mas, principalmente, de um problema estrutural que afetava a indústria do futebol em todos seus contextos, dos mais desenvolvidos aos mais precários. Sucesso esportivo e sucesso financeiro foram, ao longo de toda a história, dois objetivos que praticamente não caminharam juntos. Questão pela qual se poderia entender como os clubes mais ricos do mundo estavam muito mais guiados por finalidades políticas do que por finalidades econômicas.

Afinal, por tudo que têm mostrado ao longo do século XXI, clubes de futebol se constituem como uma das plataformas de publicidade e propaganda mais eficientes à disposição de grupos econômicos e/ou políticos de diversas escalas. Pouca coisa poderá algum dia ser mais relevante do que o controle de uma instituição histórica capaz de representar a identidade coletiva de dezenas de milhares de torcedores assíduos nos estádios, e de um número incontável de milhões de consumidores midiatizados. Nesse sentido, novamente, passado e futuro apresentam características muito parecidas.

Apesar do alto custo de manutenção de um time competitivo, do baixo retorno financeiro da sua atividade principal e do altíssimo risco que envolve um investimento dessa natureza, o clube de futebol segue sendo um ativo que provoca grande cobiça exatamente porque é capaz de reverter o pior dos prejuízos em ganho de imagem. Baixos dividendos financeiros, grandes dividendos políticos: um clube fornece proteção da justiça e dos adversários, estabelece canais de networking inimagináveis, proporciona a idolatria de uma multidão de torcedores apaixonados, provoca a atração de outros grupos políticos e financeiros interessados em compartilhar desses benefícios, viabiliza e impulsiona a aprovação de projetos muito alheios ao futebol. Em suma, o clube confere benefícios que tornam conveniente o pior dos prejuízos financeiros.

Quando usamos as palavras "poder, negócio e comunidade" no título da tese, buscávamos chamar atenção para essas questões. Ainda que a indústria do futebol tenha atravessado um crescimento considerável nas suas receitas, os clubes de futebol seguem sendo a parte menos favorecida dessa equação. A preponderância da sua finalidade política não é apenas um efeito colateral do processo de entrega dos clubes a grupos privados, mas uma consequência da percepção concreta de que o "negócio futebol" é algo muito próximo de uma ficção. O atual estágio da indústria do futebol torna quase inconcebível um funcionamento saudável e sustentável de um clube de futebol que tenha ambições esportivas, mas é o fato de existirem grandiosas "comunidades" na sua constituição histórica que torna esse "negócio" praticamente infalível: não em um sentido financeiro, afinal clubes estão indo constantemente à falência, mas em um sentido simbólico. Clubes de futebol jamais serão abandonados por sua "comunidade", salvo naqueles casos excepcionais em que a "comunidade" decidiu por conta própria se reestabelecer em um novo clube, pela profunda descrença nos rumos da sua "empresa produtora de espetáculo".

Esperamos que esta tese tenha utilidade para os futuros estudos do futebol ao fornecer novas perspectivas sobre o que são os "Clubes". Também esperamos que os movimentos de torcedores recebam um tratamento mais cuidadoso dos estudiosos desse campo, porque são personagens centrais na história recente do futebol. Ainda que venham travando batalhas desleais contra as forças implacáveis do mercado, os "*supporters*" representam algo de muito significativo nessa conjuntura histórica de apogeu e aparente declínio da "nova mentalidade liberal", a doutrina que dominou o cenário político global. Não são apenas movimentos de torcedores, mas movimentos sociais profundamente conectados com o que as lutas sociais do novo milênio puderam proporcionar em termos de contestação e resistência política.

Por fim, no ato derradeiro de encerramento desta tese, podemos justificar as razões pelas quais não nos dedicamos a apreciar em maior detalhe a composição dos movimentos de torcedores estudados. Isso se dá, principalmente, porque eles são feitos por indivíduos de classes sociais, convicções ideológicas e correntes políticas plurais. Raramente estamos tratando de um grupo mais ou menos alinhado "à esquerda" ou "à direita", porque há uma compreensão de que essas diferenças são inócuas ao fortalecimento dos movimentos dos torcedores ou, em um sentido ainda mais complexo, são diferenças pouco importantes dentro dos objetivos finais dessas organizações.

O que foi possível compreender ao longo de todo esse esforço é que a "política no futebol" gira o tabuleiro de xadrez da política tradicional em 90 graus: as peças já não se movimentam nos sentidos em que estamos acostumados a analisá-las; os lados opostos estão sempre com dificuldade de encaixar narrativas mais elaboradas sobre as transformações propostas; e as táticas e estratégias políticas estão sempre desafiadas a dialogar com um sentimento enraizado presente em cada história particular que forma um torcedor apaixonado.

É como se estivéssemos tratando de um terreno político em que os objetivos estão sempre em um horizonte de difícil compreensão, porque são imprevisíveis os modos pelos quais o conjunto dos torcedores será capaz de absorvê-los como benefícios para o futuro do clube ou repudiá-los como ofensas às suas convicções sobre o que deve ser o clube de futebol da sua pertença.

O espectro político convencional é definitivamente borrado quando o assunto é futebol. O torcedor de tendência política da esquerda anticapitalista mais radical pode, porventura, aderir aos discursos mercantilizantes mais agressivos, por só conseguir enxergar a "empresa produtora de espetáculos" nessa equação. O torcedor de tendência política da direita liberal mais ortodoxa pode, por sua vez, ser capaz de relativizar as suas convicções sobre livre mercado por entender a importância do "Clube" como algo pertencente a uma coletividade chamada "torcida". Não é uma mera especulação, mas casos reais vivenciados em contato presencial com torcedores desses tipos ao longo desta pesquisa.

Em suma, o que se mostrou mais evidente nesse sentido foi a consistência da frase cunhada por Eduardo Galeano, com a qual iniciamos e finalizamos a tese: *"El club es la única cédula de identidad en la que el hincha cree"*. Identidade, pertencimento e afeto são motivações políticas poderosas que ainda não estamos devidamente preparados para compreender.

POSFÁCIO
Uma nova tipologia da gestão dos clubes

Bernardo Buarque de Hollanda
ESCOLA DE CIÊNCIAS SOCIAIS/FGV CPDOC

Ao fim e ao cabo das centenas de laudas do caudaloso livro que ora se encerra, é possível aquilatar, com indisfarçável orgulho, o quanto a academia avançou e amadureceu na sua reflexão científica sobre o futebol nos últimos anos. A radicalidade do presente trabalho precisa, para ser bem compreendida, de um enquadramento temporal de pelo menos quatro décadas, desde que uma abordagem acadêmica mais sistemática se projetou na produção científica sobre as práticas e as representações esportivas no âmbito das ciências humanas e sociais no Brasil.

Irlan Simões desponta em uma geração já formada pelo exemplo e pelas lições legadas por pesquisadores pioneiros que conformaram o campo acadêmico e o dotaram de "régua e compasso" no decorrer desses decênios. Ronaldo Helal, orientador da tese, é um destes responsáveis tanto pelo pioneirismo das primeiras incursões no terreno da sociologia do esporte quanto pela moldagem e pela consolidação de um método de investigação para o fenômeno futebolístico na pós-graduação.

A dedicatória do livro à memória de Gilmar Mascarenhas, por sua vez, é outro indício de seu diálogo e tributo com os fundadores do campo. O saudoso geógrafo carioca é, por certo, um dos maiores inspiradores do trabalho e seguramente teria sido um interlocutor direto da tese, como o fora quando de sua dissertação de mestrado, a que sempre se referia com entusiasmo — estávamos juntos na qualificação —, sendo seu prefaciador da versão em livro.

O pertencimento geracional de Irlan também é aquele que emerge no contexto de realização dos megaeventos esportivos no Brasil (2007-2016) e cujos resultados vêm à tona justamente na esteira destas competições, sem que a passagem de tal momento extraordinário da vida nacional, com seu inevitável modismo, tenha arrefecido o ímpeto pela pesquisa sobre esportes no país. A consciência crítica despertada pelas transformações estruturais da administração monopolística da FIFA, com sua governança planetária do futebol profissional de espetáculo, impeliu essa geração, que se forma e ganha autonomia intelectual no bojo da virada crítica, mas também sob o influxo do conservadorismo ideológico desse período.

O torvelinho das convulsões político-sociais, ainda não superadas, encontrou esses jovens mestrandos e doutorandos, que passam a inquirir seu objeto de pesquisa de um modo mais enfático e menos complacente do vigente até então. A formulação de uma crítica à Copa de 2014 como "vetor da arenização à brasileira" dá-se em tensionamento, em engajamento e em reação mais direta às mudanças gentrificadoras e conservadoras colocadas na agenda pública antes e depois do Mundial no Brasil.

A referida radicalidade encontra seu ápice no presente livro e na trajetória de seu autor. Irlan é um pesquisador de origem baiana que se radica no Rio de Janeiro nos anos 2010. Sua dissertação é publicada em livro, "Clientes versus rebeldes", já em 2017. A tal contributo se soma a organização de um admirável trabalho coletivo, voltado à desconstrução do ideário neoliberal e do discurso plutocrata dos gestores da bola: "Clube empresa — abordagens críticas globais às sociedades anônimas no futebol" O volume articula contribuições acadêmicas internacionais e prepara o terreno para o livro que o leitor tem em mãos.

Sua postura é radical no sentido pleno de ir à raiz do fenômeno e de revelar os fundamentos ocultos e não ditos do discurso e da prática neoliberal aplicada ao futebol. Ela advém, ainda, da capacidade de arejar o que vem sendo feito até então em termos de temática de pesquisa nas universidades e, ao mesmo tempo, de ir além dela, isto é, de ser capaz de responder às novas configurações e aos novos desafios que se colocam no horizonte do século XXI — seja do ponto de vista das perversões argentárias que a concentração especulativa capitalista proporciona, seja sob a égide dos ativismos torcedores, causa e consequência da mudança mais recente do perfil social do público nos estádios.

Esse processo dialético no interior dos estudos futebolísticos traz a tônica mais evidente do que teve por eixo duas frentes, conforme Simoni Guedes delineia em artigo de balanço bibliográfico. A primeira trata de compreender o futebol à luz da nação (e vice-versa). Com base nos desempenhos da Seleção Brasileira em Copas, o propósito quase obsessivo dos pesquisadores tem sido articular a crise da modernização brasileira com a panaceia midiático-narrativa em torno da identidade nacional, em termos organizacionais e performáticos. Os primórdios de tais estudos descobriram os ritos, os símbolos e os mitos que, na antropologia estrutural e na etnologia das sociedades complexas, não haviam até então mirado para o futebol em sua dimensão respectivamente ritualística, simbólica e mítica.

A segunda vertente que o autor absorve e, por assim dizer, supera é o tratamento do fenômeno das tradicionais torcidas de futebol, mormente as suas configurações "organizadas" ou "uniformizadas", via de regra estudadas na academia em função dos recorrentes episódios de distúrbios antidesportivos e de comportamentos antissociais dentro e fora dos estádios. Estes eventos vandálicos e transgressores, sob o signo da cobertura dos *mass media*, demarcaram o estigma da "violência" atribuído como característica intrínseca e patológica de tais agremiações, anomalia a ser extirpada nos moldes das caducas políticas higienizadoras, preconizadas em tempos pretéritos, desde fins do século XIX. Em contrapartida, tal enquadramento mobilizou os acadêmicos em um esforço de resposta ao modo generalizante e enviesado de abordagem emitido pela opinião pública.

Irlan é formado por esses ensinamentos — a bibliografia deste livro é prova disso —, mas sua ambição e sua inquietação intelectuais não se contentam com o já colocado. Ele levanta uma série de outros impasses que o câmbio dos paradigmas de conhecimento aqui logra entender e confrontar. Egresso de uma graduação em jornalismo — e foi como jornalista que o conheci, no ano de 2010, na cidade de Aracaju, por ocasião de uma banca de mestrado na Universidade Federal de Sergipe —, o autor aporta esse élan de formação, que lida com os problemas a quente do presente para embasar-se cientificamente em seu projeto crítico de desconstrução das armadilhas retóricas que a miragem neoliberal pretende inculcar na contemporaneidade.

Ademais, considero que este livro é radical porquanto assume o clube como uma unidade analítica a ser investigada em si própria. Diria, em um exagero à la Nelson Rodrigues, que a comunidade clubística imaginada é mais importante que a nação no tempo presente. Mais importante para quem? Para o torcedor "militante" ou "ativista", outra unidade analítica axial desta obra que, como dito, vai além do interesse tradicional pelo objeto "autorrecortado" das hegemônicas torcidas organizadas — Gaviões, Mancha, Independente, as Jovens cariocas — para recorrer novamente às palavras de Simoni Guedes.

A contrapelo do óbvio, o autor se abre à miríade efervescente de novos associativismos torcedores — movimentos, coletivos e antifas, bem como as franjas à esquerda de torcidas, ultras e barras — em âmbito internacional para apreender os significados políticos da dimensão gregária que insiste em se manifestar, em se rebelar e em contradizer a lógica individualista e consumerista dominante na era das arenas.

Outro mérito, aliado ao descentramento do nacional para o clubístico, é que o objeto transcende os critérios "naciocêntricos" e amplia seu raio de ação para uma multiplicidade de países da Europa. Só assim a crítica da economia política aos clubes-empresa e ao mais recente caso das SAFs no Brasil, assimiladas de modo passivo, canhestro e colonizado, vai à raiz dos insidiosos processos econômicos, políticos e jurídicos em jogo. A perspectiva diacrônica permite ao autor historicizar e responder à sua pergunta de fundo (como se "produz" um clube?) reconstituindo sua etiologia em cada país e em cada clube. Ao mesmo tempo, as metamorfoses contemporâneas são compreendidas na medida em que casos matriciais — o inglês, o espanhol, o alemão etc. — e casos, por assim dizer, periféricos — Argentina, Chile, Brasil, Portugal — possibilitam elucidar uns aos outros no sistema-mundo do futebol, mediante semelhanças e diferenças colhidas em categorias empíricas comparadas.

A comparação e o método comparativo não são modos estanques de análise, mas pontos de partida para alinhamentos, contrastes, enlaces e paralelos entre os múltiplos casos em exame. É como se um elemento ricocheteasse no outro. Assim, ao invés de atomizados, os clubes e sua natureza jurídico-administrativo estão dispostos em um formato de mosaico, no decorrer dos seis capítulos que estruturam o livro. Longe de ficar em uma zona de conforto do que se esperaria de um doutorado na atualidade, Irlan vai a fundo na pesquisa e duplica a forma ternária das teses, seu tradicional tripé: o teórico-metodológico; o contextual; e o *case*.

Com efeito, esse alargamento do raio de observação — a passagem do "três ao seis" em seu número de capítulos, para parafrasear o "três ao um" do crítico literário Antonio Candido — torna o cenário explorado mais complexo e, por conseguinte, mais próximo da realidade matizada e plural que almeja decifrar e compreender.

Para tanto, os modelos estatutário-gerenciais dos clubes e a configuração ativista do torcer são as duas principais configurações examinadas. Seu modo dinâmico de abordagem abre-se às variáveis, às mutações e às possibilidades combinatórias do objeto investigado, alteradas em função do tempo, dos interesses financeiros e das decisões políticas dos agentes. Para além da descrição e da análise, Irlan esboça a criação de suas próprias categorias — prova de sua personalidade e ousadia é sua crítica a um ultra citado artigo de Richard Giulianotti — e propõe uma nova tipologia da gestão dos clubes e do modo de associação das novas torcidas, conforme lemos no segundo e no terceiro capítulos.

As variações da superfície não impedem o autor de identificar o elemento nevrálgico desse sistema industrial de produção e de seu avesso crítico: trata-se do fator *"supporter"*, dimensão afetiva e comunitária que liga um torcedor a seu clube. É tal fator que resiste, é tal resiliência que permite ao futebol salvaguardar seu princípio popular, coletivo e passional. De posse do sentido de comunidade de resilientes *"supporters"*, Irlan não incorre na desilusão das teorias críticas do esporte, feitas nos idos de 1960 e 1970, sem fazer da sua crítica da economia política do futebol contemporâneo mero arsenal teórico refugiado no niilismo e na inação. Em meio a toda aparente supremacia das tecnologias de poder e controle futebolísticos, o fator *"supporter"* é a práxis torcedora que dialetiza e torna conscientes tais contradições, engendrando os germes de sua própria superação, com o aceno a alternativas ante o que se mostra unívoco, estéril e inexorável.

Apresentado um sumário desse livro fascinante e fundamental, finalizo este posfácio com um último dado de caráter circunstancial. Como já se deve saber nessa altura da leitura, a obra é fruto de uma tese de doutoramento em comunicação social pela UERJ, realizada durante o malsinado quadriênio de 2018 a 2022. Nessas circunstâncias, é possível imaginar como a pesquisa e o pesquisador foram afetados psicologicamente — seja pela nefasta conjuntura de cariz neofascista, ainda vivenciada no país, seja pelo contágio pandêmico que transtornou o mundo sob a égide da Covid-19. O trabalho não sucumbiu aos desafios de pesquisar em meio à pandemia e ao bolsonarismo. Ante todo esse cenário de embaraços sanitários, de ultrajes morais e de políticas negacionistas, eis mais uma vitória do "fator *'supporter'*", eis mais uma impressionante superação de que esta tese-livro e seu autor foram capazes.

REFERÊNCIAS

Artigos, livros e publicações

ANDERSON, Perry. *Espectro: da direita à esquerda no mundo das ideias*. São Paulo: Boitempo, 2012.

ANDREFF, Wladimir; STAUDOHAR, Paul D. The Evolving European Model of Professional Sports Finance. *Journal of Sports Economics*, v. 1, n. 3, p. 257-276, 2000.

ARCHAMBAULT, Fabie. "Italy". In: WAELE, Jean-Michel De et al. (Orgs.). *The Palgrave International Handbook of Football and Politics*. Basingstoke: Palgrave Macmillan, 2018.

ARDILA BARRERA, Brian Leandro. *Análisis económico y financiero del fútbol profesional colombiano (2016-2018)*. Cali: Universidad ICESI, 2019.

ARNAUT, José Luis. *Independent European Sports Review*. European Union Report: UK Presidency of the EC, 2006.

BAENA, Veronica. Global marketing strategy in professional sports: Lessons from FC Bayern Munich. *Soccer & Society*, v. 20, n. 4, p. 660-674, 2019.

BARTOLUCCI, Paul. *Sociologie des supporters de football: la persistance du militantisme sportif en France, Allemagne et Italie. Sociologie.* Estrasburgo: Université de Strasbourg, 2012.

BAUERS, B. S.; LAMMERT, J.; FAIX, A. et al. Club members in German professional football and their attitude towards the '50+1 Rule'. *Soccer & Society*, v. 21, n. 3, p. 274-288, 2020.

BECHTOLD, Brigitte. Introduction: Beyond Hardin and Ostrom: New Heterodox Research on the Commons. *Review of Radical Political Economics*, v. 48, n. 1, p. 5-8, 2016.

BELMAR, Thiago Hinojosa. *Grupos de interesse e o processo de modernização do futebol brasileiro: da redemocratização ao Bom Senso Futebol Clube.* Dissertação de Mestrado em Ciência Política. Faculdade de Filosofia, Letras e Ciências Humanas, Universidade de São Paulo, São Paulo, 146 f., 2016.

BOLAÑO, César. "A centralidade da chamada Economia Política da Comunicação (EPC) na construção do campo acadêmico da comunicação: uma contribuição crítica." In: BOLAÑO, César (Org.). *Comunicação e a Crítica da Economia Política: perspectivas teóricas e epistemológicas.* São Cristóvão: Editora UFS, 2008.

BORGES, Fernando. "Acabou o amor: o processo de divórcio entre clube e SAD em Portugal". In: SANTOS SIMÕES, Irlan (Org.). *Clube Empresa: abordagens críticas globais às sociedades anônimas no futebol.* Rio de Janeiro: Corner, 2020, p. 98-119.

BROWN, A.; CRABBE, T.; MELLOR, G. Introduction: football and community — practical and theoretical considerations. *Soccer & Society*, v. 9, n. 3, p. 303-312, 2008.

BROWN, Adam (Org.). *Fanatics! Power, identity & fandom in football.* Londres: Routledge, 1998.

BUNN, C. et al. Shirt sponsorship by gambling companies in the English and Scottish Premier Leagues: global reach and public health concerns. *Soccer & Society*, v. 20, n. 6, p. 824-835, 2018.

BUNSTER, Eduardo Jorge. *La participación y acción política en los clubes de fútbol: el caso del Club Atlético Vélez Sarsfield entre los años 1990 y 2018*. Tese de Licenciatura. Universidade Nacional de San Martín, Repositorio Institucional UNSAM, 2021.

BURAIMO, B.; PARAMIO, J. L.; CAMPOS, C. The impact of televised football on stadium attendances in English and Spanish league football. *Soccer & Society*, v. 11, n. 4, p. 461-474, 2010.

BUSSET, Thomas; BESSON, Roger; JACCOUD, Christophe (Orgs.). *L'autre visage du supportérisme: autorégulations, mobilisations collectives et mouvements sociaux*. Berna: Peter Lang, 2014.

CAPELO, Rodrigo. *O futebol como ele é: as histórias dos clubes brasileiros, investigadas em seus meandros políticos e econômicos, explicam como e por que se ganha (e se perde)*. Campinas: Editora Grande Área, 2021.

CARAUTA, Alexandre. *O cibertorcedor entra em campo — um estudo sobre os efeitos das práticas digitais na construção de um torcedor emergente: como a troca do radinho pelo smartphone mudou a forma de acompanhar e valorizar futebol*. Tese de Doutorado. Pontifícia Universidade Católica do Rio de Janeiro, Departamento de Comunicação Social, 541 f., 2019.

CLARKE, John. "Football and working class fans: Tradition and change". In: INGHAM, R. (Org.). *Football Hooliganism: The Wider Context*. Londres: Inter-Action, 2018, p. 37-60.

CLELAND, Jamie. From passive to active: the changing relationship between supporters and football clubs. *Soccer & Society*, v. 11, n. 5, p. 537-552, 2010.

CLELAND, Jamie; DOIDGE, Mark; MILLWARD, Peter et al. *Collective Action and Football Fandom: A Relational Sociological Approach*. Basingstoke: Palgrave Macmillan, 2018.

DAMO, Arlei Sander. *Para o que der e vier: o pertencimento clubístico no futebol brasileiro a partir do Grêmio Foot-Ball Porto Alegrense e seus torcedores*. Dissertação de Mestrado em Antropologia. Instituto de Filosofia e Ciências Humanas, Universidade Federal do Rio Grande do Sul, Porto Alegre, 247 f., 1998.

DAMO, Arlei Sander. *Do dom à profissão: uma etnografia do futebol de espetáculo a partir da formação de jogadores no Brasil e na França*. Tese de Doutorado em Antropologia. Instituto de Filosofia e Ciências Humanas, Universidade Federal do Rio Grande do Sul, Porto Alegre, 435 f., 2005.

DAMO, Arlei. Paixão partilhada e participativa — o caso do futebol. *História: Questões & Debates*, Curitiba, n. 57, p. 45-72, UFPR, 2012.

DARDOT, Pierre; LAVAL, Christian. *A nova razão do mundo: ensaio sobre a sociedade neoliberal*. São Paulo: Boitempo, 2016.

DARDOT, Pierre; LAVAL, Christian. *Comum: Ensaio sobre a Revolução no Século XXI*. São Paulo: Boitempo, 2017.

DASKAL, R.; MOREIRA, V. *Clubes argentinos. Debates sobre un modelo*. Buenos Aires: UNSAM edit., 2017.

DASKAL, Rodrigo. *Hinchas. Pasión y política en River Plate (1996-2013)*. Buenos Aires: GES Grupo Editorial Sur, 2020.

DAVIS, Leon. Football fandom and authenticity: a critical discussion of historical and contemporary perspectives. *Soccer & Society*, v. 16, n. 2-3, p. 422-436, 2015.

DELOITTE. *Eye on the prize: Football Money League*. 2020.

DIXON, Kevin. Demand and the reduction of consumer power in English football: a historical case-study of Newcastle United fanzine, the Mag 1988–1999. *Soccer & Society*, v. 21, n. 1, p. 96-114, 2018.

DOIDGE, Mark. "Democracy and supporter ownership". In: HUGHSON, J.; MOORE, K.; SPAAIJ, R. et al. (Orgs.). *Routledge Handbook of Football Studies*. Londres: Routledge, 2016.

DOIDGE, Mark; LIESER, Martin. The importance of research on the ultras: introduction. *Sport in Society*, v. 21, n. 6, p. 833-840, 2018.

DUNN, Carrie. The impact of the supporters' trust movement on women's feelings and practices of their football fandom. *Soccer & Society*, v. 18, n. 4, p. 462-475, 2017.

ELESBÃO, F. *Football Ultras, an European phenomenon*. Hanover: Gottfried Wilhelm Leibniz Universität, 2013.

FERREIRA, Daniel. *Entre trocas complexas e desequilíbrios: catalanismo, identidades e protagonismo esportivo no FC Barcelona e no RCD Espanyol, na globalização (1980-2010)*. Tese de Doutorado. Universidade Federal do Paraná, Setor de Ciências Humanas, Programa de Pós-Graduação em História, 2021.

FERREIRA, Daniel; FIGOLS, Victor de Leonardo. "Ley de Deporte na Espanha e o modelo de sociedade anónima deportiva: um balanço dos últimos 30 anos". In: SANTOS SIMÕES, Irlan (Org.). *Clube Empresa: abordagens críticas globais às sociedades anônimas no futebol*. Rio de Janeiro: Corner, 2020, p. 72-97.

FERREIRA, Jonathan; MOTTA, Luciano. Clube-empresa no Brasil: um novo fenômeno geográfico. *Anais do XIV ENANPEGE...* Campina Grande: Realize Editora, 2021.

FIGUEIREDO SOBRINHO, C.; SANTOS, A. Do jornalismo esportivo ao infotretenimento: o caso do contrato entre Neymar Jr. e Globo como paradigma. *Comunicação, Mídia e Consumo.* v. 17, n. 49, 2020.

FITZPATRICK, Colin. The struggle for grassroots involvement in football club governance: experiences of a supporter-activist. *Soccer & Society*, v. 14, n. 2, p. 201-214, 2013.

FRYDENBERG, Julio. Prácticas y valores em el proceso de popularización del fútbol, Buenos Aires 1900-1910. *Lecturas, Educación Física y Deportes*, n. 10, ano 3, 1998.

FRYDENBERG, Julio. *Historia social del* fútbol: del amateurismo a la profesionalización. Buenos Aires: Siglo Veintiuno Editores, 2011.

HIJÓS, Nemesia. #DeLaBomboneraNoNosVamos: tensiones entre los modos de festejar y resistir de un grupo de hinchas de fútbol. *Actas de Periodismo y Comunicación*, Buenos Aires, v. 2, n. 1, p. 1-21, 2016.

GALEANO, Eduardo. *El Fútbol a Sol y Sombra*. Buenos Aires: Siglo Veintiuno Editores, 4. ed., 2014

GARCIA, Borja; ZHENG, Jinming (Orgs.). *Football and Supporter Activism in Europe*: Whose Game Is It?. Londres: Palgrave Macmillan, 2017.

GARCÍA, B.; LLOPIS-GOIG, R. Club-militants, institutionalists, critics, moderns and globalists: A quantitative governance-based typology of football supporters. *International Review of Sociology of Sport*, v. 55, n. 8, p. 1116-1135, 2020.

GASTALDO, Édison. Comunicação e esporte: explorando encruzilhadas, saltando cercas. *Comunicação, Mídia e Consumo*, São Paulo, v. 8, n. 21, p. 39-51, 2011.

GASTALDO, E; HELAL, R. Homo ludens e o futebol-espetáculo. *Revista Colombiana de Sociologia*, v. 36, n 1, p. 111-122, 2013.

GIBBONS, Tom; NUTTALL, Daniel. 'True fan = watch match'? In search of the 'Authentic' soccer fan. *Soccer & Society*, v. 17, n. 4, p. 527-539, 2014.

GIULIANOTTI, Richard. *Sociologia do futebol: dimensões históricas e socioculturais do esporte*. São Paulo: Nova Alexandria, 2002, p. 117-118.

GIULIANOTTI, Richard. Supporters, Followers, Fans, and Flaneurs: A Taxonomy of Spectator Identities in Football. *Journal of Sport & Social Issues*, v. 26, n. 1, p. 25-46, fev. 2002.

GIULIANOTTI, Richard. Fanáticos, seguidores, fans e flaneurs: uma taxonomia de identidades do torcedor no futebol. *Revista de História do Esporte*, v. 5, p. 25-46, 2012.

GRASSI, Gianluca. *La crisi del panorama calcistico italiano e le prospettive future. Il caso recente Parma Calcio FC SpA 2015*. Dissertação de Mestrado em Consultoria Profissional para Empresas. Departamento de Economia e Gestão. Universidade de Pisa, Pisa, 2015.

GÜNEY, E. "Supporter Ownership in Turkish Football". In: GARCIA, Borja; ZHENG, Jinming (Orgs.). *Football and supporter activism in Europe: whose game is it?. Football Research in an Enlarged Europe*. Londres: Palgrave Macmillan, 2017.

HABERMAS, Jürgen. *The Structural Transformation of the Public Sphere*. Massachusetts: MIT Press, 1989.

HARDIN, Garret. The Tragedy of The Commons. *Science* — *New Series*, v. 162, n. 3859, p. 1243-1248, 1968.

HARDT, Michael; NEGRI, Antonio. *Commonwealth*. Paris: Stock, 2012.

HARDT, Michael; NEGRI, Antonio. *Bem-Estar Comum*. Rio de Janeiro: Record, 2016.

HARDT, M.; NEGRI, A.; HARVEY, D. Commonwealth: An Exchange. *Artforum*, v. 3, n. 48, p. 210-221, 2009.

HARVEY, David. *Cidades Rebeldes: Do Direito à Cidade à Revolução Urbana*. São Paulo: Martins Fontes, 2014.

HELAL, Ronaldo. *Passes e Impasses: futebol e cultura de massa no Brasil*. Campinas: Vozes, 1997.

HOBSBAWM, Eric J. "A produção em massa das tradições: Europa, 1870 a 1914". In: HOBSBAWM, Eric J.; RANGER, Terence (Orgs.). *A Invenção das Tradições*. Tradução de Celina Cardim Cavalcante. 2. ed. São Paulo: Paz e Terra, 2012, p. 338.

HOLLANDA, Bernardo Borges Buarque de. *O clube como vontade e representação: o jornalismo esportivo e a formação das torcidas organizadas de futebol do Rio de Janeiro (1967-1988)*. Tese de Doutorado em História. Pontifícia Universidade Católica do Rio de Janeiro, Departamento de História, Rio de Janeiro, 771 f., 2008.

HOROWITZ, J. Soccer clubs and civic associations in the political world of Buenos Aires prior to 1943. *Soccer & Society*, v. 18, n. 2, p. 270-285, 2017.

HOURCADE, Nicolas. "Les ultras français forment-ils un mouvement sociaux?" In: BUSSET, T. et al. (Orgs.). *L'autre visage du supportérisme: autorégulations, mobilisations collectives et mouvements sociaux*. Berna: Peter Lang, 2014, p. 41-57.

IRAK, Daghan. "Shoot some pepper gas at me!" football fans vs. Erdoğan: organized politicization or reactive politics?. *Soccer & Society*, v. 19, n. 3, p. 400-417, 2017.

IRAK, Daghan. Fight "acceptable" with "acceptable": football, cultural battle in Turkey and the story of two "doxas" over an old military song. *Soccer & Society*, v. 24, n. 1, p. 38-55, 2021.

JOHAN CRUYFF INSTITUTE. Fan engagement: can fans influence the strategy of sports organizations?. 26 nov. 2021. Disponível em: https://johancruyffinstitute.com/en/blog-en/sport-marketing/fan-engagement-fans-influence-sports-organizations/. Acesso em: 26 maio 2022.

JONES, A.; COOK, M. The spillover effect from FDI in the English Premier League. *Soccer & Society*, v. 16, n. 1, p. 116-139, 2015.

KENNEDY, David. Football stadium relocation and the commodification of football: the case of Everton supporters and their adoption of the language of commerce. *Soccer & Society*, v. 13, n. 3, p. 341-358, 2012.

KENNEDY, David; KENNEDY, Peter. *Football in Neo-Liberal Times: A Marxist Perspective on the European Football Industry*. Londres: Routledge, 2016.

KENNEDY, David; KENNEDY, Peter (Orgs.). *Football supporters and the commercialisation of football: comparative responses across Europe*. Londres: Routledge, 2013.

KENNEDY, Peter. Supporters Direct and supporters' governance of football: a model for Europe? *Soccer & Society*, v. 13, n. 3, 2012, p. 409-425.

KENNEDY, Peter. Football stadium relocation and the commodification of football: the case of Everton supporters and their adoption of the language of commerce. *Soccer & Society*, v. 13, n. 3, p. 341-358, 2012.

KENNEDY, Peter. "Supporters Direct and supporters' governance of football: a model for Europe?". In: KENNEDY, Peter; KENNEDY, David. (Orgs.). *Football supporters and the commercialisation of football: comparative responses across Europe*. Londres: Routledge, 2013, p. 83-99.

KEOGHAN, Jim. *Punk Football. The Rise of Fan Ownership in English Football*. Durrington: Pitch, 2014.

KERR, Anthony. "Team Identification and Satellite Supporters: The Potential Value of Brand Equity Frameworks". In: SPORT MARKETING ASSOCIATION (Org.). *Bridging the Gap: Bringing the World Down Under*. Proceedings of the 6th Annual Sport Marketing Association Conference, 2008, p. 48-66.

KERR, Anthony; EMERY, Paul R. Foreign fandom and the Liverpool FC: a cyber-mediated romance. *Soccer & Society*, v. 12, n. 6, p. 880-896, 2011.

KING, Anthony. New Directors, Customers, and Fans: The Transformation of English Football in the 1990s. *Sociology of Sport Journal*, v. 14, p. 224-240, 1997.

KRUGER, Arnd. Which Associativity? A German Answer to Szymanski's Theory of the Evolution of Modern Sport. *Journal of Sport History*, v. 35, n. 1, p. 39-48, 2008.

KUPER, Simon; SZYMANSKI, Stefan. *Soccernomics*. Rio de Janeiro: Tinta Negra, 2009.

LEFEVBRE, Henri. *A irrupção: a revolta dos jovens na sociedade industrial: causas e efeitos*. São Paulo: Editora Documentos, 1968.

LEFEVBRE, Henri. *The production of space*. Oxford: Blackwell, 1991.

LEITE JUNIOR, Emanuel; RODRIGUES, Carlos. "'Soft power' e futebol: os casos de Catar, Emirados Árabes Unidos e Arábia Saudita". In: SANTOS SIMÕES, Irlan (Org.). *Clube Empresa: abordagens críticas globais às sociedades anônimas no futebol*. Rio de Janeiro: Corner, 2020, p. 298-331.

LI, H.; NAURIGHT, J. Wang Jianlin and Chinese investment in global sport. *Sport in Society*, v. 23, n. 9, p. 1560-1569, 2020.

LLOPIS-GOIG, Ramón. From 'socios' to 'hyper-consumers': an empirical examination of the impact of commodification on Spanish football fans. *Soccer & Society*, v. 13, n. 3, p. 392-408, 2012.

LLOPIS-GOIG, Ramón. *Spanish football and social change — Sociological investigations*. Londres: Palgrave Mcmillan, 2015.

LOPES, Felipe Tavares Paes; HOLLANDA, Bernardo Borges Buarque de. Ódio eterno ao futebol moderno: poder, dominação e resistência nas arquibancadas dos estádios da cidade de São Paulo. *TEMPO*, v. 24, p. 206-232, 2018.

LUDIVGSEN, J. A. L. Transnational fan reactions to transnational trends: Norwegian Liverpool supporters, 'authenticity' and 'filthy-rich' club owners. *Soccer & Society*, v. 20, n. 6, p. 872-890, 2018.

MACEDO, Edgar; SILVA, Rui. "Clube de Futebol 'Os Belenenses': síntese histórica de um Clube grande e histórico em Portugal". In: SANTOS SIMÕES, Irlan (Org.). *Clube Empresa: abordagens críticas globais às sociedades anônimas no futebol*. Rio de Janeiro: Corner, 2020, p. 162-177.

MARXISTS. *England History. The Luddites and the Combination Acts — The Combination Act of 1800*. s/d.

MASCARENHAS, Gilmar. Várzeas, operários e futebol: uma outra geografia. *GEOgraphia* — Revista do Programa de Pós-Graduação em Geografia da Universidade Federal Fluminense, Niterói, v. 4, n. 8, p. 84-92, 2002.

MASCARENHAS, Gilmar. Não vai ter arena? Futebol e Direito à Cidade. *Advir (ASDUERJ)*, v. 32, p. 24-38, 2014.

MASCARENHAS, Gilmar. *Entradas e Bandeiras: a conquista do Brasil pelo futebol*. Rio de Janeiro: Ed. UERJ, 2014.

MATAMALA, Daniel. *Goles y autogoles: historia política del fútbol chileno*. Santiago: Viral Ediciones, 2015

MATIAS, Wagner Barbosa. *Futebol de espetáculo*. Curitiba: Appris, 2020

MAZA MARTÍNEZ, Ariel de. *Organización y participación en el fútbol chileno: Ley 20.019 a diez años de su promulgación*. Santiago: Universidade do Chile, 2016.

MELO, Victor A. "Sportsmen: os primeiros momentos da configuração de um público esportivo no Brasil". In: HOLLANDA, Bernardo Borges Buarque de; SANTOS, João Manuel Casquinha Malaia; TOLEDO, Luiz Henrique de et al. *A torcida brasileira*. Rio de Janeiro: 7 Letras, 2012, p. 17-50.

MELO FILHO, Álvaro. "Projeto Pelé": inconstitucionalidades e irrealidades. *Revista de Informação Legislativa*, Brasília, v. 35, n. 137, jan./mar. 1998.

MELLOR, Gavin. "The Janus-faced sport": English football, community and the legacy of the "third way". *Soccer & Society*, v. 9, n. 3, p. 313-324, 2008.

MENARY, Steve. Multi-club ownership in football challenges governance at many levels. *The Sport Integrity Initiative*, 27 out. 2021. Disponível em: https://www.

sportsintegrityinitiative.com/multi-club-ownership-in-football-challenges-governance-at-many-levels/. Acesso em: 26 maio 2022.

MERKEL, Udo. The Politics of Physical Culture and German Nationalism: Turnen versus English Sports and French Olympism, 1871-1914. *German Politics & Society*, v. 21, n. 2, 2003.

MERKEL, Udo. Football fans and clubs in Germany: Conflicts, crises and compromises. *Soccer & Society*, v. 13, n. 3, p. 359-376, 2012.

MILLWARD, Peter. The Rebirth of the Football Fanzine Using E-zines as Data Source. *Journal of Sport & Social Issues*, v. 32, n. 3, p. 299-310, 2008.

MILLWARD, Peter. *The Global Football League: Transnational Networks, Social Movements in the New Media Age*. Londres: Palgrave Macmillan, 2011.

MONFARDINI, Fernando. *Compliance no futebol: a tática da democratização, transparência e controles internos*. 1. ed. Vitória: Ofício, 2020.

MOREIRA, María Verónica. *La política futbolizada: los dirigentes deportivos y las redes político-territoriales en Pontevedra*. Tese de Doutorado (inédita). Universidade de Buenos Aires, Buenos Aires, 2010.

MOREIRA, Veronica; DASKAL, Rodrigo. "As associações civis desportivas no futebol argentino: privatizações e resistências". In: SANTOS SIMÕES, Irlan (Org.). *Clube Empresa: abordagens críticas globais às sociedades anônimas no futebol*. Rio de Janeiro: Corner, 2020, p. 202-227.

MOTTA, Luciano. *O mito do clube-empresa*. Sporto, 2020.

MUNDOAZULGRANA. *Siempre CASLA, nunca S. A.* 30 nov. 2018.

MUÑOZ, Sebastián Campos; GONZÁLEZ, Patricio. *Sociedades anónimas deportivas: el ocaso del futbol social*. Santiago: Universidade do Chile, Instituto de Comunicação e Imagem, 2015.

CAMPOS MUÑOZ, Sebástian. "Sociedades anónimas deportivas no Chile: o declínio do futebol social". In: SANTOS SIMÕES, Irlan (Org.). *Clube Empresa: abordagens críticas globais às sociedades anônimas no futebol*. Rio de Janeiro: Corner, 2020, p. 120-131.

NAISHTAT, Silvia; MAAS, Pablo. *El Cazador: la historia secreta de los negocios de Juan Navarro y el Grupo Exxel*. Buenos Aires: Grupo Editorial Planeta, 2000.

NASH, Rex. Contestation in modern english professional football. The Independent Supporters Association Movement. *International Review for The Sociology of Sport*, v. 34, n. 4, p. 465-486, 2000.

NAURIGHT, J.; RAMFJORD, J. Who owns England's game? American professional sporting influences and foreign ownership in the Premier League. *Soccer & Society*, v. 11, n. 4, p. 428-441, 2010.

NEVES, Luís Miguel Rodrigues. *Sociedades Anónimas Desportivas e Mercado de Capitais: Análise de Uma Década*. Universidade Aberta, 2009.

NUMERATO, D. Who Says "No to Modern Football?" Italian Supporters, Reflexivity and NeoLiberalism. *Journal of Sport and Social Issues*, v. 39, n. 2, p. 120–138, 2015.

NUMERATO, Dino. *Football Fans, Activism and Social Change*. Londres: Routledge, 2018.

OLIVEIRA, Gabriel de. A identidade cultural de "El Ciclón" San Lorenzo e o bairro de Boedo. *Ludopédio*, São Paulo, v. 141, n. 9, 2021. Disponível em: https://ludopedio.org.br/arquibancada/a-identidade-cultural-de-el-ciclon-san--lorenzo-e-o-bairro-de-boedo/. Acesso em: 26 maio 2022.

OSTROM, Elinor. *Governing The Commons: The Evolution of Institutions for Collective Action*. Cambridge: Cambridge University Press, 1990.

PARAMIO, J. L; BURAIMO, B.; CAMPOS, C. From modern to postmodern: the development of football stadia in Europe. *Sport in Society: Cultures, Commerce, Media, Politics*, v. 11, n. 5, p. 517-534, 2008.

PASSOS, Edelenice; LIMA, João Alberto de Oliveira. *Memória Legislativa do Código Civil — Quadro Comparativo Volume 1*. Brasília: Senado Federal, 2012.

PISANI, João Ricardo. "Multi-club ownership: um novo estágio da globalização dentro do futebol". In: SANTOS SIMÕES, Irlan (Org.). *Clube Empresa: abordagens críticas globais às sociedades anônimas no futebol*. Rio de Janeiro: Corner, 2020, p. 332-355.

PORTER, Chris. Loyal to what? FC United's "shaping walk" through football's "muck of ages". *Sport in Society*, v. 18, n. 4, p. 452-465, 2015.

PORTER, Chris. *Supporter Ownership in English Football*. Basingstoke: Palgrave Mcmillan, 2019.

PRONI, Marcelo Weishaupt. *Esporte-Espetáculo e Futebol-Empresa*. Tese de Doutorado em Educação Física. Faculdade de Educação Física, Universidade Estadual de Campinas, Campinas, 275 f., 1998.

PRONI, Marcelo Weishaupt. *A Metamorfose do Futebol*. Campinas: Unicamp, 2000.

RANC, D.; HOURCADE, N. "France". In: DE WAELE, J-M. et al. (Orgs.). *The Palgrave International Handbook of Football and Politics*. Palgrave Macmillan, 2018, p. 39-59.

RAVECCA, Lucia. "Racing Club de Avellaneda: os torcedores do Racing e a mercantilização do futebol". In: SANTOS SIMÕES, Irlan (Org.). *Clube Empresa: abordagens críticas globais às sociedades anônimas no futebol*. Rio de Janeiro: Corner, 2020, p. 202-227.

REDHEAD, Steve. *The Passion and the Fashion: Football Fandom in New Europe*. Aldershot: Avebury, 2013.

RIVERO, A. Las Leyes del deporte español: análisis y evolución histórica. Sevilha: Wanceulen Editorial Deportiva, 2008.

ROZO, Kevin. "Ritos, identidades y colonialismo en hinchadas transnacionales en Colombia y México". In: FISCHER, Thomas; KÖHLER, Romy; REITH, Stefan. (Orgs.). *Fútbol y sociedad en América Latina — Futebol e sociedade na América Latina*. Madrid, Frankfurt: Iberoamericana Editorial Vervuert, 2021, p. 143-157.

RUETE, Gabriel; TAPIA, Daniela; DÍAZ, Sebastián et al. "Club Universidad de Chile: recuperar o clube para os seus torcedores, superando o fracasso das S.A.". In: SANTOS SIMÕES, Irlan (Org.). *Clube Empresa: abordagens críticas globais às sociedades anônimas no futebol*. Rio de Janeiro: Corner, 2020, p. 178-201.

SAMPEDRO CONTRERAS, Moisés. "Sevilla Fútbol Club: a luta pelo patrimônio dos seus torcedores". In: SANTOS SIMÕES, Irlan (Org.). *Clube Empresa: abordagens críticas globais às sociedades anônimas no futebol*. Rio de Janeiro: Corner, 2020, p. 152-161.

SANTANA, Elias José da Silva. *Clube do bairro, clube do mundo: a experiência do fã-clube FC St. Pauli Brasil*. 2022 (no prelo).

SANTOS, Anderson David Gomes dos. *Um modelo para regulação dos direitos de transmissão de futebol*. Tese de Doutorado em Comunicação. Universidade de Brasília, Faculdade de Comunicação, Brasília, 463 f., 2021.

SANTOS, Henrique Sena dos. *Pugnas renhidas: futebol, cultura e sociedade em Salvador, 1901 — 1924*. Salvador: Edufba, 2014.

SANTOS JUNIOR, Nei Jorge dos. *A construção do sentimento local: o futebol nos arrabaldes de Andaraí e Bangu (1914-1923)*. Rio de Janeiro: Multifoco, 2014.

SENAUX, B. "The Regulated Commercialisation of French Football". In: GAMMELSAETER, Hallgeir; SENAUX, Benoît. *The Organisation and Governance of Top Football Across Europe: an institutional perspective*. Nova York: Routledge, 2011, p. 123-137.

SIMÕES SANTOS, Irlan. *Novas culturas torcedoras: das arenas do futebol-negócio à resistência nas arquibancadas e redes*. Dissertação de Mestrado. Universidade do Estado do Rio de Janeiro, Faculdade de Comunicação Social, Rio de Janeiro, 246 f., 2017.

SIMÕES SANTOS, Irlan. *Clientes versus Rebeldes: novas culturas torcedoras nas arenas do futebol moderno*. Rio de Janeiro: Multifoco, 2017.

SIMÕES SANTOS, Irlan (org.). *Clube Empresa: abordagens críticas globais às sociedades anônimas no futebol*. Rio de Janeiro: Corner, 2020.

SIMÕES SANTOS, Irlan. "Clube-empresa: histórico, impactos reais e abordagens alternativas". In: SIMÕES SANTOS, Irlan

(Org.). *Clube Empresa: abordagens críticas globais às sociedades anônimas no futebol*. Rio de Janeiro: Corner, 2020b, p. 28-69.

SIMÕES SANTOS, Irlan. O Novo processo de empresarização dos clubes de futebol no Brasil: elementos para uma análise crítica. *IV Seminário Internacional LEME — #Maraca70: Mídia, Memória e Patrimônio*, 2020c.

SIMÕES SANTOS, Irlan. Associações civis, sociedades empresárias e participações de torcedores: proposta de tipologia de clubes de futebol no século XXI. *(Syn)thesis*, Rio de Janeiro, v. 14, n. 1, p. 21-38, 2021.

SIMÕES SANTOS, Irlan. "El Sevilla no se vende!": uma mobilização torcedora no futebol-negócio espanhol. *Ludopédio*, 17 jan. 2019. Disponível em: https://ludopedio.org.br/arquibancada/el-sevilla-no-se-vende-uma-mobilizacao-torcedora-no-futebol-negocio-espanhol/. Acesso em: 26 maio 2022.

SIRANGELO, Marco. "A raiz do problema: o declínio do futebol brasileiro após o período das parcerias". In: SANTOS SIMÕES, Irlan (Org.). *Clube Empresa: abordagens críticas globais às sociedades anônimas no futebol*. Rio de Janeiro: Corner, 2020, p. 228-239.

SLOANE, P. J. The Economics of Professional FootBall: The FootBall Club as a Utility Maximiser. *Journal of Political Economy*, v. 18, n. 2, p. 121-146, 1971.

SONNTAG, Albrecht. "Germany". In: *The Palgrave International Handbook of Football and Politics*. DE WAELE, J-M et al. (Orgs.). Palgrave Macmillan, 2018, p. 61-84.

SOTO, Alejandro Quiroga Fernández de. *Goles y banderas. Fútbol e identidades nacionales em España*. Madri: Marcial Pons Historia, 2014.

SPAAIJ, Ramón. "The football laboratory: policing football supporters in the Netherlands". In: MASTROGIANNAKIS, D; DORVILLE, C. *Risk Management and Sport Events*. Paris: Le Manuscrit, 2012, p. 49-89.

SZYMANSKI, Stefan. A Theory of the Evolution of Modern Sport. *Journal of Sport History*, v. 35, n. 1, p. 1-32, 2008.

SZYMANSKI, Stefan. Economistas e a História do Esporte. *Revista de História do Esporte*, v. 6, n. 1, p. 1-21, 2013.

TOLEDO, Luiz Henrique de. *Lógicas no Futebol*. São Paulo: Hucitec/Fapesp, 2002.

TURNER, Mark. "'Football without fans is nothing': contemporary fan protests and resistance communities in the English Premier League era". In: ELLIOTT, Richard (Org.). *The English Premier League: A Social-Cultural Analysis*. Abingdon: Routledge, 2017.

VIMIEIRO, Ana Carolina. *Football supporter cultures in modern-day Brazil: hypercommodification, networked collectivisms and digital productivity*. Tese de Doutorado em Filosofia. Queensland University of Technology, Brisbane, 328 f., 2015.

VIÑAS, Carles. *El Mundo ultra. Los radicales del fútbol español*. Temas de Hoy, Madrid, 2005.

VIÑAS, Carles. "O modelo societário do futebol alemão: uma referência de sucesso em questão". In: SANTOS SIMÕES, Irlan (Org.). *Clube Empresa: abordagens críticas globais às sociedades anônimas no futebol*. Rio de Janeiro: Corner, 2020, p. 240-265.

WAGG, Stephen (Org.). *British football and social exclusion*. Londres: Routledge, 2004.

WILLIAMS, J. Walking alone together the Liverpool Way: fan culture and 'clueless' Yanks. *Soccer & Society*, v. 13, 3. ed., p. 426-442, 2012.

WYNN, A. *The Goals of Government: The Politics of Football in Fascist Italy and Nazi Germany*. Honors Theses — All. Paper 4, 2007.

Sites, reportagens e matérias jornalísticas

ABRÃO, Fernando. Limites da autonomia desportiva. *IBDD*, 16 ago. 2007. Disponível em: https://ibdd.com.br/limites-da-autonomia-desportiva/. Acesso em: 25 maio 2022.

ADVOCACIA GANDRA MARTINS. *Ives Gandra da Silva Martins — Outras atividades (sociais, políticas, culturais, empresariais e desportivas)*. s/d. Disponível em: https://gandramartins.adv.br/ives-gandra-da-silva-martins-outras-atividades-sociais-politicas-culturais-empresariais-e-desportivas-2/. Acesso em: 26 maio 2022.

AGÊNCIA CÂMARA NOTÍCIAS. *Entra em vigor a Lei de Responsabilidade Fiscal do Esporte*. 7 mar. 2015. Disponível em: https://www.camara.leg.br/noticias/466455-entra-em-vigor-a-lei-de-responsabilidade-fiscal-do-esporte/. Acesso em: 26 maio 2022.

AIDAR, Carlos Miguel Castex. Os clubes desportivos e o novo Código Civil. *Migalhas*, 14 jan. 2004. Disponível em: https://www.migalhas.com.br/depeso/3399/os-clubes-desportivos-e-o-novo-codigo-civil. Acesso em: 26 maio 2022.

ÁLVAREZ, Fernando. Más de diez mil personas protestan contra Peter Lim fuera de Mestalla. *MARCA*, 21 maio 2022.

Disponível em: https://www.marca.com/futbol/valencia/2022/05/21/6289073d46163fde458b45b4.html Acesso em: 26 maio 2022.

AMBITO. *El oficialismo arrasó en las elecciones de Racing.* 17 dez. 2011. Disponível em: https://www.ambito.com/deportes/el-oficialismo-araso-las-elecciones-racing-n3716334. Acesso em: 26 maio 2022.

BARRA OFICIAL LOS DE ABAJO. Los de Abajo — Fuera Azul Azul. *YouTube*, 6 ago. 2018. Disponível em: https://www.youtube.com/watch?v=ZFHuxAM99cI. Acesso em: 26 maio 2022.

BRASSEL, Andy. Chaos caused by Hopp banners raises questions about Bundesliga priorities. *DW*, 2 mar. 2010. Disponível em: https://www.theguardian.com/football/2020/mar/02/dietmar-hopp-banners-chaos-raises-questions-about-bundesliga-priorities-german-football. Acesso em: 26 maio 2022.

BBC. *Liverpool fans call for boycott of Hull City game.* 23 abr. 2015. Disponível em: https://www.bbc.com/news/uk-england-humber-32431976. Acesso em: 26 maio 2022.

BBC. *Liverpool fans stage a rally against Hicks and Gillett.* 4 jul. 2010. Disponível em: https://www.bbc.com/news/10501143. Acesso em: 26 maio 2022.

BERGMANN, Florent. Evolution actionnariale des clubs français: petit précis de mondialisation. *Ecofoot*, 17 out. 2021. Disponível em: https://www.ecofoot.fr/evolution-actionnariale-clubs-francais-football-5249/. Acesso em: 26 maio 2022.

BEZZI, Marco. Paixão estrangeira. *Revista Placar*, nov. 2014, São Paulo, n. 1396, p. 30-34.

BUCKINGHAM, Philip. 'You'll probably see most, if not all, Premier League clubs with areas of safe standing'. *The*

Athletic, 11 jan. 2022. Disponível em: https://theathletic.com/3061484/2022/01/11/premier-league-clubs-areas-safe-standing/. Acesso em: 26 maio 2022.

CESARINI, Beatriz. Juventus diz não à SAF: Conselho do clube rejeita R$ 13 milhões por futebol. *UOL Esporte*, 7 jun. 2022. https://www.uol.com.br/esporte/futebol/ultimas-noticias/2022/06/07/juventus-diz-nao-a-saf-socios-do-clube-rejeitam-milhoes-pelo-futebol.htm. Acesso em: 26 maio 2022.

CLARÍN. *Víctor Blanco adelantó la postura de Racing sobre la llegada de las Sociedades Anónimas Deportivas*. 18 out. 2018. Disponível em: https://www.clarin.com/deportes/futbol/racing-club/victor-blanco-adelanto-postura-racing-llegada-sociedades-anonimas-deportivas_0_1uEnYUXtP.html. Acesso em: 26 maio 2022.

COMISIÓN PARA EL MERCADO FINANCIERO. *Información de Fiscalizados — Organizaciones Deportivas Profesionales*. s/d. Disponível em: https://www.cmfchile.cl/portal/principal/613/w3-propertyvalue-18561.html. Acesso em: 22 maio 2022.

DELGADO, Evandro. Clube vs SAD: o 'vírus' que está a levar emblemas históricos do futebol português ao abismo. *SAPO Desporto*, 18 out. 2018. Disponível em: https://desporto.sapo.pt/futebol/primeira-liga/artigos/clube-vs-sad-o-virus-que-esta-a-levar-emblemas-historicos-do-futebol-portugues-a-abismo. Acesso em: 22 maio 2022.

DIÁRIO DE LISBOA. *Benfica: Fernando Martins ganha em toda a linha*. 30 maio 1981a.

DIÁRIO DE LISBOA. *Futebol e "terceiro anel" votaram em Fernando Martins*. 30 maio 1981b.

DIÁRIO DE LISBOA. *Presidente firme como uma Rocha*. 30 jun. 1984.

DIÁRIO DE LISBOA. *João Rocha tem sucessor*. 27 set. 1986.

DIÁRIO DE LISBOA. *Jorge Gonçalves: um bigode na concorrência*. 25 jun. 1988.

DN. *Revogação do Cartão do Adepto já está publicada em Diário da República*. 17 dez. 2021. Disponível em: https://www.dn.pt/desporto/revogacao-do-cartao-do-adepto-ja-esta-publicada-em-diario-da-republica-022.14418725.html. Acesso em: 22 maio 2022.

DUARTE, Gabriel. Após liminar e atraso, Conselho do Cruzeiro aprova condições impostas por Ronaldo para adquirir a SAF. *GE*, 4 abr. 2022. Disponível em: https://ge.globo.com/futebol/times/cruzeiro/noticia/2022/04/04/conselho-do-cruzeiro-aprova-condicoes-impostas-por-ronaldo-para-adquirir-a-saf-do-clube.ghtml. Acesso em: 26 maio 2022.

EL DESMARQUE. *'Nuestra pasión no se negocia', lema de la protesta de Biris*. 13 dez. 2018. Disponível em: https://eldesmarque.com/sevilla/sevilla-futbol-club/1130139-protesta-biris-pancarta. Acesso em: 26 maio 2022.

EL PAÍS. *Un compañero de promoción de Felipe González, presidente del Betis*. 8 jun. 1983. Disponível em: https://elpais.com/diario/1983/06/09/deportes/423957614_850215.html. Acesso em: 26 maio 2022.

EL PAÍS. *Gil anuncia "el principio de una nueva era"*. 27 jun. 1987. Disponível em: https://elpais.com/diario/1987/06/28/deportes/551829617_850215.html. Acesso em: 26 maio 2022.

EL PAÍS. *Sevilla: los socios con un año de antigüedad podrán votar*. 22 jul. 1981. Disponível em: https://elpais.com/diario/1981/07/23/deportes/364687207_850215.html. Acesso em: 26 maio 2022.

EL PAÍS. *Aurteneche, nuevo presidente del Athlétic de Bilbao*. 22 jun. 1982. Disponível em: https://elpais.com/diario/1982/06/23/deportes/393631205_850215.html. Acesso em: 26 maio 2022.

EUROSPORT. *Angry Liverpool fans hit out. ate Brendan Rodgers and club owners*. 2 maio 2015. Disponível em: https://www.eurosport.com/football/angry-liverpool-fans-hit-out-at-brendan-rodgers-and-club-owners_sto4701637/story.shtml. Acesso em: 26 maio 2022.

FOLHA DE S. PAULO. *Clube vai ter diretas, mas não há candidatos*. 30 nov. 2004. Disponível em: https://www1.folha.uol.com.br/fsp/esporte/fk3011200403.htm. Acesso em: 26 maio 2022.

FOLHA DE S. PAULO. *Virtualmente rebaixado, Grêmio reforma estatuto*. 23 nov. 2004. Disponível em: https://www1.folha.uol.com.br/fsp/esporte/fk2311200406.htm. Acesso em: 26 maio 2022.

FOLHA DE S. PAULO. *Dirigentes fazem críticas e pedem mudanças*. 17 fev. 2003. Disponível em: https://www1.folha.uol.com.br/fsp/esporte/fk1702200318.htm. Acesso em: 26 maio 2022.

G1. *Desconfiados, corintianos do Congresso falam em milagre*. 30 nov. 2007. Disponível em: https://g1.globo.com/noticias/politica/0,,mul199896-5601,00-desconfiados+corintianos+do+congresso+falam+em+milagre.html. Acesso em: 26 maio 2022.

GE. *Divergências sobre rateio de receitas ameaçam adesão de novos clubes à Libra*. 3 maio 2022. Disponível em: https://ge.globo.com/negocios-do-esporte/noticia/2022/05/03/divergencias-sobre-rateio-de-receitas-ameacam-adesao-de-novos-clubes-a-libra.ghtml. Acesso em: 26 maio 2022.

GE. *MP diz que direção do Inter na gestão Piffero agia como "organização criminosa"*. 20 dez. 2018. Disponível em: https://ge.globo.com/rs/futebol/times/internacional/noticia/mp-diz-que-direcao-do-inter-na-gestao-piffero-era-organizacao-criminosa.ghtml. Acesso em: 26 maio 2022.

GE. *Figueirense e Elephant: a linha do tempo até a rescisão contratual*. 21 set. 2019. Disponível em: https://ge.globo.com/sc/futebol/times/figueirense/noticia/figueirense-e-elephant-a-linha-do-tempo-ate-a-rescisao-contratual.ghtml. Acesso em: 26 maio 2022.

GE. *Torcida do Botafogo-SP espalha faixas de protesto contra dirigentes em Ribeirão Preto*. 24 out. 2020. Disponível em: https://ge.globo.com/sp/ribeirao-preto-e-regiao/futebol/times/botafogo-sp/noticia/torcida-do-botafogo-sp-espalha-faixas-de-protesto-contra-dirigentes-em-ribeirao-preto.ghtml. Acesso em: 26 maio 2022.

GOAL. *Por qué Florentino Pérez ha sido elegido como presidente del Real Madrid sin que haya habido elecciones y qué requisitos que se necesitan para ser presidente del club*. 14 abr. 2021. Disponível em: https://www.goal.com/es/noticias/convocatoria-a-elecciones-en-el-real-madrid-posibles/84v5xdiwotlszmftm45cwsp1. Acesso em: 26 maio 2022.

INFOBAE. *Racing votó tras 11 años y ganó Rodolfo Molina*. 22 dez. 2008. Disponível em: https://www.infobae.com/2008/12/22/421914-racing-voto-11-anos-y-gano-rodolfo-molina/. Acesso em: 26 maio 2022.

JARA, Carlos; GONZÁLEZ, Juan Pablo. Desde Pinochet a las S.A.: como el fútbol pasó de ser un deporte social a una empresa comercial. *El Desconcierto*, 2 ago. 2019. Disponível em: https://www.eldesconcierto.cl/deportes/2019/08/02/desde-pinochet-a-las-s-a-como-el-futbol-paso-de-ser-un-deporte-social-a-una-empresa-comercial.html. Acesso em: 26 maio 2022.

JORNAL DE NEGÓCIOS. *Luís Filipe Vieira e "rei dos frangos" detidos. Filho do presidente do Benfica também detido.* 7 jul. 2021. Disponível em: https://www.jornaldenegocios.pt/empresas/desporto/detalhe/luis-filipe-vieira-detido-avancam-sic-e-rtp. Acesso em: 26 maio 2022.

JORNAL DE NEGÓCIOS. *"Rei dos Frangos" já não vai vender a Textor 25% da SAD do Benfica.* 4 abr. 2022. Disponível em: https://www.jornaldenegocios.pt/mercados/bolsa/detalhe/rei-dos-frangos-ja-nao-vai-vender-a-textor-25-da-sad-do-benfica. Acesso em: 26 maio 2022.

JORNAL DOS SPORTS. *Mengo elege presidente. Márcio é o grande favorito.* 7 dez. 1976.

JORNAL DOS SPORTS. *Márcio no Olimpo.* 29 dez. 1979.

JP. *Morre o ex-ministro Mendes Ribeiro Filho; veja a trajetória do gaúcho.* 10 maio 2015. Disponível em: https://jovempan.com.br/noticias/brasil/morre-o-ex-ministro-mendes-ribeiro-filho-veja-trajetoria-do-gaucho.html. Acesso em: 26 maio 2022.

KFOURI, Juca. *Do João.* 11 dez. 2018. Disponível em: https://blogdojuca.uol.com.br/2018/12/do-joao/. Acesso em: 26 maio 2022.

LA NACION. *El Exxel Group se retira de Quilmes.* 5 jul. 2001. Disponível em: https://www.lanacion.com.ar/deportes/

el-exxel-group-se-retira-de-quilmes-nid317523/. Acesso em: 26 maio 2022.

LANCE!. *Maioria de sócios vota 'sim' e São Paulo aprova reforma de estatuto*. 6 ago. 2016. Disponível em: https://www.lance.com.br/sao-paulo/maioria-socios-vota-sim-aprova-reforma-estatuto.html. Acesso em: 26 maio 2022.

LEVANTE-EMV. *La "democracia" se hace de rogar en el Valencia CF*. 12 abr. 2013. Disponível em: https://www.levante-emv.com/deportes/2013/04/12/democracia-rogar-valencia-cf-12903489.html. Acesso em: 26 maio 2022.

LOURENÇO, Fernando. *TVI Belenenses/Codecity SAD*. 26 de nov. 2018. Disponível em: https://www.youtube.com/watch?v=GOakUc-gxqQ. Acesso em: 22 maio 2022.

LUSA. Rui Pedro Soares: "É uma decisão clara, inequívoca e sem recurso". *Record*, 8 nov. 2017. Disponível em: https://www.record.pt/futebol/futebol-nacional/2--liga/belenenses-sad/detalhe/rui-pedro-soares-e-uma-decisao-clara-inequivoca-e-sem-recurso. Acesso em: 26 maio 2022.

MEDEIROS, Renata. Com festa da torcida, Conselho Deliberativo do Botafogo aprova venda de 90% da SAF a John Textor. *GE*, 13 jan. 2022. Disponível em: https://ge.globo.com/futebol/times/botafogo/noticia/com-festa-da-torcida-conselho-deliberativo-do-botafogo-aprova-venda-de-90percent-da-saf-a-john-textor.ghtml. Acesso em: 26 maio 2022.

MELLO, Luciano. Revolução no Genoa, guerra no Sevilla e compra bilionária de aviões: conheça o 777, possível dono do Vasco. *GE*, 21 fev. 2022. Disponível em: https://ge.globo.com/futebol/times/vasco/noticia/2022/02/21/revolucao-no-genoa-guerra-no-sevilla-e-compra-bilionaria-de-avioes-conheca-o-777-possivel-dono-do-vasco.ghtml. Acesso em: 26 maio 2022.

MERINO, Antonio. En defensa del hincha. *El Periódico*, 30 jan. 2008. Disponível em: https://www.elperiodico.com/es/deportes/20080130/en-defensa-del-hincha-62756. Acesso em: 26 maio 2022.

MUNDO DEPORTIVO. *Josep Lluís Núñez gana por sorpresa*. 4 mar. 2021. Disponível em: https://www.mundodeportivo.com/futbol/fc-barcelona/20210304/492434633458/josep-lluis-nunez-gana-por-sorpresa.html. Acesso em: 26 maio 2022.

MUSICUERVO. San Lorenzo 1 Racing 4 Quisieron privatizarte pero yo a vos no te vendo... *YouTube*, 14 abr. 2013. Disponível em: https://www.youtube.com/watch?v=WmqQ_v-srlQ. Acesso em: 22 maio 2022.

NDR. Hannover 96 verankert 50+1-Regel in der Vereinssatzung. *NDR*, 10 out. 2021. Disponível em: https://www.ndr.de/sport/fussball/Hannover-96-verankert-50-1-Regel-in-der-Vereinssatzung,hannover16448.html. Acesso em: 26 maio 2022.

OS BELENENSES. *Tribunal abre caminho ao Belenenses e separa-o da B SAD — Nota da direção do CFB*. 30 out. 2021. Disponível em: https://www.osbelenenses.com/2021/10/tribunal-abre-caminho-ao-belenenses-e-separa-o-da-b-sad-nota-da-direccao-do-cfb/. Acesso em: 26 maio 2022.

PAINEL FC. *Polêmica S/A*. 8 mar. 2007. Disponível em: https://www1.folha.uol.com.br/fsp/esporte/fk0803200701.htm. Acesso em: 26 maio 2022.

PALCO23. *Socios, fundaciones e inversores: ¿quién controla el fútbol español?*. 11 jan. 2021. Disponível em: https://www.palco23.com/clubes/socios-fundaciones-e-inversores-quien-controla-el-futbol-espanol. Acesso em: 26 maio 2022.

PERFIL. *Los socios del club cuestionan el gerenciamiento.* 13 out. 2006. Disponível em: https://www.perfil.com/noticias/politica/los-socios-del-club-cuestionan-el-gerenciamiento-20061013-0010.phtml. Acesso em: 26 maio 2022.

RACING CLUB. *Racing, por siempre de sus socios.* 31 ago. 2016. Disponível em: https://www.racingclub.com.ar/club/nota/2016/08/6105_racing-por-siempre-de-sus-socios/. Acesso em: 26 maio 2022.

RACING CLUB. *Víctor Blanco ganó las elecciones y seguirá al frente del club.* 15 dez. 2014. Disponível em: https://www.racingclub.com.ar/club/nota/2014/12/3665_victor-blanco-gano-las-elecciones-y-seguira-al-frente-del-club/. Acesso em: 26 maio 2022.

RECORD. *Eleição de Pinto da Costa aconteceu há vinte anos.* 17 abr. 2002. Disponível em: https://www.record.pt/futebol/futebol-nacional/liga-bwin/fc-porto/detalhe/eleicao-de-pinto-da-costa-aconteceu-ha-vinte-anos. Acesso em: 26 maio 2022.

RECORD. *100 anos: Borges Coutinho.* 12 abr. 2003. Disponível em: https://www.record.pt/futebol/futebol-nacional/liga-bwin/benfica/detalhe/100-anos-borges-coutinho. Acesso em: 22 maio 2022.

RECORD. *Torcida Verde mantém boicote ao estádio em protesto contra o Cartão do Adepto.* 30 out. 2021. Disponível em: https://www.record.pt/futebol/futebol-nacional/liga-bwin/sporting/detalhe/torcida-verde-mantem-boicote-ao-estadio-em-protesto-contra-o-cartao-do-adepto. Acesso em: 22 maio 2022.

REYNOSO, Juampi. Resultados elecciones en Boca 2019: Ameal nuevo presidente. *AS*, 9 dez. 2019. Disponível em:

https://argentina.as.com/argentina/2019/12/09/
futbol/1575865543_226231.html. Acesso em: 22 maio 2022.

RR.SAPO. *Eleições no FC Porto com maior afluência do século*. 7 jun. 2020. Disponível em: https://rr.sapo.pt/bola-branca/noticia/porto/2020/06/07/eleicoes-no-fc-porto-com-maior-afluencia-do-seculo/195828/. Acesso em: 26 maio 2022.

SÁNCHEZ, David. *Sí al Xerez Deportivo FC*. Diario de Cadiz. 20 jul. 2013. Disponível em: https://www.diariodecadiz.es/deportes/Xerez-Deportivo-FC_0_717528478.html. Acesso em: 26 maio 2022.

SAPO DESPORTO. *João Rocha, o presidente com o mandato mais longo da história do Sporting*. 8 mar. 2013. Disponível em: https://desporto.sapo.pt/futebol/primeira-liga/artigos/joao-rocha-o-presidente-com-o-mandato-mais-longo-da-historia-do-sporting. Acesso em: 26 maio 2022.

SCHMIDT, Tébaro. Em treino aberto, São Januário recebe torcida do Vasco em véspera da semifinal. *GE*, 19 mar. 2022. Disponível em: https://ge.globo.com/futebol/times/vasco/noticia/2022/03/19/em-treino-aberto-sao-januario-recebe-torcida-do-vasco-em-vespera-da-semifinal.ghtml. Acesso em: 26 maio 2022.

SPIRIT OF SHANKLY. *Meeting with NESV Representatives*. 18 out. 2010. Disponível em: https://spiritofshankly.com/meeting-with-nesv-representatives/. Acesso em: 26 maio 2022.

SPIRIT OF SHANKLY. *LFC 5 years under FSG*. 16 out. 2015. Disponível em: https://spiritofshankly.com/lfc-5-years-under-fsg/. Acesso em: 26 maio 2022.

STEIN, Leandro. A situação do Desportivo das Aves é de caos e abandono, mas os jogadores seguem em frente e desafiam os donos. *Trivela*, 21 jul. 2020. Disponível em: https://trivela.com.br/portugal/a-situacao-do-desportivo-das-aves-e-de-caos-e-abandono-mas-os-jogadores-seguem-em-frente-e-desafiam-os-donos. Acesso em: 26 maio 2022.

STUTTGARTER ZEITUNG. *VfB-Fans protestieren bei Karawane für Erhalt von 50+1*. 1 set. 2018. Disponível em: https://www.stuttgarter-zeitung.de/inhalt.vfb-stuttgart-gegen-fc-bayern-muenchen-vfb-fans-protestieren-bei-karawane-fuer-erhalt-von-50-1.ce223543-0c8c-436b-b03b-f54e9c781bd3.html. Acesso em: 26 maio 2022.

TAMSUT, Felix. Borussia Dortmund: The structures behind the club's fight against the far right. *DW*, 4 set. 2019. Disponível em: https://www.dw.com/en/borussia-dortmund-the-structures-behind-the-clubs-fight-against-the-far-right/a-50281070. Acesso em: 26 maio 2022.

THE ATHLETIC. *From Red Bull to Barnsley: Does owning multiple clubs actually work?*. 19 fev. 2022. Disponível em: https://theathletic.com/3135274/2022/02/19/does-owning-multiple-clubs-actually-work/. Acesso em: 26 maio 2022.

THE RINGER. *A New Wave of American Buyers Has set. Its Sights on European Soccer*. 27 jan. 2022. Disponível em: https://www.theringer.com/soccer/2022/1/27/22891886/american-investors-european-soccer. Acesso em: 26 maio 2022.

THE SUN. *You're Ghana love this: Inside the tiny town in Ghana where everyone supports Aston Villa after hearing stories about 'God' Paul McGrath*. 1 mar. 2021. Disponível em: https://www.thesun.co.uk/sport/football/12663492/aston-villa-ghana-lions-supports-fans/. Acesso em: 22 maio 2022.

TNT SPORTS. *Clubes brasileiros fazem manifesto a favor da 'MP do Mandante'*. 12 set. 2020. Disponível em: https://www.poder360.com.br/brasil/clubes-de-futebol-se-mobilizam-por-projeto-da-lei-do-mandante. Acesso em: 26 maio 2022.

TRENGROUSE, Pedro; AFONSO, José Roberto. No mundo pós-pandemia, clube-empresa será a única saída para times. *O Globo*, 3 maio 2020. Disponível em: https://oglobo.globo.com/epoca/artigo-no-mundo-pos-pandemia-clube-empresa-sera-unica-saida-para-times-1-24407969. Acesso em: 26 maio 2022.

VEIGA, Gustavo. La era de la CEOcracia. *Página 12*, 5 jun. 2017. Disponível em: https://www.lanacion.com.ar/deportes/el-exxel-group-se-retira-de-quilmes-nid317523/. Acesso em: 26 maio 2022.

VIDAL, Rodolfo. *Columna de la U: 10 años de Azul Azul*. 29 jun. 2017. Disponível em: https://www.publimetro.cl/cl/grafico-chile/2017/06/29/columna-de-la-u-10-anos-de-azul-azul.html. Acesso em: 26 maio 2022.

Legislações e outros documentos jurídicos

BRASIL. Lei n. 9615, de 24 de março de 1998. Institui normas gerais sobre desporto e dá outras providências. Diário Oficial da União, Brasília, 23 mar. 1998. Disponível em: https://www.planalto.gov.br/ccivil_03/leis/l9615consol.htm. Acesso em: 26 maio 2022.

BRASIL. Lei n. 9.981, de 14 de julho de 2000. Altera dispositivos da Lei n. 9.615, de 24 de março de 1998, e dá outras providências. Diário Oficial da União, Brasília, 17 jul. 2000. Disponível em: http://www.planalto.gov.br/ccivil_03/leis/L9981.htm. Acesso em: 26 maio 2022.

BRASIL. Lei n. 10.406, de 10 de janeiro de 2002. Institui o Código Civil. Diário Oficial da União, Brasília, 11 jan. 2002. Disponível em: http://www.planalto.gov.br/ccivil_03/leis/2002/l10406compilada.htm. Acesso em: 26 maio 2022.

BRASIL. Lei n. 11.127, de 28 de junho de 2005. Altera os arts. 54, 57, 59, 60 e 2.031 da Lei n. 10.406, de 10 de janeiro de 2002, que institui o Código Civil, e o art. 192 da Lei n. 11.101, de 9 de fevereiro de 2005, e dá outras providências. Diário Oficial da União, Brasília, 29 jun. 2005. Disponível em: http://www.planalto.gov.br/ccivil_03/_ato2004-2006/2005/lei/l11127.htm. Acesso em: 26 maio 2022.

BRASIL. Lei n. 13.115, de 4 de agosto de 2015. Estabelece princípios e práticas de responsabilidade fiscal e financeira e de gestão transparente e democrática para entidades desportivas profissionais de futebol; institui parcelamentos especiais para recuperação de dívidas pela União, cria a Autoridade Pública de Governança do Futebol — APFUT; dispõe sobre a gestão temerária no âmbito das entidades desportivas profissionais; cria a Loteria Exclusiva — LOTEX; altera as Leis n. 9.615, de 24 de março de 1998, 8.212, de 24 de julho de 1991, 10.671, de 15 de maio de 2003, 10.891, de 9 de julho de 2004, 11.345, de 14 de setembro de 2006, e 11.438, de 29 de dezembro de 2006, e os Decretos-Leis n. 3.688, de 3 de outubro de 1941, e 204, de 27 de fevereiro de 1967; revoga a Medida Provisória n. 669, de 26 de fevereiro de 2015; cria programa de iniciação esportiva escolar; e dá outras providências. Diário Oficial da União, Brasília, 5 ago. 2015. Disponível em: http://www.planalto.gov.br/ccivil_03/_ato2015-2018/2015/lei/l13155.htm. Acesso em: 26 maio 2022.

BRASIL. Lei n. 14.193, de 6 de agosto de 2021. Institui a Sociedade Anônima do Futebol e dispõe sobre normas de constituição, governança, controle e transparência, meios de financiamento da atividade futebolística, tratamento dos passivos das entidades de práticas desportivas e regime tributário específico; e altera as Leis n. 9.615, de 24 de março de 1998, e 10.406, de 10 de janeiro de 2002 (Código Civil). Diário Oficial da União, Brasília, 21 out. 2021. Disponível em: http://www.planalto.gov.br/ccivil_03/_ato2019-2022/2021/lei/L14193.htm. Acesso em: 26 maio 2022.

CÂMARA DOS DEPUTADOS. Projeto de Lei da Câmara n. 1159, de 1995. Altera dispositivos da Lei n. 6.354, de 2 de setembro de 1976, que "dispõe sobre as relações de trabalho do atleta profissional de futebol"; e da Lei n. 8.672, de 6 de julho de 1993, que "institui normas gerais sobre desporto, e dá outras providências". Brasília, 21 nov. 1995. Disponível em: https://www.camara.leg.br/proposicoesWeb/fichadetramitacao?idProposicao=188272. Acesso em: 26 maio 2022.

CÂMARA DOS DEPUTADOS. Projeto de Lei n. 4874, de 2001. Institui o Estatuto do Desporto. Brasília, 19 jun. 2001. Disponível em: https://www.camara.leg.br/proposicoesWeb/fichadetramitacao?idProposicao=29697. Acesso em: 26 maio 2022.

CÂMARA DOS DEPUTADOS. Projeto de Lei da Câmara n. 1273, de 2003. Institui regime especial para alteração estatutária das associações. Ementa da redação final: institui regime especial para alteração estatutária das associações e altera a Lei n. 10.406, de 10 de janeiro de 2002. Código Civil. Brasília, 5 set. 2003. Disponível em: https://www.camara.leg.br/proposicoesWeb/fichadetramitacao?idProposicao=120510. Acesso em: 26 maio 2022.

CÂMARA DOS DEPUTADOS. Projeto de Lei de Conversão n. 12, de 2005. Altera os arts. 54, 57, 59, 60 e 2.031 da Lei n. 10.406, de 10 de janeiro de 2002, que institui o Código Civil, e o art. 192 da Lei n. 11.101, de 9 de fevereiro de 2005, e dá outras providências. Brasília, 25 maio 2005. Disponível em: https://www.camara.leg.br/propostas-legislativas/287149. Acesso em: 26 maio 2022.

CÂMARA DOS DEPUTADOS. Projeto de Lei n. 5082, de 2016. Cria a via societária e estabelece procedimentos de governança e de natureza tributárias, para modernização do futebol, e dá outras providências. Brasília, 3 maio 2016. Disponível em: https://www.camara.leg.br/proposicoesWeb/fichadetramitacao?idProposicao=2082511. Acesso em: 26 maio 2022.

CÂMARA DOS DEPUTADOS. Ata da 111ª Sessão, em 31 maio 2005. Diário da Câmara dos Deputados, jun. 2005, p. 22.016-22.033. Disponível em: http://imagem.camara.gov.br/Imagem/d/pdf/DCD01JUN2005.pdf#page=464. Acesso em: 26 maio 2022.

SENADO FEDERAL. Projeto de Lei n. 5516, de 2019. Cria o Sistema do Futebol Brasileiro, mediante tipificação da Sociedade Anônima do Futebol, estabelecimento de normas de governança, controle e transparência, instituição de meios de financiamento da atividade futebolística e previsão de um sistema tributário transitório. Brasília, 10 out. 2019. Disponível em: https://www25.senado.leg.br/web/atividade/materias/-/materia/139338. Acesso em: 26 maio 2022.

1ª edição	julho 2023
impressão	rotaplan
papel miolo	pólen natural 80g/m²
papel capa	cartão supremo 300g/m²
tipografia	silva text e slate PRO